法学講義 民法 総則

第3版

奥田昌道・安永正昭 [編]

勁草書房

第 3 版はしがき

平成 29 年 5 月 26 日（成立，6 月 2 日公布，同年法律 44 号，45 号），民法は，契約法を中心として債権関係法につき大きな改正を経験した。本書の第 3 版への改訂は主としてこれを受けたものである。

今回の民法改正は，「民法制定以来の社会・経済の変化への対応を図り，国民一般に分かりやすいものとする等の観点から……契約に関する規定を中心に見直し」（法務大臣の法制審議会への諮問内容）がなされたものである。この見直しにより，民法典の制定（明治 29（1896）年 4 月）から今日に至るまでの間，民法の解釈として判例で形成されてきた法規範が分かり易いかたちで条文の中に取り込まれたところも多い。また，契約法規範の性質からして，国際的に通用している法のスタンダードを意識して改正がなされた部分もある。

本書は「民法総則」を扱うものであるが，民法総則の諸規定（法律行為，期間の計算，時効（とくに消滅時効）など）は債権関係法の一部を担っており，今回の改正の対象とされた部分も少なくない。したがって，本書（第 3 版）では，時効制度に関する章の内容が一変しただけではなく，法律行為の部分も改正法に従って改訂がなされている。

この改正法の施行は平成 32（2020）年 4 月 1 日である。本書（第 3 版）は改正法に依拠して，それを現行法のようにみなして叙述している。民法を学習しているみなさんが社会に出て活躍する頃には，この改正法が現行の民法になっているわけであるから，今から，改正法に依拠した民法の学習をしておく必要があるという趣旨である。

なお，本書では，姉妹書と位置づける『判例講義民法 I 総則・物権』（近刊）で取り上げる判例を，勉学上有益であると考え，その項目番号で引用している。

本書（第 3 版）は，悠々社刊行のもの（初版〔2005 年〕，第 2 版）をそのコンセプトと共に承継するものである。刊行を引き受けていただいた株式会社勁草書房，および，それを推し進めまた編集を担当していただいた竹田康夫さんに対して，深甚の感謝を申し上げる。

2018 年 4 月

編者　奥田昌道／安永正昭

第2版はしがき

社会・経済の著しい変化に即応するため，各種の法改正の大波が続いている。本書が扱う民法総則の分野においても，初版発行以後に，第3章「法人」が大改正された。すなわち，平成18年（2006年）6月に，非営利法人一般に関する特別法である「一般社団法人及び一般財団法人に関する法律」（平成18年法律第48号），一般社団・財団法人の公益性を認定する「公益社団法人及び公益財団法人の認定等に関する法律」（平成18年法律第49号）およびこれら2法の施行に伴う関係法律の整備等に関する法律（平成18年法律第50号）が制定された（いずれも平成20年（2008年）末までに施行）。民法典本体には，法人法定主義および法人の能力に関する規定等が残るだけとなった。

この大きな改正に対応すべく，本書7章「法人〔権利の主体2〕」について，先行して改訂を行い，本年2月に，別刷のかたちで小冊子を発行したところである。

なお，法改正としては，これ以外にも，「法の適用に関する通則法」（平成18年法律第78号）による「法例」の全面改正があった。

今回は，これらの法の改正および初版発行以後に出された重要判例を盛り込んで版を改めることとし，本書の内容をアップ・ツー・デートなものにすることとした。これにより，読者の皆さんに最新の情報をお届けすることができるものと考えている。

2007年5月

編者　奥田昌道／安永正昭

はしがき

　平成17年（2005年）4月1日に施行された民法の現代語化に象徴されるように，制定以来100年を経過した民法の内実も大きく変容しつつある。

　法学部学生には，この民法の基礎を学び，現実に生起する事象に法的に対処できる能力を身につけることが求められている。

　本シリーズ『法学講義民法』全7巻は，学習者が民法の基礎概念と基本構造を把握し，法学部で修得すべき民法学の水準を充足できるように，構成，内容，叙述の仕方等の点で周到な配慮をしている。叙述に当たっては，各執筆者において，判例，通説を踏まえ，個別の学説の展開は極力避け，均質性を保つようにと意を用いていただいた。

　幸い，本書は，法学教育の現場で最前線に立って民法学をリードされている執筆者の協力を得ることができた。執筆者各位が，深められた研究のもとに簡潔に書き下ろされた本書は，民法を理解するために，十分に力を発揮してくれると思う。

　また，平成16年（2004年）4月に新制度として発足した法科大学院は，今や，第2年目の後半にさしかかろうとしている。新しい法曹養成制度の基盤をなす法科大学院であるだけに，どのような教材を用いてどのように授業を進めていけば制度の理念にふさわしい教育を実現できるのか，各法科大学院において様々の工夫が重ねられているところである。

　とりわけ，大学法学部での単位数の半分にも満たない時間数で，必要な基礎知識と理解力を培うことが求められている未修者については，教員・学生双方に重い課題が負わされているというのが現実のすがたである。

　法学部および法科大学院の教育に携わって感じることは，民法についていえば，教える側にとっても，学ぶ側にとっても，法学教育における質・量ともに最適のスタンダードテキストが欲しいということであった。

　『法学講義民法』は，このような要請に応えるべく，法学部学生を念頭に置き，併せて法科大学院未修者コースの学生にとっても最適の学習書として役立つようにとの願いをこめて企画されたものである。

　なお，本書では，通読を繰り返すことによって理解が深まるよう，細部にわ

たる叙述は本文内に小活字にして，参照文献や判例の出典は欄外注に出した。本文の通読を容易にすることによって思考の連続性が保たれ，民法学の速やかな理解に資することができると考えたからである。判例については，本シリーズの姉妹編ともいうべき『判例講義民法Ⅰ総則・物権』『同・Ⅱ債権』との連動を図った。

さて，『法学講義民法1総則』は，民法典第1編「総則」を扱うものである。ただ，民法の初学者が，最初にこの巻を手にする可能性が高いことを考えて，まえおきとして，民法全体にかかわる入門的な序説をおいた（1章）。また，諸制度を取り上げる順序が，民法典の条文の配列と異なっている。その理由は，総則のルールの抽象度が高く，そのままでは，規律対象（主として財産をめぐる人と人との関係）を具体的にイメージしながら学習することが困難であるので，順序を組み替えて少しでも生活実態に即したかたちで学習ができるようにと考えたからである。おおまかには，売買等の契約の成立，その有効な成立を阻害する諸要因，契約を締結する主体，代理人による契約の締結，法人制度，及び時効制度という順序で叙述している。

最後に，この企画の趣旨に賛同して協力してくださった執筆者各位に対して，編者として心から感謝を申し上げる。また，悠々社社長の須藤忠臣氏の本書出版に対する並々ならぬ熱意に対し敬意を表したい。

本書が民法の「全国版スタンダードテキスト」として愛読されることを願ってやまない。

2005 年 9 月

編者　奥田昌道／安永正昭

凡　例

(1) 法令・条文の引用は，原則として『六法全書』（有斐閣）の略語に従った。

(2) 判例引用等の略語は，以下による。

大判（決）	大審院判決（決定）	裁判集民（刑）	最高裁判所裁判集民事（刑事）
大連判	大審院連合部判決	高民（刑）集	高等裁判所民（刑）事判例集
最大判（決）	最高裁判所大法廷判決（決定）	東京高民(刑)報	東京高等裁判所民(刑)事判決時報
最判（決）	最高裁判所小法廷判決（決定）	下民（刑）集	下級裁判所民（刑）事裁判例集
高判（決）	高等裁判所判決（決定）	行集	行政事件裁判例集
地判（決）	地方裁判所判決（決定）	訟月	訟務月報
家審	家庭裁判所審判	行月	行政裁判月報
簡判	簡易裁判所判決（決定）	家月	家庭裁判月報
民（刑）録	大審院民（刑）事判決録	新聞	法律新聞
民（刑）集	大審院民（刑）事裁判例集	評論	法律評論
	（明治憲法下）		
	最高裁判所民（刑）事判例集		
	（日本国憲法下）		

(3) 本書の姉妹書である『判例講義民法Ⅰ総則・物権〔第3版〕』（近刊）に収録されている判例については，判例年月日登録誌に続けて「―判例講義民Ⅰ○」とし，判例番号を明記した。

例）最判昭44・5・13民集23巻2号291頁―判例講義民Ⅰ⑨

(4) 本書の「補足」（＊を付した本文内網掛け部分）には，basic な「本文」の内容からさらにもう一歩踏み込んだ解説や具体的事例を含めた参考判例等を掲載した。

編者・執筆者紹介

編　者

おく だ　まさみち
奥田　昌道　京都大学名誉教授

やすなが　まさあき
安永　正昭　神戸大学名誉教授

執筆者 （章節順）

やすなが　まさあき
安永　正昭　神戸大学名誉教授

第 1 章　序　説
第 3 章　自然人
　　4 成年後見制度，5 制限行為能力者の相手方
　　の保護
第 4 章　代理人による法律行為
　　4 無権代理

たきざわ　まさひこ
滝沢　昌彦　一橋大学大学院
　　　　　　　法学研究科教授

第 2 章　法律行為，意思表示
　　1 序説，2 法律行為の成立，4 法律行為の有
　　効要件

おおなか　ありのぶ
大中　有信　同志社大学
　　　　　　　司法研究科教授

第 2 章　法律行為，意思表示
　　3 意思表示

か の な おこ
鹿野菜穂子　慶應義塾大学大学院
　　　　　　　法務研究科教授

第 2 章　法律行為，意思表示
　　5 法律行為の解釈

つるふじ　のりみち
鶴藤　倫道　神奈川大学大学院
　　　　　　　法務研究科教授

第 3 章　自然人
　　1 序説，2 自然人の権利能力，3 意思能力・
　　行為能力，6 住所，7 不在者の財産管理，8
　　失踪宣告の制度

ふくなが　れい じ
福永　礼治　専修大学法学部教授

第 4 章　代理人による法律行為
　　1 序説，2 代理権，3 代理行為

おおしま　かず お
大島　和夫　神戸市外国語大学名誉教授
　　　　　　　京都府立大学名誉教授

第 5 章　法律行為の無効，取消し
第 6 章　法律行為の条件・期限，期間計算

こう ち　ひろし
河内　　宏　近畿大学法科大学院
　　　　　　　特任教授

第 7 章　法　人

ご とう　もとのぶ
後藤　元伸　関西大学
　　　　　　　政策創造学部教授

第 8 章　物

まつひさ み よ ひこ
松久三四彦　北海学園大学大学院
　　　　　　　法務研究科教授
　　　　　　　北海道大学名誉教授

第 9 章　時効制度

ご とう　まきのり
後藤　巻則　早稲田大学大学院
　　　　　　　法務研究科教授

第 10 章　信義則，権利濫用

目　次

はしがき

凡　例

編者・執筆者紹介

第1章　序　説

1　「民法」とは　1

1　民法の規律する生活関係……………………………………………1
1　財産および親族や相続をめぐる生活関係に関わる法
2　生活関係を「規律する」という意味

2　民法は私法の一般法……………………………………………………3
1　公法と私法　2　一般法（民法）と特別法（商法）

3　民法ルールの所在………………………………………………………4
1　民法典について　2　民事特別法

4　民法典におけるルールの配列の仕方………………………………7
1　物権・債権2分と共通ルールの括り出し　2　具体的説明

5　民法総則に規定されるルールの性質と内容……………………11
1　「権利」に関する抽象度の高いルール　2　その具体的内容

2　民法というルールの適用に関する問題　12

1　法の適用による紛争の解決…………………………………………12

2　民法の法源………………………………………………………………13
1　民法典，および関連する民事特別法等　2　慣習法
3　判例により形成されたルールはどうか　4　条理はどうか

3　民法の解釈………………………………………………………………15
1　解釈の必要性　2　解釈の仕方（どのように解釈すべきか）
3　条文との関係における解釈のテクニック（に関する用語）

4　民法の適用範囲…………………………………………………………18

vii

目　次

第2章　法律行為（契約），意思表示〔権利の変動〕

1　序　説　19

2　法律行為（契約）の成立　20

1　序　20

2　意思表示の成立　20
1　客観的な成立要件　2　主観的な成立要件　3　意思表示の到達

3　契約成立の判定　23

4　契約成立時期　24
1　申込みの拘束力　2　到達主義

3　意思表示（意思の不存在・瑕疵ある意思表示）　26

1　序　26
1　意思表示の撤回　2　意思の不存在による無効
3　瑕疵ある意思表示による意思表示の取消し
4　意思の不存在と瑕疵ある意思表示の関係

2　心裡留保　29
1　心裡留保の意義　2　意思表示の有効——原則的効果
3　意思表示の無効——例外的効果　4　適用範囲

3　虚偽表示　32
1　虚偽表示の意義　2　虚偽表示の適用範囲
3　虚偽表示の効果　4　虚偽表示による無効の第三者に対する対抗不能
5　民法94条2項による第三者保護と表見法理
6　民法94条2項類推適用による不動産登記に対する信頼の保護

4　錯　誤　44
1　錯誤の伝統的分類　2　錯誤の要件

5　詐　欺　53
1　詐欺の意義　2　詐欺の要件　3　効　果
4　詐欺による取消し前に現れた第三者保護

6　強　迫　56
1　強迫の意義　2　強迫の要件　3　強迫の効果

7　消費者契約法による契約締結過程の規律　57
1　消費者契約法制定の背景　2　消費者契約法の目的と規律の対象

viii

目　次

　　　3　消費者契約法の適用範囲　　4　契約締結過程に関する規律

4　法律行為（契約）の有効要件　　62

1　序……………………………………………………………………62

2　確定可能性……………………………………………………………63

3　強行法規，行政的取締法規に違反する契約の規制……………65
　　1　強行法規と任意法規　　2　脱法行為　　3　行政的な取締法規

4　内容の社会的妥当性（公序良俗違反）…………………………70
　　1　公序良俗違反の諸類型　　2　動機の不法　　3　消費者契約法における無効

5　法律行為（契約）の解釈　　78

1　契約の解釈の意義……………………………………………………78
　　1　契約の解釈と法律行為の解釈　　2　解釈の多元性　　3　事実問題か法律問題か

2　当事者の契約表示の意味の確定（狭義の解釈）………………79
　　1　当事者の合致した意思の探究　　2　規範的解釈
　　3　狭義の解釈において考慮されるべき要素および指針
　　4　規範的解釈と契約の成立・不成立　　5　規範的解釈と錯誤

3　補充的解釈，修正的解釈……………………………………………84
　　1　補充的解釈　　2　修正的解釈

第3章　自然人〔権利の主体1〕

1　序　説　　89

2　自然人の権利能力　　89

1　権利能力………………………………………………………………89
　　1　意　義　　2　前提となる人間像とその変容

2　権利能力の始期………………………………………………………90
　　1　出生の時期　　2　出生の証明

3　胎児の権利能力………………………………………………………91
　　1　胎児の法的地位　　2　「既に生まれたものとみなす」の意味（胎児の権利行使）

4　権利能力の終期………………………………………………………93
　　1　死亡による権利能力の消滅　　2　死亡の時期
　　3　死亡時期・死亡の事実の不明確な場合

ix

目　次

5　外国人の権利能力 ………………………………………………………… 94

3　意思能力・行為能力　95

1　序 ………………………………………………………………………… 95

2　意思能力 ………………………………………………………………… 95
　1　意思能力の意義と判断基準　2　意思無能力者の法律行為

3　制限行為能力者制度 …………………………………………………… 97
　1　行為能力　2　制限行為能力者制度の趣旨　3　無効と取消しの二重効
　4　制限行為能力者制度の適用範囲

4　未成年者 ………………………………………………………………… 99
　1　未成年者とは　2　未成年者の行為能力

4　成年後見制度　101

1　成年後見制度概観 ……………………………………………………… 101
　1　成年後見制度とは　2　法定後見と任意後見

2　後　見 …………………………………………………………………… 103
　1　後見の意義　2　後見の対象となる者（要件）　3　後見開始の審判の手続等
　4　後見開始の効果（被後見人の保護の内容）　5　後見の終了

3　保　佐 …………………………………………………………………… 108
　1　保佐の意義　2　保佐の対象となる者（要件）　3　保佐開始の審判の手続等
　4　保佐開始の効果（被保佐人の保護の内容）　5　保佐の終了

4　補　助 …………………………………………………………………… 112
　1　補助の意義　2　補助の対象となる者（要件）　3　補助開始の審判の手続
　4　補助開始の効果（被補助人の保護の内容）　5　補助の終了

5　後見，保佐，補助審判相互の関係 …………………………………… 115

6　任意後見制度概説 ……………………………………………………… 116
　1　序　説　2　任意後見契約の締結　3　任意後見人による後見開始
　4　任意後見人，任意後見監督人　5　法定後見と任意後見との関係

5　制限行為能力者の相手方の保護　118

1　序　説 …………………………………………………………………… 118

2　事前の確認の可能性 …………………………………………………… 119

3　催告権 …………………………………………………………………… 119
　1　意　義　2　催告の相手方と催告期間徒過により擬制される効果

4　制限行為能力者の「詐術」と取消権の剥奪 ………………………… 120

目　次

　　1　趣　旨　　2　取消権の剥奪の要件　　3　効　果

6　住　所 　123

①　はじめに 　123
②　住所とは 　123
　　1　定住の意思を要するか　　2　住所の個数
③　居所・仮住所 　125
　　1　居　所　　2　仮住所

7　不在者の財産管理 　125

①　はじめに 　125
②　不在者に財産管理人がいない場合 　126
　　1　財産管理の開始と終了　　2　選任管理人の地位
③　不在者に財産管理人がいる場合 　127
　　1　不在者に法定代理人がいる場合　　2　不在者が財産管理人を選任している場合

8　失踪宣告の制度 　127

①　はじめに 　127
②　失踪宣告の要件 　128
　　1　不在者の生死が不明であること　　2　生死不明の状態が一定期間継続していること
　　3　利害関係人の請求　　4　失踪宣告の手続
③　失踪宣告の効果 　129
　　1　死亡の擬制　　2　死亡したものとみなされるの意味　　3　死亡とみなされる時期
④　失踪宣告の取消し 　129
　　1　はじめに　　2　失踪宣告取消しの要件　　3　失踪宣告取消しの効果

第4章　代理人による法律行為

1　序　説 　135

①　代理とは何か 　135
　　1　代理の意義と特徴　　2　代理制度の社会的意義（存在理由）
　　3　代理における三面関係
②　代理の種類 　136
　　1　法定代理・任意代理　　2　能動代理・受動代理

xi

目　次

> 3　代理と類似する制度 ……………………………………137
>> 1　法人の代表　2　使　者　3　間接代理　4　授　権　5　信　託
>
> 4　代理の適用範囲 ……………………………………………138

2　代理権　139

> 1　代理権の発生原因 …………………………………………139
>> 1　法定代理権の発生原因　2　任意代理権の発生原因
>
> 2　代理権の範囲 ………………………………………………141
>> 1　法定代理権の範囲　2　任意代理権の範囲
>
> 3　代理権の制限 ………………………………………………142
>> 1　共同代理　2　自己契約・双方代理
>
> 4　代理権の濫用 ………………………………………………145
>> 1　意　義　2　要　件　3　効　果　4　相手方からの転得者の保護
>> 5　法定代理権の濫用の場合
>
> 5　復代理 ………………………………………………………148
>> 1　意　義　2　復代理人の選任と代理人の責任
>> 3　復代理の法律関係　4　復代理の消滅
>
> 6　代理権の消滅 ………………………………………………150
>> 1　共通の消滅事由　2　任意代理に特有の消滅事由

3　代理行為　151

> 1　顕　名 ………………………………………………………151
>> 1　顕名主義　2　顕名方法　3　顕名のない場合
>
> 2　代理行為の瑕疵 ……………………………………………152
>> 1　代理行為の瑕疵とは
>> 2　代理人が相手方に対して意思表示を行った場合（民 101 条 1 項）
>> 3　相手方が代理人に対して意思表示を行った場合（民 101 条 2 項）
>> 4　特定の法律行為を委託された代理人による行為の場合（民 101 条 3 項）
>
> 3　代理人の行為能力 …………………………………………154
>> 1　意　義　2　法定代理の場合　3　内部契約が取り消された場合
>
> 4　代理行為の効果 ……………………………………………155
>> 1　代理行為の効果　2　代理人による不法行為の場合

4　無権代理　156

> 1　序　説 ………………………………………………………156

xii

目　次

　　② 無権代理‥‥‥‥‥‥‥‥‥‥‥‥‥‥‥‥‥‥‥‥‥‥‥‥‥‥‥‥‥‥‥‥‥‥‥‥‥‥‥ 157
　　　　1　相手方と本人との関係　　2　無権代理人の責任
　　　　3　相続による本人と無権代理人の資格の同一化　　4　単独行為の無権代理の場合

　　③ 表見代理‥‥‥‥‥‥‥‥‥‥‥‥‥‥‥‥‥‥‥‥‥‥‥‥‥‥‥‥‥‥‥‥‥‥‥‥‥‥‥ 166
　　　　1　表見代理の意義　　2　代理権授与の表示による表見代理
　　　　3　権限外の行為の表見代理　　4　代理権消滅後の表見代理　　5　表見代理の効果

第5章　法律行為（契約）の無効，取消し

1　序　説　　187

　　① 無効と取消しの意義‥‥‥‥‥‥‥‥‥‥‥‥‥‥‥‥‥‥‥‥‥‥‥‥‥‥‥‥‥‥‥ 187
　　② 無効と取消しの違い‥‥‥‥‥‥‥‥‥‥‥‥‥‥‥‥‥‥‥‥‥‥‥‥‥‥‥‥‥‥‥ 187
　　③ 法的技術としての無効と取消し‥‥‥‥‥‥‥‥‥‥‥‥‥‥‥‥‥‥‥‥‥‥‥‥ 188
　　④ 二重効‥‥‥‥‥‥‥‥‥‥‥‥‥‥‥‥‥‥‥‥‥‥‥‥‥‥‥‥‥‥‥‥‥‥‥‥‥‥‥ 188

2　無　効　　189

　　① 無効の法律行為の効果‥‥‥‥‥‥‥‥‥‥‥‥‥‥‥‥‥‥‥‥‥‥‥‥‥‥‥‥‥ 189
　　　　1　基本的効果　　2　第三者に対する効果　　3　一部無効
　　② 無効行為の転換‥‥‥‥‥‥‥‥‥‥‥‥‥‥‥‥‥‥‥‥‥‥‥‥‥‥‥‥‥‥‥‥‥ 190
　　③ 無効行為の追認‥‥‥‥‥‥‥‥‥‥‥‥‥‥‥‥‥‥‥‥‥‥‥‥‥‥‥‥‥‥‥‥‥ 190
　　　　1　追認には2種類ある　　2　追認の制限

3　取消し　　191

　　① 民法における取消し‥‥‥‥‥‥‥‥‥‥‥‥‥‥‥‥‥‥‥‥‥‥‥‥‥‥‥‥‥‥‥ 191
　　　　1　取消しの原因と範囲　　2　消費者契約法における取消し
　　② 取消権者‥‥‥‥‥‥‥‥‥‥‥‥‥‥‥‥‥‥‥‥‥‥‥‥‥‥‥‥‥‥‥‥‥‥‥‥‥‥ 192
　　　　1　錯誤，詐欺，強迫による取消し　　2　行為能力の制限による取消し
　　③ 取消しの方法‥‥‥‥‥‥‥‥‥‥‥‥‥‥‥‥‥‥‥‥‥‥‥‥‥‥‥‥‥‥‥‥‥‥‥ 193
　　④ 取消しの効果‥‥‥‥‥‥‥‥‥‥‥‥‥‥‥‥‥‥‥‥‥‥‥‥‥‥‥‥‥‥‥‥‥‥‥ 194
　　　　1　遡及的無効　　2　当事者の義務
　　⑤ 取り消すことができる法律行為の追認‥‥‥‥‥‥‥‥‥‥‥‥‥‥‥‥‥‥‥ 195
　　　　1　追認の意味　　2　追認権者　　3　第三者の保護
　　⑥ 法定追認‥‥‥‥‥‥‥‥‥‥‥‥‥‥‥‥‥‥‥‥‥‥‥‥‥‥‥‥‥‥‥‥‥‥‥‥‥‥ 196
　　　　1　法定追認の意味　　2　追認とみなされる事項

xiii

目　次

7 　取消権の消滅時効	·············197

1　消滅時効の意味　　2　5年の消滅時効　　3　20年の消滅時効
4　消滅時効か除斥期間か　　5　消費者契約法における取消権の消滅時効

第6章　法律行為（契約）の条件・期限，期間計算

1　序　説 199

2　条　件 199

1　条件の意義 ·····199
1　停止条件と解除条件　　2　出世払契約　　3　条件とされ得る事実　　4　法定条件

2　条件を付けることが許されない法律行為 ·····201
1　身分行為　　2　単独行為

3　条件の成否 ·····202
1　当事者の意思　　2　条件成就とみなされる場合　　3　条件不成就とみなされる場合

4　条件付法律行為の効力 ·····203
1　一般的な効力　　2　条件成就の効果　　3　条件の成否未定の間の効力——期待権

3　期　限 205

1　期限の意義 ·····205
1　始期と終期と停止期限　　2　確定期限と不確定期限

2　期限を付けることができない法律行為 ·····206

3　期限付法律行為の効力 ·····206
1　期限の到来　　2　期限付法律行為の期限到来前の効力

4　期限の利益 ·····207
1　期限の利益の推定　　2　期限の利益の放棄　　3　期限の利益の喪失

4　期間計算 208

1　期間の意義 ·····208

2　期間の決定 ·····208

3　期間の計算方法 ·····208

4　期間の満了 ·····209

5　期間の逆算 ·····209

xiv

第7章 法人〔権利の主体2〕

1 法人法の改正について　211

2 法人の意義　212

1 多数当事者の法律関係単純化の技術としての法人　212
2 財産関係分別の技術としての法人　213
3 法人は誰に便宜を与えるものか　213
4 法人の債務についての構成員の責任　214
5 法人の本質（法人学説）　214

3 法人の種類　215

1 社団法人と財団法人　215
2 公益法人・営利法人・中間法人　216
　　1 公益法人　2 営利法人　3 中間法人
3 外国法人と内国法人　218
4 非営利法人と収益事業・税制　219

4 法人の設立　220

1 法人設立の諸主義　220
　　1 許可主義　2 認可主義　3 認証主義　4 準則主義　5 自由設立主義
2 一般社団法人・一般財団法人の設立　221
　　1 剰余金（利益）の分配を目的にしないこと　2 設立行為をすること
　　3 設立の登記
3 法人の登記　224
　　1 法人登記の意義　2 登記の効力　3 設立登記　4 変更登記

5 法人の組織と解散命令　225

1 法人の機関　225
　　1 機関に関する変更点　2 理事，理事会　3 監　事
　　4 会計監査人　5 評議員，評議員会　6 社員総会
2 法人の組織変更　231
　　1 一般社団法人の定款の変更　2 一般財団法人の定款の変更

xv

目　次

3　解散命令 ………………………………………………… 232

6　法人の対外的法律関係　　232

1　法人の権利能力 ………………………………………… 232
1　法令による制限　　2　性質による制限　　3　目的による制限
4　代表権制限説　　5　法人の政治献金・寄付

2　理事の代表権 …………………………………………… 241
1　理事会設置法人か否か　　2　競業および利益相反取引の制限

3　法人の不法行為責任 …………………………………… 245
1　代表理事等の不法行為による法人の責任の要件
2　代表理事の無権代理行為につき一般法人法 78 条が適用されるか
3　理事等の第三者に対する責任
4　法人の不法行為責任が成立しない場合の理事等の責任
5　理事等の法人に対する責任

7　法人の消滅（解散，清算）　　250

1　解散事由 ………………………………………………… 250
1　一般社団法人・一般財団法人に共通の解散事由（一般法人法 148 条，202 条 1 項）
2　一般社団法人のみに特有の解散事由（一般法人法 148 条）
3　一般財団法人のみに特有の解散事由（一般法人法 202 条 1 項，2 項）
4　休眠一般社団法人・一般財団法人のみなし解散

2　清　算 …………………………………………………… 251
1　清算法人　　2　清算法人の機関　　3　清算事務の内容（清算人の職務権限）

8　権利能力なき社団　　252

1　権利能力なき社団とは何か …………………………… 252
2　権利能力なき社団と組合──区別の基準 ………………… 254
3　判例における権利能力なき社団の成立要件 ………………… 255
4　権利能力なき社団の構成員の責任 …………………… 258
1　学　説　　2　判例の検討

第8章　物〔権利の客体〕

1　物の意義　　263

1　権利の客体 ……………………………………………… 263

xvi

目　次

　　　1　権利の主体・客体　　2　法的な主体・客体

　　② 　物の意義……………………………………………………………264
　　　1　物の定義　　2　有体性　　3　支配可能性　　4　非人格性

　　③ 　物の単一性・独立性………………………………………………266
　　　1　物の単一性　　2　物の独立性

2　動産と不動産　　　　　　　　　　　　　　　　　　　　　267

　　① 　物の区別……………………………………………………………267

　　② 　不動産………………………………………………………………268

　　③ 　動　産………………………………………………………………269

3　従　物　　　　　　　　　　　　　　　　　　　　　　　269

　　① 　主物と従物…………………………………………………………269

　　② 　従物の法的運命……………………………………………………270

4　元物と果実　　　　　　　　　　　　　　　　　　　　　270

　　① 　使用と収益…………………………………………………………270

　　② 　元物と果実…………………………………………………………271

　　③ 　果実の帰属および分配……………………………………………271

第9章　時効制度

1　時効とは何か　　　　　　　　　　　　　　　　　　　273

　　① 　時効の意義…………………………………………………………273

　　② 　時効の存在理由……………………………………………………274
　　　1　2つの時効観　　2　3つの存在理由

　　③ 　時効の効果についての法律構成…………………………………276
　　　1　確定効果説（完成時説）——攻撃防御方法説，法定証拠提出説
　　　2　不確定効果説（援用時説）——停止条件的効果説，要件説

　　④ 　他の制度との異同…………………………………………………278
　　　1　除斥期間　　2　権利失効の原則　　3　権利保存期間（失権期間）

xvii

目　次

2　時効完成のための要件　　281

① 取得時効完成のための要件 ·······························281
1　概　要　　2　時効取得できる権利　　3　所有権の取得時効完成のための要件
4　所有権以外の財産権の取得時効

② 消滅時効完成のための要件 ·······························291
1　消滅時効の対象となる権利　　2　消滅時効期間　　3　起算点

③ 時効の完成の障害——時効の完成猶予・更新 ·················300
1　時効の完成猶予・更新の意義と根拠　　2　時効の完成猶予事由
3　時効の更新事由　　4　時効の完成猶予・更新の効力が及ぶ者の範囲

3　時効の援用と放棄　　309

① 時効の援用 ···309
1　時効の援用とは　　2　なぜ援用が必要とされるか　　3　援用権者
4　援用の効果の及ぶ人的範囲

② 時効利益の放棄 ·····································313
1　援用権の放棄　　2　援用権の喪失　　3　効　果

4　時効の効果　　315

① 権利の取得・消滅 ···································315
② 遡及効 ···315

第10章　信義則, 権利濫用〔私権行使の自由とその限界〕

1　序　説　　317

2　公共の福祉　　318

3　信義誠実の原則　　319

① 信義則の意義 ·······································319
② 信義則の具体的適用例 ·······························319
1　債務者の債務の履行に関する信義則の適用　　2　債権者の側への信義則の適用
3　不誠実な行為により取得した権利ないし地位の主張に関する信義則の適用
4　自己の先行行為と矛盾する行為に関する信義則の適用
5　付随義務, 保護義務の信義則による基礎づけ

xviii

6　民法 177 条における背信的悪意者排除論
　　7　民法 612 条 2 項における信頼関係法理
　　8　継続的契約関係における信義則の適用
　　9　法律行為の解釈における信義則の適用

　　③　信義則の機能……………………………………………………………324
　　　1　規範の具体化　　2　正義・衡平の実現　　3　規範の修正　　4　規範の創造

4　権利濫用の禁止　　325

　　①　権利濫用の意義……………………………………………………325

　　②　権利濫用の機能……………………………………………………326

　　③　権利濫用の効果……………………………………………………327

5　私権の実現（自力救済）　　328

事項索引………………………………………………………………………331

判例索引………………………………………………………………………337

第1章 序 説

　本書は，「民法」という5編からなる法律の最初の部分（第1編「総則」）に置かれた諸規定の内容をわかりやすく解説することを目的とするものである。

　民法の学習を始めたばかりの者が本書を手にする可能性も高いであろうと考えて，序論として，民法とはどのような生活関係に関わるルールを扱うものか，それはどのような沿革をもっているのか，また，ルールはどのように体系づけて配列されているのか，さらには，民法を適用して個別事件を解決する際の基本的な問題点は何か，などに簡単に触れておきたい。

1 「民法」とは

[1] 民法の規律する生活関係

1 財産および親族や相続をめぐる生活関係に関わる法

　民法は，法律の中でも，私たちの日常生活に関係する最も身近な法律である。それは，民法が，私人の財産をめぐる生活関係*，および親族や相続をめぐる生活関係**を一般的に規律する法律だからである。

　　*財産をめぐる生活関係というのは，財産をめぐって他者と契約を結ぶ関係，財産に対する権利を他者から移転する関係だといえる。例えば，建売住宅やマンションの購入，自動車，家電製品の購入（売買契約，所有権の移転），土地や賃貸マンションを借りる（賃貸借契約），住宅を購入する資金を銀行から借りる（金銭の消費貸借契約），金銭借入の担保として所有する不動産に抵当権を設定する（担保物権の設定），あるいは，他人がこの借入債務の連帯保証人となる（保証契約），マンションの住戸を業者に頼んでリフォームする（請負契約），弁護士に法律事件の処理を依頼する，あるいは病院で医療サービスを受ける（委任契約）など。さらに，

1

契約ではないが，交通事故にあってケガをしたとして加害者に対して損害賠償を請求する場合も，金〇〇万円支払えという意味で財産に関わる関係と捉えることができる。

＊＊親族や相続をめぐる生活関係としては，キーワード的には，婚姻，離婚，親子，養子縁組，成年後見，扶養，相続，遺言，遺留分などの生活関係をあげることができる。

2 生活関係を「規律する」という意味

このような生活関係について，とりわけ，関係当事者の間で法的な紛争が生じた場合に，それを解決するための基準となる実体的なルールが必要である＊。

＊紛争の例をあげると，売買契約では，買主が宅地と偽った原野を買わされてしまった，買ったものを引き渡してもらえない，購入した住宅，家電製品が契約の内容に適合しない欠陥品であった，逆に，売主が売買代金を払ってもらえない場合など，売主・買主は相手方に対し何を求めることができ，どのような解決が用意されるのか。金銭の消費貸借契約では，貸した金を返してもらえない場合，貸主（債権者）は回収のためどうすればよいか，そのような不履行に備えていた担保，保証はどう役に立つのか。交通事故によりケガをして，運転手に損害賠償を求めたが，運転手は，被害者が道路に飛び出して事故が起きたと主張して，賠償義務はない，仮にあったとしても全額の賠償はしないと争っているという場合，損害賠償を行為者に支払わせることができる要件，一部減額する要件などを明らかにするルールがないといけない。親族や相続をめぐる生活関係でも，離婚，あるいは，遺産の相続問題などをあげれば解決のためのルールが必要であることはすぐに納得できる。

民法は，これらの紛争について，その解決の基準となる膨大な実体法のルール（権利・義務関係の内容を定める法を実体法と呼ぶ）を収納している。ここで重要な点は，そのルールは**権利（義務）**という概念を中心にすえたものだということである。すなわち，AとBとを当事者とする民事紛争で，一定の要件に当てはまれば，一方の当事者Aに一定の「権利」を認め，Aはその「権利」を他方当事者Bに対して主張できるということにしておき，他方，Bは，Aに認められた「権利」を尊重しなくてはならない，とするわけである＊＊。そういう意味で，民法は権利（物権，債権など）を基軸に全体が構成されている，**権利の体系**である。

＊＊例えば，売買契約が有効に成立する（要件が満たされる）と，買主は売主に対して，売買の目的物を引き渡せという権利（このような権利を**債権**と呼ぶ），反

対に，売主には代金を支払えという権利を認め，双方に他方の権利を尊重させる義務（**債務**と呼ぶ）を負担させる（民555条）。この関係で，相手方が契約を履行しないという問題が生ずると，一方当事者がこの権利（**債権**）を主張し，相手方義務者（**債務者**）にそれを尊重させて，解決に導くわけである（この権利の主張を，国家（裁判所）も支持して解決に助力してくれる仕組みができあがっている。ルールの貫徹はそれを用意した国家の関心事であるからである）。あるいはまた，例えば，購入した電気製品が欠陥品だったという事例では，それが品質等に関して「契約の内容に適合しないもの」であるという要件が満たされれば，目的物の修補，代替物の引渡しなど履行の追完請求権，または代金の減額請求権，これらと並んで損害賠償請求権および契約の解除権を買主に認め，それらの権利を行使することによって解決を図ることとしている（民562〜564条）。

なお，このように民法は私人の権利・義務関係を定め，紛争を解決する基準を提供する法，すなわち**実体法**であるが，これに対し，裁判所で権利・義務関係を確認，実現する手続を定める法を民事訴訟法という（これを手続法と呼ぶ）。

② 民法は私法の一般法

1 公法と私法

私たちの生活を振り返ると，大きく分けて，上述の財産あるいは親族や相続をめぐる私人としての生活関係のほか，国や地方公共団体があっての国民または住民としての生活関係がある。選挙権，自動車の免許，あるいは税金を支払う義務などの関係がそれであって，これらの関係を規律する法は**公法**と呼ばれる。公法に属するものとしては，憲法，各種行政法，刑法，各種の訴訟手続法がある。国，地方自治体は，公法に規定された法規範，および手続に従って行政等の統治行為を行うことが要請される。

これに対して，前者を規律するものを**私法**と呼んでいる。私法には，民法のほか，商法がこれに属する。私的な生活関係では当事者間での自由な私的自治的な関係形成を基本とし，私法は，その背後で標準的なルールを用意する。しかし，私人の自己規律が承認される度合いは法律関係により異なり，契約と対比して，例えば，親族の関係，不動産の関係，会社法などにおいては，守るべき私的な秩序がかなり強く示されている。

2 一般法（民法）と特別法（商法）

次に，私法の中での位置づけであるが，民法は，私人と私人との関係を一般

的に規律する「私法の**一般法**」である。一般的にというのは特定のグループに属する者に適用が限定されないという意味である。これに対して，商法や会社法は，商人の組織（会社）や，商人の取引に関するルールを規定したものであり，私人の中の特に商人の関わる法律関係を規律する特別法ということができる。なお，法の適用に関しては，「特別法は一般法に優先する」との一般的ルールが存在する＊。

> ＊民法は，商人の取引を含めて，私人の関係一般についてルールを置いている。そこで，商人の関わる取引には，商法に規定があればその規定が適用され，同時に一般法たる民法もまた適用される可能性がある。この場合には，特別法は一般法に優先するので，商法が適用されることになる。その理由は，特別な関係については，それを規律するによりふさわしい規範により処理されるべきだからである（例えば，売買の目的物が契約の内容に適合しないものである場合における売主の担保責任の追及（民562条以下）に関し，商人間の売買においてはその目的物を受領したときに，買主に検査・通知義務を課し，その義務を遵守しない場合は担保責任の追及ができないとしている（商526条）。

③ 民法ルールの所在

1 民法典について

(1) 民法典の沿革

民法に関するルールは，民法という名前の法律（「民法典」と呼ばれ，施行は明治31（1898）年7月16日）に，その大部分が，体系的に納められている。

「民法典」は，明治初年から，その編纂が企図された＊。

> ＊それは一般私法についての国内法の統一が目的ではあるが，急がれた強い動機は対外的事情であり，近代国家に仲間入りするため，幕末に締結した不平等条約（治外法権，関税の決定権が外国にあるなど）を撤廃する必要があったからである。すなわち，民法を含め基本的な法律の整備がされていない国には裁判権を委ねることはできないとされたためである。そこで，フランス人の法学者ボアソナードに起草させ（ただし，親族法および相続法の部分は日本人が起草した），フランス民法を基礎とした民法（一般に，旧民法などと呼ばれる）が完成し，明治23年に公布された。しかし，いわゆる法典論争が起き（断行派と延期派の争い。当時の仏法学派と英法学派との争いという性格もあった），「民法出デテ忠孝亡ブ」（日本の国情にあわない）のスローガン（穂積八束の言）等により延期派が勝利した結果，明治25年，その施行は延期された。

そこで，この旧民法を基礎にこれを修正して民法を編纂することとし，明治26（1893）年に「法典調査会」を作り，起草委員として東京帝国大学の穂積陳重，富井政章，梅謙次郎の3教授を選任し，分担起草させ，調査会で議論した上，民法草案を確定していった。審議の際は，旧民法が下敷きとされ，したがって，個々の制度の内容からいえば，フランス民法の影響が大きいものとなった（フランス民法典は，1804年に制定されたいわゆるナポレオン民法典であり，現在も現行法である）。他方，当時，ドイツにおいて民法典の編纂が進行中であり（1896年8月に成立し，1900年に施行された），その草案，とりわけ第1草案を参照し，ドイツ民法の影響も少なからず受けている。特に，物権と債権を峻別し，頭に総則を置くという編別体系は，ドイツ民法（草案）にならったものである。かくして成立した民法典は，第1～第3編が明治29（1896）年4月27日に，第4，第5編が明治31（1898）年6月21日に公布され，ともに，同年7月に施行された。

(2) 民法の基本理念

以上のように，日本民法は，フランス，ドイツ，その他の西洋諸国の近代民法典を参照して作られた結果，それらの基本理念を受け継いでいる。すなわち，封建社会から近代への転換を示す基本的な思想である，すべての人の法の下における平等，私有財産権の絶対的不可侵性，**私的自治の原則**（契約の自由），過失責任主義である*。もっとも，その後の社会・経済事情の変化により，これらの基本理念をそのまま維持することがかえって実質的正義に反する事態も生じ（社会的経済的な力の格差がある当事者が契約を締結する場合，契約の自由をそのまま適用すると，弱い者の立場が極めて不利になるなど），今日いろいろな面で修正がされている。

　　＊これら諸原則のよってたつ背景は単純ではなく説明は難しいが，いずれも封建的拘束からの解放をうたっているということはできる。法の下における平等とは，年齢・性別・社会的身分・能力等によって差別しないで，法の下では等しい取扱いをするという原則である（民2，3条参照）。私有財産の絶対的不可侵（所有権の絶対性）とは，近代市民社会が成立し土地に対する封建的制約を廃止したときのスローガンとして述べられたものである。もっとも，今日，実際には公共の福祉のために多くの制限が加えられている（民1条1項，206条参照）。私的自治の原則とは，権利・義務は，封建的な身分関係から生ずるのではなく，それぞれ個人の自由な意思に基づいてのみ生ずるという考え方である。契約自由の原則（締約，内容形成な

どの自由，民521条参照）は，私的自治の原則から出てくるものといえる。過失責任主義は，法的な責任を負うのは過失がある場合に限るという考え方である（民709条参照）。人の行動（資本主義的な生産活動）の自由を保障する原則といえる。

(3)　その後の民法典の改正

　民法典は施行後百年をすぎ，社会・経済事情の変化に対応するため，次項で取り上げる民事特別法の制定を含めて，必要な修正が加えられてきた。最初の大きな改正は，第二次大戦後の憲法秩序の変更に伴い，家中心の家族法秩序から個人を尊重し男女平等の理念に沿ってなされた民法の第4編（親族編），第5編（相続編）の全面的な改正である。しかし，民法の財産編などにおいては比較的小規模な改正にとどまってきた。その理由は，民法の古い条文を時代に即応させるために，①判例による法解釈・法形成が大きな役割を果たしてきたこと，また，②適宜の民事特別法の制定により，民法一般法の適用により生ずる不都合を補正してきたことを指摘することができる。改正としては，昭和46（1971）年に「根抵当」が，昭和62（1987）年に「特別養子」の追加がなされた。

　しかし，社会・経済事情がさらに変動し，平成10（1998）年頃から，明治期，戦後期につぐ第3の法変革期というべき状況となり，重要な改正が相次いでいる。成年後見法制（平成11（1999）年），担保法制（平成15（2003）年），根保証（平成16（2004）年。あわせて，条文表記がカタカナから現代語化された），法人法制（平成18（2006）年。法人法については一般社団法人・一般財団法人法などの特別法が制定された）などの改正がされている。

　そしていま，契約法を中心に債権関係法が大きく改正された（平成29（2017）年）。改正の範囲は総則の法律行為，時効，債権の総則と契約法の部分である。改正の理由は，第1は，社会・経済の変化に民法典を対応させることであり，第2は，判例による法解釈，法形成で実際に妥当している法（判例法理）と条文文言とに乖離があるので，国民一般に分かりやすい法典とすることが必要であるということである。また，契約取引がグローバル化しており，それに対応することの必要性もあったということができよう。この改正法の施行は平成32（2020）年4月1日にされている。

2　民事特別法

　実質的に民法についてのルールは，民法典のほか，民事特別法と呼ばれるも

のの中にもある。民事特別法は2つに分類でき，第1は，民法自身がその存在を予定しているもので，不動産登記法（民177条。平成17（2005）年に旧法（明治32（1899）年法）を全面改正），遺失物法（民240条，241条。平成18（2006）年に旧法（明治32（1899）年）を全面改正），供託法（民494条。明治32（1899）年），戸籍法（民739条。昭和22（1947）年）などがそうである（これらも，社会・経済事情の変化に対応して繰り返し改正がなされている）。これらは，手続面での規律を主たる内容とするが，民法典と一体となってそれぞれの諸関係を規律している。

第2は，民法典を修正したり，補充したりする民事特別法で，かなり多数存在ある。これらの法も民法の一部である。大まかな区分であるが，担保法・金融関連法として，工場抵当法（明治38（1905）年），立木法（明治42（1909）年），自動車抵当法（昭和26（1951）年），建設機械抵当法（昭和29（1954）年），利息制限法（昭和29年），時代が下って，仮登記担保法（昭和53（1978）年），動産債権譲渡特例法（平成10（1998）年），電子記録債権法（平成19（2007）年）などがある。不動産関連法として，古くから借地借家人の保護として，建物保護法（明治42年），借地法（大正10（1921）年），借家法（大正10年）〔これら三法は平成3年改正により借地借家法に統合〕，建物区分所有法（昭和37（1962）年）がある。また，損害賠償に関する特別法として，失火責任法（明治32（1899）年），自動車損害賠償保障法（昭和30（1955）年）がある。さらに，消費者保護関連として，製造物責任法（平成6（1994）年），消費者契約法（平成12（2000）年）があるが，事業者を規制する宅地建物取引業法（昭和27（1952）年）や割賦販売法（昭和36（1961）年），特定商取引法（昭和51（1976）年），住宅の品質確保法（平成17（2005）年）などの業法と呼ばれる法律の中にも実質的に消費者保護の観点から民法を修正する規定がみられる。ほかに，信託法（平成18（2006）年に旧法（大正10（1921）年）を全面改正），いわゆる労働関係法も民法の特別法を形作っている。

4 民法典におけるルールの配列の仕方

1 物権・債権2分と共通ルールの括り出し

民法の条文は1044条まである（枝番号のついた条文があり実質はもっと多い）。財産および親族，相続をめぐる生活関係を規律する膨大なルールをどのように

配列しているか（まずは，六法にある民法の目次の一覧を勧める）。以下では，親族法，相続法は除いて，民法の前半の財産法を中心にルールの配列法について説明しておきたい。

まず，人と財産との関わりを物権と債権という2つの権利関係に分類整理している。物権は，所有を中心とした，人が財産を直接支配する関係であり，債権は，人と人との契約を中心とした，財産の移動，サービスの給付に関する関係である。そして，この2分法は，資本主義社会における商品の「帰属」と，生産・再生産のための商品の「流通」のモデルに合致しているといってよい。

次に，共通する事柄を総則として括り出し，前に前にもってくるという構造をとっている。物権編の中，債権編の中にも，「総則」規定がある（次頁の図参照）。その上で，物権，債権に共通のルールを「民法総則」として括り出し，第1編に置いている。

要するに，「物権」「債権」の2分法と，共通のルールがあればそれを共通項として括弧の前に括り出し前置するという条文配列法を採用しているのである＊（ドイツ民法が採用するもので，いわゆるパンデクテンシステムと呼ばれる）。

＊したがって，日常の生活事実に即して，関係するルールが1か所にまとまって置かれる形とはなっていない。例えば，不動産を売買して所有権を移転するという事柄のすべて，あるいは，不動産賃貸借に関連する事柄のすべてに対応するルールが，1章にまとめられているという配列法ではない（加えていえば，多くの民事特別法があり，民法と合わせて見ることで初めて関係するルールの全体像が明らかとなる）。

2　具体的説明

以上のことを，具体的に説明する。次頁の図は，理解の参考のための概念図である（省略等をしており，詳しくは民法典の目次等を参照のこと）。

1 「民法」とは

[民法典の配列]

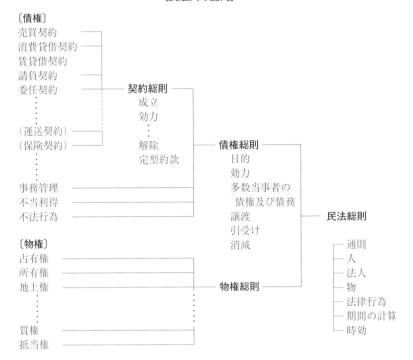

(1) 売買を例に説明
(a) 売買契約で規定されている事項

民法555条以下の売買（第3編「債権」第2章「契約」第3節）を例にあげて説明する。ここには、動産、不動産に共通する売買に関する規定が置かれている。さて、規定は、555条が売買の定義、および売買契約により売主・買主間に債権・債務関係が発生することについて、続いて、予約、手付、費用、562条から572条は引き渡された目的物が契約の内容に適合しないものであるとき売主が負う担保責任について、あと、代金の支払期限、支払場所など、最後の579条以下は買戻しという特殊な制度についてのものである。以上が、「売買」というタイトルの下に規定されている全部である。これで、売買というわれわれが日常経験する関係について、生じ得ると考えられる事態のすべてのことに対応できるかというと、そうではない。

9

第1章 序 説

(b) 総則に括り出された事項

総則に括り出されている事項がある。主要な3点を以下に指摘する。

第1に，売買の節には，売買契約の成立に関するルールがない。また，売買契約上の義務違反による解除のルールもない。これらに関するルールは，債権編の第2章「契約」第1節「総則」521条以下に置かれている。その理由は，これらは売買契約に特有なものではなく，賃貸借契約など他の契約においても同様に必要なルールであり，すべての契約に共通する規定として括り出され「契約」の「総則」で規定されたのである。

第2に，売買の節には，契約上の権利・義務の履行についてのルールがない。例えば，買主が代金を支払わない，売主が目的物を引き渡さない場合のルールである。これは，より上位の債権編第1章「総則」（第2節「債権の効力」第1款「債務不履行の責任等」）に置かれている。その理由は，債務の不履行は，契約上の債務に限らず，不法行為による損害賠償債務についてもあり得るので，債務一般に関する規定として，「債権」の「総則」に置かれているのである。

第3に，売買の節には，契約の締結に際して，詐欺があった，あるいは判断能力の十分でない未成年者が関与していたなどを理由として，その拘束力から離脱するということに関するルールが置かれていない。いずれも，民法の総則編（詐欺は，第5章「法律行為」第2節「意思表示」に，未成年者は，第2章「人」第3節「行為能力」に）規定されている。その理由は，詐欺とか未成年者の関与は，債権契約においてのみではなく，抵当権設定行為などの物権行為の場合にも生じ得るからである。

以上，要するに，「売買」のタイトルの下で規定された条文のみでは，社会の中で生起する売買という事象から生じる問題すべてに対処することはできない。このことは，賃貸借契約，あるいはその他の契約の場合にもまったく同様に当てはまる。賃貸借契約の節（民601条以下）に規定されているのは，他の契約とは異なる賃貸借契約に固有の事柄についてのみであって，他と共通性を有するルールについては，いずれかのレベルの「総則」として規定されているのである。

(2) 物権法では

また，物権法についても，ルールの作り方については，同様のことが指摘できる。例えば，第3章「所有権」においては，内容，限界，相隣関係（民206

条以下），所有権特有の取得原因（民239条以下），共同所有関係（民249条以下）など所有権に特有の事柄が規定されている。地上権および抵当権などの章も，それぞれの権利の内容など，その権利特有の事柄が規定されている。それら各種の物権に共通のものとして，物権編「総則」において，物権の成立，移転，消滅のルールが規定されている（民175～179条）。そして，さらに債権と共通の事柄については，民法総則の規定が適用されることになるのである。

5 民法総則に規定されるルールの性質と内容

1 「権利」に関する抽象度の高いルール

では，民法総則にはどのような規定が置かれているか。すでに説明したように，そこには，契約，不法行為，所有権移転，抵当権設定などに共通のルールが置かれている。すなわち，債権という権利，物権という権利に共通である「権利」に関するルールが括り出されていることになる。整理すると，権利（私権）に関すること，権利主体に関すること，権利客体に関すること，権利の発生，移転，消滅（すなわち変動）に関することが規律されている。パンデクテンシステムの結果として，総則には，具体的な生活事実からするとかなり抽象化されたルールばかりが置かれているということになる。

そうではあるが，上で述べたように売買などにも関係するルールなので，学習に際しては，売買などの具体的事実に関係づけて総則のルールの内容を理解していくことが大切である。

2 その具体的内容

民法総則には，「権利（私権）」それ自体に関する規定はない。しかし，民法は権利の体系であり，ある者に権利を認め他者がそれを尊重することで私的な生活関係を秩序づけていることは自明のこととされている。民法1条は，それを前提に，権利の行使についての制約のルールを規定していると理解することができる。

「権利主体」，すなわち，債権・物権という権利の帰属主体に関するルールが，第2章「人」，第3章「法人」に置かれている。ここでは，主として2種類のルール，すなわち，①権利能力，すなわち権利の帰属主体となる資格に関すること（出生，死亡，設立，解散），および，②権利主体の意思能力・行為能力，

すなわち自らの行為によって，債権・物権という権利を有効に発生させる能力に関すること（未成年，成年後見）が，規定されている。

「権利の客体」については，第4章「物」の規定が対応する。権利の客体としての物は有体物，つまり動産，不動産を指すとされており，したがって，実質は物権の客体についての規定となっている。しかし，契約を通じて物の獲得が目指されるという意味で間接的に契約上の請求権の客体ということもできる。

「権利の変動」（権利の発生，移転，消滅のこと）については，第5章「法律行為」の規定が対応する（第7章「時効」も，時の経過（という事実）により「権利」の消滅（消滅時効），取得（取得時効）の効果が発生するので，権利の変動の問題である）。ここには，権利変動が権利主体の「法律行為」（意思的な行為であり，事実行為（不法行為など）は含まない）により生ずる場合について，共通のルールが置かれている。わかりやすくいえば，具体的には，売買契約等の契約による権利・義務（債権・債務）関係の発生（および民法176条の意思表示による物権の設定および移転）についてのルール，および，代理人による契約締結に関するルールがその中心である。前者の権利・義務の発生に関しては，意思表示・法律行為の有効な成立（契約の場合には2つの意思表示の適式な合致）が問題となるが，総則の中では，具体的には，特に有効性に関わる事柄を，裏側から，すなわち，詐欺などのように契約の有効な成立を阻害する諸事情を列挙するかたちで規定している（詐欺・強迫取消し，錯誤取消し，公序良俗違反無効などの規定）（契約の成立に関するルールは契約総則にある）。以上，民法総則の抽象的・論理的な体系は体系として理解する必要があるが，総則に置かれてあるルールはルールとして，具体的な生活関係のどのような側面に関するものであるかをしっかり把握して，学習していく必要がある。

2 民法というルールの適用に関する問題

1 法の適用による紛争の解決

民法のルールは，私人間の財産あるいは親族，相続をめぐる生活関係，とりわけそれが紛争という形態をとったときにその適用が意識される。

紛争解決は，民法ルールを尊重して当事者間で図られることもあるが，最終

的には，国の裁判所がルールを適用することで図られる（権利が認められるかどうかが判断され，その権利の実現に助力するという過程をたどる）。これについて，検討すべき3つの問題がある。第1は，裁判官は，個別事件の処理に際して，何を「民法ルール」としてもってくることができるか（**法源の問題**）。第2は，適用の際，その「ルール」内容を明らかにすべき必要がある（**法の解釈**。適用の対象たる紛争の内容は何かの確定（事実認定）も実は極めて重要な問題である。その判断の仕方（当事者の主張，証拠による認定など）については，民事手続法で論じられる問題である）。第3は，民法の「時間的，人的，領土的適用範囲」である。

② 民法の法源

　裁判官は，解決を迫られた事件につき，何らかのルールを適用して判断を下す。民事関係の紛争の場合，何を民法ルールとして援用することができるのか。民法典の規定を援用できるのは当然であるが，しかし，必要なすべての民法ルールがこの民法典の中に書かれているわけではない。いわゆる民事特別法や，その他，慣習法，判例，条理などの適用可能性が問題となる。

1　民法典，および関連する民事特別法等

　国家法である民法および関連する民事特別法等にある規定が紛争解決において適用され得るのは当然である（憲76条3項）。

2　慣習法

　法律に規定がない場合，慣習法を援用できるかが問題となる。**慣習法**とは，一定の社会における慣習であって，その社会内の人々により規範としての拘束性が承認されているものをいう。法適用通則法3条は，「公の秩序又は善良の風俗に反しない慣習」は，①「法令の規定により認められたもの」，または，②「法令に規定されていない事項に関するもの」に限り，「法律と同一の効力を有する」と定めており，この要件に該当すれば，慣習法を適用して裁判をすることができる。①の例としては，民法263条の「入会権については，各地方の慣習に従う」，がそうである。入会権に関しては，各地で慣習が異なるので，民法典の立法に際して，ルールを民法典自体で規定することができなかったのである。②に該当する例は，立木を立木のまま土地から独立して譲り受けた者

第1章　序　説

がその所有権を「明認方法」により第三者に対抗することができる，というルールがそうである。慣習法は，裁判所でそれが適用されることを通して判例ともなる。

3　判例により形成されたルールはどうか

そもそも**判例**（「判例準則」などとも呼ばれる）とは何か。各審級の裁判所で個別事件に対して日々たくさんの判決等が出されているが，これらすべてを判例と呼ぶわけではない。厳密に定義することは難しいが，判例とは，一般に，最高裁判所のした裁判であって，同種の事件についての判断に際し先例として事実上拘束力を有するものをいう*。

以上の意味で，判例は，厳密には法源ではないが，事実上は法源として機能するものと位置づけられている。

　*とりわけ，新しい判断を含むものとして公式の判例集である最高裁判所民事判例集（民集）に登載されたものは，判例としての意義が大きい。また，同種のものが積み重なると，判例としてより確固としたものになる。判例は，そもそも，法の規定しない問題についての（条理による）判断が判例となったもの（譲渡担保についての清算義務（当事者の合理的意思解釈がされたともいわれる），あるいは，法条文についての解釈という意味合いの判例もあり（背信的悪意者排除法理（民177条），民法94条2項類推適用法理など），多様である。
　なお下級審の判決等は，これと区別する意味で，「（下級審）裁判例」と呼ばれる。

さて，日本はルールを成文法による国であって（成文法主義），英米の国が採用する「判例の先例拘束の原則」は法体系の中で採用されていない。したがって，判例は，裁判官がそれに判断を拘束されるという意味での法源とはいえない。しかし，判例の安定性は法を施行する上からは重要であり，判例が変更されることは例外的なことである（また，判例を変更する場合は，手続的には，最高裁判所大法廷で裁判され，慎重が期されている（裁10条3号））。そこで，裁判官は，個別事件の判断に当たって事実上判例に拘束されているといってよい（判例に反する下級審裁判所の判断は，多くの場合，最高裁判所において（判例違背は上告受理の理由とされている（民訴318条1項）から），覆されることになるだけである）。

以上の意味で，判例は，厳密には法源ではないが，事実上は法源として機能するものと位置づけられている。

14

4 条理はどうか

　以上のいずれもが存在しない場合，裁判官は判断をしないで済むかというと，そうはいかない。その場合，裁判官は「条理」に従って判断すべきであるといわれる。**条理**とは，物事の道理，物事の筋道という意味である。古く明治初年の太政官布告（裁判事務心得（明治8年太政官布告103号）3条）に「民事ノ裁判ニ成文ノ法律ナキモノハ習慣ニ依リ習慣ナキモノハ条理ヲ推考シテ裁判スヘシ」とあり，この趣旨が規定されていた。また，例えば，有名なスイス民法1条2項には，「かりに立法者であったら制定するであろうような準則」に従って裁判官は裁判すべしとの規定がある。今日のわが国においても同様のことがいえるであろう。もっとも，条理は厳密な意味での法源には当たらないというべきである。なお，1度最高裁判所において条理によりなされた判断は，判例となる。

③　民法の解釈

1 解釈の必要性

　裁判官は，個別的な事実関係に対して民法ルールを適用して，紛争を解決する。しかし，適用する条文の意味内容は必ずしも一義的に明確であるというわけではない。そこで，ほとんどの場合，条文等の意味内容を明らかにすること，すなわち解釈が必要となる。

　法の解釈は，裁判所（すなわち，国家）が行うものが，最も重要である。公権的解釈であり，それがまさに現在の社会で実行されている法の内容ということになる。判例の勉強が重要であるのはその意味からである。これに影響を与えることを実践的な目標として，学者，その他の研究活動があり，あるべき解釈が提案される（「法解釈学」と呼ぶ）。

2 解釈の仕方（どのように解釈すべきか）

　法の解釈は自由無限定になすことができるわけではなく，解釈の仕方については，まず，条文文言の文理解釈をし，ついで論理解釈（または，体系的解釈）を，最終的には，目的論的解釈をすべきである，とされる。

　文理解釈とは，解釈を行う際に，まずは，条文の文言を，その文言が通常もつ意味に即して理解することである。**論理解釈**とは，民法のルール全体を，論

理的，体系的に矛盾なく一貫したものになるように解釈するということである＊。

> ＊例えば，民法115条の「取消し」（無権代理人がした契約を相手方が取り消すこと）は，詐欺・強迫があった場合の意思表示の「取消し」（民96条など，120条以下）と，同一とみてよいのか違うのか。文言は同じであるが，違うと解釈する。意思表示に瑕疵があるという場合とは，状況が異なるからである。ここでいう取消しとは（不確定的に無効な）無権代理行為を確定的に無効とする一種の撤回であり，本人の追認の可能性を奪うものである。取消しについての一般ルールは適用されない。

文理解釈，論理解釈をしても条文の内容が明確とならないことが少なくない。**目的論的解釈**が必要である。すなわち，その規定の置かれた趣旨に沿って目的的に解釈するということである。その際，立法者がその条文にどういう内容を与えたかを基礎に，その規定が現在の社会において果たすべき役割を考え，その意味内容を決定すべきである＊＊。

> ＊＊例えば，民法21条の「詐術」であるが，言葉（文理）としては，積極的に人を欺く術策を意味するようにもみえるが，どう解するのか。この条文は，制限行為能力者が，本来ならば取消権により保護される場合において（民5条2項等），契約締結の際行為能力者であると信じさせるため「詐術」を用いたことを理由にその取消権を剥奪している。趣旨は，取消権によって立場がおびやかされている善意の契約相手方の保護であり，結局，制限行為能力者の保護をなお重視するのか（立法者はそう考えていたようである），相手方の取引の安全を保護するのか（趣旨の理解が次第にこの方向に移動している）という議論になる。取引の安全保護重視ということであれば，必ずしも積極的にだましたことは必要ではなく，制限行為能力者であることを黙秘していた場合でも他の言動と相まって相手方を誤信させた場合にも，詐術があったと解釈することになる（最判昭44・2・13民集23巻2号291頁―判例講義民Ⅰ⑨）。

3 条文との関係における解釈のテクニック（に関する用語）

ここでは，拡張解釈，縮小解釈，類推適用，反対解釈が問題となる。

拡張解釈または**縮小解釈**とは，条文文言についてそれが通常もつ意味（文理）を多少拡張あるいは縮小して解釈することをいう＊。

> ＊例えば，民法717条の「土地の工作物」については，その言葉がもつ意味より広く，踏切の保安設備なども含まれると解されている（拡張解釈，最判昭46・4・23民集25巻3号351頁）。他方，民法177条の「第三者」について，当事者以外の第三者をすべて含むのではなく，登記欠缺を主張する正当な利益を有する第三者

に限定している（縮小解釈，大連判明 41・12・15 民録 14 輯 1276 頁―判例講義民Ⅰ⑭）。

　類推適用とは，ある事項を直接に規定した法規がない場合，それに最も類似した事項を規定する条文を適用することをいう＊＊。

　　＊＊民法 94 条 2 項の類推適用で説明をすると，この条文は，AB 間の契約が相手方 B と通じてした虚偽の意思表示によるものであった場合，A はその無効を，B を起点に新たな利害関係に入った善意の第三者 C に対し主張できないとするものである。A が虚偽の契約の外形を作出したこと，C が虚偽の契約の外形につき善意であることがこの条文の要素となっている。この規定を，AB 間に契約関係はないが，A の所有不動産につき，B が所有者である旨の登記がなされており，無権利者 B が所有者と偽って第三者 C にその不動産を譲渡した場合の A の C に対する返還請求につき，類推適用している。
　　類推適用のためには，民法 94 条 2 項に類似する事情の存在が必要である。B に虚偽の外形（登記）があり，C が虚偽の外形（登記）につき善意であり，A がその虚偽の外形（登記）につき事前または事後に明示または黙示に承認していること（通謀虚偽表示に類似する事情）が必要ということになる（最判昭 45・9・22 民集 24 巻 10 号 1424 頁―判例講義民Ⅰ⑩⑥）。

　拡張解釈と類推適用との区別は，拡張解釈は条文の文理に含めることができる場合であり，類推適用は条文の文理にもはや含めることができない場合である＊＊＊。

　　＊＊＊例えば，民法 711 条（死亡した被害者の「父母，配偶者及び子」は加害者に対し慰謝料を請求できる）の「配偶者」に，「内縁の妻」を含めることができるかどうかは拡張解釈の問題であるが，「同居をしている被害者の夫の妹」がこの条文に依拠して慰謝料を請求できるかは類推適用の問題である（最判昭 49・12・17 民集 28 巻 10 号 2040 頁）。

　反対解釈とは，条文の規定していること以外のことには当該条文は及ばないと解釈する場合，その解釈を反対解釈という＊＊＊＊。

　　＊＊＊＊例えば，民法 146 条の，「時効の利益は，あらかじめ放棄することができない」というのを，事後（時効の完成後）であれば放棄できると解釈する場合，その解釈を，146 条の反対解釈という。

　以上の条文解釈上のテクニックが可能な範囲でのみ「解釈」は成立し適用ができる。しかし，かかる解釈をしてよいかどうかは，各条文の解釈としてそのような結論を導くべきかどうかという，より実質的な判断によって決まる。

第1章 序 説

　なお，類推適用との区別として**準用**が問題となる。準用は解釈テクニックではない。法の条文作成上，同種のことについては，重ねて規定しないという立法技術である＊＊＊＊＊。

> 　＊＊＊＊＊例えば，裁判離婚に関する民法771条の規定で，協議離婚の効果に関する規定である民法766条から769条までの規定が，「準用」されている（総則でも，例えば，民法19条2項，110条など参照）。なお，準用の場合，準用される場面に応じて文言の読替え，さらには条文中の一定の事項が準用できるかどうかの検討も必要になる（民法372条による304条の準用の場合などで検討してみよ）。

④ 民法の適用範囲

　民法の適用範囲は，時間的，人的，および場所的な側面でそれぞれ問題となる。

　時間的には，**不遡及の原則**がある。ある事実のあった時の現行法が適用され，改正された法，および新法は時間的に遡及して適用しないというものである。一般に，改正附則として，その旨が規定される（民法の施行の際，民施1条は不遡及の原則を規定する）。ただし，民法の関係では，刑事法などと違って不遡及は厳格な原則ではなく，より合理的である新法の遡及適用を認めるべき理由がある場合には，例外的に遡及が認められる。その場合には，個々的に規定が置かれる（例えば，民法の親族法・相続法の昭和22年の改正に当たっては，附則4条で遡及を原則とし（ただし，施行前に効力が生じているものを除く），平成4年に新法に移行した借地借家法もこれと同様である（借地借家附則4条））。

　人的な適用範囲は，日本人，および日本にいる外国人である。ただし，外国人には，当該外国の法が同時に適用されることがある。いずれの国の法を適用して判断するかは，日本の裁判所が，日本の国際私法（法の適用に関する通則法）に従って決める問題である＊。

> 　＊例えば，日本人と外国籍の者とが結婚する，あるいはそのような夫婦が離婚する場合（法適用24，27条）。なお，もちろん，日本と外国と国境をまたいで契約をする場合（例えば商品の輸出入）などにおいても，この契約について日本法と他の国の法律とその適用が抵触するという問題が生じ得る（法適用8条）。

　場所に関しては，日本の領土内の事項に適用される。

第2章 || 法律行為（契約），意思表示〔権利の変動〕

1 序　説

　人の行為により，権利や義務が変動（具体的には権利や義務の発生，移転，変更および消滅）することがある。例えば，売主と買主とが売買契約を締結すれば，買主は売主に対して「目的物の所有権を移転しろ」という権利を取得するし，売主も買主に対して「代金を支払え」という権利を有する（民 555 条（条文は「契約を締結すれば権利が発生する」という書き方にはなっておらず，「約束をすれば契約が効力を生じる」と表現している。しかし，約束した以上その約束を守るべきなのは当然であるから，契約により（約束どおりの）権利が生じるのである））。また，自動車の運転中にわき見をしていて他人にケガをさせたときには，被害者の加害者に対する損害賠償請求権が生じる（民 709 条）。

　いずれの場合も，売買契約やわき見運転という「行為」により権利が発生するのであるが，後者（わき見運転）の場合は当事者には権利を発生させる意図はないのに対して，前者（売買契約）は意図的に権利を発生させる行為である点に特徴があり，これを**法律行為**という。契約のほかには，遺言なども法律行為である*。

　　*このほかに，取消し（取消権の行使）も法律行為である。例えば，未成年者が法定代理人の同意を得ないで売買契約をした場合には取り消すことができるところ（民 5 条 2 項），取り消すと契約は無効となり（民 121 条），売主は代金を返還する義務を負い買主は目的物を返還する義務を負う（民 121 条の 2 第 1 項）。このように，取消しも意図的に権利（代金返還請求権や目的物返還請求権）を発生させる行為であるから，法律行為の一種である。契約は複数の当事者の法律行為であるのに対して，遺言や取消しは 1 人の法律行為であるので**単独行為**と呼ぶ。
　　さらに，複数の者が会社を設立する行為も法律行為の一種である。契約も複数の

19

者の法律行為であるが，契約の場合には各当事者の役割は対立している（売主と買主など）。これに対して，会社の成立の場合にはこのような意味での対立はないので，契約とは区別して**合同行為**という。

2　法律行為（契約）の成立

1　序

法律行為とは意図的に権利を発生させる行為であるから，そこには「権利を発生させよう」という当事者の意図が表現されている。これが**意思表示**であり，法律行為には必ず意思表示が含まれている。

例えば，売買契約を例にして考えてみよう。契約とは要するに「合意」であり，複数の当事者の意思の合致である。売買契約なら，「コレを代金○円で売ろう」という売主の意思と「ソレを代金○円で買おう」という買主の意思が合致して売買契約が成立する。しかし，人間の内心の意思は外部に表示されない限り相手方にはわからないのだから，この意思の合致は，必ず「意思表示」の合致という形をとる。具体的には，売主が買主に対して「コレを代金○円で買わないか」と申込みをし，買主が「ソレを代金○円で買おう」と承諾をすることにより売買契約が成立する（民522条1項）。契約とは，このように，**申込み**と**承諾**という2つの意思表示が合致することによって成立する法律行為なのである＊　＊＊。

＊1枚の売買契約書でも，複数の者（売主と買主）の意思が表現されているとみられる。多少不自然かもしれないが，このような見方ができないわけではあるまい。

＊＊ここまでの説明からもわかるように，法律「行為」とはいっても，「歩く」「食べる」のような行為ではない。売買契約のような「取引」であり，具体的には契約書という形をとることが多い。

2　意思表示の成立

1　客観的な成立要件

意思表示が成立するためには，社会的にみて（法的な）意思表示と評価でき

るだけの**表示行為**がなければならない。例えば契約書などである。なお，契約書のように，契約をする旨の意思がはっきりと表現されている行為を**明示**の行為という。しかし，契約書などなくとも，その場の状況から当事者の意図が推測できることもある。例えば，駅の売店で新聞を買うときなどは，契約書は作らず，ただ黙って新聞を取って代金を差し出すであろう。このように，当事者の意思を間接的に表現している行為を**黙示**の行為という。もっとも，明示か黙示かは「程度の差」にすぎない。

　また，そこに表現されている意思も，法的な権利や義務を発生させる意思でなければならない。例えば，友人間の儀礼的な約束（「引越をしたので是非お寄り下さい」など）が契約であるはずがない。法的な権利や義務を発生させる意思のことを，法的な効果を欲する意思という意味で**効果意思**という（効果意思が問題とされた有名な判決として大判昭 10・4・25 新聞 3835 号 5 頁［カフェー丸玉女給事件］がある）。ただし，効果意思の有無は内心の問題ではなく，外部からみて客観的に判断される。買主としては単なる儀礼的な約束のつもりで「ソレを代金〇円で買おう」と言ったのだとしても，客観的には法律的な意思表示とみられるなら売買契約が成立する。そして，単なる儀礼的な行為のつもりであった買主を保護すべきか否かは，後述する錯誤（民 95 条）の問題として処理される。

2　主観的な成立要件

　意思表示により権利や義務が発生するのであるから，客観的な表示行為があっただけでは足りず，少なくとも，その行為が行為者の意思に基づくものでなければならないとされる。自分の意思に基づかない行為によって法的な責任を負うのでは，行為者が気の毒だからである。通常は，表示行為は行為者の意思に基づくであろう。しかし，（現実的な例ではないが）催眠術を使って契約書に署名させられたような場合には「署名しよう」という意思がない。これを，効果意思とは区別して**行為意思**という＊。

　　＊「ソレを買う」という意思表示をした場合を例にして説明するなら，効果意思とは「買おう」という意思であり，行為意思とは「『買う』という意思表示をしよう」という意思である。催眠状態で署名をした場合には効果意思もないように思われるかもしれない。しかし，前述したように，効果意思の有無は外部からみて客観

第2章　法律行為（契約），意思表示〔権利の変動〕

的に判断されるのだから，署名した契約書が存在する以上（客観的には）効果意思も存在すると判断されるであろう。この場合に契約が成立しないのは，行為意思が存在しないからなのである。

　行為意思のほかに，さらに，「自分は意思表示をしているのだ」という意識が必要であるか否かが問題となった。これを**表示意思**（または表示意識）と呼ぶ。例えば，「単なる仮契約書である」と信じて契約書に署名した場合には，行為意思はあるが表示意思はない。仮契約書にすぎないと思って署名した者を保護するために，かつては表示意思も意思表示の成立要件であるとされていた。しかし，現在の通説は，表示意思は不要であるという。つまり，表示意思がなくとも意思表示は成立し，表示意思がなかった者を保護すべきか否かは，効果意思がなかった場合と同様に，後述する錯誤（民95条）の問題として処理される。

3　意思表示の到達

　以上のような成立要件を満たしていても，隔地者に対する意思表示は，相手方に到達しなければ効力を生じない（民97条1項）。これを**到達主義**という。対立する概念は**発信主義**（発信した時に効力を生ずる）である。

　「隔地者」とは伝達に時間がかかる状況にある者を指し，これに対して，相手方への伝達が直ぐに到達する場合を「対話者」という。いかに距離が離れていても，電話で話している場合には対話者間での意思表示であり，このときには表示は発信と同時に到達するのだから，発信主義か到達主義かという問題は生じない。

　到達とは，意思表示が相手方の支配圏内に入ることを指し，例えば，手紙なら，手紙が相手方の郵便受けに入れば到達したことになる。相手方が手紙を開封して読むことまでは必要ではない（最判昭36・4・20民集15巻4号774頁—判例講義民Ⅰ㊹参照）。郵便受けに入っている手紙を読まなかったのは，相手方の責任だからである*。また，例えば，受取人不在のために郵便局に留置されている内容証明郵便について，受取方法の指定をせずに放置したために差出人に還付されたような場合には，正当な理由なく意思表示の到達を妨げたものとして，表示は到達したものとみなされる（民97条2項）。

　　＊もっとも，相手方が長期旅行中であることを手紙の発信者も知っていたときにも，手紙が郵便受けに入ったというのみで，意思表示が到達したと評価してよいか

疑問がないわけではない。近時では，このような観点を強調して分析する見解もある。

　ただし，意思表示を発信したのち（到達する前）に，意思表示をした者が死亡したり意思能力を喪失したり行為能力の制限を受けたりしても，意思表示の効力には影響がない（民97条3項）。つまり，民法97条1項は意思表示が効力を生じる「時」を規定しているのみであり，死亡や意思能力，行為能力の有無については，発信の時を基準に判定される。もっとも，契約の申込みについて例外がある（民526条）。

　なお，意思表示をしたいのに，意思表示の相手方を知ることができないとき（例えば取引相手が死亡したが相続人の有無がわからないとき），または，相手方の所在がわからないときには，**公示による意思表示**が認められる（民98条）。具体的には，公示送達に関する民事訴訟法の規定（民訴110条以下）に従い，裁判所の掲示板に掲示し，かつ，掲示されたことを官報等に掲載する。このときには，掲載から2週間を経過した時に到達したものとみなされる。しかし，これは，相手方を知ることができないときか相手方の所在がわからないときのみに許される方法であり，相手方または（相手方の）所在を知ることができないことにつき意思表示をした者に過失があるときには無効とされる（民98条3項但書）。

　また，意思表示が相手方に到達した時に，相手方に意思能力がなかったり，相手方が未成年者または成年被後見人であったりしたときには，意思表示を相手方に対抗できない。ただし，相手方の法定代理人，意思能力を回復したり行為能力者となった相手方が意思表示を知ったときは例外である（民98条の2）*。

　　＊民法5条や9条では意思表示を「する」能力が問題となるが，これに対して，民法98条の2を「受領能力」と呼ぶ。もっとも，いわゆる「能力」の問題ではなく，意思表示が「何時」到達したかという問題であると理解する見解もある。

③　契約成立の判定

　前述したように，「買わないか」という申込みと「買おう」という承諾が合致すれば契約が成立する。しかも，これも前述したが，効果意思の有無は客観的に判断されるのだから，意思の「表示」が合致すれば足り，内心の意思が合致する必要はない*（この意味で大判昭19・6・28民集23巻387頁—判例講義民I㉝には問題がある）。

23

第2章　法律行為（契約），意思表示〔権利の変動〕

　＊もっとも，意思表示が多義的な場合には，内心の意思が合致しないために契約
が成立しないと解し得る場合もある。この問題については後述する（本章4.[2]「確
定可能性」63頁）。

　それでも，契約が成立しているか否かの判定は案外難しい。そもそも，当事
者の行為が申込みに当たるかどうかがハッキリしないこともある。例えば，
「アパートを月〇円で貸します」という新聞広告を出した場合，一見したとこ
ろ，これは賃貸借契約の申込みであるようにみえる。しかし，これ（新聞広告）
が申込みであるとすると，これに応じて「貸して下さい」と申し出ることが承
諾となるので，承諾と同時に契約が成立してしまう。つまり，貸主には，相手
の顔を見てから考える余地はないことになるが，これは非常識であろう（ヤク
ザが借りに来たらどうする？）。したがって，世間一般の常識を考えて判断する
なら，「アパートを貸します」という新聞広告は「誰にでも必ず貸します」と
いう意味ではなく，「話をしてから決めます」という趣旨に解釈せざるを得な
いのである。これは，法的には申込みではない。申込みをするように誘ってい
るだけなので**申込みの誘引**と呼ばれる。

　このように，契約交渉がある程度熟していないと契約の成立は認められない
が，他方で，契約が成立していない限りは自由に交渉を打ち切ってよいのかも
問題となる。確かに契約が成立していない以上は契約に基づく拘束力もないは
ずであるが，しかし，交渉の経緯などから「契約が成立するであろう」という
期待を相手方にもたせていたのに，正当な理由もなく交渉を打ち切ったような
場合はどうであろうか。そこで，契約の交渉段階であっても（つまりまだ契約
は成立していなくとも），自分の過失によって相手方に損害を与えたときには損
害賠償をしなければならないという**契約締結上の過失**の理論が提唱されている
（例えば最判昭59・9・18判時1137号51頁など）。

[4] 契約成立時期

1　申込みの拘束力

　申込みをしたが相手方の承諾がない段階ならまだ契約は成立していないので，
申込みを撤回することは許される。例えば，AがBに対して「コレを代金100
万円で買わないか」と申込みをしたが，Bが迷っているうちにCがAに対して
「私なら150万円で買おう」ともちかけたときには，AはBに対して「先日の

24

申込みは撤回する」と言ってCに売ってもよい（前述したように，契約締結上の過失としてAが損害賠償義務を負うことはある）。

　しかし，Aが申込みの際に「1週間以内に返事を下さい」と述べた場合には，Bは「1週間は待ってくれるのであろう」と考えるであろう。そのBの信頼を保護するために，このような場合には1週間は申込みを撤回することは許されないとされた（民523条1項）。これに反してAが撤回しても（撤回は）無効なので，1週間以内にBが承諾をすれば契約は成立し，AがCに売ってしまったときには，Aは，Bに対して契約違反による責任を負う。また，Aが特に承諾期間を定めなかったときでも，相当な期間は申込みの撤回は許されない（民525条1項）＊。このように一定期間は申込みを撤回できないときには，申込みに**拘束力**があるという＊＊。そして，期間を定めたときは，期間内に承諾されなければ，申込みは失効する（民523条2項）。

　　＊ただし，525条1項での「相当期間」とは「往復の通信にかかる時間＋a」程度であると解釈されているので，523条1項の場合とは異なり，承諾するか否かを熟慮するための「猶予期間」としての意味は少ない。

　　＊＊一見当然のようであるが，例えばイギリスなどでは申込みの拘束力は認められていない。つまり，申込みの際に「1週間以内に返事を下さい」と言ったとしても，「1週間はほかの人に売らないで返事を待っています」と約束したことにはならないのである。

　なお，対話者に対して，承諾期間を定めないで申込みをしたときは，対話が継続している間は撤回することができるし（民525条2項），対話が終了すれば申込みは失効する（同条3項）。

2　到達主義

　さて，例えば，AがBに対して「コレを買わないか」と申込みをしたのに対して，Bが承諾する旨の手紙を4月1日にポストに投函してAに届いたのは4月3日である場合，契約は4月3日に成立する（民97条1項）。前述したように，これを**到達主義**という。

　実は，平成29年改正前の民法は，承諾の通知を発信さえすれば（到達しなくとも）契約が成立するとする発信主義を採っていた（旧民526条1項）。そうすると，上記の例では契約は4月1日に成立しているが，4月3日まではAには

25

第 2 章　法律行為（契約），意思表示〔権利の変動〕

わからないし，（極端な例だが）郵便の事故によってＡに届かなかった場合でも契約は成立することになる。一見不合理なようだが，しかし，契約の申込みに対する承諾の場合は，そもそも申込者（上の例ではＡ）が「仕掛けた」のであるから，Ａは（ある程度は）承諾を予期して待っているべき立場にあり（いつまでも返事がないのでおかしいと思うならＢに問い合わせればよい），そうであるなら，Ｂが承諾を発信した時点でＢも契約締結を望んでいることが客観的に明らかになったのだから（もとよりＡは契約締結を望んでいる），これ以上，契約の成立を遅らせる必要はないという理由であった＊。しかし，立法論としては批判も強く，また，現代にあっては到達に要する時間を考慮する必要性は少なくなったとの理由から改正されたのである。

　＊これも国によって規制が異なり，イギリスは発信主義をとるがドイツは到達主義である。前述したようにイギリスでは申込みに拘束力が認められていないので，発信主義にはこれを補う意味があるとされる。

　このほか，申込者が設定した期間内に承諾が到達しなかった場合などについて規制がされている（民 524 条）。また，例えば注文に応じて商品を発送した場合には，商品発送自体により契約が成立し，（売主が）承諾の意思表示などする必要はない（民 527 条）。しかし，これらについては，債権各論のテキスト等に譲る。

3　意思表示（意思の不存在・瑕疵ある意思表示）

１　序

　表示を行った者が，表示どおりの内容の法律行為が有効となることを望まない場合もあり得るだろう。意思表示を行った表意者としては，どのような場合であれば意思表示の効力を否定できるのかが問題となる。そのようなものとして，次の 3 つ（1〜3）を区別することができる。

1　意思表示の撤回
　第 1 に，意思表示を行った際には，確かにそのような意思をもっていたが，のちに表意者が法律行為の効果発生を望まなくなってしまった場合，例えば単

26

に心変わりしたにすぎないときにも効力を否定できるか。このような場合，意思表示の拘束力は何らの影響も受けないのが原則である。しかし，例外的に民法は無償行為についてこの原則を緩め，任意の撤回を認めている（書面によらない贈与に関する民550条，遺言に関する民1022条）。

さらに，特別法がいわゆるクーリングオフの権利を定めている場合がある。これは，法令の定める特定の取引（不動産の売買や割賦販売の方法による売買など）が行われた場合に，法律の定める期間内であれば，任意に意思表示を撤回することができる権利である（特定商取引9条，9条の2，割賦35条の3の10などがこの権利を定める規定の代表的な例である）。しかし，現在のところクーリングオフは民法の原則の例外をなすから，非常に形式的かつ厳格な要件の下でのみ認められ，また明文の規定がない限り認められない。

2 意思の不存在による無効

第2は，表示が行われたものの，何らかの理由で表意者は表示に対応する意思を有していないという場合である。表示の外形が存在するもののそれを裏づける意思は存在しない場合に，表示の効力はどうなるのかが問題となる。伝統的に，この問題は，いわゆる意思主義と表示主義の問題として激しく争われてきた。まず，伝統的な意思主義・表示主義の意味を確認しておこう。

(1) 意思主義と表示主義

(a) 意思主義

意思主義は，意思表示が法律行為の要素として妥当する根拠は，意思表示における意思のみに還元できるとする立場である。そうすると，表示は単に意思を伝達する道具であるにすぎない。したがって，表示それ自体は法的には何の意味ももたないから，意思の裏づけを欠く表示は法的に無意義であると考えるのである。

(b) 表示主義

表示主義は，意思表示が法的拘束力をもつのは，表示を受け取った相手が，その表示が有効であるということを信頼したからであり，表示に対する信頼の有無こそが決定的であると考える立場である。

(2) 民法の立場としての折衷主義

しかし，民法は法律行為の不可欠の要素として，意思のみを要求しているの

第 2 章　法律行為（契約），意思表示〔権利の変動〕

でもなく，表示だけでよいとしているわけでもない。あくまでも意思と表示の双方を要求している。したがって，表示と切り離された意思のみが法律効果の本体だと考えて，表示は単なる意思を証拠立てる手段にすぎないとか，意思の伝達手段にすぎないと考えることはできないし，逆に表意者が意思を有していたか否かをまったく問題としないで表示に拘束することはできない。

　民法の意思表示の規定は，意思と表示以外の要素をも考慮して，表示に対応する意思が存在しない場合にも，ある場合には意思表示が有効となることを認め（民 93 条 1 項本文），逆に無効となる場合も規定している（民 93 条 1 項但書，94 条 1 項）。民法は，少なくとも意思主義と表示主義といずれの立場も全面的に採用することはしておらず，折衷的立場に立っていると考えることができる。

3　瑕疵ある意思表示による意思表示の取消し

　第 3 に，表示に対応する意思は存在するが，意思の形成過程に問題が生じている場合がある。法律行為を行う理由と実際に行われた法律行為とがうまくマッチしていなかったり，法律行為を行うことで達成しようとした目的が首尾よく遂げられないことがはっきりすると，表意者は当該法律行為の効力が発生しないことを望むだろう。法律行為を行う理由や目的のことを伝統的に「動機」と呼んできた。そして，動機は効果意思の内容ではなく，したがって意思表示を構成する要素ではないと考えられてきた。表意者が一定の理由や目的のためにどのような法律行為を行うかは，表意者自身に委ねられているのだから，そのことから生ずるリスクも表意者自身が負うべきだろう。それゆえ原則として動機形成の失敗は意思表示の効力には影響を及ぼさないと理解されてきたのである。

　しかし，動機が表示されて相手方がそれを承認した場合や表示の相手方やそれ以外の第三者によって動機形成に何らかの働きかけが行われ，その結果意思表示が行われた場合は，動機の誤りによって生じたリスクを表意者にのみ負わせることは適切ではない。動機形成の基礎となった事情が表示されて法律行為の基礎となった場合（民 95 条 2 項）や，後者について詐欺・強迫といった意図的で違法な行為によって動機形成に干渉が行われた場合にこれを限定している（民 96 条）。

28

4　意思の不存在と瑕疵ある意思表示の関係

　伝統的な立場に立つ限り，表示に対応する意思が存在しない場合である意思の不存在と意思表示の外側の存在である「動機」に関わるにすぎない瑕疵ある意思表示とは，まったく別の次元である。意思の不存在につき民法の規定は意思表示の無効を規定しており，他方で瑕疵ある意思表示は取消し可能となるにすぎない。また，意思の不存在と錯誤・詐欺・強迫とをはっきり区別する規定も存在する（民101条1項）から，民法はこの区別を当然の前提としていることが窺われる。

②　心裡留保

1　心裡留保の意義

　心裡留保とは，表意者が表示行為に対応する効果意思のないことを知りながら，相手方にそれを告げず，内心にとどめたまま行う意思表示である。効果意思が存在しないことを，意思表示を行っている当の表意者が知っているという点に特色があり，この点で次項の虚偽表示と共通するが，錯誤（民95条）と異なる。しかし，相手方との通謀を要求しないという点は虚偽表示と異なる。

　相手が真意を察することを期待して表示した場合（冗談で契約をするといったような場合）であろうと，相手をだますつもりで表示した場合であろうとかまわないが，明らかに効果意思の表示ではないと認められる場合は，これに含める必要はない。

2　意思表示の有効──原則的効果

　民法93条本文は，真意を心裡に留保して行われた意思表示が原則として有効であると規定している。例えば，同棲生活を解消するに際して，実際には払うつもりはなかったが，2,000万円を支払うことを書面で約束したという場合（東京高判昭53・7・19判時904号70頁参照。ただし，判決は民法93条1項但書を適用した事例である）を考えてみよう。「2,000万円支払う」という書面はまさに「表示」だが，本当に2,000万円を支払うつもりはなかった。表示に対応する「意思」が存在しないことを表意者自身が知っており，しかも，払うつもりのないことを相手方には告げていない。このような場合には，原則として支払を拒むことはできない。

第2章　法律行為（契約），意思表示〔権利の変動〕

　これは，表意者は自らに意思がないことを知りながら表示の外形を生み出しているのであって，それに対して責任をとるべきであると考えられるし（「自己の行為と矛盾した異議は許されない」＝**禁反言の原則**），そのことを信頼した相手方を保護すべきだと考えられるからである（**信頼保護の原理**）。

3　意思表示の無効──例外的効果

(1)　相手方が真意でないことを知っている場合

　心裡留保による意思表示が有効である理由を以上のように捉えると，表意者からみれば自己の行為と矛盾した異議であっても，意思表示が行われた時点で表意者に効果意思がないことを相手方も知っている場合には，表意者の矛盾行為のみを責めることはできず，保護すべき信頼もないから，意思と一致しない表示に拘束力を認める必要もない。したがって，民法はこのような場合，意思表示を無効としている。上記の例でいえば，表意者に 2,000 万円を支払うつもりはなく，相手方もそのことを知っている場合には，意思表示は無効となる（民 93 条 1 項但書）。

(2)　相手方が真意でないことを知ることができた場合

　民法は相手方が表意者の真意を現に知っている場合だけでなく，表意者の真意を「知ることができた」場合，すなわち「実際にはその事実を知らないが，注意すれば気づくことができた」といえる場合（知らないことにつき過失があるという意味で**有過失**と表現する）にも，表示の無効を認める*。

> 　**＊心裡留保と自然債務論**　　同棲生活の解消のために 2,000 万円の支払を約束したケースで，判例は，この契約を真意に基づいてなされたものではなく，相手方もそのことを知り，または知ることができたとして，無効と判断した（前掲東京高判昭 53・7・19）。大審院は，有名な［カフェー丸玉女給事件］で，カフェの女給の歓心を買うために金銭を支払う約束をしたケースにつき，この約束から生ずる債務を裁判上請求できない「特殊の債務関係」とし，**自然債務**を承認したが（大判昭 10・4・25 新聞 3835 号 5 頁），自然債務論を展開しなくとも，心裡留保によって法律行為の無効を認め得る事案でもあったといえよう。

(3)　無効主張の証明責任と相手方からの無効主張

　心裡留保による意思表示が行われた場合の多くは，真意でない表示を行った表意者が，相手方からの法律行為の履行請求に対して，自ら意思表示の無効を主張するという形で問題となる。この場合，表意者が意思表示の無効を主張し

30

て，相手方が真意でないことを知っていたか，知ることができたことを主張・立証することになる。表意者がこの主張・立証に成功すれば，相手方は意思表示の有効をもはや主張することはできない。

反対に，表意者が特に無効を主張していない場合，あるいは積極的に有効を主張する場合に，意思表示の相手方が自ら無効を主張することはできるだろうか。法律行為を履行することが，予想に反して表意者に有利になるような場合に問題となるが，通説は無効主張を認める。

(4) 第三者保護

真意を心裡に留保した意思表示が行われたが，表示の相手方がこれにつき，悪意もしくは有過失であった場合，意思表示は無効となる。ところが，この心裡留保によって行われた法律行為を前提として，意思表示の当事者以外の第三者が，事情を知らずに善意で，新たに独立の法律関係を意思表示の相手方と形成した場合，表意者者は，心裡留保による法律行為の無効を，その第三者に対しては，主張することができない（民93条2項）。

心裡留保に基づくことを知らずに有効な法律行為であると考えて取引に入った第三者の信頼を保護するためである。この規律は，次項に述べる，虚偽表示に関する民法94条2項の場合と問題はほぼ同様であるから，詳細についてはそこで述べることにする（③4参照）。

4 適用範囲

(1) 身分行為

家族法上の，身分関係の変更を目的とする行為（婚姻，離婚，養子縁組，離縁など）には，心裡留保規定の適用はない（判例（養子縁組について，最判昭23・12・23民集2巻14号493頁）・通説）。このような場合には，当事者の真意が妥当すべきだからである。

(2) 単独行為

通説は，民法93条本文の規定は相手方のある契約のみならず単独行為にも適用があると解している。したがって，効果意思を欠く単独行為も有効となる。一方，民法93条1項但書は意思表示の相手方の存在を予定しているから，特定の相手方のない単独行為（広告，遺言，寄附行為）には，但書の適用はないと解するのが通説である。

第 2 章 法律行為（契約），意思表示〔権利の変動〕

③ 虚偽表示

1 虚偽表示の意義

虚偽表示とは，表示の相手方と通じて行われる効果意思のない意思表示である。表示に対応した効果意思がないことを表意者が知っている点で心裡留保と共通するが，相手方と通謀を要する点が心裡留保とは異なる＊。虚偽表示をした場合，意思表示は無効となる（民94条1項）。これは，表示に対応する意思が存在しない上に，相手方もそのことを了解して意思表示を受領しているのだから，相手方の信頼を保護する必要もないためである。

> ＊心裡留保と虚偽表示の関係　相手方が表意者に真意がないことを知っている場合の心裡留保と虚偽表示は，ほとんど状況は同じであり，効果も同じく無効である。ただ，虚偽表示によって無効を主張する場合には，相手方との間で通謀していること（虚偽の表示を行うことについて合意していること）を証明しなければならないのに対して，心裡留保による無効は相手方が真意のないことを知り得たというだけで無効を主張することができるから，虚偽表示の方が若干成立しにくい。

(1) 虚偽表示が問題となる具体例

当事者の双方が，表示に対応する意思のないことを知りながら，あえてそのような意思表示を行うのはなぜだろうか。これには，大きくいって2つの理由がある。1つは外形的に法律行為を行うことで他の目的のためにその外形を利用することができる場合があるからであり（**外形作出目的の虚偽表示**），いま1つは外形を作り出し本来実現したいと考えている法律行為を隠すことで何らかの利益が生ずる場合（いわゆる**隠匿行為**）があるからである。それぞれ代表的な例を以下にあげよう。

(a) 外形作出目的の虚偽表示

代表的な例は，強制執行を免れるために表意者が所有している不動産を相手方に譲渡する虚偽表示を行い，この虚偽表示に基づく法律行為を原因として不動産の登記名義を移転するというものである＊。この目的のために，売買契約や贈与契約，担保設定契約といった法律行為が虚偽表示によって行われる（例えば，最判昭27・3・18民集6巻3号325頁など）。

また，所有者に浪費癖がある場合に，所有者の親族等が不動産名義を虚偽表示によって変更して財産が散逸することを防ごうとする場合（大判昭16・8・

30 新聞 4747 号 15 頁）、ほかから融資を受けるに際して、不動産等を所有しているかのような外形を作り、融資を受けやすくしたり（東京高判昭 40・6・17 判タ 180 号 122 頁）、金融機関に対する自治体の検査対策のために担保権が設定されているかのような外形を作り出すような場合（東京地判平 8・9・20 判タ 957 号 215 頁）がある。

> **＊執行を免れるための虚偽表示**　例えば、AがBから1,000万円の融資を受けその返済期限がきたが、Aには返済の見込みがないという場合を考えてみよう。Bはこの場合、1,000万円と利息をAに対して請求することができる旨を証明する公の証書（これを**債務名義**という。民執22条参照）を持っていれば、Aが不動産を所有しているような場合、Bは裁判所に申し立てて、A所有の不動産を差し押さえ、裁判所を通じて強制的にこの不動産を競売にかけ、買い受ける者があった場合には、支払われた売却代金から支払を受けることができる。これが強制執行のうち強制競売と呼ばれる執行方法であるが、このような強制競売を行うことのできる不動産は、登記簿上Aが所有者として登記してあるものに限られ、Bは強制競売を申し立てる際に登記簿謄本を添付しなければならない（民執規23条1号）。そこで、強制執行を免れたいAとしては虚偽表示によって登記簿上の名義人を変えるというわけである。

(b)　隠匿行為を伴う虚偽表示

真に法律関係の変動を生じさせる意思を有しているにもかかわらず、外形上は別の意思表示が行われることがある。例えば、実際には土地を贈与しようと考えているのに、税金を低く抑えるために外形上は売買の形式をとる場合などである。虚偽表示（売買）によって隠された行為（贈与）を隠匿行為と呼ぶ。隠匿行為については真実の意思があるから、有効であるが、虚偽表示は無効となる。

したがって、先の例でいえば売買代金が形式上合意されていても、虚偽表示であるがゆえにその支払を求めることはできないが、土地所有権の移転や引渡しを求めることができる。

(2)　虚偽表示の要件

虚偽表示の要件は、以上の記述から明らかなように、①意思表示の外形が存在すること、②外形に対応する効果意思が存在しないこと、③両当事者が法律行為による効果が発生しないことについて合意していること（**通謀**）である。

①の要件は厳密にいうと、例えば不動産登記名義が売買を原因として仮装譲

渡された場合，虚偽の売買契約書などであって，移転された登記そのものは虚偽の「意思表示」の外形ではない。もっとも，登記に際しては登記原因を証明する情報を提出しなければならないから（不登61条），遅くともそれまでに虚偽表示もしくは虚偽表示の外形が作成されることになる。

2 虚偽表示の適用範囲

虚偽表示の典型的な適用の対象は契約であるが，以下に，それ以外で問題となるものを示す。

(1) 身分行為

婚姻・離婚・養子縁組など身分関係の変更に向けられた行為は，当事者の真意が絶対的であるから心裡留保と同様，民法94条の適用を待つことなく無効となり，民法94条2項の適用によって有効化することもない（大判大11・2・25民集1巻69頁（離婚について），大判明44・6・6民録17輯362頁（養子縁組について））。婚姻と養子縁組については別に規定があり，もっぱらそれが適用される（民742，802条）。

(2) 単独行為

心裡留保が単独行為一般について適用されると解されているのに対して，通謀を必要とする虚偽表示は相手方のある単独行為（債務免除，契約の解除など）には適用されるが（最判昭31・12・28民集10巻12号1613頁），相手方のない単独行為については適用がないと解するのが通説である。

しかし，判例は，共有持分権を1人を残して他の共有者全員が放棄し，残った1人の単独名義で登記したというケースで，了解の上でなされた放棄は，相手方のない単独行為であるが，通謀に類似するので民法94条を類推することができるとしている（最判昭42・6・22民集21巻6号1479頁）。

3 虚偽表示の効果

虚偽表示が行われた場合，その意思表示を行った表意者と通謀の上表示を受領した相手方との間（この両者を意思表示の**当事者**と呼ぶ）では，その意思表示は無効である（民94条1項）。

3 意思表示（意思の不存在・瑕疵ある意思表示）

4 虚偽表示による無効の第三者に対する対抗不能

上に述べたように虚偽表示は，原則としてそれが行われた当事者の間では，無効である。しかし，これでは外形を信頼して取引関係に入った者が不測の損害を被るおそれがある。そこで，民法は虚偽表示による無効を「善意の第三者に対抗することができない」と規定している。「対抗できない」とは，ここでは虚偽表示による無効を「善意の第三者」に対しては主張できず，有効と取り扱われることを意味する。逆に，善意の第三者自身は法律行為の無効をいうことは可能である。

(1) 善 意

法律の規定において一般に**善意**とは，ある事情や事実を知らないということであり，倫理的な意味はもたない。したがって，ここでは法律行為や法律行為の外観が虚偽表示によるものだということを知らないという意味である。これに対して，ある事情や事実を知っているということを**悪意**といい，同様に倫理的な意味合いはもたない。虚偽表示の表意者は，ある法律行為が虚偽表示であることにつき，悪意である第三者に対しては無効を主張してかまわないということになる。

(a) 善意の判定時期

虚偽表示によって作られた法律行為やその外形を信頼した第三者を保護することが民法94条2項の趣旨であるから，第三者がそのような外形に基づいて法的な利害関係を有するに至った時点で，善意であればよいと考えることができる（最判昭55・9・11民集34巻5号683頁）。法律行為による権利を現実に行使した時点等を基準とすると，表意者が法律行為の無効を虚偽表示を根拠として主張した場合，第三者は常に虚偽表示の事実につき悪意となってしまい不都合だからである。

(b) 無過失の要否

(i) 判 例

第三者は確かに善意であるが，注意すれば虚偽表示であることを知り得たという場合（**有過失**）はどうであろうか。判例は不注意によって虚偽表示につき知らなかった第三者に対しても，表意者は無効を対抗できないものとしている（大判昭12・8・10新聞4181号9頁）。法律の文言は第三者に対して無過失を要求していないし，虚偽表示のように第三者を誤らせるような外形をわざわざ作

出したような場合には，第三者の保護要件を緩やかに解すべきだという理由による。

（ⅱ）　学　説

学説上は判例の見解に同調するものもあるが，むしろ第三者は無過失でない限り保護すべきではないという主張も有力である。虚偽の外形を信頼した第三者を保護する民法上の他の制度（民109，112，478条など）が無過失を要求していること，過失の内容については，厳しいものからこれを緩やかに解したものまで様々であり，過失を要件とすることで表意者の帰責の程度に応じて柔軟な解決を行うことが可能となるからである。

（c）　善意の証明責任

（ⅰ）　判　例

判例は，善意の主張・立証責任は，第三者が負担するものと解している（最判昭35・2・2民集14巻1号36頁）。独立の第2項によって第三者保護が規定されており，この第2項によって自らの権利を基礎づけることができるのは第三者だからである。

もっとも，虚偽表示においては第三者が客観的な虚偽の外観を信頼したことを主張すれば，事実上善意が推定される場合が多いだろう。

（ⅱ）　学　説

自ら虚偽の外観を作出した真の権利者は，その外観に原則として拘束されるべきであるから，第三者は虚偽表示の外形につき主張・立証すれば足り，権利者が第三者の悪意（もしくは第三者の無過失を要求する立場からは第三者が善意であっても有過失）を証明した場合にのみ例外的に無効を主張できるとすべきだという見解が有力である。

（2）　**第三者**

第三者は，一般的には当事者以外の者をいうから，ここでは虚偽表示の表意者とその相手方以外の者はすべて第三者ということになりそうである。しかし，この定義では，虚偽表示によって形成された法律関係とは，およそ関係のない者も本条の保護を受ける可能性が出てくることになってしまうから適当ではない。

そこで，ここでいう**第三者**とは，虚偽表示の当事者以外の者で，虚偽表示の目的につき法律上の利害関係を有する者（大判大5・11・17民録22輯2089頁な

ど）であると理解されている。具体的に問題となる者には，以下の例がある。

(a) 第三者に該当する者

(ⅰ) 虚偽表示の目的物につき物権を取得した者

虚偽表示の目的物について所有権を取得した者が第三者に当たることは異論をみない（大判昭18・12・22民集22巻1263頁）。例えば，AからBへと虚偽表示によって不動産の所有権が移転され，その旨の登記を経たところ，この登記を信頼してCがBからこの不動産を買い受けたといった場合，虚偽表示によって本来AB間の所有権移転は無効であるから，所有権はAに帰属したままである。そうすると，CはBから他人の権利を譲り受けたにすぎないから，BがAから所有権を取得してこれをCに移転しない限り，Cは所有権者とはならないはずである。しかし，CはBが所有者であるという仮装の法律関係について，新たに独立の法律上の利害関係をもったといえるから，Cが善意であれば，民法94条2項が適用される結果，AはCに対してAB間の譲渡行為の無効を主張できず，Cは所有権を取得することになるのである。

同様に，第三者が目的物について抵当権の設定を受けた場合や，地上権その他の制限物権の設定を受けた場合も，これに該当する。

以上のことは，基本的に動産にも当てはまるが，動産には即時取得（民192条）が認められているため，実際には民法94条の適用される例はほとんどない。

(ⅱ) 差押債権者

虚偽表示によって不動産を譲り受けた者の債権者が，当該目的物を差し押さえた場合には，仮に虚偽表示の無効が主張されると差押えも同時に無効となってしまうために独立の法律上の利害関係を有する。したがって，判例・通説はこの場合の差押債権者を「第三者」に当たると解している（大判昭12・2・9判決全集4輯4号4頁）。

(ⅲ) その他

虚偽表示によって発生した債権を譲り受けた者（大判明40・6・1民録13輯619頁），仮装譲渡の目的物について賃貸借契約をした者（最判昭28・10・1民集7巻10号1019頁），仮装譲受人が破産した場合の破産管財人も，第三者に該当する（大判昭8・12・19民集12巻2882頁）。

破産管財人は，債権者の代表として，破産者の財産にいわば包括的に強制執行しているようなものだからである。

第 2 章　法律行為（契約），意思表示〔権利の変動〕

(b)　第三者に該当しない者

（ⅰ）　一般債権者

　差押債権者は第三者に当たるが，仮装譲受人に対して単に債権を有している
にすぎない者（**一般債権者**という）は，第三者に該当しない。仮装譲渡の目的
物が債務者の財産であれば，債権を回収できる見込みが増すとの一般的な期待
を有しているにすぎず，債権を回収するためには譲受人の他の財産を差し押さ
えてもよいからである。

（ⅱ）　虚偽表示の目的である土地の上の建物の賃借人

　判例によれば，虚偽表示の目的物が土地であり，その上の仮装譲受人所有の
建物の賃借人も第三者に当たらない（最判昭 57・6・8 判時 1049 号 36 頁）。虚偽
表示の目的物はあくまでも土地であり，それとは別個の財産である建物を賃借
しても虚偽表示の効果につき法律上の利害関係を有するに至ったとはいえない
からである。

（ⅲ）　その他

　取立てのために債権を譲り受けた者，抵当権などの制限物権が虚偽表示によ
って放棄された場合の後順位抵当権者等，債権者代位権を行使して仮装譲渡人
に対して履行を請求する場合の仮装譲受人の債権者は，いずれも第三者には当
たらない。虚偽表示を誤信して，新たに独立の法律関係に入ったとはいえない
からである。

(c)　第三者は登記を備える必要があるか

　虚偽表示の目的物について物権を取得した者は，第三者であることは疑いが
ないが，この第三者が権利の取得を虚偽表示の表意者に対して主張するために
は，**対抗要件**を備えていることが必要だろうか。不動産の物権変動について民
法は，対抗要件として登記を要求している（民 177 条）。二重売買などで真正
の権利者が複数ある場合，権利者同士の優劣は登記によって決定される（これ
を**対抗関係**という）。

　これに対して，虚偽表示の表意者と第三者との関係は，真実の権利者とその
真実の権利者から第三者保護規定によって所有権を取得する者の争いであり，
民法 94 条が適用される結果，虚偽表示の相手方もその限りで権利者と扱われ
るために，表意者—仮装譲受人—第三者と順次有効に権利が移転したと考える
のだから，対抗問題のように権利者の優劣が問題となっているわけではない。

38

したがって，第三者が保護される要件として登記は必要ないとするのが判例（最判昭 44・5・27 民集 23 巻 6 号 998 頁は，基本的にそのような観点に立つと理解してよい）・通説である。

(d) 善意の第三者と権利者からの譲受人との関係

仮装譲渡人が仮装譲渡とは別に，さらに同じ目的物を別の者に譲渡した場合，例えば，AからBに不動産の仮装譲渡が行われ，登記も移転されたところ，この登記を利用してBが善意の第三者Cに譲渡したが，Cが登記の移転を受ける前に，AがDにも不動産を譲渡したような場合，CがDに対して権利を主張するためには，対抗要件を備えておくことが必要であろうか。

判例（最判昭 42・10・31 民集 21 巻 8 号 2232 頁—判例講義民 I ㊳）・通説は，本来無権利であるべきCが民法 94 条 2 項の効果として，真正の権利者からの承継人となるのだから，AからBを飛ばして直接Cへの権利移転を考えれば足り，Aを基軸としてAからC，AからDへの二重譲渡が行われたと考えて，CとDはまさに対抗関係に立つから，民法 177 条が適用され登記を先に取得した者の権利が優先すると考える。

(e) 直接の第三者からの転得者

「第三者」からさらに転得者が現れた場合，この転得者も第三者に含めてよいか。

判例は，「第三者」は直接の第三者に限定されず，第三者からの転得者も含まれると解している（最判昭 45・7・24 民集 24 巻 7 号 1116 頁）。転得者と第三者とでは，実質的に権利者から仮装譲受人との間で行われた虚偽表示の外観を信頼したという点では何ら異なるところがないからである。

(f) 第三者が善意で転得者が悪意の場合

以上のように考えると，転得者が悪意者である場合は，権利者はそのような悪意の転得者に対して，虚偽表示の無効を主張できそうである（このような考え方を「相対的構成」という）。

しかし，判例・通説は，いったん善意者が出現した以降は，転得者がたとえ悪意者であっても，これを保護するという立場をとる（大判昭 6・10・24 新聞 3334 号 4 頁）。「善意の第三者」が出現すると，その時点で確定的に表意者は権利を喪失するから，悪意の転得者もこれを援用できるのである。いったん善意者が現れると，その後は主観的態様を問わず絶対的に保護するので，「絶対的

構成」と呼ばれる立場である。

　相対的構成に立つと，例えば善意で所有権を取得した第三者の不動産に悪意者が抵当権の設定を受けたような場合，抵当権の取得が否定される結果，第三者は負担のない所有権を望外に回復することになるという不都合な帰結が生じる上，真実の権利者は少なくとも善意の第三者に権利がとどまっている間は，権利を主張できなかったのだから，悪意の転得者が登場したからといって，改めて保護する必要もないといい得る。

　もっとも絶対的構成に立つと，悪意者が自らの権利を確保するために，わざわざ事情を知らない善意者にいったん権利を取得させた上で，転得するような可能性もある。この場合には，悪意の転得者の権利主張は，信義則に反し許されないと解することになろう。

5　民法94条2項による第三者保護と表見法理

　以上のように，民法94条は，虚偽表示によって生じた法律行為の外形を信頼して取引関係に入った場合，第三者は保護され，外形どおりの法律関係が真実のものとされる。ここでは，虚偽表示という真の権利者の落度によって外観が形成されたことと，第三者が保護に値する信頼をもっているということから，第三者の保護が帰結されている。こうした考え方を，一般に表見法理（**権利外観法理**ともいう）と呼んでいる。

　表見法理は，民法94条に典型的にみられるように，真の権利者の責めに帰すべき容態によって（**帰責性**），虚偽の権利の外形（**外形の存在**）が生じた場合に，これを相手方が信頼したとき（**保護に値する信頼**），本来は虚偽である権利の外形を，それが真正のものだと信頼した者との関係では，真実の法律関係として取り扱うという法理である。民法109，110，112条（表見代理），478条（受領権者としての外観を有する者に対する弁済）はその例であると，一般に理解されている。

6　民法94条2項類推適用による不動産登記に対する信頼の保護

　民法94条2項の第三者保護が表見法理の現れだとすれば，厳密には虚偽表示が行われたのではない場合にも，外形の作出についての権利者の帰責性と，法律関係の外形，そして第三者の保護に値する信頼の3つの要素があれば，同

様の保護を与えてよいと考えられる。つまり，厳密な意味では法律に規定がない事柄に対して（**法律の欠缺**という），それを表見法理で処理することが妥当だと思われる場合に，民法94条2項を類推して適用するのである。

判例は，主として不動産登記を信頼した第三者の保護を，以上のような考え方から民法94条2項の類推適用によって保護してきた。

日本の不動産登記簿は「公信力」が付与されていないために，権利のない者が登記だけを取得しても，虚偽の登記であり，本来法的には無意義である。

しかし，それでは登記を信頼して取引に入った者が不測の損害を被る。そこで不動産登記を信頼して取引を行った者を，虚偽の登記が生み出されたことについて真の権利者に帰責性があれば，表見法理によって保護するという解釈がとられていったのである。判例上問題となったのは次のような場合である。

(1)　**権利者の意思と外形が対応する場合（意思外形対応型）**

(a)　**権利者自身が外形を作出した場合（外形自己作出型）**

権利者自ら権利の外形（**虚偽の登記**）を厳密には意思表示をすることなく作出した場合である。これに対して，真正の権利者が登記を1度も経由することなく，別人の名義で虚偽の登記がなされたような場合には，そもそも虚偽表示に該当する意思表示を権利者自身は行っていないことになる。不動産を買い受けた真の権利者が，税金対策などの理由で他人の名義で登記をするような場合（最判昭29・8・20民集8巻8号1505頁）や，未登記の物権を別人の名義で登記するような場合（最判昭41・3・18民集20巻3号451頁）である。

さらに，当初現に虚偽表示が行われたが，それが撤回された場合も，この場合に含めて考えてよいだろう。いったん行われた虚偽表示を表意者が撤回することは可能である。撤回によって，虚偽表示は一応なくなったと認められるが，移転された登記が放置された場合，やはり類推適用が認められる（最判昭44・5・27民集23巻6号998頁）。

このような場合は確かに虚偽表示はないが，権利者自身が虚偽の外形を作り出すことに積極的に関与しているから，民法94条2項の類推適用が許されることに問題は少ない。

(b)　**権利者以外の他人が外形を作出した場合（外形他人作出型）**

権利者以外の者が勝手に登記を移転するなどした場合は，権利者に帰責性はない。しかし，外形それ自体は権利者が作り出したものではないとしても，そ

第 2 章　法律行為（契約），意思表示〔権利の変動〕

の後，権利者が自らその外形を利用したりそれを事後的に承認して行為するな
どした場合＊には，虚偽の外形を除去しようとすればできたのにそれをしなか
った点に権利者の帰責性を見出すことができよう。相手方との間に通謀がない
が，民法 94 条 2 項類推適用が承認されている＊＊。

＊最判昭 45・9・22 民集 24 巻 10 号 1424 頁―判例講義民 I ⑩⑥
〔事案〕　A 所有の不動産について，B が A に相談することなく B 名義の登記を
行った。その後，A はこの事実に気がついたが，登記を抹消するための費用もな
く，これを放置し，さらに A が金融を得るために B 名義のままこの不動産に抵当権
を設定するなどしていたところ，B はさらにこの不動産を C に転売した。
〔判旨〕「不実の所有権移転登記の経由が所有者の不知の間に他人の専断によっ
てされた場合でも，所有者が右不実の登記のされていることを知りながら，これを
存続せしめることを明示または黙示に承認していたときは，右 94 条 2 項を類推適
用し，所有者は……その後当該不動産について法律上利害関係を有するに至った善
意の第三者に対して，登記名義人が所有権を取得していないことをもって対抗する
ことをえないものと解するのが相当である。けだし，不実の登記が真実の所有者の
承認のもとに存続せしめられている以上，右承認が登記経由の事前に与えられたか
事後に与えられたかによって，登記による所有権帰属の外形に信頼した第三者の保
護に差等を設けるべき理由はないからである」。

＊＊外形は登記でなければならないか　　民法 94 条 2 項類推適用が問題となっ
たほとんどのケースでは，虚偽の外形として登記が問題となっているが，権利者以
外の者によって作出された登記以外の外形に対する信頼が争点となった事件があ
る。
事案は，A の所有する未登記の建物につき市が A の夫 B の名義で固定資産課税台
帳に登録した。A はそれを知りつつ B 名義で送られてくる固定資産税納税通知書に
異議を唱えることなく固定資産税を支払い続けていたところ，B の債権者が，建物
を差し押さえたというものである。最高裁は，登記がない場合は，固定資産課税台
帳が唯一の公簿であり，所有者である蓋然性も高いこと，また長年税金を支払い続
けたことによって虚偽の外観を承認したとみることができるとして，94 条 2 項の
類推適用を承認した（最判昭 48・6・28 民集 27 巻 6 号 724 頁）。

(2)　外形が真の権利者の意思に対応しない場合（意思外形非対応型）

権利者が承認した虚偽の外形が作出されたのちに，相手方はこれを利用して
さらに別の外形を作出し，第三者と新たに法律関係を形成したような場合が典
型的である。第 2 の外形については，真の権利者は知らない場合であり，それ
につき知らない以上，事後的にも権利者が承認したともみることができない。

3 意思表示（意思の不存在・瑕疵ある意思表示）

判例はこうしたケースで，「民法94条2項および民法110条の法意に照らし，外観尊重および取引保護の要請」から，相手方の善意・無過失を要求した上で，第三者を保護する態度をみせている（最判昭43・10・17民集22巻10号2188頁）。

民法110条は表見代理についての規定であり，代理権限を与えられた代理人が本来与えられた代理権の範囲を超えて無権代理行為をした場合にも，代理行為の相手方に，代理人に代理権ありと信ずべき正当の理由がある場合（判例は相手方の善意・無過失と同義であると理解している）には，代理権がないにもかかわらず代理行為が有効に本人に帰属するというものである。もともと権利者が了解していた虚偽外形を超える外形を，相手方が勝手に作り出した点が，民法110条の場合と類似しているというのであろう。結果的に本人の意思とは異なる外形が作成されたのだが，その原因は第1番目の虚偽の外形を作出することを認めたことにある。きっかけを作ったとはいえ，そのような外観が出現していることを権利者自身が知らないのであるから，帰責性は非常に弱いといわざるを得ない。

なお，近時，実印，印鑑証明書，権利証などを交付したところ，その者が勝手に自らに所有権移転登記を行いさらに第三者に転売したという事例で，権利者の帰責性は「自ら外観の作出に積極的に関与した場合やこれを知りながらあえて放置した場合と同視し得るほど重い」として，民法94条2項および110条を「類推適用」して，第三者を保護した事例があらわれた（最判平18・2・23民集60巻2号546頁—判例講義民Ⅰ⑩⑧。ただし，同種の事案である最判平15・6・13判時1831号99頁は，権利者の帰責性がないことを理由に，第三者の保護を否定しており，注意が必要である）。この判決は，最初の所有権移転登記についてさえ権利者が明確に承認していなかった点でこれまでの判例をさらに拡大するものである＊。

＊最判平18・2・23民集60巻2号546頁—判例講義民Ⅰ⑩⑧
〔事案〕　Xは，自己の所有する不動産につき，この不動産の登記済証およびXの実印を合理的な理由もなく数カ月間Aに預けていたところ，Aがこれを利用して，Xに無断でA名義の所有権移転登記を経由し，さらにAが本件不動産をYに売却してY名義の所有権移転登記を経由した。
〔判旨〕　「Aが本件不動産の登記済証，Xの印鑑登録証明書及びXを申請者とする登記申請書を用いて本件登記手続をすることができたのは，上記のようなXの余りにも不注意な行為によるものであり，Aによって虚偽の外観（不実の登記）が作

出されたことについてのXの帰責性の程度は、自ら外観の作出に積極的に関与した場合やこれを知りながらあえて放置した場合と同視し得るほど重いものというべきである。そして、前記確定事実によれば、Yは、Aが所有者であるとの外観を信じ、また、そのように信ずることについて過失がなかったというのであるから、民法94条2項、110条の類推適用により、Xは、Aが本件不動産の所有権を取得していないことをYに対し主張することができない」。

(3) 民法94条2項類推適用における第三者の保護要件

(a) 判 例

意思外形対応型の場合には、判例は民法94条2項を適用する場合と同じく、相手方の善意のみを要件とする（最判昭62・1・20訟月33巻9号2234頁）が、権利者の意思と外形が一致しない場合には、民法110条適用の場合と同じく相手方の善意・無過失が必要だと解している。一般に、この場合には権利者の帰責性が弱いから、相手方の保護要件を加重してバランスをとったものと理解されている。

(b) 学 説

学説上は民法94条2項適用の場面でも、無過失を要求する見解はもちろんのこと、類推適用の場合には一律に第三者の無過失を要求する見解も有力であるから、結果的に類推適用の場合には、無過失を保護要件として要求するものが多数だといえる状況である。

④ 錯 誤

1 錯誤の伝統的分類

伝統的に錯誤は、大別すると表示錯誤と動機錯誤に分類されてきた。

(1) 表示錯誤

(a) 表示行為の錯誤

表示行為の錯誤とは、表意者が誤って、意図したのとは別の表示記号を用いた場合である。誤記・言い間違いが典型的な例である。例えば、コンピュータを「198,000円」で売りたいと考えていたのに、表示を行う際に誤って「0」を1つ少なく「19,800円」と表示してしまったような場合である。この場合、現実に行われた表示は「19,800円」であるのに対して、表意者の意思は「198,000円」であるから、表示に対応する意思が存在しない。

3 意思表示（意思の不存在・瑕疵ある意思表示）

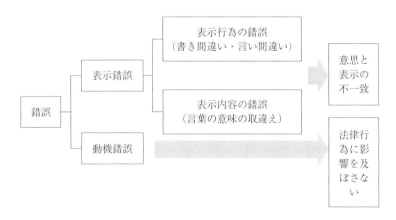

(b) 表示内容の錯誤

表示内容の錯誤とは，表意者が表示の意味について錯誤した場合である。「1グロス」という単位は，実際には12ダースの意味であるのに，1/2ダースだと錯誤していたとしよう。その場合表意者は60個注文するつもりで，「10グロス」と表示することになる。

この例では，「10グロス」と言い間違えたり，書き間違えたわけではない。「グロス」という単位の意味内容を間違えたのである。表意者の意思は「60個」であるが，表示は「1,440個」の注文という意味を生じている。したがって，表示行為の錯誤と同様，表示に対応する意思が存在しない。

(c) 表示意思のない場合

判例・通説は，さらに表示意思（本章2.②2参照）をもたずに意思表示を行った場合も，表示内容の錯誤に含めて理解している。自らは法律行為を行っているとは意識しないで，外形的にみれば意思表示だと思われる行為を行った場合，例えば向こうからやってくる友人に挨拶をするつもりで手を挙げたところ，タクシーが乗車契約の申込みだと考えて停車したような場合，表示意思を意思表示の不可欠の構成要素だと考えない判例・通説の立場からは，「手を挙げる」という行為が意思表示だと解釈される場合，表示内容の錯誤と同じく，表示がもつ意味（乗車契約の申込み）について錯誤していると考えられるからである。

(2) 動機錯誤

表意者が行う法律行為の理由の基礎となった事実が，現実と食い違っていた場合である。借家人が立ち退くと思って家屋を購入したところ，実際には立ち

退かなかった場合や，特定の馬を購入する際，その馬が受胎した良馬であると考えて購入したところ，良馬でもなく受胎もしていなかったといった場合などが典型的な例である。

(3) 表示錯誤と動機錯誤の区別とその意義

伝統的な考え方によると錯誤によって法律行為の効力が影響を受けるのは，表示に対応する意思が存在しないからであり（**意思の不存在**），その点で心裡留保や虚偽表示と同じである。書き誤りや意味の取り違えの例では，表示（「198,00円」，「1440 個」）と効果意思の内容（「198,000 円」，「60 個」）が一致していないから，これに当てはまるといえる。

ところが，動機に錯誤があった場合は，表意者は表示内容どおりの意思を有していたが（「その家屋を購入する」，「この馬を購入する」），その意思を持つに至った理由が適切ではなかった（「借家人は立ち退かなかった」，「馬が良馬ではなかった」）という場合であり，表示に対応する意思が存在する以上，法律行為は有効だということになる。このような考え方は，法律行為を行うにつき重要な事実が確かなものであるかどうかは，法律行為の当事者のおのおのが自らの責任で確認するべきであるから，結果的に法律行為が錯誤した表意者にとって不満足な結果になったとしても，そのリスクはその者が負うべきだという考え方を背後に持っている。

もっとも，以上のように二元的に考えるとしても，例外的に動機錯誤であっても法律行為の効力を奪うべきであるかどうか，また法律行為の効力を否定するとして，それはどのような理由であるかが問題となる。

(a) 判例（いわゆる動機表示構成）

判例および伝統的な通説は，改正前の民法 95 条の解釈として，原則としては動機錯誤の場合には，法律行為は有効であるとしたうえで，例外を認める。判例はすでに大審院時代から通常は縁由（**動機**）にすぎないものであっても，表意者が動機を意思表示の内容とした場合には，法律行為の要素となり，法律行為は効力を持たないとしたのである*。最高裁判所はこれを，動機錯誤であっても動機が表示されて意思表示の内容になった場合には，動機錯誤も表示錯誤となり，その限りで法律行為は効力を持たないが，逆に動機が表示されていなければ，法律行為は無効とならない（**動機表示構成**）と定式化してきた。

3 意思表示（意思の不存在・瑕疵ある意思表示）

＊大判大6・2・24民録23輯284頁─判例講義民 I ⑳

[事案] Xは，馬甲を購入する際に，Yから「この馬は，非常に優秀な血統を引く馬で，しかもいまお腹の中に子馬までいる」と説明を受けた。Xは「そんなによい話なら，是非買わせてもらおう」と答えて甲を購入することにした。ところが，甲はまったく無名の駄馬であり，しかもお腹に子供がいると見えたのは，単なる太り過ぎだった。

[判旨] 法律行為の要素に錯誤があって，意思表示が無効となるのは，意思表示の内容のうち主要部分に錯誤があるためである。物の性質のごときは通常法律行為の縁由であるにすぎないから，その性状に錯誤があっても法律行為が無効となることはない。しかし，表意者がこれを意思表示の内容と構成し，その性状が備わっていなければ，法律行為の効力を発生させることを意欲せず，しかも取引の観念，事物の常況に鑑みれば意思表示の主要部分と為す程度のものと認められるときは，これもまた法律行為の要素を成すから，その錯誤は意思表示の無効を来たすべきである。

(b) 事実錯誤説

この判例の見解を一歩進め，動機が表示されたとしても（例えば「この受胎した良馬を買う」），表意者が言い間違いや，言葉の意味内容について錯誤した場合とは違い，表示に対応する意思は存在することから，表示に対応する意思の不存在ということはできない。したがって，意思表示の内容の錯誤とはいえない。ただ，その場合，意欲した内容と事実とが食い違っているにすぎないことを指摘する見解が現れた。表意者は，様々な情報を集め，それをもとに法律行為を行うか否かを決定する。したがって，動機の錯誤とは，動機それ自体について間違ったのではなく，動機を形成する前提となる事実についての錯誤である（事実錯誤）。例えば，目の前の馬が，受胎した良馬だと聞いて，「受胎した良馬だから，この馬を買おう」と決心した場合，錯誤は目の前の馬が本当は受胎しておらず，血統のよい馬ではないのに，「受胎した良馬である」という事実についての誤った認識に基づいて行為した点にある。

そして，原則として，情報収集の誤りは，表意者がそれを負担すべきであるが，表意者がその事実を相手方に表示して（「この馬は受胎した良馬である」），表示の相手方もその事実をについて合意したような場合には，情報が誤っていたことから生ずる不利益を表意者にのみ負わせることはできず，それを合意ないし了承した以上，相手方が不利益を負うこともやむを得ないと考える見解である。この見解によるときは，動機錯誤とは事実錯誤であって，合意（法律行為）

と事実の不一致が存在する場合に，事実錯誤によって生じたリスクが相手方の同意ないし了承によって，相手方に転化されるときに，法律行為の効力が奪われることになる。

(c) 信頼主義的錯誤論

以上のような伝統的見解に対して，錯誤によって法律行為の効力が奪われる理由を，意思表示に対する信頼に求め，そのうえで相手方の認識可能性を要件として要求すべきだと主張する見解が主張されてきた。

一つの立場は，相手方が表意者が錯誤していることについて認識しているか，認識可能であることを要件とする立場である（**「錯誤」の認識可能性要求説**）。相手方が表意者の錯誤を認識している場合には，表示された効果が発生しても表意者は満足しないということを相手方も知っているのだから，錯誤によって法律行為が無効となっても不測の不利益とはいえないと考えるのである。

もっともこのような要件を要求すると，両当事者が共通に錯誤した場合（例えば，国際的に著名なカタログに高名な画家の手になる真作として掲載されていた絵画を売買したところ，絵画史研究の進展によって実は贋作だということが後にわかったような場合），相手方に錯誤の認識可能性はない場合がある。しかし，相手方も同様に錯誤していたのだから，そのことから生ずる不利益を表意者にのみ負わせることが不当だと考えられるだろう。したがって，認識可能性を要件としながら，共通錯誤の場合はそれとは別に錯誤無効を承認する見解が主張されるに至った。共通錯誤の場合と同じく，詐欺の故意はもたないが，表意者の錯誤が相手方によって惹起された場合も，同様に考えることができよう。

いま一つの立場は，錯誤そのものの認識可能性ではなく，表意者の錯誤した事項が表意者にとって重要だということを認識していることを要件とする立場である（**錯誤事項の重要性認識可能性説**）。この立場の主張によれば，相手方も表意者にとって重要な事項だということを認識（あるいは認識可能）しているのだから，これにつき錯誤がある場合は，相手方も公平の観点から錯誤主張を認めてよいとする。またこのような要件であれば，共通錯誤の場合も一つの要件のもとで処理することができる（先の例でいえば，売買の目的物である絵画が真作であるか偽物であるかは，重要な事実であることは認識しているといえる）。

2 錯誤の要件

(1) 概要

民法 95 条 1 項は，意思表示に対応する意思を欠く錯誤（1 号）と，表意者が法律行為の基礎とした事情についてのその認識が真実に反する錯誤（2 号）の二つの場合を規定している。これが伝統的な表示錯誤と動機錯誤に対応する。この意味で，民法 95 条は，表示錯誤と動機錯誤（事実錯誤）を峻別する立場に立っている。

そして，後者の錯誤については，法律行為の基礎とした事情が法律行為の基礎として表示されていることを要件として付加している（民 95 条 2 項）。

この要件のいずれかを充たしたうえで，なおかつ，問題となっている錯誤が法律行為の目的および取引上の社会通念に照らして重要なものであるとき，表意者は法律行為を取り消すことができる（民 95 条 1 項柱書）。

(2) 意思表示に対応する意思を欠く錯誤

意思表示に対応する意思を欠く錯誤とは，書き誤りや言い間違い（表示行為錯誤）と表示の意味について誤った場合（表示内容の錯誤）である。

この場合，表意者の行った表示に対応する意思は存在しないから，法律行為の効力が否定される。

表示行為の錯誤の場合，表意者は自ら表示しようとしたことを表示していないから当然に表示に対応する意思は存在しない。他方，表示内容の錯誤の場合は，そのような意味で表示に対応する意思が存在しないのではなく，法律行為の狭義の解釈によって確定された表示の意味と，表意者が表示しようとした意味が一致しない場合である。したがって，その範囲は，法律行為の狭義の解釈，特に契約の解釈についてどのような立場をとるかによって変わってくる。

(3) 法律行為の基礎の錯誤

民法 95 条は，動機錯誤（事実錯誤）については，単に表意者が法律行為の基礎としただけではなく，基礎とされていることが表示されていることを要件としている。実は，判例は，動機が表示されれば意思表示の内容になるという命題を通じて，表示さえすれば動機錯誤を考慮してきたのではなく，契約の内容になることを要求するものがあった（例えば，最判平 1・9・14 家月 41 巻 11 号 75 頁—判例講義民 I ㊶等）。したがって，民法は単に動機が表示されるだけでなく，法律行為の基礎とされていることを要求している。

第 2 章　法律行為（契約），意思表示〔権利の変動〕

　これには，次のような場合を考えることができる。

　第 1 は，動機形成の基礎となった事情について表示され，それを両当事者が了承したか，合意したような場合である。離婚にあたって夫が妻に全財産を財産分与（民 768 条参照）すると決める際に，財産分与によって生じる税金は，分与を受ける妻が負担するものと考えて，そのことを妻に表示しており，妻もそのことを了承していたが，実際には税法上は分与する夫が負担しなければならないことが判明した場合である。

　このとき，どちらが税金を負担するかという「事情」が表意者である夫によって表示され，妻の了承によって法律行為の基礎とされたが，その「事情」についての認識が真実（税法上の取扱い）に反していたといえるから，民法 95 条 1 項 1 号および 2 項に該当する。先の事実錯誤説からは，妻は税金を支払うことについて了承したから，それが誤っていた場合のリスクを甘受してもやむを得ないと考えられるし，信頼主義的錯誤論の立場に立っても，その事情が誤っていたのであれば，取り消されてもやむを得ないと考えられることになる。

　同様に，特定物の性質について誤った性質を合意していた場合にも，取消しが認められる。

　第 2 に，明示的に「事情」が表示されていなかったため，相手方もその事情について了承したり同意はしていないが，法律行為の内容や取引の慣行によれば，その事情が重要であることが相手方にも認識できた，あるいは，表意者が錯誤していることが認識できたような場合，例えば，ごく普通の馬であるのに，買主が「受胎した良馬だ」と考えて，非常に高額な代金で買いとることを申し出たような場合である。事実錯誤説に立つ場合，このような事実認識の誤りは，表意者がそれによって生ずる不利益を負うべきであって，合意や了承がない以上，錯誤による取消しは認められないことになる。ただ取引の性質上，そのような事情が黙示的に表示されており，相手方も当然の前提としていた場合には，合意があったのと同視して取消しを認める余地がある。

　他方信頼主義的錯誤論の立場では，このような場合も，表意者が誤っていた事情は取引の客観的性質（ここでは馬の取引における価格決定基準）によって，受胎した良馬であることが「表示されていた」と解することができるときは，相手方は，表意者が馬の持つ性質について錯誤しているから高い売買代金を申し出たのではないかと考えることができた，あるいは，馬のもつ性質を非常に

重要視していたと認識できたのであるから，この認識あるいは認識可能性によって，当該事情が「法律行為の基礎」となり，したがって，取消しが認められると考えられる。

この問題は今後の解釈に委ねられることになるだろう。

(4) 錯誤と意思表示の因果関係

錯誤は，以上の要件に加えて，重要なものでなければならない。しかし，問題となっている法律行為のどの点が重要であるかは，法律行為ごとに様々である。

そこで，伝統的な判例・通説はこの問題を，錯誤と表示との因果関係の問題としてとらえてきた。まず，当該意思表示を行った表意者にとって，錯誤がなければそのような意思表示を行わなかったと認められる必要がある。錯誤があってもなくても同じ意思表示をしたであろう場合には，錯誤無効の主張を許す必要はないからである。また，錯誤がなければそのような意思表示を行わないということが，法意律行為の目的および取引上の社会通念に照らして，当然だと考えられるということが必要である。表意者にとって重要だと考えられる錯誤であっても通常は気にしないような問題についての錯誤であれば，その点について錯誤があったからといって法律行為が取り消されるのでは，相手方は不測の損害を被るからである。したがって，表意者にとって重要なだけでなく，客観的に重要だと考えられる場合にのみ錯誤無効を限定しようと考えるのである（大判大7・10・3民録24輯1852頁—判例講義民Ⅰ㊴を参照）。

(5) 錯誤者に重過失がないこと

(a) 原則

錯誤が表意者の重過失に基づく場合には，錯誤者も錯誤無効を主張することはできない（民95条3項柱書）。ここでいう重過失とは，著しく不注意であったために錯誤に陥ったことである（大判大6・11・8民録23輯1758頁）。重過失があったことの証明責任は，相手方にある（大判大6・11・8民録23輯1758頁）。

(b) 例外

しかし，相手方が，錯誤者の錯誤を現実に知っているか，知らないことことが重大な過失によるとき（民95条3項1号），あるいは，相手方も同一の錯誤に陥っているときは（同項2号），表意者は法律行為を取り消すことができる。前者の場合，相手方が表意者の錯誤を利用して，法律行為を締結することを許

すことになるし，後者の場合，自らも同一の錯誤に陥っている場合には，表意者のみにリスクを負わせることは信義に反するからである。

(c) 電子消費者契約の場合

インターネットなどを通じて行われるいわゆる電子取引のうち，消費者と事業者（「消費者」と「事業者」概念については，後述する（本章3.⑦3(2)59頁））との間で行われる電子消費者契約においては，契約の申込みと承諾がコンピューターを通じて行われるため，操作を誤ったために契約が成立してしまう危険が高い。操作を誤って意思表示を行った場合，仮にこれが要素の錯誤に該当しても，重過失があると判断され，消費者が法律行為に拘束される可能性が残る。

そこで，「電子消費者契約に関する民法の特例に関する法律」は，消費者が電子消費者契約の申込みまたは承諾をするつもりがなかったのにしてしまった場合（同法3条1号），そのような内容の申込みをするつもりはなかった場合（同法3条2号）には，民法95条3項を適用しないと定めている。

もっとも，事業者が意思表示をするか否かについて確認をする措置を講じているか，消費者自身がそのような措置を講ずる必要がない旨を事業者に表明していた場合は，民法の原則にかえる。

(6) 錯誤の効果

錯誤が以上の要件を満たす場合は，法律行為を取り消すことができる（民95条1項柱書）。錯誤は，錯誤に陥った表意者を保護する制度であり，たとえ表示に対応する意思が存在しない場合であっても，錯誤者以外の無効主張を許す必要はないから，取消しが効果として規定されている。

なお，表意者が無資力であるにもかかわらず，取消権を行使しない場合には，錯誤者の債権者は，債権者代位権によって行使することが考えられる（民423条）。

(7) 第三者保護

錯誤取消しは，善意無過失の第三者に対抗することはできない（民95条4項）。錯誤によって，法律行為を行ったものは，心裡留保・虚偽表示の場合と異なり，意思表示の外形を作出したことについて，強度の帰責性があるとはいえない。したがって，第三者の保護要件としては，無過失が要求されており，これは詐欺取消しにおける第三者保護と同様の趣旨である（民96条3項）。

3　意思表示（意思の不存在・瑕疵ある意思表示）

⑤　詐　欺

1　詐欺の意義

　詐欺による意思表示とは，他人にだまされて錯誤に陥り，その結果なされた意思表示をいう。多くの場合，他人によって意思の決定過程に介入行為がなされるから，他人によって惹起された動機錯誤が問題となる。強迫とともに瑕疵ある意思表示と呼ばれる。

2　詐欺の要件

(1)　詐欺者の故意（2段の故意）

　判例（大判大6・9・6民録23輯1319頁）・通説は，「他人をだまして（これを欺罔行為と呼ぶ）錯誤に陥らせようとする故意」と「その錯誤によって一定の意思表示をさせようとする故意」の2つの故意が必要であると解している。したがって，過失によって間違った情報を提供したために，表意者が意思表示をしたという場合には詐欺は成立しない。

(2)　欺罔行為

(a)　欺罔行為の存在

　積極的に虚偽の陳述を行うことは欺罔行為に当たる。判例は，告知義務がある場合，消極的に真実を告げないかあるいは単なる沈黙も，欺罔行為となり得るとする（大判昭16・11・18法学（東北大学法学会紀要）11号617頁）。他人の陳述によって初めて錯誤に陥った場合だけではなく，錯誤が強められた場合も欺罔行為としてよい。

(b)　欺罔行為の違法性

　セールストークのように，商品の性質などについて誇張した表現をとることは珍しいことではない。判例・通説は，詐欺の要件としての欺罔行為が，社会観念上許される限度を超えて違法性を備える場合にのみ民法96条の適用を認める。違法性の判断は結局具体的状況を考慮して判断せざるを得ないが，当事者の地位・知識の有無，法律行為が行われた状況（百貨店か露天かなど）は，判断の材料となる。

(3)　欺罔行為と意思表示の因果関係

　欺罔行為が行われた結果，表意者の錯誤が引き起こされ（場合によっては強

められて），意思表示が行われたことが必要である。

　欺罔行為があってもなくても意思表示をしたであろうと思われる場合は，詐欺は成立しない。

3　効　果

(1)　意思表示の相手方が詐欺を行った場合

　表意者は，意思表示を取り消すことができる（民96条1項）。意思表示を取り消すと，法律行為は法律行為が行われた時点にさかのぼって，無効となる（これを**遡及的無効**という。民121条）。取消しの意思表示が行われるまでは，法律行為は一応有効である。

(2)　第三者による詐欺（民96条2項）

　意思表示の相手方ではなく，第三者が欺罔行為を行った場合（例えば，主たる債務者Aが「自宅に抵当権がついているから迷惑はかけない」と申し向け，Bに自分の債務の保証人になってくれるよう頼んだところ，Bは債権者Cとの間で，保証契約を締結したが，実際には抵当権が設定されていなかったような場合，保証契約の当事者はBとCであり欺罔行為を行ったのは第三者たるAである），相手方が（上記の例ではC）が，意思表示が行われた時点で詐欺の事実を知っているか知ることができた場合にのみ，表意者は意思表示を取り消すことができる。

　意思表示の相手方が，この事情を知らないか知らないことに過失がない場合には，何の落度もなく，表意者の単なる動機錯誤の場合と何ら変わりない。情報は自らが集め，自己決定をしなければならないという，民法典の基本的な考え方の現れである。

4　詐欺による取消し前に現れた第三者保護

　詐欺によって取り消される法律行為を信頼して取引を行った第三者がいる場合，この第三者は遡及効により不測の不利益を被る。民法は，相手方には詐欺を理由として意思表示を取り消すことができる場合でも，善意無過失の第三者にはこれを主張することができないと規定している（民96条3項）。

(1)　第三者

　詐欺の当事者以外の者で，詐欺による意思表示によって生じた法律関係につき，新たに独立の法的利害関係を有するに至った者であり，民法94条2項の

3 意思表示（意思の不存在・瑕疵ある意思表示）

場合と同様である。

(2) 善　意

民法 96 条 3 項は，第三者が善意無過失であることを要求している。

(3) 登記の要否

第三者が取得した権利が不動産にかかる所有権であるような場合，第三者は不動産の登記を取得していることが必要であろうか。これについては見解が対立している。

(a) 登記不要説（判例・通説）

第三者は，法律行為が取り消されたために遡及的に権利を失うことになった相手方から権利を取得した者であるから，無権利者であるが，民法 96 条 3 項によって権利者となるから，民法 177 条の適用される対抗問題とはいえない。したがって，所有権を主張するために登記も不要であると考える。判例も，判旨の理解の仕方に争いはあるものの登記不要という見解を採用したとみ得る判断を行っている＊。

＊最判昭 49・9・26 民集 28 巻 6 号 1213 頁—判例講義民 I ㊷
〔事案〕　農地を所有する X が買主 A の詐欺により，農地を A に売却し，農地の売買に必要な知事の許可が得られるまでの措置として，所有権移転請求権保全の仮登記を経由した。A はさらにこの農地を Y に譲渡して，仮登記を移転する旨の付記登記をした。その後，X が AX 間の売買契約を取り消した。
〔判旨〕　「おもうに，民法 96 条第 1 項，3 項は，詐欺による意思表示をした者に対し，その意思表示の取消権を与えることによって詐欺被害者の救済をはかるとともに，他方その取消の効果を『善意の第三者』との関係において制限することにより，当該意思表示の有効なことを信頼して新たに利害関係を有するに至った者の地位を保護しようとする趣旨の規定であるから，右の第三者の範囲は，同条のかような立法趣旨に照らして合理的に画定されるべきであって，必ずしも，所有権その他の物権の転得者で，かつ，これにつき対抗要件を備えた者に限定しなければならない理由は，見出し難い」。

(b) 登記必要説＝権利保護資格要件説

第三者と表意者との関係が民法 177 条の対抗問題ではないということは前提として，売買がなされたが第三者に移転登記は行われていないという場合にま

第2章　法律行為（契約），意思表示〔権利の変動〕

で第三者を保護する必要があるかは疑問であるとする。そして，帰責性の少ない被欺罔者との関係で第三者を保護するのであるから，自ら権利確保のためにできること（ここでは登記の取得）は権利の保護を要求する者の資格として必要だと考えるのである。

(4)　取消し後に現れた第三者と登記

民法96条3項は詐欺の事実を知らずに，いったん権利を取得した第三者の民法121条の定める遡及効からの保護が問題となっている。そう考えると，いずれにせよ取消し後に現れた第三者は，遡及効によってすでに権利を失っている者から権利を取得したのであり，この規定の予定するところではないことになろう。しかし，この場合の第三者をまったく保護しないでよいかは，問題である。判例（大判昭17・9・30民集21巻911頁─判例講義民法Ⅰ 86）・伝統的な通説は，意思表示の相手方から取消しによって権利を取り戻した表意者と，相手方から権利を取得した第三者との関係を民法177条の対抗問題と構成する（詳しくは物権法に委ねる）。

6　強　迫

1　強迫の意義

他人の違法な強迫行為によって意思表示が行われた場合，表意者はその意思表示を取り消すことができる。表意者の自由な意思決定そのものに対する侵害が行われており，意思表示の効果を表意者に帰属させることが許されないからである。

2　強迫の要件

(1)　強迫の故意

「強迫」が成立するためには，他人に害悪が及ぶことを告げて，畏怖を生じさせようとする故意とその畏怖によって一定の意思表示をさせようとする故意が必要である。

(2)　強迫行為の違法性

強迫行為が違法なものであることが必要である。違法性の有無は，当該行為の目的の正当性と手段の正当性の観点から認定される。

目的も手段も正当な場合には，表意者が畏怖を生じ，そのために意思表示を

56

したとしても強迫行為の違法性がない。例えば，使用者が横領した被用者の身元保証人である親に，借金証文を差し入れなければ告訴すると告げた場合，身元保証人に借金証文を差し入れさせること（目的）も正当であり，告訴することは権利行使であるから，そう告げること（手段）も正当である（大判昭4・1・23新聞2945号14頁）。

株式を適正価格で買い取らせた場合でも，不正の利益をあげるためであれば違法であるし（目的の正当性がない）（大判大6・9・20民録23輯1360頁），目的が正当であっても身体的な危害を加えて契約を締結させた場合（手段の正当性がない）には，いずれも違法となる。

(3)　畏怖による意思表示

強迫による意思表示であるといえるためには，表意者に畏怖が生じ，これによって意思表示が行われたことが必要である。

もっとも，この畏怖は，表意者が現実に畏怖したのであれば足り，客観的に通常の者であれば畏怖するといえる程度である必要はない。また，畏怖によって表意者が完全に選択の自由を失ったということまでは必要ではない（最判昭33・7・1民集12巻11号1601頁―判例講義民Ⅰ㊸）。

3　強迫の効果

強迫の効果は，詐欺と同じく取消しである（民96条1項）。

しかし，強迫は詐欺とは異なって，第三者によって強迫行為が行われた場合であっても，当然に取消しが認められ，また善意の第三者を保護する規定もない。強迫行為を行ったのが相手方であれ，第三者であれ，表意者の自己決定の自由に対する重大な侵害が行われたことに変わりなく，相手方や第三者がそれによって不利益を被るとしても，強迫された者の利益を守る必要があるからである。

7　消費者契約法による契約締結過程の規律

1　消費者契約法制定の背景

事業者と消費者の間で行われる契約が現代における取引の中で，非常に重要な位置を占めることは疑いない。ところが，専門的に同種の契約を反復して行う事業者と一般的な消費者の間には，情報の収集力や有している情報の質には

第2章　法律行為（契約），意思表示〔権利の変動〕

大きな不均衡がある上，法的な知識ももち合わせないことが多い消費者は個々の契約条項の意味をはっきり認識しないまま契約を締結してしまうこともあり（いわゆる標準契約約款を用いた契約がその典型的な例である），契約をめぐるいわゆる消費者被害が増加する状況にあった。

　そこで，特定の契約類型や商品に限定するのではなく消費者と事業者の間で行われる契約に包括的に適用される特別法の必要性が議論され，消費者契約法が制定されることとなった（なお，平成18年に行われた改正により，申請に基づいて内閣総理大臣の認定を受けた適格消費者団体は，事業者が不特定かつ多数の消費者に対して消費者契約4条1項から4項までに規定する勧誘行為または8条から10条までに規定する消費者契約の条項を含む契約の締結の意思表示を，「現に行い又は行うおそれがあるとき」は，当該事業者の行為の差止請求をすることができることとなった（消費契約12条）。この改正は，個別の消費者契約ごとにその有効性を問題としても，同種の消費者被害の発生または拡大を阻止するには限界があることから，救済・予防の早期化・実効化を図り，消費者契約法の実効性を確保するために行われたものである）。

2　消費者契約法の目的と規律の対象

　したがって，消費者契約法は，消費者と事業者との間の「情報の質および量並びに交渉力の格差」によって，消費者にとって不利な契約が結ばれた場合に，消費者の利益を保護することが目的であり（消費契約1条），そのために契約の拘束力から消費者を解放する。

　以上のような観点から，消費者契約法は大別すると，2つの問題を規律している。

(1)　契約締結過程の規律

　第1は，情報の質と量や交渉力に格差があるために，事業者が契約締結過程において，不当な勧誘行為を行っても消費者としては十分に対抗できない。そこで，このような場合に，新たに消費者に契約の取消権を付与している（消費契約4条1〜4項）。これらの規律は，実質的に民法の意思表示，特に民法96条を改正する特別法であり，以下に詳しく述べる（4）。

(2)　不当条項規制

　第2に，消費者の利益を不当に害する条項の効力を否定して，契約内容を適

正なものとする規定が置かれた（消費契約 8 ～ 10 条）。

(3)　事業者と消費者の努力義務

消費者契約法の総則には，事業者と消費者双方の努力義務が規定されている。まず，事業者に対しては，契約条項を明確かつ平易にするよう努力すること，勧誘に際して必要な情報を提供する努力をすることが規定されている（消費契約 3 条 1 項）。前者は不当条項規制の前提をなすものであり，後者は契約締結過程の規律と関係する。

他方，消費者契約法 3 条 2 項は，消費者が契約内容につき理解すべき努力義務をも定めている。しかし，消費者契約法の目的が消費者の利益を擁護することにある以上，消費者の努力義務に大きな意義を付与すべきではない。

3　消費者契約法の適用範囲

(1)　消費者契約

消費者契約法が適用されるのは，消費者契約である（消費契約 2 条 3 項）。消費者契約とは，「消費者」と「事業者」の間で締結される契約であるが，労働契約には適用されない（消費契約 48 条）。

(2)　「消費者」と「事業者」

(a)　消費者

消費者とは，「事業として又は事業のために契約の当事者となる」者を除いた個人である（消費契約 2 条 1 項）。消費者は「個人」に限定されるから法人は当然に消費者ではない。

(b)　事業者

(ⅰ)「法人その他の団体」

法人その他の団体は，契約の内容に関わりなく常に事業者である（消費契約 2 条 2 項前段）。法人の種類につき限定がないから，営利法人のみならず公益法人，中間法人，国，地方公共団体等広汎なものを含む。

「その他の団体」は，法人格を取得しない団体であるが，消費者の定義におけると同様，どの程度の団体性が必要とされるかは，消費者契約法の目的に照らして総合的に判断して決するべきである。

(ⅱ)「事業として又は事業のために契約の当事者となる」個人

個人であっても「事業として又は事業のために契約の当事者となる」場合は，

第2章　法律行為（契約），意思表示〔権利の変動〕

事業者となる（消費契約2条2項後段）。

①「事業」とは，自己の計算と危険において同種の行為が継続反復して行われることであり（立法担当者は事業目的であれば最初の1回目の取引も事業と解する），社会通念によって事業と観念されるものを広く含み，営利性を要件としない。

②事業としてまたは事業のために行われるとは，客観的にみて事業目的で契約が締結される場合をいう。

4　契約締結過程に関する規律

消費者契約法4条は，契約締結過程の規律として，消費者に取消権を付与している。

なお，以上の取消権は消費者が追認できる時から1年，契約締結の時から5年で時効によって消滅する（消費契約7条）。

(1)　重要事項についての不実告知

事業者が，①契約締結について勧誘するに際して，②重要事項につき事実に反することを告げ，③それによって消費者が誤認して，そのために契約を締結した場合に取消権が発生する（消費契約4条1項1号）。例えば，中古車の売買に際して，製造からすでに7年経過しているのに，製造後2年しか経過していないと中古車販売業者が消費者に告げたような場合である。

不実の告知に際して，事業者の故意は要件とされていない。したがって，この点では，民法96条の詐欺よりも広く取消権が発生する余地がある。

他方，不実告知の対象は，重要事項に限定されており，重要事項については消費者契約法4条5項が定義している。すなわち，契約客体の内容（質・用途など）または対価その他の取引条件および消費者の生命，身体等重要な利益についての損害または危険を回避するために必要な事情で，かつ消費者の判断に通常影響を及ぼすべきものである。

(2)　不確実な事項についての断定的判断の提供

①将来の変動が不確実な事項（物の価値や価格等）につき，②断定的な判断を提供し，③判断について消費者が誤認したために契約を締結した場合に，取消権が発生する（消費契約4条1項2号）。例えば，特定の銘柄の株式について，証券会社の営業マンが，確実に値上がりすると断定して，それを信じた消費者

60

3 意思表示（意思の不存在・瑕疵ある意思表示）

が当該銘柄の株式を購入したような場合である。

(3) 不利益事実の不告知

①重要事項について消費者の利益になる旨を告げ（先行行為の存在），かつ②当該重要事項について，不利益となる事実を故意に告げなかったために，③消費者が誤認して契約を締結したことが要件であり，その場合取消権が発生する（消費契約4条2項）。例えば，マンションの購入を検討している消費者に，事業者が当該マンションの眺望がよいことを強調して，これを信じた消費者がマンションを購入したが，その勧誘行為の時点で隣接地に別のビルの建設計画が進行しており，そのことを事業者も知りながら告げなかった場合である。

不利益事実の不告知においては，事業者の情報提供についての不作為が問題となっているが，不告知の対象は重要事実に限定されており，かつ事業者が，まず利益になる事実を告げたために（例えば，住宅の眺望がよいこと），消費者が通常そのような事実は存在しないと誤認する事実（例えば，隣接地のビル建設計画）に限定されている。また，事業者が故意に事実を告げなかったことも要件とされているから，不利益事実について事業者が知らなかった場合には，事業者の故意が存在しないと考えられるため，取消権は発生しない。

(4) 通常の分量を超える取引

高齢社会の進展にともない，認知症のために財産管理能力が低下しているような高齢者を相手として，老後の生活に充てるべき資産をほとんど使ってしまうほどの着物や宝石等の商品を購入させるといった消費者被害が多発している。そこで，消費者契約の目的となるものの内容および取引条件並びに事業者がその締結について勧誘をする際の消費者の生活の状況およびこれについての当該消費者の認識に照らして，当該消費者契約の目的となるものの分量等として通常想定される分量を著しく超えており，勧誘に際して事業者がそのことを知っていた場合に，消費者に取消権が付与される（消費契約4条4項）。

(5) 困惑による取消権

消費者に対する勧誘行為に際して，①事業者が消費者の住居またはその業務を行っている場所から退去することを要求したにもかかわらず，事業者が退去しない場合，あるいは，②勧誘している場所から消費者が退去する旨の意思を表示しているにもかかわらず，退去を妨害して，③消費者に困惑を惹起させ契約を締結させた場合，消費者に取消権が発生する（消費契約4条3項）。

第2章　法律行為（契約），意思表示〔権利の変動〕

民法の強迫は表意者の畏怖を要件とするが，これを緩和して取消権の発生する場合を拡大することを意図したものである。

(6)　勧誘行為の主体と勧誘を受ける者

契約締結過程の規律は，すべて勧誘行為を行うに際してなされた不当な勧誘行為が問題とされているが，事業者あるいはその従業員がこれを行う場合はもちろん，受託者等（事業者から当該消費者契約の締結の媒介の委託を受けた者，またはその者からさらに委託を受けた者）が勧誘行為を行った場合（消費契約5条1項），事業者の代理人，代理人から委託を受けた者が勧誘行為を行った場合（消費契約5条2項）も，取消権が発生する。

勧誘行為を受ける者は消費者だけではなく，消費者の代理人も消費者とみなされる（消費契約5条2項）。

(7)　取消しの効果

意思表示が取り消された場合，その行為ははじめから無効であったものとみなされ（民121条），無効となった法律行為について，民法121条の2第1項は，原則として法律行為の当事者は，履行として受領した給付について，原状に回復しなければならないものと定めている。しかし，意思能力を欠いた状態で行われた法律行為および制限行為能力を理由として取り消した場合には，原状回復義務の範囲は現存利益に限定される（民121条の2第3項）。

これと同様に消費者契約法4条に基づく取消しは，消費者と事業者との構造的な情報格差に鑑みて消費者を保護しようとするものであるから，消費者の原状回復義務の範囲を，給付を受けた時点で取り消すことができることにつき善意であった場合，返還の範囲を現存利益に限定している（消費者契約6条の2）。

4　法律行為（契約）の有効要件

1　序

ここまで述べてきたように，錯誤や詐欺等による契約などは無効とされたり取り消されたりする。しかし，このような個別の事情による無効や取消しとは別に，より一般的な有効要件もある。旧民法（ボアソナード民法）は，契約の一般的な有効要件として，「確定ニシテ各人カ処分権ヲ有スル目的」および

「真実且合法ノ原因」を要求していた（財産編304条2号および3号）（これはフランス民法1108条に由来する）。現在では，これをもう少し拡大して，法律行為の内容の確定可能性，適法性および（社会的）妥当性が，法律行為の一般的有効要件であるとされる。以下，順に説明しよう。

2 確定可能性

法律行為により，その内容に従った権利や義務が生じるわけであるが，そもそも法律行為の内容が明確でないと，どのような権利や義務が生じるのかがわからない。法律行為の内容が明確でないときには「解釈」（後述）によって内容を明確にする努力が行われるが，それでも法律行為の内容を確定できないときには，法律行為は無効であると解されている。内容が曖昧な場合のほかに，複数の意味に理解できる多義的な法律行為なども無効となる*。もっとも，内容の確定できない法律行為など，そもそも法律行為として成立していない（有効・無効以前の問題）とする見解もある。

> *多義的な法律行為については，錯誤との関係が問題となる。AとBとの契約について，Aはαと理解していたが，Bはβと理解していたとしよう。裁判官が「この契約はαと解釈すべきである」と判断したときにはBに錯誤があったことになり，Bが95条により契約取消しを主張できるか否かの問題となる。裁判官が「βと解釈すべきである」と判断したときにはAに錯誤があったことになり，Aが取消しの主張をすることになる。「契約が多義的である」というのは「裁判官にはαともβとも判断できない」という意味であるが，それでも，AとBがともにα（またはβ）と理解したのなら争いにはなるまい。多義的であって，かつ，Aの理解とBの理解とが食い違った場合が問題なのであり，このときは，Aがαと理解したのもBがβと理解したのもいずれも同じくらい正当（または同じくらい不当）である。どちらかを保護することは妥当ではないので「痛み分け」の解決をすることになり，伝統的な通説によれば多義的な契約は無効である。しかし，契約が多義的で両当事者の理解が食い違っている場合を「隠れた不合意（または無意識的不合意）」（当事者の意思が合致していないのに当事者は気がついていないという意味）と呼び，当事者の意思が合致しないために契約が成立しないと解する見解もある。

これと関連して，代金が確定されていない売買契約は有効かという論点がある。具体的な金額が確定していなくとも代金額の決定の方法（「ある市場でのある時点における価格」など）が合意されているなら，契約が有効であることには異論はない。問題は代金額を決定する手がかりがまったくない場合であり，こ

のときには契約は無効であると考える見解も有力である。ただし，通常は何らかの手がかりがあるので，契約の解釈の問題として解決できることが多いであろう＊＊。

＊＊売買契約である以上，代金を支払う旨の合意は必ず含まれている（そうでないと贈与契約になってしまう）。さて「ある物に対して代金を支払う」合意があるなら，代金額に関する合意がなくとも，（同種の商品が扱われている市場における）常識的な相場に応じて支払う旨の暗黙の了解があるものと推測できるであろう。

　なお，最初から（つまり契約締結時から）実現不可能（**原始的不能**という）な契約に法的効力を認めても意味がないので，かつての通説は，このような契約は無効であると解釈していた＊。したがって，契約による権利や義務は生じないことになるが，自分の過失によって相手方に損害を与えた場合には「契約締結上の過失」（本章2.③「契約成立の判定」23頁）により損害を賠償する義務を負う。例えば，Aが別荘をBに売る契約を10月10日に締結したところ，実は，その別荘はすでに10月1日に隣家からの失火により焼失していたような場合で考えてみよう。もう存在しない別荘を売ることはできないので，売買契約自体は無効とされていた。しかし，自分の別荘が10日も前に焼失していることに気がつかないで契約を締結したことはAの過失であろう。したがって，Aは，Bが「契約は有効である」と信じて出費したところ結局無駄になった損害を賠償しなければならない。具体的には契約書作成の費用などであるが，これを**信頼利益**という。

＊かつてのドイツ民法306条も「不可能な給付を目的とする契約は無効である」と定めていたが，2002年の改正により削除された。

　しかし，原始的に不能な契約を無効と解することには批判も多かった。契約締結後に履行が不可能になった場合（**後発的不能**という）は債務不履行の問題として処理されるのだから，原始的に不可能な場合も同様に扱えば済むというわけである。この考え方によれば，買主は，契約を解除して代金を返してもらう，または，履行されれば得たはずの利益（**履行利益**という）を損害として賠償請求することになる。結局，平成29年の改正の際，契約が原始的に不能であっても損害賠償を請求できる旨の規定が新設された（民412条の2第2項）。信頼利益の賠償なのか履行利益の賠償かは明確にされていない。この他に，契約を解除することもできるし（民542条1項1号），また，解除をしなくとも，代金

を支払う必要はない（民536条1項）。

③　強行法規，行政的取締法規に違反する契約の規制

2番目の要件として，法律行為の内容が適法であることが要求される。例えば，あへんの売買は刑法136条により罰せられるのだから，そのような売買契約が有効であるわけはない。

1　強行法規と任意法規

もっとも，およそすべての法律に違反する契約が常に無効とされるわけではない。民法91条によれば，法律は「公の秩序に関する法律」と「公の秩序に関しない法律」とに分かれ，契約が後者（公の秩序に関しない法律）と異なるときには契約の方が優先する。例えば，AがBに自転車を売る契約をして「自転車は10月10日に引き渡す」と合意したが代金の支払時期については定めなかった場合は，民法573条によれば，代金についても10月10日に支払うべき合意があったものと推定される。しかし，これは「推定」にすぎないので，両当事者の合意により「代金は10月15日に支払う」と定めることはもちろん自由である。このような規定を，守っても守らなくともよい法律という意味で**任意法規**という。守らなくともよい法律に「法律」としての意味があるのか疑問に思うかもしれないが，上の例からもわかるように，当事者が合意で定めなかった事項について契約を補充する程度の意味はある。この意味で「補充規定」とか「解釈規定」ということもある。

これに対して，守らなければいけない法律を**強行法規**という。法律行為は，強行法規に違反するときに無効となるのである＊。

＊91条の「反対解釈」により強行法規違反の法律行為は無効となると議論されることもある。しかし，91条を持ち出す必要はない。

ある条文が強行法規であるか任意法規であるかは，条文の表現からわかることが多い。例えば，借地借家法10条は「この節の規定に反する特約で借地権者に不利なものは，無効とする」とはっきり強行法規である旨を定めている＊＊。また，民法404条1項などには「別段の意思表示がないときは」と書かれている。つまり，当事者が特別の合意をしたなら合意の方が優先するのだから，404条1項は任意法規である。さらに，上の例の573条のように「推定」する

第2章　法律行為（契約），意思表示〔権利の変動〕

と書かれているときも任意法規であることが多い。

＊＊したがって，借地借家法に反する契約でも，借地権者に有利なものは有効とされる。そもそも借地権者を保護するための法律なのだから，それでよいのである。このような強行法規を片面的な強行法規と呼ぶ。

　しかし，条文の表現からわからないときには，法律の解釈によって決めなければならない。契約は基本的には当事者が自由に決めてよいのであるから，債権法（民法第3編）の規定は任意法規にすぎないことが多く，これに対して，物権は法律で定められるべきものであるから（民175条），物権法（第2編）の規定は原則として強行法規である。家族制度も社会の慣習や国家の政策によって決まるべきものなので，家族法（第4編および第5編）についても大部分の規定は強行法規であり，また，総則（第1編）にも強行法規が多い。

2　脱法行為

　強行法規に直接には違反しないが，実質的に違反する法律行為を**脱法行為**という。例えば，かつては恩給を受ける権利を担保にして金を借りることは禁止されていたところ（恩給11条），金を借り，その代わりに恩給の受領権限を貸主に委任（民643条）することが行われた。貸主は恩給受領権者に代わって恩給を受け取り，これを借主に対する債権に充当するわけであるが，これでは実質的には恩給受領権を担保にして金を借りたのと同じなので，その有効性が問題とされたのである＊（大判昭7・3・25民集11巻464頁など参照。この事件では貸主は恩給受領権限を別の者に複委任しており，それ（複委任）が無効とされた。これを有効とすると，恩給受領権が「流通」することになってしまう）。

＊もっとも，この問題（恩給担保）に限っていえば，そもそも恩給の担保をまったく禁止したことに合理性があったのかが疑問である。その後，恩給法11条が改正されて禁止は緩和されている。

　このほかに，譲渡担保も問題とされた。譲渡担保とは，金を借り，それを担保するために不動産等の所有権を貸主に譲渡する（借金を返済したときには所有権は借主に戻る）ことであるが，実質的には，流質契約を禁止した民法349条に違反し，しかも，譲渡担保においては通常は（所有権は移転しても）債務者が占有しているために民法345条にも違反する。そこで当初は脱法行為として無効であるとされたが，のちに有効とされるようになった（大判大3・11・2民

録 20 輯 865 頁など）。「345 条や 349 条に違反する」というのは譲渡担保を質権の一種と考えることを前提にしているが，質権とはまったく別の独立した担保権として認められるようになったのである**。

**　＊＊譲渡担保については，その後は，貸付額をはるかに上回る不動産等の所有権を譲渡させる場合に暴利行為として無効となるのではないかが議論されるようになった（後述④1「公序良俗違反の諸類型」71 頁）。

　以上が，いわゆる「脱法行為論」として普通に論じられるものであるが，ほかにも考えられるであろう。もっとも，脱法行為論は，最近ではあまり流行らない。強行法規に直接に違反するか（直接ではないが）実質的に違反するかは結局「程度の差」であり，しかも，脱法行為概念自体にはそれほど積極的な意味はない。法律行為は「脱法行為だから」無効となるのではなく，ある法律行為が強行法規に反するので無効とされるべきときに（しかし必ずしも直接に違反しているわけではないときに）「脱法行為である」といわれるにすぎない。法律行為が無効か否かの判断は，その強行法規をどのように適用すべきかという法律の解釈の問題として解決されているのであり，脱法行為か否かはその解釈の結果なのである。しかし，脱法行為という用語は今でもよく使用されるので，覚えてほしい。

3　行政的な取締法規

　行政的な理由から，ある営業について免許が必要であるとされたり，ある取引について行政庁の許可が要求されたりすることがある。このような法律は一見したところでは「公の秩序に関する法律」（したがって強行法規）であるようにみえるが，しかし，それでは免許や許可を得ないで取引をした場合に取引自体が無効となるのであろうか。そうだとすると，例えば無免許のタクシーに乗ったときには目的地に着いてから「お前は無免許営業だろう」と言えば料金を払わなくてもよいことになるが，これは不公平であろう。

　そこで，このように行政的な理由で取引を取り締まっている法律を（一見すると公の秩序に関する法律のようにみえるが）強行法規とは区別して**取締法規**と呼び，「単なる取締法規に違反する法律行為は無効とはならない」とする判決が戦前からあった（大判大 8・9・25 民録 25 輯 1715 頁など）。このときには，取締法規に違反した業者は違反を理由として罰金等の制裁を受けるかもしれないが，

第 2 章　法律行為（契約），意思表示〔権利の変動〕

その業者と取引をした顧客は代金を払うべきことになる。公法的な「制裁」と私法的な「公平」とは別問題なのである。もっとも，無効とされることも無論ある。結局は取締りの趣旨をどの程度まで徹底させるかの問題であり，その際には以下の事情を考慮するべきであるとされる。

(1)　違反の態様

上の例のように，免許制度が定められているときでも，無免許業者が顧客とした法律行為は有効とされることが多い。また，食肉の販売には行政上の許可が必要であるが，許可を得ていない業者が食肉を購入しても，契約は無効ではないとした判決がある（最判昭 35・3・18 民集 14 巻 4 号 483 頁）。他方で，弁護士法に違反して，弁護士でない者が債権の取立て等についての委任を受けて成功報酬を受け取る契約をしても無効であるとされた例もある（最判昭 38・6・13 民集 17 巻 5 号 744 頁）。やはり，弁護士法の方が，重要な規制だからであろうか。

また，免許や資格制度が定められているときに，免許や資格を有する者が（免許や資格のない）他人に名義を使わせる契約（名板貸契約）は無効とされるべきであろう。例えば，鉱業法では鉱業権者でなければ鉱物の採掘事業を営んではならないとされているので，鉱業権を賃貸する契約（斤先堀契約）は無効である（大判昭 19・10・24 民集 23 巻 608 頁など）。しかし，前述したように，名義を借りた（無資格の）者が顧客とした契約を無効とすべき必然性はない。

価格統制などの場合には，統制を超える部分のみ無効とすればよい（最判昭 31・5・18 民集 10 巻 5 号 532 頁，最判平 6・4・22 民集 48 巻 3 号 944 頁など）。物資統制の場合は，統制の趣旨を徹底させる必要があるか否かによろうが，統制違反の法律行為を無効とするほどの必要性はないことも多いであろう＊。

＊戦中から戦後にかけて多くの統制法規が制定されたが，統制する必要性がなくなっても法律のみ残っていて，それが問題となるケースも多かったようである。

(2)　履行の段階

取締法規違反の法律行為の効力の問題は，顧客が商品やサービスを受けたのちに代金を払う段階になってから争われることが多く，それだけに，契約を無効として代金を支払う必要はないとすると不公平な感じが残る＊。例えば，無許可の業者が食肉を購入した契約を有効とした前掲最判昭 35・3・18 も，売主が原告となって買主に残代金を請求したのに対して買主が契約の無効を主張したケースであった。商品を受け取っていながら，代金を支払う段階になって契

約の無効を主張するのは図々しいであろう。しかし，この事件で，買主がいまだ食肉の引渡しを受けておらず売主に対して食肉の引渡しを請求したらどうだろうか。契約が有効であるとすると，無許可の業者である買主に対して食肉を引き渡すように命じる判決を出さなくてはならないことになるが，しかし，違法な行為をするように判決で命じることなどできるのであろうか。実際に問題とされた事件は，ほとんどが，契約の履行は終わった段階での争いであることにも注目すべきである＊＊。

> ＊本当は顧客の方も受け取った商品等を返還しなければいけないはずだが，事情によっては民法708条が適用されて返還が不要となることもある。もっとも，取締法規違反くらいでは708条は適用されないことも多い（最判昭37・3・8民集16巻3号500頁など）。

> ＊＊しかし，「履行前なら契約は無効だが履行後代金支払の段階には有効となる」というのも一貫性を欠き具合が悪い。そこで，取締法規は，契約の効力には影響せず，ただ履行を禁止しているだけであると解釈する見解もある。もっとも，今度は，契約を有効と認めつつ履行を禁止するのは矛盾ではないかという疑問が生じる。

(3) 違反の重大性

違反の重大性も，もちろん無視できない。例えば，最判昭39・1・23民集18巻1号37頁では，有毒性物質を混入して製造したアラレ菓子の販売契約が無効とされた。この事件でも取引ののちの代金支払（厳密にいえば代金支払のための手形の請求）の段階になってから契約が無効とされたので不公平が生じていることになるが，それでも，最高裁は，有毒な食品を流通に置いた点を強く非難して契約を無効としたのである。履行が終わった段階だからといって契約を有効とすると，結局は契約を事後的に承認したことになるので当事者は「既成事実を作ってしまえばよい」と思うであろう。禁止の趣旨を徹底したいなら，多少不公平が生じたとしても，契約を無効とするべきなのである。弁護士法違反の契約を無効とした前掲最判昭38・6・13においても事件の処理が終わって報酬を払う段階で争いとなったのであるが，やはり弁護士法による規制の重要性を考えて契約を無効としたのであろう。

なお，法律の違反を知りながら当事者が取引をした場合には「悪いと知りつつあえて取引をした」という主観的な悪性のゆえに民法90条違反の問題（後

第 2 章　法律行為（契約），意思表示〔権利の変動〕

述）として契約は無効となるという見解もあり，このような例として，前掲最判昭 39・1・23 が引用されることもある。この事件では，アラレの製造者は，有毒であることを知り疑問を感じつつも（買主に唆されて）製造・販売を続けていたからである。

　以上のような事情を考慮して，契約が有効であるか無効であるかが決まる。その際には，（ここまでの議論からも感じられたであろうが）かつては公法秩序に対する私法秩序の「独自性」が強調されて公法に反する契約でも私法上は有効であるとされる傾向が強かったし，現在でも，これが通説的な立場であるといえよう。しかし，近時では，消費者保護のための公法的規制などを念頭に置いて，規制に違反する契約は私法上も無効とした方がよいという提案も有力に主張されている。この方が，規制の目的（消費者保護など）をより効果的に達成できるからである。

4　内容の社会的妥当性（公序良俗違反）

　最後に，公の秩序または善良な風俗（略して公序良俗という）に反する内容の法律行為は無効とされる（民 90 条）。具体例としては，暴利行為や妾契約などがあげられる。このような契約は強行法規に違反していることも多いが（例えば高利による貸付は利息制限法に反するし，暴利行為として公序良俗にも反する），特に何らかの法律に違反しているわけではない場合もある。例えば，「妾契約は無効とする」などという法律が存在するわけではないが，禁止する法律がなくとも，このような契約が無効なのは当然であろう。

　そこで，強行法規に違反しないことを「適法性」というのに対して，公序良俗に違反しないことを「妥当性（または社会的妥当性）」と呼んで区別している。しかし，公序良俗違反の行為が強行法規にも違反していることは多いので厳密な区別はできないし，また，公序良俗と強行法規のどちらに違反しても結局は契約が無効とされるのだから，これを区別することにはあまり意味はない*。

　　＊もっとも，ある法律行為が強行法規に違反するときに無効となるのは当然であり，90 条を持ち出すまでもない。したがって，90 条違反として議論されるのは，法律に触れる場合よりは道徳的に不当とされる場合が多いようである。また，それだけに（俗な表現でいえば）「酷い」場合が多く，例えば，人を殺す契約などが 90 条違反の例として好んであげられる傾向がある。

1 公序良俗違反の諸類型

それでは，公序良俗に違反する契約にはどのようなものがあるか*。もちろん千差万別であるが，判例を手がかりにして類型化して論じるのが普通である。人によって分類は異なるが，大体，以下のように分類されることが多い。

> ＊公の秩序（公序）と善良な風俗（良俗）とは異なるのだろうか。強いていえば，（権力を行使する組織としての）国家の政策に基づく秩序が「公序」であって社会一般の常識が「良俗」なのであろう。したがって，暴利行為は公序に反するもので妾契約は良俗に反するものであると区別できるのかもしれない。しかし，普通は，あまり区別せずに「公序良俗」と一括される。

(1) 財産的秩序に反する行為

いわゆる**暴利行為**が典型例であり，これは，相手方の無知や困窮に乗じて不当な利益を得る行為をいう。例えば，相手方が病気のために金に困っているのにつけ込んで，高い土地を安く買いたたくような場合である*。なお，通常は，相手方の無知や困窮に乗じて利益を得る場合を暴利行為と呼ぶのであり，（両当事者が納得した上なら）高い土地を安く買うこと自体が悪いわけではない。しかし，極端な不利益を与える契約（奴隷になる契約など）は，相手方の無知や困窮に乗じた場合でなくとも無効とすべきであろう。

> ＊かつては代物弁済（民482条）や譲渡担保が問題とされ，貸付額を大きく上回る額の不動産等の所有権を移転させるような契約は無効とされた（例えば最判昭38・1・18民集17巻1号25頁参照。もっとも，この事件では譲渡担保そのものが無効とされたわけではない）。しかし，仮登記担保法3条や最判昭46・3・25民集25巻2号208頁により，担保物の価値が貸付額を上回るときには貸主には清算すべき義務があるとされるようになったので，逆にいえば，担保物の価値が貸付額を上回っていても暴利行為とされる余地はなくなった。

サイコロの目が偶数か奇数かというような偶然に金を賭ける「射倖行為」も，財産的秩序に反する行為の例としてよく出される。健全な勤労意欲を失わせるからであるが，しかし，どこまでが射倖行為であるかの判定は意外に難しい**。

> ＊＊他人がゴルフをするのを観戦しながら「誰が優勝するか」を予想して金を賭けるのは賭博に該当するが，例えば，ゴルフ大会などで参加者から集めた参加費で買った賞品を大会の優勝者に渡すのは賭博にはなるまい。前者の場合には偶然の要素が強いが，後者の場合には，日頃の練習等それぞれの努力の成果を競っているのだからまったくの偶然に金を賭けているわけではないからである。

第2章　法律行為（契約），意思表示〔権利の変動〕

　このほかに，財産的秩序に反する例として，営業の自由を極端に制限するような契約があげられることがある。例えば，牛乳販売会社に雇われた牛乳配達員が会社を辞めても会社の営業区内では牛乳販売をしない旨を約束した事件で，大判昭7・10・29民集11巻1947頁は，競業（牛乳販売）しない期間や区域が限定されていることを理由として契約は有効であるとした。逆にいえば，期間や区域を限定せずに，会社を辞めたあとでも牛乳販売を一切しないと約束したのなら，無効とされたかもしれない。経済活動の自由は，市場経済の根本的な前提だからである。

　殺人を依頼する場合のように犯罪や不法行為をする旨の契約が無効であることは当然だが，犯罪や不法行為をしない代わりに金銭を与えるという契約も無効であるとされる（民132条2文参照）。「金銭を貰わなくとも犯罪をしてはいけないのは当然だから」と説明されるのが普通であるが，むしろ，このような契約を認めると，金銭を払わなかった場合に犯罪をする誘因となるからではなかろうか。

(2)　倫理的秩序に反する行為

　財産的秩序に反する行為のほかに，倫理的な秩序に反するために無効とされる法律行為もある。例えば，金銭を与えて不倫な関係を続けるいわゆる「妾契約」がその典型例であり，また，不倫の相手に相当な財産を遺贈する旨の遺言が無効とされることもある＊。

> ＊遺言も法律行為の一種なので（本章1「序説」19頁）90条が適用される。
> 　しかし，不倫の相手方に金銭を渡す契約がすべて無効とされるわけではなく，例えば，手切金を払う場合などは有効としてよい。いわゆる妾契約とは「不倫な関係を将来も続ける（そのために金を与える）」契約であるのに対して，手切金は，むしろ，相手方の生活費（または子供の養育費）や慰謝料などだからである。不倫の相手に財産を遺贈する場合も，（本人はもう死ぬのだから）不倫な関係を将来も維持する目的はなく，生前世話になったお礼という趣旨にすぎないことが多いであろう（例えば最判昭61・11・20民集40巻7号1167頁―判例講義民Ⅰ㉖）。

(3)　その他人権を侵害する行為

　この典型例としては，いわゆる「芸娼妓契約」が問題となった。例えば，父親に金（前借金）を貸し付けて娘を芸娼妓として働かせ，娘の稼ぎの中から（父親の）借金を返させるのである。父親の借金を完済するまでは娘は芸娼妓を続けなくてはならないのだから，実質的には人身売買に近い。戦前の判例は，

４　法律行為（契約）の有効要件

これを「父親への貸付」と「（娘の稼ぎの中から借金を返済するという）人身拘束」とに分け，後者（人身拘束）は無効であるが前者（貸付）は有効とする傾向にあった（借りた金は返さなければならない）。しかし，娘が芸娼妓として働いて返す旨を約束したからこそ貸主は（父親に）金を貸したのであろうから，貸付と人身拘束とを分けることは不自然であり，しかも，貸付を有効とすることは（ある程度）人身拘束にも法的効力を認めたような感じになる。そこで戦後になり，最判昭30・10・7民集9巻11号1616頁は，貸付も含めて契約全体が無効となり返還請求は許されないと判決した＊。

　＊貸付が無効なら，受け取った金は不当利得（民703条以下）として返還しなければならないと思われるかもしれないが，この場合には民法708条が適用されるので返還は不要である。もっとも，そのために，父親が儲かったような感じになる。

　最近では，ホステスの保証の有効性が問題となった。クラブの客が掛売りを希望したときには（その客を接待した）ホステスが代金を保証したときのみ掛売りを認めるという店があるが，客が代金を踏み倒した場合に，本当にホステスが（保証人として）支払わなければならないのであろうか（最判昭61・11・20判時1220号61頁—判例講義民Ⅰ㉚。ただし，この事件では保証は有効とされた）。客が代金を支払わないリスクは元来ならクラブが負うべきであり，それをホステスが保証しなければならないというのは不合理であろう。では，なぜ不合理な保証をホステスがするのかというと，それに応じなければクラブで働けないからである。つまり，クラブは優越的な地位を濫用して不合理な保証をホステスに押しつけているのではないかが問題とされたのである。

　このほかに，女性は結婚したら当然に退職するという「結婚退職制」が問題とされ，また，女性の従業員の方が若くして定年になるという「若年定年制」が90条に反して無効とされた例がある（最判昭56・3・24民集35巻2号300頁—判例講義民Ⅰ㉗）。憲法14条は性別による差別を禁止しているが，しかし，憲法の条文は主に国家と国民との関係を念頭にしているので，これが私人間の法律関係に直接適用されるかには疑問もある。そこで，憲法は民法90条にいう「公の秩序」であるとして，憲法に反するような法律行為は90条違反として無効となると解するわけである（憲法の「間接適用」という）＊＊。

　＊＊民法90条をめぐる議論全体を，国家による人権保障という観点から見直そうとする見解がある。まず，当事者には契約内容を決める自由があり，これも憲法

22条や29条によって保障される基本的人権なのであるから，国家はこれを尊重しなければならない。つまり，なるべく90条を適用しないこと自体が人権保障の一環として要求されているわけである。しかし，他方，より重要な人権が侵害されている場合には，国家は，そのような人権を守るために90条を適用して契約を無効としなければならないこともあろう。このような観点から，90条の適用を検討するのである。

　さて，通常は公序良俗をこのように分類して論じるが，以上のような類型化に，どれほどの意味があるのか批判もあり得よう。この類型は判例などで実際に問題となった事件を分類したものなので，芸娼妓契約のように時代遅れになったものもあるし，将来新しい類型の事件が発生しないともいえない（発生するであろう）。また，財産的秩序と倫理的秩序という区別も必ずしも説得力があるとは限らず，財産的秩序に反する行為と分類されている暴利行為や射倖行為は倫理的にも非難に値する行為である。さらに，そもそも公序良俗は抽象的な概念である点に意味があり，だからこそ柔軟な運用ができるのだから，これを固定化しない方がよいという批判もあろう。

　しかし，他方で，このように類型を列挙することにより，公序良俗の概念が具体的にイメージしやすくなったことも事実である。したがって，公序良俗の内容を限定する趣旨ではなく単なる例示であることを忘れない限り，この分類にも，それなりの意味が認められる。

2　動機の不法

　契約の内容が公序良俗に反するわけではないが，契約の動機が不法なこともある。例えば，人を殺すためにナイフを買った場合を考えると，ナイフの売買契約の内容自体は（当然ながら）適法であるが，その売買契約をした動機（殺人）は公序良俗に反する。このような場合に，動機が不法であるために契約全体が無効となるのであろうか（民法95条の錯誤においても同様の問題があった）。

　動機とは，人によって異なる主観的なものである*。例えば，ナイフを買う動機には「人を殺すため」や「野菜を切るため」などがあり得るが，このような（売主にはわからない）買主の内心の事情によって契約が無効とされるのでは売主が気の毒であろう。したがって，契約をした動機が不法でも契約自体が無効となることはないと解されている。しかし，これを裏返せば，動機が相手方

にわかっていたなら契約を無効としてもよいことになる。例えば，賭博に負けて負担した債務を弁済するための借入れについて，その事情が貸主にもわかっていたことを理由に契約を無効とした判決がある（大判昭13・3・30民集17巻578頁。最近の事件としては最判昭61・9・4判時1215号47頁なども参照）。

＊契約の「動機」と契約の「目的」とは区別される。契約目的とは，その契約により達成されるべき結果である。これは動機よりは客観的であり，例えばナイフの売買契約なら「まともに切れるナイフを入手すること」が契約目的である。要するに契約内容そのものであるといってもよい。「契約をした目的が達成できないこと」が契約解除の要件とされたりすることが多い（民542条1項3号など）。これに対して，動機とは，前述したように主観的なものなので契約内容ではない。人を殺すためにナイフを買おうが野菜を切るためにナイフを買おうが，ナイフの売買契約の内容は同じである。

　もっとも，動機が不法であることが相手方にわかっていれば，常に契約が無効となるわけではあるまい。例えば，買主が人を殺すためにナイフを購入することが売主にもわかっていたとしても，ナイフの売買契約が無効となるのであろうか（人を殺すためにナイフを購入したのなら代金を払わなくともよいことになる）。買主が人を殺すつもりであることを知りながらナイフを売ったことが（被害者との関係で）不法行為になる可能性があるとしても（民719条2項），売買契約の効力には影響がないというべきである。前掲大判昭13・3・30のようなケースでは，借主がいよいよ賭博にのめり込むであろうことを知りながら貸し付ける点に重大な不法性が見出されたのであろう。

3 消費者契約法における無効

　消費者契約法では，事業者と消費者との（情報や交渉能力の）格差を考慮して，消費者を保護するために特殊な無効原因を定めている。以下，簡単に解説しよう。

(1) 事業者の損害賠償の責任を免除する条項の無効

　故意または過失により契約に違反した場合には損害賠償責任を負うし（民415条），また，契約違反ではなくとも，故意または過失により他人の権利を侵害した場合にも損害賠償責任を負う（民709条）。しかし，あらかじめ契約により「損害賠償責任を負わない」旨を定めることはできるし（ただし担保責任を負わない旨の契約は民法572条により制限される），その例も多い。このように責任を

第2章　法律行為（契約），意思表示〔権利の変動〕

（全部または一部）免除する契約を「免責条項」という。「損害が生じても責任を負わない」とは図々しいようであるが，例えば運送契約などにおいては「この箱を運んでくれ」と頼まれても箱の中に何が入っているかわからず，運送途上で事故が発生したあとになって「アレにはダイヤが入っていたのだ」などと言われるとまったく予想外の重い責任を負うことになる。そこで「特に申出がない限り100万円までの損害賠償責任しか負いません」などと責任を制限する方が普通なのであり，それなりに合理性もある。

　しかし，消費者契約の場合には，事業者と消費者との格差のために事業者に一方的に都合のよい免責条項が押しつけられる可能性がある。そこで，まず，事業者の契約責任や不法行為責任を全面的に免除する条項は無効とされ（消費契約8条1項1号および3号），また，事業者に故意または重大な過失がある場合には，責任を一部免除することも許されないとされたのである（同項2号および4号，同項5号および同条2項にも注意）。さらに，消費者の解除権を放棄させる条項も無効である（消費契約8条の2）。

(2)　消費者が支払う損害賠償の額を予定する条項等の無効

　当事者が契約に違反した場合に備えて，あらかじめ「契約に違反したときには損害賠償○○円を支払う」と定めることも可能である（民420条1項）。これを「損害賠償の額の予定」というが，現実に「○○円相当の損害が生じた」という証明をしなくとも賠償請求できるのでよく利用される。また，「契約に違反したときには違約金として○○円を支払う」という合意がされることもあり，このような「違約金」は，損害賠償の額の予定である場合もあるが（同条3項参照），損害とは別に，契約違反したことに対する一種の「罰金」（違約罰）として支払う趣旨である場合もある（このときには違約金を支払い，かつ，損害も賠償しなければならない）。当事者が合意によってこのような定めをすることは自由であるが，消費者契約の場合には，不当に高いキャンセル料などのように，消費者に一方的に不利な賠償額の予定や違約金が定められる可能性がある。

　そこで，まず，消費者契約の解除に伴う損害賠償の額の予定や違約金については，実際に事業者に生ずるであろう平均的な損害を超える部分については無効とされた（消費契約9条1号）。例えば，結婚式のための会場の予約を（予定日の）1年以上前に解除しても代金の80％をキャンセル料として徴収するなどという条項は，実際に業者に生じると思われる損害を超えているであろう。こ

のようなときには，その超過部分については無効とされる。また，消費者が代金等を支払わなかった場合の損害賠償の額の予定や違約金についても，（不払額に対して）年14.6％を超える部分について無効とされる（同条2号）。

(3) 消費者の利益を一方的に害する条項の無効

前述（③1「強行法規と任意法規」65頁）したように，任意法規と異なる契約をした場合には契約の方が優先する（民91条）。しかし，消費者契約の場合には，任意法規よりも消費者の権利を制限または消費者の義務を加重する条項は，それが信義則（民1条2項）に反して消費者の利益を害すると判断されるときには無効とされる（消費契約10条）。任意法規は元来「任意」の法規にすぎないのだが，他方，当事者間の公平の一つの目安ではある。そこで，消費者契約については，任意法規を消費者保護の基準として使おうというわけである（任意法規の「指導形象機能」などという）。消費者の解除権を（民541条などに比べて）制限する条項などが問題となろう。

以上のような消費者に不利な契約条項は無効とされるが，しかし，この場合には，当該条項のみが無効とされるのであって契約全体が無効となるわけではない。事業者に有利な免責条項が含まれているからという理由で契約自体が無効となるのでは，かえって，消費者の保護にならないことも多いからである。

また，消費者契約法は，諸外国のいわゆる「約款法」を参考にして立法されたものであるが，しかし，外国ではもっと詳細に無効とされる場合を規定することが多いのに対して＊，日本の消費者保護法はやや「物足りない」。したがって，（消費者保護法だけではなく）90条も，今後とも消費者保護のためにも活用されるべきであると主張される。

＊通常は，当然に無効とされる条項（「ブラックリスト」と呼ばれる）と，消費者にあまりに不利な場合に無効となる条項（「グレーリスト」）とに分けて細かく規定される。

5　法律行為（契約）の解釈

①　契約の解釈の意義

1　契約の解釈と法律行為の解釈

　契約が成立した場合，当事者はその契約内容に従った権利・義務を取得するのであり，のちに契約上の紛争が生じたときも，契約内容がその第1の解決基準となる。このように，契約内容がいかなるものかは法的に重要な意味を有するのであり，これを確定する作業が必要となる。この，契約内容を確定する作業を，**契約の解釈**という。

　内容の確定は，契約以外の法律行為においても必要である。例えば，遺言は単独行為であるが，遺言を執行するためには遺言の内容が確定されていなければならない。このように広く法律行為の内容を確定する作業を指して，**法律行為の解釈**という。

　解釈の際に考慮されるべき要素は，契約か単独行為か，また，どのような性質の契約ないし単独行為かなどによって違いが生じ得る。例えば，契約の場合には，表示に対する相手方の信頼保護ということも問題となるが，遺言の場合には，遺言が単独行為による終意処分であることから，遺言者の真意の探究が特に重視されることになる。

　以下では，法律行為の中でも特に重要な契約の解釈を念頭に置いて話を進める。なお，2017年の民法（債権関係）改正では，契約の解釈に関する規定の導入は見送られたので，この点は従来通り理論に委ねられている。

2　解釈の多元性

　広義で契約の解釈といわれる場合，そこには，性質の異なる3つの作業が含まれる。すなわち，第1は，当事者の契約表示の意味を確定するという作業であり，これを**狭義の解釈**という。第2は，当事者が契約において定めなかった部分を補充する作業であり，これを**補充的解釈**という。第3は，当事者が定めた契約の意味を修正するという作業であり，これを**修正的解釈**という。

3　事実問題か法律問題か

　契約の解釈には，**事実認定**の作業だけではなく，**法的評価**の作業も含まれている。

　まず，契約表示の意味の確定という狭義の解釈の中でも，当事者の合致した実際の意思は何かを確定する作業は，事実問題にほかならない。しかし，狭義の解釈の中でも，のちに述べる規範的解釈においては，当事者が使用した表示符号の意味をどのように理解するのが適切かが問題となるのであり，これは法的評価の問題である。さらに，補充的解釈や修正的解釈においても，慣習，任意規定，信義則などを考慮して行う法的評価が問題となる。

② 当事者の契約表示の意味の確定（狭義の解釈）

1　当事者の合致した意思の探究

　かつての通説は，契約の（狭義の）解釈とは当事者が用いた表示の客観的意味を明らかにすることであり，当事者の内心の意思を探究することではないとしていた。その実質的根拠は，表示に対する信頼保護にあったといえよう。しかし，契約とは当事者にその意思に従った法律関係の形成を可能とする制度であり，契約表示の機能もまずは当事者間での了解を獲得し確認することにあるとすれば，解釈ではまず，当事者が**共通して表示に付与した意味**（合致した意思）が探究されるべきである。たとえそれがその表示の一般的客観的意味と異なっていようと，少なくともその当事者間においては客観的意味に対する信頼を問題とする余地もないのであるから，これを当事者に押しつけるべきではない。

　裁判例をみても，すでに大審院において，契約の真意と契約書の明文とが符合しないと認められたときには，その契約書の明文に反して契約の趣旨を解釈して差し支えないこと（このような考え方を「誤表は害さず」という）を判示したものがある＊（大判明 32・2・21 民録 5 輯 2 号 83 頁（ただし傍論））。

　　＊下級審裁判例においても，当事者が現地で甲番地の土地を指示特定して売買の合意をしたが，その土地を乙番地であると誤信して，乙番地と記載した売買契約書等を交わしたという事例において，当事者が実際に合意した甲番地の土地を目的とする売買契約と認めたものなどがある（千葉地判昭 39・11・25 判タ 172 号 214 頁）。

　学説においても，かつての通説は批判され，今日の通説は，契約の解釈にお

いて第１に必要なことは，当事者の合致した実際の意思（当事者の付与した共通の意味）を確認する作業だとしている。

2　規範的解釈

当事者の合致した実際の意思は，常に確認できるとは限らない。これが確認できない場合には，さらに一定の法的評価を通して表示の意味を確定する作業が行われる。これを**規範的解釈**という。

(1)　当事者の意思が一致していない場合

当事者の合致した実際の意思を確認できない場合の第１の類型として，各当事者が表示に付与した意味（意思）が食い違っていたという場合がある*。

＊例えば，生糸製造権利譲渡事件（大判昭19・6・28民集23巻387頁—判例講義民Ⅰ㉝）では，Ｘが生糸製造権利をＡに譲渡してＹがその代金を支払う契約において，代金支払に関する表示の意味の理解が双方で食い違っており，Ｘは，生糸製造権利のみの譲渡で10,290円が支払われると理解していたが，Ｙは，生糸製造権利に繰糸釜の権利を含む譲渡で，Ｘには「10,290円から補償金2,000円を引いた額」を支払えばよいと理解していた。原審は，売買にかかる事情や免除料・補償金の性質，繰糸釜と生糸製造割当との関係等に鑑みて，Ｙの理解に従った解釈が相当だとして，その意味での契約の成立を認めた。これが，第１の類型における規範的解釈の一例である（なお，本件の上告審で大審院は，意思の不合致により契約は不成立だとして処理したが，これに対しては批判が多い）。

学説には，当事者の意思が一致していない場合につき，①表示行為の客観的意味を基準とするべきだとする見解と，②契約当事者が表示に付与したそれぞれの意味のうちいずれが正当かという評価によって契約の意味を確定するべきだとする見解との対立がある。実際には，いずれの説によっても結論が異ならないことも多いであろうが，各当事者がそれぞれ「表示行為の客観的意味」とは異なる意味を付与していたと認定される場合など，両説で結論が異なる場合も考えられる。意思による法律関係の形成という契約制度の趣旨と，表示はあくまでもその手段であることに鑑みれば，この場合，いずれの当事者も考えていなかった第３の意味を当事者に押しつけるという解決は妥当ではなく，したがって，後者（②説）の見解が支持されるべきであろう。

(2)　意思が不明瞭な場合

規範的解釈が必要となる第２の類型としては，当事者が表示に付与した意味

（意思）がそもそも不明瞭な場合がある。この場合にも，3に掲げる諸要素を考慮し，解釈準則を用いることによって，当事者が置かれた当該状況において表示はいかなる意味で理解されるべきであったかという法的評価を通して，表示の意味が確定されることになる。

3 狭義の解釈において考慮されるべき要素および指針

狭義の解釈においては，あらゆる資料や指針を動員して契約表示の意味が確定されるのであるが，その代表的なものは，以下のとおりである。

(1) 一般的用語法と個別的用語法

当事者が実際に表示に付与していた意味を探究する際，まず手がかりになるのは，その表示が**一般的用語法**において有する意味（一般的客観的意味）であり，その意味に従って当事者が表示をしていたものと推定される場合も多いであろう。しかし，当事者がある文言を一般的用語法とは異なる意味で用いていたことを示す事情が存する場合は，その一般的用語法に従った意味に拘泥すべきではない。特に，当事者間において，一般的用語法とは異なる共通の**個別的用語法**が存した場合には，むしろその個別的用語法に従った意味を考えていたものとの推定が働くことになろう。

規範的解釈においても，個別的用語法が優先する。すなわち，契約当事者間において，同種の取引において用いられる共通の個別的用語法が存在する場合には，他の特別の事情がない限り，個別的用語法による表示の理解の方が正当と評価され，したがってそれに従った意味が表示の意味として確定されることになるのである。

(2) 慣 習

慣習は，後述のように**補充的解釈**の基準としても機能するが，それ以前に，当事者の契約表示の意味を確定する**狭義の解釈**においても重要な資料となる。これは，**ア**で述べた個別的用語法による解釈の一場合ともいえる。すなわち，慣習は当事者の属する取引界（部分社会）の行動基準であるから，ある表示につき慣習上の意味（当該取引界において理解されてきた意味）が存する場合には，当事者の契約表示は，通常その意味で用いられたものと推定され，また理解されるべきものと判断されるのである＊。

＊大審院は，大豆粕の売買契約書における「塩釜レール入り」という表示の意味

が問題となった事件（[塩釜レール入り事件] 大判大10・6・2民録27輯1038頁—判例講義民Ⅰ㉞参照）において，商慣習によればその表示は，売主が目的物をまず送付し塩釜駅到着後に代金を請求できることを意味するとした原審の認定を前提とし，このように意思解釈の資料たるべき事実上の慣習が存する場合には，当事者はこれによる意思を有するものと推定されるとした。

(3)　契約全体との関係

争いとなった表示の文言は，その文言だけを切り離して解釈されてはならない。当事者はあくまでも，契約全体の中でその文言を用いているのであるから，その契約全体との相互関係の中で，当事者が実際に考えていた意味がいかなるものであったかが探究されなければならないし，また規範的解釈においても，全体との関連において，当事者が理解すべきであった意味が判断されなければならない。

(4)　当事者の先行する商議

契約は，当事者が商議を重ねたのちに締結されることが多い。この場合，最終的な契約書等における表示は商議の到達点なのであるから，先行する商議は，契約表示に当事者が付与した意味を探究し，あるいは，当該表示において理解すべきであった意味を判断する際の重要な手がかりになる。

(5)　有効解釈の準則

契約条項の解釈可能性が複数存在する場合において，1つの意味に理解すればある法律効果が生ずるが，ほかの意味に理解すれば法律効果が生じないときには，効果を生ずる意味において解釈するべきであるという準則を**有効解釈の準則**という。当事者は法律上の効果を生じさせる意思をもって契約をするのが通常だという点にその根拠を有する。日本の裁判例においても，しばしばこの準則に従った解釈が行われてきた（大判大3・11・20民録20輯954頁，大判昭8・12・19民集12巻2680頁など）。

(6)　不明瞭解釈準則（作成者不利の原則）

不明瞭解釈準則とは，契約条項の意味に疑いがある場合において，当事者のいずれかに有利または不利な解釈がとられるべきとする準則である。この準則にもいくつかの異なる系譜のものがあるが*，このうち特に，契約条項を作成しまたは使用した者に不利な解釈がとられるべきとする準則を「**作成者不利（条項使用者不利）の原則**」といわれる。現在の日本には，このような準則に関

する明文規定はないが，2018年通常国会に提出された消費者契約法改正法案では，消費者契約法3条1項の中で，「条項使用者不利の原則」に通じる規律を努力規定として明らかにすることが提案されている。判例にも，この原則に通じる趣旨を含むものがみられる（例えば，最判平17・12・16判時1921号61頁）。

＊まず，疑わしいときには「**債務負担者の有利に**」解釈すべしという準則がある。これは，日本の旧民法財産編360条にみられたし，民法に明文で規定している国もあった（かつてのフランス民法1162条）。これは，債務が債務者の自由を制約するものであることから，疑わしいときにはその制約が少ない解釈がとられるべきだという考え方に基づく。一方，疑わしいときには「**表示作成者（表示使用者）に不利に**」解釈すべしとの準則も，立法や国際的モデル法などに見られる（ユニドロア国際商事契約原則4.6条，ヨーロッパ契約法原則5：103条）。これは，表示作成者は，不明瞭な表示を回避する可能性を有したのであるから，その不明瞭から生じるリスクを負担すべきだとの考え方に基づく。さらに，消費者契約ないし約款の場面に限定し，疑わしいときには「**約款使用者の不利に**」ないし「**消費者の有利に**」解釈すべきとする準則を設けている立法例もある（ドイツ民法305c条2項，消費者契約における不公正条項に関する欧州閣僚理事会指令（93／13EEC）5条など）。これは，「作成者に不利に」準則の考え方とともに，消費者保護という政策的考慮にも基づくといえよう。

4 規範的解釈と契約の成立・不成立

　すでに述べてきたように，当事者の合致した実際の意思が確認できない場合であっても，それが直ちに契約の不成立をもたらすものではない。むしろ，その場合でも，**規範的解釈**を通して契約表示の意味が一義的に確定される場合が多いであろうし，その場合には解釈によって確定されたその意味において契約の成立が認められる。しかし例外的に，先に掲げたような資料や準則を駆使した規範的解釈を通しても，契約表示の意味が，特に当該契約類型の要素に当たる事項について一義的に確定できない場合も考えられる。そしてこの例外的な場合には，たとえ当事者が，契約の成立を信じていた場合であっても，契約は不成立となる（無意識的不合致による契約の不成立）。

5 規範的解釈と錯誤

　当事者の実際の意思が一致していない場合において，**規範的解釈**により，そ

第2章　法律行為（契約），意思表示〔権利の変動〕

の一方の理解していたところとは異なる意味で契約表示の意味が確定される場合がある。この場合，解釈によって確定された表示の意味と，当該一方の当事者の内心的意思が食い違っているのであるから，その当事者における**表示の錯誤**（民95条1項1号）が問題となる。そもそも表示の錯誤は，このように自己の付与した意味とは異なる意味が契約表示の解釈によって確定された結果，表示に対応する意思を欠くことになった場合を前提としているのである。

③　補充的解釈，修正的解釈

1　補充的解釈

当事者は，あらゆる事態を想定して契約の定めを置くとは限らない。そこで，当事者が契約の中で定めなかった事項につき，のちに争いとなった場合，この定めなかった部分（契約の欠缺）を補充するところの**補充的解釈**が必要となる。補充のために用いられる基準としては，以下のものがあげられる。

(1)　任意規定

民法および特別法には，当事者が特に合意をしなかった場合のために，あらかじめ置かれている規定がある。言い換えると，当事者が異なる合意をすればその合意が優先するが，合意をしなかった場合には適用されるという規定である。これを，**任意規定**という（民91条参照）。

例えば，売買契約において，目的物の引渡しに要する費用をいずれの当事者が負担するかを当事者が特に定めていなかった場合には，民法485条の適用により，売主がこれを負担することとなる。485条は，「別段の意思表示のないときは」という文言により，同条が任意規定であることを明示しているが，このように明示されていない場合でも，その規定の趣旨から任意規定と解されるものは多い。

(2)　慣　習

慣習も，補充的解釈の基準となる。民法92条は，任意規定（公の秩序に関しない規定）と異なる慣習がある場合において，「当事者がその慣習による意思を有しているものと認められるとき」にはその慣習に従うと規定している。しかし，当事者が慣習を明示または黙示に援用していた場合であれば，当事者の合意そのものとして慣習の内容が契約内容を構成することになり，それは92条で規定するまでもない（その場合は補充的解釈も問題とならない）。そこで，今日

の判例・学説は，当事者が特に反対の意思を表示しない限り，慣習による意思を有していたと認められて，慣習が任意規定に優先して妥当するものと解している（任意規定の存しない場合に関するものだが，92条解釈のリーディングケースとして，大判大3・10・27民録20輯818頁参照）。慣習が任意規定に優先して契約補充の効力をもつのは，慣習の方がより身近な行動基準であり，慣習に従った解決の方が，より当事者の意思に即していると考えられるからである*。

　　*なお，法の適用に関する通則法（以下，法適用通則法という）3条（平成18年改正前の法例（以下，旧法例とする）2条）では，公序良俗に反しない，「慣習」は，法令の規定によって認められたものおよび法令の規定がない事項に関するものに限り，法律と同一の効力を有すると定めているが，この**法適用通則法3条（旧法例2条）と民法92条との関係**をどのように捉えるかについては，議論がある。かつての通説は，民法92条の慣習を「事実たる慣習」とし，旧法例2条の慣習を，法的確信を伴う規範にまで高められた「慣習法」として区別したが，それによると，慣習法の方が（任意規定が存する限り効力をもたないという意味で），事実たる慣習より効力が弱くなるという奇妙な結果が生ずる。そこで，今日では，民法92条は，私的自治の妥当する法律行為の分野に関する特別規定であり，この分野に関して，慣習に任意規定に先んじて法律行為の補充的解釈の基準となる効力を認めるものと解する見解が有力である。

(3)　信義則

　信義則を規定する民法1条2項は，直接的には「権利の行使および義務の履行」の局面に言及するにすぎない。しかし，信義則は，これ以外にも広く民法全般に妥当する原則と理解されており，契約の義務の存在や内容の確定に当たっても，指導原理になると解されている。その例として，信義則を根拠に**安全配慮義務**を認めた判例などをあげることができよう（最判昭50・2・25民集29巻2号143頁）。

(4)　契約の趣旨

　以上の基準は，契約の外にある規範をもって契約を補充しようとするものであった。しかし，近時は，当事者の契約から別段の趣旨を読み取ることができる場合には，その契約の趣旨に従って補充を行う必要があるとする見解が有力に主張されている。契約における私的自治の趣旨からすると，補充的解釈においても，当該当事者がその点について定めていたとすればどのような内容だったかという**仮定的当事者意思**がまず探究されるべきであり，それが契約外の基

準より優先されるべきであろう。

2 修正的解釈

当事者の定めた契約内容が不当ないし不適切と認められる場合，裁判所は，強行法規，公序良俗（民90条），信義則違反などを理由にその契約ないし契約条項を無効と判断することがある。しかし，一方，そのような方法によらず，「解釈」によって契約内容を実質的に修正または契約条項の効力を否定するという方法も，裁判所においてしばしば用いられてきた。これを，**修正的解釈**という。

(1) 制限的解釈

修正的解釈の第1の類型は，当事者が契約で定めた内容を，解釈によって制限するものである。当事者の「合理的意思解釈」や，「信義則による契約の趣旨の解釈」という名の下で，このような**制限的解釈**が行われる例は少なくない*。

> ＊例えば，判例には，交通事故の示談における，「以後は一切の請求をしない」旨の条項につき，全損害を正確に把握し難い状況の下において早急に少額の賠償金をもって満足する旨の示談がされた場合には，示談によって放棄された損害賠償請求権は，示談当時予想していた損害についてのみと解すべきであるとしたもの（最判昭43・3・15民集22巻3号587頁—判例講義民Ⅰ㉟），自動車保険約款における，事故通知なく60日経過したのちは填補責任を免れる旨の条項につき，保険者が免れるのは事故通知を受けなかったことによって被った損害の限度という趣旨と解すべきだとしたもの（最判昭62・2・20民集41巻1号159頁—判例講義民Ⅰ㊱）などがある。

(2) 例文解釈

契約書で一定の文言が使用されていたとしても，その文言は例文にすぎないとして解釈によってその効力が否定される場合がある。特に賃貸借契約における賃借人に不利な条項に関する下級審裁判例にこのような例がしばしばみられた*。

> ＊例えば，建物賃貸借において，市販の契約書に印刷された「賃料を1カ月でも延滞した場合には何らの催告も要せず契約は解除されたものとする」旨の契約条項（無催告解除条項）は，当事者を拘束する力のない「例文」であるとしたものなどがある（東京地判昭39・7・6判時391号27頁）。

このような修正的解釈は，一方で，柔軟な解決が期待できるという利点はあ

るものの，他方で，もはや「解釈」の限界を超えているのではないかとの批判や，実質的な無効判断の根拠が解釈の名の下に隠されてしまう危険があるとの指摘もなされているところである。

第3章 自然人〔権利の主体1〕

1 序 説

　民法上，**権利・義務の主体**として考えられているのは，生身の人間である「人」（民3条以下）と「法人」（民33条以下）である。人の集合体（社団）と財産の集合体（財団）である「法人」と区別する意味で，生身の人間である「人」は「**自然人**」と呼ばれ，「自然人」と「法人」とをあわせて「人」という場合もある。

　民法は，自然人（法文上は「人」）に関して，順に「権利能力」「意思能力」「行為能力」「住所」「不在者の財産管理及び失踪の宣告」「同時死亡の推定」の6つの節に分け，規定している。以下，これらの諸規定について説明していくことにする。

2 自然人の権利能力

1 権利能力

1 意 義

　権利・義務の主体となり得る資格（地位）のことを**権利能力**という。民法3条1項は「私権の享有は，出生に始まる」と規定するが，これは，人が「出生」という事実だけで，権利能力を取得する，ということを意味するものと理解されている。

　これに対して，どのような人が権利能力を取得するか，という規定は，民法にはない。かつては，例えば，奴隷などに権利能力が与えられなかったり，制

第3章　自然人〔権利の主体1〕

限されたりしていたが，現代においては，すべての人が平等に権利能力を有するということは，当然の前提となっているのである（このことを**権利能力平等の原則**という。ただし，後述するように，外国人に対する権利能力の制限が認められている──民3条2項）。

2　前提となる人間像とその変容

このような考え方は，封建的身分制を否定するフランス人権宣言にさかのぼり，わが国の民法もこれを承継しているのだが，その背後には，「平等で対等な市民」という抽象的な人間像が前提になっている。しかし，現代は，人間を抽象的に捉えた時代から，具体的に捉える時代に至ったと指摘される。その例としては，次の2つがあげられる。1つ目は，人が自己に属する性質や権利（生命・身体・自由・名誉・氏名・肖像・貞操・プライバシーなど）を他の人に対して主張することができ，これが侵害されれば救済が与えられるべきであるとして，**人格権**が承認されていることである*。2つ目は，現実の社会においては，社会的・経済的強者と弱者が存在し，かつその格差が拡大していることから，強者をコントロールし，弱者を保護するための様々なルールが設けられるようになっていること（例えば，最近では，情報力・交渉力などの点で格差のある事業者・消費者間の取引を規律する「消費者契約法」（平成12年法律第61号））である。

> ＊最大判昭61・6・11民集40巻4号872頁──判例講義民I⑧は，「人格的価値について社会から受ける客観的評価である名誉を違法に侵害された者は，損害賠償（民法710条）又は名誉回復のための処分（同法723条）を求めることができるほか，人格権としての名誉権に基づき，……侵害行為の差止めを求めることができる」とする。

2　権利能力の始期

1　出生の時期

人は，出生により権利能力を取得することになるが（民3条1項），どの時点をもって「出生」というのであろうか。刑法では，胎児が一部でも露出すれば出生したと考えているが（一部露出説），民法上は，胎児が母胎から全部露出した時と解する立場（全部露出説）と独立して呼吸をした時と解する立場（独立呼吸説）の対立がある*。一部露出説では，一部露出の前後でいつ死亡したの

かはっきりせず，また，未熟児医学の発達した現状では，独立呼吸説をとることはできないとして，全部露出説が通説であり，生存能力までは要しないと解されている＊＊。

　　＊胎児は，一瞬でも生きて生まれれば相続権があり，死産ならこれがないため（民886条），相続の場面では問題となり得る。例えば，Ｘがその両親と妻と胎児を残して死亡した場合，胎児が生きて生まれれば妻と子が相続人となり，その後すぐに子が死亡したら妻がすべてを相続するが，胎児が死産であればＸの両親と妻が相続人となる。

　　＊＊生存能力を要しないとは，母胎から分離した時点で少しでも生存の徴表を示す場合には，生きて生まれたと扱うということを意味する。

2　出生の証明

　出生の時期がいつかは，相続などの場面で，法律関係の確定のために重要な意味をもつ。そこで，出生の事実は，届出が義務づけられ（戸49条），戸籍簿に記載されることになる（戸13条）。届出の義務が懈怠されると制裁がある（戸135条）。なお棄児については，戸籍法57条を参照。

　戸籍簿の記載には一定の推定力があると解されるから，出生の時期の証拠となる。しかし，医師・助産士の証明などにより，真実を証明することは可能である。

③　胎児の権利能力

1　胎児の法的地位

　民法3条1項に従えば，出生しない限り権利能力が認められないから，胎児には権利能力がないことになる。しかし，胎児が生きて生まれてくることが普通となっている現在において，胎児に権利能力がないとなると，不公平な場合がある＊。そこで，民法は例外的に，不法行為による損害賠償請求（民721条），相続（民886条），遺贈（民965条）の場合に，胎児を「既に生れたものとみなす」こととしている＊＊。

　　＊胎児に権利能力がないとすると，例えば相続の場合，一方，父Ｘが胎児の生まれる直前に事故で即死すれば，Ｘの残された両親と妻が相続人となり（民889，890条），胎児は相続をすることができず，他方，Ｘの事故後胎児が生まれ，その

第3章　自然人〔権利の主体1〕

直後にXが死亡すれば，妻とその子が相続人となる（民887，890条）。また，不法行為の場合，胎児の生まれる直前に父Xが事故死すれば，加害者に対して慰謝料の賠償請求ができないが，胎児が生まれた直後にXが死亡すれば，その子は，これができることになる（民711条）。

　＊＊この結果，いつから胎児と認めるべきかが問題となる。受精卵が母胎に着床した時点から胎児であることに異論はないが，生殖医療の進歩に伴い体外受精が可能となり，母体外で冷凍保存されている着床前の受精卵をどう扱うかが問題となる。民法典の想定外の問題であり，立法化を要するであろう。

2　「既に生まれたものとみなす」の意味（胎児の権利行使）

　「既に生まれたものとみなす」の意味をどう捉えるかにつき（ここでの「みなす」とは，本来異なる事柄を，法令上同一の事柄として認定してしまうこと。当事者間の取決めや反証を許さない点で「推定する」と異なる），胎児に権利能力はなく，生きて生まれた場合にさかのぼって権利能力があったものとみなすのか（法定停止条件説），それとも，胎児中にすでに権利能力があったものとみなし，死産の場合にそれがさかのぼって否定されるという意味であるのか（法定解除条件説）が問題となる。

　両説の違いは，胎児に法定代理人を付することができるか否かにある。法定停止条件説によれば，胎児には権利能力がないから，これに法定代理人を付することはできないが，法定解除条件説によれば，胎児中でも制限的に権利能力が認められ，これに代理人を付することができるとされる。

　かつては死産が多く，遡及的無効による混乱を避けるという考慮から法定停止条件説が有力であり，判例もこの立場に立つ＊。しかし，胎児が生きて生まれる可能性が現在は高く，また，胎児の保護のため，代理人による胎児の権利主張または権利保全を可能とする法定解除条件説が多数説となっている。

　もっとも，胎児に法定代理人を付することが，胎児の保護につながるのか，については，慎重に考える必要がある。というのは，代理人による行為がかえって胎児の利益を損なう場合（後掲判例のような事案）があるからである。しかし，代理人の行為が利益を損なうことは，胎児が生まれたあとであっても同様に起こり得る。そこで，法定解除条件説に立ちつつ，代理人は保存行為（管理行為の一種で，財産の価値を現状のまま維持するための行為）しかなし得ると

する立場がある。

> ＊大判昭 7・10・6 民集 11 巻 2023 頁—判例講義民 I ⑦
> 〔事実〕 A が Y 会社の電車に衝突して死亡したため，残された内縁の妻 X_1 と胎児 X_2 が Y に損害賠償を請求するに当たり，X_1 が X_2 を代理して，第三者に和解を依頼し，この第三者が Y と和解契約（一部の賠償を受けた以後何らの請求もしない）をしたのち，X_1X_2 が Y に対し，損害賠償を求め訴えを提起した。
> 〔判旨〕 胎児の権利能力については，不法行為後生きて生まれた場合に，「遡（さかのぼ）りて権利能力ありたるものと看做」されるのであって，損害賠償請求権を「出生前に於て処分し得べき能力を与へんとするの主旨」ではないから，本件和解契約は，X_2 を代理してなした有効なものとはいえないとする。

④ 権利能力の終期

1 死亡による権利能力の消滅

権利能力の終期について，民法に明文の規定はないが，死亡により消滅すると解することで異論はない。相続が死亡により開始する（民 882 条）のは，これを前提にしているからであり，後述する失踪宣告（民 30 条），同時死亡の推定（民 32 条の 2）なども同様である。

2 死亡の時期

死亡の時期は，従来から心臓停止時と考えられてきたが，臓器移植法（臓器の移植に関する法律（平成 9 年法律第 104 号））が成立したことで，脳死時を死亡と解する余地もある。しかし，臓器移植法は，脳死者が臓器移植の対象となる限りで死者と同様に扱うことを認めるにすぎず，一般的に脳死を人の死とまで認めたものではないから（臓器移植 6 条），当面は心臓停止時と解するべきであろう＊。

> ＊心臓死と脳死，どちらを死とみるかで，死亡時期に違いが生じ得る。例えば相続の場面で，誰がどのように相続するかが異なる結果となり，問題となることも予想されるため，今後議論を尽くす必要がある。

3 死亡時期・死亡の事実の不明確な場合

(1) 死亡の証明

死亡の場合，診断書・検案書などを添付し，死亡年月日時分・場所など一定

の事項を記載した上で届出が義務づけられる（戸86，87条，戸則58条）。これにより，死亡の時期・死亡の事実については，確認されるが，それぞれの証明が困難な場合もある。これに対処するために，次のような制度がある。

(2) 同時死亡の推定

死亡した者が数人ある場合，そのうちの1人が，他の者の死亡後なお生存していたのかどうか不明なときには，これらの者は同時に死亡したものと推定される（民32条の2）（ここでの「推定する」とは，ある事柄について法令が一応こうであろうという判断を下すこと。反証などにより覆すことが可能な点で「みなす」と異なる）。死亡の先後が不明な場合に対処するための制度である。

例えば，父Xとその子Yが事故で死亡した場合，YがXの相続人になるためには，相続の開始時点（Xの死亡時点）でYが生存している必要があるが，XとYが同時に死亡したものと推定されるときには，両者の間に相続は生じないことになる。ただし，同時死亡の推定を覆すような事実が証明されれば，それによることになる。

(3) 認定死亡・失踪宣告

以上は，「死亡の時期」の問題であったが，そもそも，「死亡の事実」が不明，不確実な場合がある。

(a) 認定死亡

水難，火災その他の事変により死亡したことは確実だが，死亡を確認できない場合，取調べをした官庁・公署が死亡地の市町村長へ死亡の報告をし，これに基づき戸籍の記載がなされる（戸89条）。これを認定死亡というが，その後，生存が確認されれば，市町村長が職権により訂正することになる。

(b) 失踪宣告

認定死亡の場合のように死亡の蓋然性が極めて高いわけではないが，生死不明の状態が継続して，死亡の可能性が高い場合には，利害関係人が家庭裁判所に請求して，**失踪宣告**がなされる。失踪宣告を受けた者は，従前の住所を中心として死亡したものとみなされる（民30条以下）。詳しくは，後述する。

5 外国人の権利能力

外国人（日本国籍をもたない自然人のこと（憲10条，国籍4条参照）。なお，外国法人については，民法35条参照）については，一般的に権利能力が認められる

が，例外的に，法令または条約により権利能力が制限されることになる（民3条2項）。

　例えば，国家賠償法は，外国人が被害者である場合，相互の保証があるときに限り，国または地方公共団体に賠償請求できるものとしており（国賠6条），そのほか，外国人は，「日本船舶」の所有ができなかったり（船舶1条，商702条），公証人になることができなかったりする（公証12条）。

　外国人の経済活動に関する権利の制限は，安全保障，公序，公衆衛生の点から正当化できる場合もあるが，合理的な根拠が認められないものは原則的に撤廃していくべきことが指摘される。

3　意思能力・行為能力

① 序

　すでに述べたように，人は生きて生まれてくれば権利能力を取得し，権利・義務の主体となる。そして，人は，自らの意思によって自由に法律関係を形成することができ，これに拘束されることになる（**私的自治の原則**）。もっともその前提として，自分の行為により，どういう権利を有し，義務を負担することになるのかを理解していることが必要である。自分の行為の意味を理解する能力が欠けていたり，不十分である者が，自分の行為に拘束されることは，その者の不利益につながるおそれがあるからである。そこで，こうした者のなした行為の効力を否定することで，この者を保護する制度が必要となる。以下では，そうした問題について扱う。

② 意思能力

1　意思能力の意義と判断基準

　自分の行為の結果を認識し判断することができる能力のことを**意思能力**という*。意思能力の判断基準として，7〜10歳程度の判断力があげられることが多いが，権利・義務の重大さによって異なり，具体的な行為の種類や状況により判断されるので，一応の目安にすぎない。

　　＊意思能力に類似する概念として**責任能力**がある。不法行為責任（民709条）を

負うのに要求される精神的な判断能力であって，これを欠くと不法行為責任が生じない（民712，713条）。

2　意思無能力者の法律行為

　従前は規定がないものの，意思能力の欠ける者（**意思無能力者**）のなした法律行為が無効とされることで異論がなかったところ，このことにつき，平成29年の法改正により規定が設けられた（民3条の2）。

(1)　無効の根拠

　かつては，法律行為は個人の意思に基づいて初めて成立すると考えられてきたため，意思能力がなければ意思があるとはいえず，ゆえに，意思無能力者のなした法律行為は，無効となると解されてきた。しかし，近時は，無効とされる実質的理由を，意思無能力者保護の点に求める立場が通説化している。つまり，意思無能力者が法律行為により不利益を被ることを防ぐ趣旨だというのである。

(2)　無効は誰が主張できるか

　伝統的な考え方によれば，意思能力がなければ法律行為をすることができず，意思無能力者のなした法律行為は存在しないものとなる。したがって，存在しない法律行為の無効を主張することは，誰からでもできることになる。これに対して，現在の通説によれば，意思無能力者のなした法律行為を無効とするのは，意思無能力者の保護のためであるから，意思無能力者の側からのみ，無効の主張が許されるとする。

(3)　返還義務の範囲の制限

　このように意思無能力による無効を理解するときには，取消しに類似してくる。そこで，効果の点でも取消しに近づけるべきか否かが議論されることになる＊。

　例えば，制限行為能力者の返還義務を現存利益に限る民法旧121条但書を類推適用するかが議論されていたが，平成29年の改正で，返還義務の範囲を現存利益に限るものとして，意思無能力者の保護を図っている（民121条の2第3項前段）。

　＊本文記述のほか，民法119条の適用がなく追認を認めるのか，民法126条を類推適用して効力を否定することができる期間を制限するのか，が争われている。そ

こでは，意思無能力者とその相手方の保護をそれぞれどのように考えるのかで考え
方が分かれることになる。

③ 制限行為能力者制度

1 行為能力

　法律行為を単独で確定的に有効になし得る能力のことを**行為能力**という。そ
して，このような能力を有する者を行為能力者と呼び，これに対して，このよ
うな能力の制限される者を**制限行為能力者**という。

　民法は，制限行為能力者に当たる者（未成年者，成年被後見人，被保佐人，民
法17条1項の審判を受けた被補助人）を特に定め，制限行為能力者の行為を一定
の要件の下に取り消すことができるとしている（民5条2項，9条，13条4項，
17条4項）。制限行為能力者制度については，未成年を理由とする場合とその
他を理由にする場合とに大きく分かれ，後者の場合を特に**成年後見制度**と呼ぶ。
あとで制限行為能力者ごとに扱うので（未成年については④「未成年者」を，成
年後見制度については本章4「成年後見制度」101頁を参照），ここでは，制限行為
能力者制度の趣旨と適用範囲を中心に述べておくことにする。

2 制限行為能力者制度の趣旨

　ところで，行為能力を意思能力とは別に考え，画一的な基準に基づく制限行
為能力者制度を設ける必要性はどこにあるのであろうか。

(1) 意思無能力の証明の困難と相手方の保護

　第1には，意思無能力の証明が困難なことがあげられる。意思無能力者のな
した法律行為を無効とし，意思無能力者を保護するためには，法律行為の時点
で意思無能力であったことを意思無能力者の側で証明しなければならない。し
かし，それをあとから証明するのは困難なことが多く，証明できなければ法律
行為は有効となり，意思無能力者が不利益を被ってしまうというのである。

　第2には，意思無能力者の法律行為の相手方の保護があげられる。相手方か
らすれば，法律行為の時点で意思無能力者であるかどうかは判断できなかった
のに，あとから無効だとされると，相手方もまた，予想しなかった不利益を被
ってしまう。

　そこで，以上の意思無能力の法理が抱える問題点に対処するために，制限行

為能力者制度が設けられることになる。つまり，あらかじめ意思無能力者を定型化して，法律行為を単独ではなし得ないものとし（その代わり保護者が付けられ，保護者が代わりに行うか，保護者の同意を得て本人が行うことができる），そのことは，法律行為の時点で相手方にわかるようにする。それにもかかわらず，単独で法律行為がされた場合には，意思能力の有無とは関係なく，その行為を取り消すことができるものとしているのである。

(2) **単独で法律行為を行う能力が不十分な者の保護**

しかし，制限行為能力者制度を設ける必要性は，以上の説明で尽くされるわけではない。意思能力の判断の目安とされるのは7〜10歳程度の判断力であるから，意思無能力者ではないが，制限行為能力者とされる場合（未成年者）についての理由づけは，別になければならない。そこで，次のように説明されることになる。意思能力はあっても，複雑な取引社会において適切な判断をすることができないために，不利益を被ることがないよう，判断能力が不十分な者についても保護する必要性がある，ということである。

3 無効と取消しの二重効

ところで，ある者が意思無能力者であると同時に制限行為能力者でもある場合，意思無能力を理由とする無効と行為能力が制限されていることを理由とする取消しとの関係が問題となる。つまり，無効だけを主張できるのか，それとも，その両方を主張することができるのかである。

一方，意思無能力者であることを理由にその行為が無効とされるならば，制限行為能力者制度を設けた意味がなくなってしまう，と考える立場からは，もっぱら制限行為能力者であることを理由とする取消しの主張だけを認めることになる。しかし他方，無効の方が取消しよりも本人の保護に厚いという前提に立てば*，わざわざ一定の手続を経て制限行為能力者となった者が，手続を経ないままの意思無能力者より不利になるのは，公平ではないだろう。そこで，双方の要件を満たす限りは，当事者の選択に任せ，どちらを主張してもよいとするのが通説である。

＊取消しの場合，効力を否定することができる者（民120条），効力を否定することができる期間（民126条），効力を否定した結果としての返還義務の範囲（民121条の2第3項後段）の点で制限がある。しかし，意思無能力を理由とする無効

の効果を取消しに近づけて考える立場に立てば，双方の違いは大きくない。

4　制限行為能力者制度の適用範囲

(1)　家族法上の行為

婚姻（民731，737条）・認知（民780条）・遺言（民961，962条）などの家族法上の行為については，本人の意思を尊重すべきであるから，意思能力がある限り，行為能力の規定は当然には適用されない。

(2)　事実的契約関係

例えば，自動販売機の利用であるとか，交通機関の利用のように大量かつ定型的に行われる行為については，当事者双方の具体的な意思に関わりなく，契約が有効に成立した場合と同様の法的効果を生じさせるべきだとの考え方がある（事実的契約関係論）。この場合，これらの行為を制限行為能力者が行うことができるのかが問題となる。この点につき，学説上も見解が一致しているわけではないが，少なくとも成年被後見人・被保佐人の「日用品の購入その他日常生活に関する行為」については，取消しの対象とはならない（民9条但書，13条1項但書）とされている。

④　未成年者

1　未成年者とは

「年齢20歳をもって，成年」とされるから（民4条），満20歳未満の者が**未成年者**ということになる。ただし，未成年者であっても，婚姻をしたときは，成年に達したものとみなされる（民753条）。これを**成年擬制**という*　**。また，満20歳未満の外国人であっても，本国法で行為能力者と扱われているのであれば，成年者と扱われることになる（法適用4条1項）。

　*成年擬制により，私法上，単独で法律行為をすることができるようにはなっても，婚姻や法律行為と直接関係がないことに成年擬制が及ぶことはない。

　**成年に達する前に，成年擬制を受けた者の婚姻が解消された場合，なお成年擬制は続くのか。制限行為能力者のままでは独立して婚姻生活を営むことが困難となることに成年擬制の根拠を求めれば，婚姻解消後に成年擬制は及ばないとの考えに結びつきやすい。これに対し，婚姻したことで独立して婚姻生活を営む能力に達したと考えれば，成年擬制を継続してよいだろう。

第3章　自然人〔権利の主体1〕

なお，法制審議会は，平成21 (2009) 年に，成人年齢を18歳に引き下げ，婚姻適齢を男女ともに18歳とすることを提言しており，平成30 (2018) 年の通常国会に改正案の提出が予定されている。成立すれば，ここでの成年擬制に関する議論は意味を失うことになろう。

2　未成年者の行為能力

(1)　原　則

原則として，未成年者が法律行為をするには，**法定代理人**＊の同意＊＊が必要となり（民5条1項），同意のない法律行為は，取り消すことができる（同条2項）。未成年者の不十分な判断能力を，法定代理人により補うことで，保護しようとしているのである。

同意のない法律行為は，取り消されるまでは有効であるが，取り消されると初めからなかったものとして扱われる（民121条）＊＊＊。また，取り消さずに追認することで，有効なものと確定させることもできる（民122条以下）。

＊法定代理人は，**親権者**（民824条），つまり父母（民818条）ということになる。未成年者に親権者がない等，親権を行うことができないときには，**未成年後見人**（民838条1号）が，法定代理人（民859条）となる。

＊＊同意は，未成年者自身，相手方のどちらに対してなされてもよい。また，未成年者の法律行為の前までは，同意を撤回することができる。

＊＊＊同意のない法律行為は，法定代理人だけでなく，未成年者自身も独立して取り消すことができる（民120条1項）。未成年者に不利益はないからである。

(2)　例　外

以下の場合には，未成年者であっても単独で行うことができる。

(a)　単に権利を取得しまたは義務を免れる行為

例えば，負担のない贈与を受けたり，債務免除を受ける契約は，未成年者が単に権利を取得しまたは義務を免れるだけの行為であるから，単独で行うことができる（民5条1項但書）。未成年者に不利益が及ぶことはないからである。

(b)　法定代理人が処分を許した財産の処分

例えば，学費としてお金を親から渡されるなど，「目的を定めて処分が許された財産」は，その目的の範囲内で，未成年者が自由に処分することができる

（民5条3項前段）。その範囲内にある限り，同意があると考えられるからである。したがって，範囲外の行為は取消しの対象となる。

また例えば，お小遣いとして親からお金をもらうなど，「目的を定めないで処分が許された財産」も，未成年者が自由に処分することができる（民5条3項後段）。与えられた財産に限り，包括的な同意があると考えられるからである。

(c) 許された営業に関する行為

未成年者が法定代理人から営業を許される場合，その営業に関する行為は，単独で行うことができる（民6条1項）＊。例えば，八百屋を営業することを許された場合，野菜の仕入れや販売，店舗を借りるなど，八百屋を営むのに必要な行為について，個別に法定代理人の同意を要するとしては，円滑に営業することはできない。そこで，許された営業に必要な行為については，包括的同意があると考えるのである。

しかし，独立して営業をすることができない事由があるときは，法定代理人は許可を取り消し，または制限することができる（民6条2項）。この取消し・制限は，将来に向かってのみ効力があり，すでになされた法律行為に影響を及ぼさない。

＊**営業**とは，営利を目的とする独立の事業を指し，職業に就くだけでは，営業に当たらない（職業を営業と同視したり，本条の類推適用を認める立場もある）。また，営業は種類を特定して許可されねばならない。営業の種類を特定しない包括的な許可は，未成年者に不利益を生じさせるおそれがあり，法定代理人による保護の放棄になるからである。

4 成年後見制度

1 成年後見制度概観

1 成年後見制度とは

制限行為能力者制度（民5条以下）においては，未成年者と並んで，成年被後見人，被保佐人，および（民17条1項の審判を受けた）被補助人が「制限行為能力者」とされている（民13条1項10号参照）。事理弁識能力（判断能力）の不十分な者を定型的に定めて，取引社会の中で保護しようという趣旨であるが，

未成年者が若年をその理由とするのに対して，後三者（以下，まとめて「成年被後見人等」という）は，「精神上の障害による」ことをその理由とするものである＊。

> ＊保護の仕方は，未成年者，成年被後見人等に対し，親権者，成年後見人等の保護者を配置し，この保護者のサポート（代理，同意）なしに単独で契約を結ぶなどの法律行為をした場合，その法律行為の取消しを認める，という方法による。その範囲では単独で有効に法律行為をする能力がないことを意味するので，**制限行為能力者**と呼ぶ。

成年後見制度＊＊とは，このような成年被後見人等を保護する法制度全体を表す表現で，この「行為能力」（総則編第2章第3節）のほか，成年後見人等の選任，任務に関する親族編の「後見」（第5章），「保佐及び補助」（第6章），並びに「任意後見契約に関する法律」「後見登記等に関する法律」に置かれた諸規定で構成される。総則では，保護の一態様である行為能力の制限という側面からの規定が置かれている。すなわち，どのような人を対象に，いかなる手続（家庭裁判所の審判）で後見・保佐・補助（以下，まとめて「後見等」という）が開始するのか，保護者は誰か，および成年被後見人等の能力の制限（取消権の付与）が定められている。以下では，制度全体との関連を意識しつつ，行為能力の問題を中心に叙述する。

> ＊＊以前は，行為無能力者制度と呼ばれた。この制度は2類型（禁治産，準禁治産）の硬直的なもので，また，行為無能力，禁治産（宣告）という用語や，それが戸籍に記載されるなどから差別も生まれ，評判の悪い制度であった。高齢化社会を迎え財産管理制度の整備が不可欠で（例えば，介護が，行政サービスから，高齢者が介護保険を使って業者と介護サービスの契約を結ぶ制度に転換），使い勝手のよい制度に生まれ変わる必要があり，平成11年に大改正された（平成12年4月1日から施行）。また，理念として，判断能力の不十分な人々の自己決定権を尊重し，通常の社会生活をする中で援助するというノーマライゼーションの考えを取り入れた制度設計がなされている。

2　法定後見と任意後見

成年後見には法定後見と任意後見との2つのメニューがある。前者は家庭裁判所の審判により開始するもので，民法の規定する後見・保佐・補助の3類型がそれである。後者は「任意後見契約に関する法律」によるものである。

4　成年後見制度

　法定後見の3類型は判断能力の不十分さの程度に応じた区分である。後見類型と比較して保佐・補助類型ではさらに各人の実情に応じて弾力的な保護を図ることができるよう設計されている。対象者の「精神上の障害により事理を弁識する能力」について，後見は「欠く常況にある者」（民7条），保佐は「著しく不十分である者」（民11条），補助は「不十分である者」（民15条）とされている。

　任意後見は，あらかじめ自分の将来の判断能力の衰えに備えて，代理による財産管理をしてくれる者を今の時点で自ら選任しておき，のちに精神上の障害により判断能力が現実に不十分となったとき，家庭裁判所の手続を経て，その者に任意後見人として活動を始めてもらうという制度である。後見人を自分で見つけて契約により選任しておくので，任意後見と呼ばれるが，家庭裁判所が関与する仕組みである。

② 後　見

1　後見の意義

　精神上の障害により事理を弁識する能力を欠く常況にある者について，所定の者の請求に基づく家庭裁判所の後見開始の審判を経て，**成年被後見人**という地位を与え，これに保護者である**成年後見人**を選任し，その財産管理を後見してもらうというものである。ここでは，性質上，原則として全面的なサポートが必要で，成年後見人の代理により成年被後見人のために契約を結んでもらうという方法がとられる。成年被後見人には，原則，単独での有効な契約締結の能力がなく，単独で結んだ契約は取消し可能である。

2　後見の対象となる者（要件）

　精神上の障害により事理を弁識する能力を欠く常況にある者である（民7条）*。
常況とは，時に能力を有する状態に戻ることはあっても，能力を欠くことが通常の状態となっていることを指す。

> 　＊具体例としては，①通常は日常の買物も自分ではできず，誰かに代わってやってもらう必要がある者，②ごく日常的な事柄（家族の名前，自分の居場所等）がわからなくなっている者，③完全な植物状態にある者，を挙げることができる。

　この要件に該当するかどうかは，審判で判断されるが，そのために，原則と

103

して，本人の精神の状況につき鑑定をしなければならないとする（家事 119 条1 項）。ただし，本人が植物状態になっているなど「明らかにその必要がないと認めるとき」は，例外として，鑑定を要しない（同条 1 項但書）。なお，手続的には，さらに本人意思の確認として，原則として本人の陳述を聴く機会が設けられる必要がある（家事 120 条 1 項 1 号）。

3 後見開始の審判の手続等

(1) 請求権者による審判の請求

所定の者の請求に基づいて，家庭裁判所における後見開始の審判の手続が始まる。

請求ができる者は，当該者の保護に関心を有すべき者および利害関係者，すなわち，「本人，配偶者，4 親等内の親族，未成年後見人，未成年後見監督人，保佐人，保佐監督人，補助人，補助監督人又は検察官」である（民 7 条。他に，任意後見 10 条参照）。このほかに，身寄りのない認知症高齢者・知的障害者のために，特別法で，福祉関係の行政機関の長（市町村長）も審判の請求ができる（老福 32 条，知的障害 28 条，精神保健福祉 51 条の 11 の 2）。

(2) 後見開始の審判

所定の要件に該当すれば，後見開始の審判がされる。この後見開始の審判を受けた者を成年被後見人とし，これに保護者として成年後見人が付され（民 8 条），後見が開始する（民 838 条）。

(3) 成年後見人の選任等

家庭裁判所は，後見開始の審判をするときは，職権で，成年後見人を選任する（民 843 条 1 項）*。

＊成年後見人にはそれに適任の者が選任されなくてはならず，民法 843 条 4 項は，「成年被後見人の心身の状態並びに生活及び財産の状況，成年後見人となる者の職業及び経歴並びに成年被後見人との利害関係の有無（成年後見人となる者が法人であるときは，その事業の種類及び内容並びにその法人及びその代表者と成年被後見人との利害関係の有無），成年被後見人の意見その他一切の事情を考慮しなければならない」とする。したがって，配偶者がいてもその者が高齢等で適任でない場合は選任されない（司法書士，弁護士などが選任されることが多くなっている）。後見人の人数は複数でもよく（民 859 条の 2。例えば，財産の管理に関する事務は弁護士などの専門家が，身上監護に関する事務は親族が後見人になるなど），ま

た，法人も可能である（福祉関係の公益法人など）。

(4) 成年後見監督人

家庭裁判所は，成年後見人の事務を監督する等の趣旨で，必要があると認めるときは，成年被後見人，その親族もしくは成年後見人の請求によって，または職権で，**成年後見監督人**を選任することができる（民849条）。

(5) 後見事務の監督

家庭裁判所は，後見人に対して，後見事務の報告もしくは財産の目録の提出を求めるなどして，後見人の業務を監督している（民863条1項）。成年後見人が成年被後見人の財産を使い込むなど財産管理についての問題が少なからず生じており，家庭裁判所による監督は厳格になる傾向にある。

(6) 公 示

後見開始の審判がなされれば，家庭裁判所の書記官の嘱託により，法務局の後見登記等ファイルに後見の登記がなされる（後見登記4条1項）。登記には，所要の事項（成年被後見人の氏名，住所等，成年後見人の氏名，住所等）が記録される。登記による公示は，取引の安全との関係で重要な役割を担うことになる（後述5.[1]，[2]参照）。

4 後見開始の効果（被後見人の保護の内容）

(1) 法律行為の取消し（成年被後見人の行為能力の制限）

(a) 原 則

成年被後見人の法律行為は取り消すことができる（民9条本文）。これは，単独では有効な法律行為をすることができないことを意味する。その限度で，行為能力が制限されていることになる＊。

> ＊成年被後見人にあっては，成年後見人の同意があっても，自分の行為により有効な契約締結をすることができない。制限がほぼ全面に及び，原則として，成年後見人の代理行為によってのみ，成年被後見人の権利・義務関係の形成がなされ得る。

なお，法律行為の取消しは，制限行為能力者（成年被後見人）自身，またはその代理人（成年後見人），承継人（民120条1項）が，相手方に対する意思表示により（民123条）することになる（有効な「追認」がなされれば取り消せなくなる〔民122，124，125条参照〕。また，取消権の行使については，原則として追認

第3章　自然人〔権利の主体1〕

をすることができる時から5年間〔行為の時から20年〕という期間制限があることにも注意が必要である〔民126条〕)。

　成年後見人は，結局，代理権，取消権を行使して，成年被後見人の財産管理をサポートすることになる。

　(b)　例外（「日常生活に関する行為」）

　以上の例外として，成年被後見人は，「日用品の購入その他日常生活に関する行為については」は，取消しができず（民9条但書），単独で有効な契約を締結できる。成年後見法を貫く理念的背景である自己決定権の尊重，およびノーマライゼーションの思想を表現するものである。さらに，実際上の見地からは，このような規定を置くことによって，成年被後見人が日常生活上の取引をしている相手方事業者が，このような契約は取り消されることはないものと安心して契約を結んでくれるということを期待してもいる。

　日常生活に関する行為の具体例は，近所のスーパーで日常の食料品，衣料品を買う，理髪店で散髪をする，電気・ガスの料金を支払う，それらの支払のために預貯金を引き出すなどである。

　(c)　**民法9条本文による取消しと意思能力を有しないでなされた法律行為の無効との競合**

　民法9条で制限行為能力を理由に取り消せる行為については，通常，行為時に意思能力を有しないでなされた法律行為であることを証明して無効を主張することもできよう（民3条の2）。その場合，「取消し」，「無効」のいずれを選択して主張してもよいのか。いずれによっても法律行為の効果が否定でき，また，審判により成年後見が開始していることでもあるので，取消しのみ認めれば足りるのではないかという議論がある。しかし，「取消し」と「無効」とでは，前者には行使期間の制限がある点で相違がある。通説は，無効の主張が認められないとすると，「後見開始の審判」がなされたことで，そうでない場合と比べ，かえって本人にとり，より不利に扱われることになるので，それぞれの要件が満たされる限りいずれを選択してもかまわないとする。なお，無効は相手方も主張し得るのが原則であるが，意思無能力の場合の無効は，ある特定人の保護のための無効であるから，その特定人のみが主張し得ると解すべきである。

　「日常生活に関する行為」（民9条但書）をなした成年被後見人が，その行為

106

時に意思能力を有しなかったことを証明して無効を主張することができるか。民法9条但書がこの法律行為を取り消すことができないとしていることとの整合性を考慮する必要もあるが，無効を主張できることを前提として民法3条の2は立法されている。

(2) 成年後見人の事務一般

以下は，親族法で詳しく論じられる問題であるが，保護の機関としての成年後見人の事務は，「成年被後見人の生活，療養看護及び財産の管理に関する事務」*，と広い範囲に及んでいる（民853条以下，858条）。財産の管理に当たっては，対外的な関係では代理形式によらざるを得ず，成年後見人には一般的に「代理権」が与えられている（民859条1項）**。後見類型では，成年被後見人がなす法律行為に成年後見人が同意を与えその行為を有効とする形式での財産管理のサポートは予定されていない（民9条）。

*仕事の内容としては，これらの「事務」につき成年被後見人の判断能力の欠如をサポートするのであって，療養看護，介護労働などの事実行為をするというのではない。例えば，病院への入院契約，特別養護老人ホームへの入所契約等の事務処理を行うのである（ただし，例えば，手術等の医的侵襲についての同意の意思表示など本人自身が決定すべきであるとされる事柄は含まない）。事務の内容がいわゆる本人の身の振り方に関わるので，民法858条は，その事務を行うに当たってのいわゆる**身上配慮義務**，すなわち，「成年被後見人の意思を尊重し，かつ，その心身の状態及び生活の状況に配慮しなければならない」ことを規定する。

**この包括的な代理権の行使については，利益相反行為である場合の制約（民860条）などのほか，特に，成年被後見人の居住を確保する趣旨から居住用不動産の売却処分等（賃借物件であれば賃貸借契約の解除）につき家庭裁判所の許可を得なければならないとの制約（民859条の3）が置かれている。

5 後見の終了

民法7条に規定する原因が消滅したときは，家庭裁判所は，本人，配偶者，四親等内の親族，後見人等所定の者の請求により，後見開始の審判を取り消さなければならない（民10条）。

第3章　自然人〔権利の主体1〕

③　保　佐

1　保佐の意義

精神上の障害により事理を弁識する能力が著しく不十分である者について，家庭裁判所の保佐開始の審判手続を経て，**被保佐人**という地位を与え，それに保護者である**保佐人**を付けて，その財産管理を保佐してもらう。ここでは，弁識能力はある程度あるのだから，原則として，被保佐人自身で必要な法律行為をするが，ただ，重要な財産取引については，保佐人の同意（取消し）という形式でのサポートをしてもらう（その限りで行為能力が制限されている）。なお，別に，家庭裁判所の審判手続を通して，一部，代理形式でサポートすることも認められる。

2　保佐の対象となる者（要件）

精神上の障害により事理を弁識する能力が著しく不十分である者である（民11条）＊＊＊。自己の取引行為の利害を十分に判断する能力が欠けているが，その程度は成年被後見人のレベルほどではない場合である（後見類型に該当する者については保佐開始の審判はできない）。

> ＊具体例としては，①日常の買物程度は自分でできるが，重要な財産行為は，自分では適切に行うことができず，常に他人の援助を受ける必要がある（誰かに代わってやってもらう必要がある）者，②いわゆる「まだら呆け」（ある事柄はよくわかるが他のことはまったくわからない者と，日によって普通の日と認知症状の出る日がある者の双方を含む）の中で，重度のものをあげることができる

> ＊＊なお，かつての制度（禁治産者，準禁治産者制度）では，この保佐類型に該当する者として「浪費者」が対象に入っていた。しかし，今日の保佐類型では，その者が事理を弁識する能力が著しく不十分である者と評価されるならばともかく，単に浪費するというだけの理由では保佐の対象に入らない。

この要件に該当するかどうかにつき，原則として医師その他の者による鑑定が必要であること，および，本人の陳述を聴かなければならないことは，後見におけると同じである（家事133条）。

3　保佐開始の審判の手続等

(1)　請求権者による審判の請求

　本人，配偶者，4 親等内の親族，後見人，後見監督人，補助人，補助監督人または検察官の請求により，保佐開始の審判をすることができる（民 11 条。他に，任意後見 10 条参照）。

(2)　保佐開始の審判

　所定の要件に該当すれば，保佐開始の審判がなされる。その審判を受けた者は，被保佐人とし，これに保護者として保佐人が付され（民 12 条），保佐が開始する（民 876 条）。

(3)　保佐人の選任等

　家庭裁判所は，保佐開始の審判をするときは，職権で，保佐人を選任する（民 876 条の 2）。その他，保佐人は複数でもよいこと，法人も適格であること，および，選任の際考慮されるべき事情などについては，後見の規定が準用されている（民 876 条の 2 第 2 項）。

(4)　保佐監督人

　後見におけると同様，家庭裁判所は，必要があると認めるときは，**保佐監督人**を選任することができる（民 876 条の 3 第 1 項）。

(5)　公　示

　後見におけると同様，公示が必要である（4.②3(6)参照）*。

　＊なお，保佐においては，民法 13 条 1 項に掲げる行為以外の行為につき特に保佐人の同意を得ることを要する旨の審判がなされた場合（民 13 条 2 項）にはその行為を，および保佐人に代理権が付与された場合にはその代理権の範囲が登記事項とされる（後見登記 4 条 1 項 5 号，6 号）。

4　保佐開始の効果（被保佐人の保護の内容）

(1)　法律行為の取消し可能性（被保佐人の行為能力の制限）

(a)　意　義

　被保佐人の場合，弁識能力は著しく不十分とはいえ法律行為を自身ですることはできる。ただそれを単独ですると，取引社会の中で損害を被るおそれがある。そこで，被保佐人が一定の重要な財産的行為をするに当たっては，保佐人の同意を要するというかたちで保護を図り，そのような保佐人の同意なしで行

為したときは，その行為は「取り消すことができる」とする（民13条）。その範囲で行為能力が制限されていることになる。

(b)　同意を要する行為

保佐人の**同意**を要するとされるのは，民法13条1項各号列挙の定型的に重要な財産的行為，および，保佐人の個別事情に即して審判で追加される2項の行為である。

ただし，日常生活に関する行為は，後見の場合と同様の趣旨で例外とされる（民13条1項但書，2項但書）。例えば，預金の払戻しは下記1項1号に該当するが，日常生活に関する範囲では同意なしで，単独で有効になし得る。

(i)　民法13条1項各号列挙の行為

①元本を領収し，または利用すること。弁済の受領，預貯金をおろす行為などがこれに該当する。

②借財または保証をすること。判例は，約束手形の振出，時効完成後の債務承認が含まれるとする。

③不動産その他重要な財産に関する権利の得喪を目的とする行為をすること。「重要な財産」とされているから，動産，債権の譲渡のほか，重要な有償契約がこれに含まれる。

④訴訟行為をすること。⑤贈与，和解または仲裁合意をすること。⑥相続の承認もしくは放棄または遺産の分割をすること。⑦贈与の申込みを拒絶し，遺贈を放棄し，負担付贈与の申込みを承諾し，または負担付遺贈を承認すること。⑧新築，改築，増築または大修繕をすること。⑨民法602条に定める期間を超える賃貸借をすること，⑩上記1号から10号に掲げる行為を（被保佐人が）制限行為能力者の法定代理人としてすること。

(ii)　民法13条2項

所定の者の請求による家庭裁判所の審判で，1項列挙の行為以外のものを，同意を要する行為として追加できる。これにより被保佐人の状態に応じて弾力的な対応ができる。1項列挙の行為ほど重要な財産行為ではないものであって，具体的には，雇用契約等または介護契約・施設入所契約等の役務提供契約その他の無名契約で，相当の対価を伴わないもの（無償契約または有償でも対価が重要な財産とはいえない程度のもの）に限られる，とされる。

（c） 取消可能性

保佐人の同意を得なければならない上記の行為であって，その同意を得ないでまたはこれに代わる許可を得ないでしたものは，**取り消す**ことができる（民13条4項）。なお，保佐人の同意の意思は，被保佐人に対して，または相手方に対して表示する。

同意に代わる許可であるが，民法13条3項は，保佐人が被保佐人の利益を害するおそれがないにもかかわらず同意をしないときは，家庭裁判所は，被保佐人の請求により，保佐人の同意に代わる許可を与えることができるとしている。被保佐人の自己決定を尊重するという思想を背景に被保佐人と保佐人の意思の相違を調整する趣旨である。

取消権者は，制限行為能力者（被保佐人），承継人，もしくは同意をなすことを得る者（保佐人）である（民120条1項）＊。被保佐人Bが他の制限行為能力者Aの法定代理人としてした行為にあっては，（行為した被保佐人B，およびBの保佐人のほか），当該制限行為能力者Aも取消権を有する。なお，保佐人が取り消した後の原状回復についてであるが，保佐人にはそれについての代理権がないので，被保佐人が自ら行うことになる。

＊これまでの制度では，保佐人には同意権のみで取消権が与えられていなかった（成年後見人は代理権があるので成年被後見人を代理して取り消すことができる）。しかし，取消権がないと被保佐人の保護につき実効性がないとの実際上の見地から，同意権を根拠に取消権を認めている。

（2） 保佐人の事務

（a） 総 説

保護者としての保佐人の事務は，第1は，基本的には，13条に規定された同意権，および取消権を行使して被保佐人をサポートすることである。第2は，所定の者の請求による家庭裁判所の審判で，**特定の法律行為**につき代理権を付与されることがあるので（民876の4），その場合は，その範囲で代理権の行使により本人の財産管理をすることになる。以上に際して，後見同様，身上配慮義務を負う（民876条の5）。

（b） 保佐人の代理権

保佐人に対し代理権の付与が認められるのは，被保佐人の心身の状態（病気がちで外に出られないなど）や問題となる契約の種類・性質などからして，代理

第3章　自然人〔権利の主体1〕

行為に委ねることがより本人の保護の趣旨に適うことがあるからという意味からである。ただし，保佐人に対する代理権付与は例外的なので，その審判をするには，本人の意思を尊重して「本人の同意」を要することとしている（民876条の4）。

代理権の付与が認められる「特定の法律行為」には何ら制約がない*。民法13条列挙の行為が通常であろうが，これらに限られない。代理権が付与された特定の法律行為については保佐人の代理によることができるが，被保佐人が行ってもよい（同意を要する行為の場合は同意を得て）。なお，代理権の必要がなくなれば，所定の者の請求によって，代理権付与の審判の全部または一部を取り消すことになる（民876条の4第3項）。

> ＊財産管理に関する法律行為（預貯金の管理・払戻し，不動産その他重要な財産の処分，遺産分割，賃貸借契約の締結・解除等）と，身上監護（生活または療養看護）に関する法律行為（例えば，介護契約，施設入所契約・医療契約の締結），さらに，要介護認定の申請等の公法上の行為も対象たり得る。

5　保佐の終了

民法11条本文に規定する原因が消滅したときは，家庭裁判所は，所定の者の請求により，保佐開始の審判を取り消さなければならない（民14条1項）。

④　補　助

1　補助の意義

精神上の障害により事理を弁識する能力が単に不十分である者について，家庭裁判所の補助開始の審判手続を経て，**被補助人**という地位を与え，それに保護者である**補助人**を付けて，財産管理を補助してもらう。ここでは，弁識能力は保佐の場合と比べなお相当程度あるのだから，原則として，かなりの範囲の取引については，被補助人本人に任せ，ただ，本人にとって補助が必要とされる「特定の法律行為」について，補助人の同意を得るという形式，あるいは，補助人による代理の形式でサポートをしてもらう。補助の形式を同意形式のみあるいは代理形式のみとするか，その双方を利用するか，および，特定の法律行為の選定を各個人の状況，能力に応じてなすことにより弾力的な利用が可能となる。

112

2 補助の対象となる者（要件）

補助の対象となる者は，精神上の障害により事理を弁識する能力が不十分である者である（民15条1項）。判断能力は確かに不十分ではあるが，その不十分さの度合いが，保佐の場合と比べてそれほどではないという者である＊。後見，保佐類型に該当する者については補助開始の審判はできない（民15条1項但書）＊＊。

> ＊対象者の具体例として，①重要な財産行為について，自分でできるかもしれないが，適切にできるかどうか危惧がある（本人の利益のためには誰かに代わってやってもらった方がよい）者，②いわゆる「まだら呆け」（ある事柄はよくわかるが他のことはまったくわからない者と，日によって普通の日と認知症状の出る日がある者の双方を含む）の中で，軽度の者があげられる

> ＊＊後見，保佐対象者であって，サポートを受けるべき法律行為が，当面，遺産分割協議のみであるというような場合，この補助開始の審判（その行為についての代理権付与の審判とともに）ができれば便利かもしれない。しかし，これは，成年後見制度を判断能力の不十分さの程度に応じて3類型として構築した趣旨と矛盾するので，認められない。

3 補助開始の審判の手続

(1) 請求権者による審判の請求

本人，配偶者，4親等内の親族，後見人，後見監督人，保佐人，保佐監督人または検察官の請求により，補助開始の審判をすることができる（民15条）。

(2) 補助開始の審判

所定の要件に該当すれば，補助開始の審判がなされ，その審判を受けた者は被補助人とし，これに補助人が付され（民16条），補助が開始する（民876条の6）。

補助類型の仕組みの上で重要なのは，この補助開始の審判は，後述の，**同意権付与の審判**（民17条1項，保佐と違って，同意を要する行為の一覧表が用意されているわけではない），または，**代理権付与の審判**（民876条の9第1項）の少なくともいずれか一方とともにしなければならない（民15条3項），という点である。すなわち，補助人は，同意形式か代理形式のいずれか一方，または，その双方を使って被補助人をサポートすることが想定されている。

(3) 補助人の選任等

補助人の選任（民876条の7），補助監督人の選任（民876条の8），および公示については，保佐の場合と同様であるので，その項を参照のこと。

4 補助開始の効果（被補助人の保護の内容）

(1) 補助人の事務

保護者としての補助人の事務は，同意権付与の審判がある場合には同意権および取消権を行使して被補助人をサポートし，代理権付与の審判がある場合には，その範囲で代理権の行使により本人の財産管理をすることになる。以上に際して，他の類型におけると同様に身上配慮義務を負う（民876条の10）。

(2) 同意権付与の審判（被補助人の行為能力の制限）

(a) 意 義

補助開始の審判の請求権者または補助人もしくは補助監督人の請求により，補助開始の審判と同時にまたはそれ以後に，「被補助人が特定の法律行為をするにはその補助人の同意を得なければならない旨」の審判をすることができる（民17条1項）。この審判はしなくてもよい（この場合，被補助人は制限行為能力者とはならない）が，その場合には代理権付与の審判は必要である。同意権付与の審判は，行為能力の制限となるので，本人意思尊重の趣旨で，本人の請求によるか，または本人の同意が必要である。

審判によりその同意を得なければならないものとすることができる**特定の法律行為**は*，民法13条1項に規定する行為（被保佐人が保佐人の同意を要するとされる行為）の一部に限られる（民17条1項但書）。判断能力の不十分さにおいて保佐の場合より軽度であるからである。なお，この特定の行為については，事後にその範囲を変更することができる。

> ＊具体的には，例えば高齢者が訪問販売で不要な高額商品を次々に買うという事情に対処するという場合であれば，補助人の同意を要する行為として，「金20万円以上の物品の購入」などと定める（民13条1項3号参照）。

(b) 行為能力の制限

同意権付与の審判がある場合，被補助人が，補助人の同意を得なければならない行為であるにもかかわらず，その同意またはこれに代わる許可を得ないでなした行為は取り消すことができる（民17条4項）。その限りで行為能力が制

限されている（民 20 条 1 項参照）。

　取消権者は，被補助人，補助人である（取消しの問題につき，保佐の項〔4.③ 4 (1)(c)「取消可能性」111 頁〕参照）。

(3)　代理権付与の審判

(a)　意　義

　補助人に対し特定の法律行為につき代理権を付与する旨の審判をなすことができる（民 876 条の 9 第 1 項）。この点については，保佐人に代理権を付与する審判の場合と，議論はほぼ同じであるので，その叙述を参照のこと（4.③ 4(2)(b)「保佐人の代理権」111 頁）。補助の場合には，被補助人は補助人に対し任意代理権を有効に与えることもできるので，代理権付与の審判の必要性はあまり強いものではない。

(b)　代理権行使による保護

　なお，特定の法律行為につき法定代理権が付与されても，本人の行為能力は制限されていないから，当該行為を本人が行っても取り消せるわけではない。したがって，補助人の代理行為と被補助人による法律行為が両立し得ないかたちで重複，競合することもあり得る。いずれも有効であり，一方が履行されれば他の一方は不履行になる。

5　補助の終了

　補助開始の原因が消滅したときは，家庭裁判所は，所定の者の請求により，補助開始の審判を取り消さなければならない（民 18 条）。また，同意権付与の審判および代理権付与の審判をすべて取り消す場合には，家庭裁判所は，補助開始の審判それ自体を取り消さなければならない（同条 3 項）。この点は，補助に特徴的である。

⑤　後見，保佐，補助審判相互の関係

　被保佐人，被補助人の判断能力がさらに低下して後見開始の審判相当の状態になった場合には，後見開始の審判を受けることになるが，この場合，家庭裁判所は，保佐開始または補助開始の審判を取り消さなくてはならない（民 19 条 1 項）。このことは保佐開始の審判をする場合において本人が成年被後見人もしくは被補助人であるとき，または補助開始の審判をする場合において本人が成

第3章　自然人〔権利の主体1〕

年被後見人もしくは被保佐人であるときも同様である（同条2項）。

6　任意後見制度概説

1　序　説

　任意後見は，「任意後見契約に関する法律」によるもので，あらかじめ自分の将来の判断能力の衰えに備えて，代理による財産管理をしてくれる者を今の時点で自ら選任しておき，のちに精神上の障害により判断能力が現実に不十分となったとき，家庭裁判所の手続を経て（任意後見監督人の選任），その者に任意後見人として活動を始めてもらうという後見制度である＊。後見人を自分で見つけて契約により選任しておくので，任意後見と呼ばれるが，家庭裁判所が関与する仕組みがとられている＊＊。

　任意後見では代理形式による本人財産の管理がなされ，何ら行為能力の制限を伴わない。したがって，行為能力の制限という本節の問題性を共有しないが，成年後見制度の重要な一翼を担っているので関連して紹介する。

> 　＊判断能力が衰えてはいるが有効に契約を締結できる者がこの契約を締結し，その後直ちに家庭裁判所の手続をして，任意後見人の後見を受けるという利用の仕方も可能である。

> 　＊＊この特別法によらず，将来の財産管理を，信頼する他人に委託する契約を結び，自分の意思能力がなくなってもこの関係は終了しないとする契約も，私的自治の範囲で有効になし得る（民111，653条参照）。ただ，この場合の問題点は受任者を監督できなくなることであるが，任意後見制度はまさにこれを解消した。

2　任意後見契約の締結

　あらかじめ，委任者が将来**任意後見人**となる人との間で任意後見契約を締結する。これは，①「委任者が，受任者に対し，精神上の障害により事理を弁識する能力が不十分な状況における自己の生活，療養看護及び財産の管理に関する事務の全部又は一部を委託し，その委託に係る事務について代理権を付与する」という内容の委任契約に，②「任意後見監督人が選任された時からその効力を生ずる旨」の特約が付されているものである（任意後見2条1号）。とりあえず，契約成立後の当事者を「本人」「任意後見受任者」と呼ぶ（任意後見2条2，3号）。

116

任意後見契約締結の形式は厳格で，法務省令で定める様式＊の**公正証書**によることとされる。これは，委任者の契約締結の真意を確認するとともに，契約の有効な成立を担保するためである。任意後見契約が成立すると，それは，関与した公証人の嘱託で，後見登記ファイルへ登記される（後見登記5条）。

> ＊2種類の様式が用意されており，任意後見人の職務権限が記入されることとなっている。第1号様式では，代理権目録として，AからNまでの大項目が立てられ（A財産の管理・保存・処分等に関する事項，B金融機関との取引に関する事項……（略）……H介護契約その他福祉サービス利用契約等に関する事項，I住居に関する事項……），その各項目について，さらにより具体的に事務内容が特定できる項目が並べられており，それをチェックする形式で代理権が特定されるようになっている。第2号様式は，個別列挙方式である。

3　任意後見人による後見開始

任意後見人による後見が開始するのは，家庭裁判所で**任意後見監督人**が選任された時からである。その要件は，①任意後見契約が登記されていること，②精神上の障害により本人の事理を弁識する能力が不十分な状況にあるとき，③本人，配偶者，4親等内の親族，任意後見受任者の請求があること，である（任意後見4条1項）。その時点は，「能力が不十分な状況」とされているので（補助開始の要件と同じ），判断能力がこれ以下となればいつでも任意後見は開始できる。実際上は，開始時点については本人の意向が反映することになる。任意後見監督人を選任するには，本人の請求によるか，そうでない場合には，あらかじめ本人の同意を得なければならないからである（任意後見4条3項）。

4　任意後見人，任意後見監督人

任意後見人となる者には特に制約はなく，**後見事務**との関係でそれに適任の人を選任することになる。親族，司法書士，弁護士等が考えられ，複数でもよく，また，法人でもよい。また，任意後見監督人は，裁判所が，適任者を選任する。その職務は，任意後見人の事務を監督し，それに関し家庭裁判所に定期的に報告をすること等である（任意後見7条）。

5　法定後見と任意後見との関係

双方が重複することはない。全体として，任意後見が優先する。すなわち，

任意後見監督人の選任に当たって，本人につき法定後見が開始している場合には，当該本人にかかる後見，保佐または補助を継続することが「本人の利益のため特に必要であると認めるとき」は，任意後見は開始しない（任意後見4条1項2号）とされ，また，任意後見契約が登記されているときは，「本人の利益のために特に必要があると認めるときに限り」後見開始の審判等をすることができる（任意後見10条）とされ，いずれにしろ法定後見を例外的な扱いとしているからである。

5　制限行為能力者の相手方の保護

１　序　説

　制限行為能力者を契約の取消しにより保護する制度は，取引の相手方にとって迷惑な制度である。契約は有効に成立していると思っていたら，突然，行為能力の制限を理由に契約が取り消されるわけであるから*，不測の不利益，損害を被ることになる（双方原状回復義務を負うが，制限行為能力者の償還義務は保護の趣旨で現受利益に限定されている（民121条の2第3項後段）。このことも相手方には損害となる）。

> 　＊取消しが問題となるのは，日常生活に関する行為を除く成年被後見人の行為（民9条），並びに，未成年者，被保佐人，および被補助者の要同意行為である（民5条2項，13条4項，17条4項）。その範囲では単独で有効な行為ができないので行為能力に制限があり，制限行為能力者と呼ばれる（民20条参照）。

　そこで，制限行為能力者の相手方に対しては一定の配慮が必要である。民法は，特に，取り消されるかどうか不明確である状態からの解放のため相手方に催告権を付与し（民20条），制限行為能力者の詐術の場合にはその取消権を剥奪する旨定めている（民21条。取消し一般における，法定追認の制度（民125条），取消権の時効による消滅の制度（民126条）も相手方保護の機能を有している）。

　ほかに，契約の相手方が制限行為能力者かどうかを，事前に確認することができる手がかりとして，**成年後見登記制度**がある（後見登記等に関する法律（平成11年法律第152号））。

5 制限行為能力者の相手方の保護

② 事前の確認の可能性

　事前に契約相手方が制限行為能力者であるかどうか確認できれば，不利益を回避できる。必要な同意を得るか，あるいは制限行為能力者の代理人と契約締結をすればよいからである。例えば，相手が未成年者らしいとか，高齢者であり判断能力が不十分にみえる場合で，その取引内容が不動産の売買など重要なものであるときなどでは，行為能力の有無について確認をするべきであろう。

　確認をするには，まず直接相手方に聞くことであるが，それによる任意の申告がない場合には，未成年者の場合，戸籍，住民票等により，他方，成年被後見人等の場合には，成年後見登記により調査をすることになろう。いずれも，取引しようとする者が直接閲覧等はできないので，相手方に資料の提供を求めることになる*。

　　*後見，保佐，補助に関する登記は，裁判所書記官の嘱託により，登記所において，審判単位で編成される後見登記等ファイルになされる。後見の種別，成年被後見人等および成年後見人等，その権限（保佐人，補助人の同意を得るべき行為，代理権付与の場合はその範囲），成年後見監督人等の登記事項が記録される（後見登記4条）。そして，成年被後見人等，その配偶者等一定範囲の者のみが，後見登記等ファイルに記録された事項（記録がないときは，その旨）を証明した書面（「登記事項証明書」）の交付を請求できる（後見登記10条）。相手方は，この登記事項証明書の提示を求めることにより，後見，保佐，補助の事情を把握できる（成年後見人等が代理権を行使する場合（任意後見人の場合も同様），相手方はその代理権の存否および範囲をこの登記事項証明書により確認することができる。）。

③ 催告権

1 意　義

　制限行為能力者と知らずに契約を締結し，その契約は行為能力の制限を理由に取消しが可能であるという場合，相手方は契約がいつ取り消されるかわからないという不安定な状態に置かれる。取消しの原因を自ら作ったわけではないので，その相手方は，この不安定な状態から解放されなくてはならない。そこで，民法20条は，追認をするかどうかの確答をせまる**催告権**を制限行為能力者の相手方に認めることで，契約の効果の早期確定を図った。

　本条の催告*は，取消しまたは追認をなし得る者を相手方として，一定の催

119

第3章　自然人〔権利の主体1〕

告期間（1カ月以上の期間）を限って，行為を追認するかどうかの確答を迫り，確答があればその回答のとおりとなり，その催告期間内に確答を発しない場合，本条の規定によって，追認，または，取消しの効果を発生させるものである。

> ＊催告は「意思の通知」（準法律行為）であり，相手方に対して一定の行為を要求するものである。催告の効果は，意思表示と異なり，直接，法により付与される（なお，催告には，ほかに，「履行せよ」というものがあり，その効果は，時効の完成猶予（民150条），解除権の発生（民541条）である）。

2　催告の相手方と催告期間徒過により擬制される効果

これに関し2つに場合分けができる。第1は，制限行為能力者が行為能力者となった後の場合，第2は，制限行為能力者が制限行為能力者の状態のままである場合である。

第1の場合は，催告の相手方は行為能力者となったその者であり，催告期間徒過の効果は，その行為を追認したものとみなされる（民20条1項）。

第2の場合は，催告の相手方は2種あり，①その法定代理人，保佐人または補助人に対しての催告であり，期間徒過の効果として，その行為を追認したものとみなされる（民20条2項）。ただし，特別の方式（成年後見監督人等の同意（民864条など）など）を要する行為の場合その方式を具備した旨の通知を発しないときは，その行為を取り消したものとみなされる（民20条3項）。②被保佐人，または同意権の付与の審判を受けた被補助人に対して，保佐人，または補助人の追認を得るように催告したときは，期間徒過の効果はその行為を取り消したものとみなされる（民20条4項）。

以上，要するに，催告の相手方が単独で追認か取消しをすることができる場合には追認が擬制され，そうでない場合には取消しが擬制される。

④　制限行為能力者の「詐術」と取消権の剥奪

1　趣　旨

制限行為能力者が自分を行為能力者であると信じさせるための「詐術」を用いながら，あとになって行為能力の制限を理由に取消しを主張することは矛盾的行為であり，民法はそういう場合には，行為能力者と信じ，契約は有効であると信じた相手方を保護することが適当であるとし，制限行為能力者から取消

120

権そのものを剥奪した（民21条）。

2　取消権の剥奪の要件

取消権の剥奪の要件は，(1) 行為能力者と信じさせるにつき「詐術」があること，(2) 詐術は故意に基づくこと，(3) 詐術によって相方が行為能力者であると誤信したこと，である。

(1)　詐　術

(a)　詐術の対象について

条文上は，「行為能力者であること」についての詐術であるが，判例・通説は，「必要な法定代理人，保佐人，補助人の同意を得ていること」についての詐術も含むと解釈している。したがって，未成年者の年齢詐称のほか，親権者の同意書の偽造も詐術に当たる。

(b)　いかなる行為が「詐術」に該当するか

解釈により，広くも狭くもなり得る。緩やかに詐術を認めれば，相手方すなわち取引の保護を図ることができるが，他方で，制限行為能力者の保護が不十分になるという関係にある。取引社会の中で制限行為能力者保護をどう位置づけるかについての考え方が直接影響する。

(i)　判　例

初期は，偽造文書等を用い積極的に術策を用いた場合に限定したが，次第に，取引の相手方保護の趣旨で，自分が行為能力者であると述べること*，または，相当の資産信用があると述べることも**，詐術に該当し得ると判断するに至った。

　＊大判昭2・11・26民集6巻622頁は，相手方が疑いをもって問い合わせたのに対し，準禁治産宣告（現行法の保佐開始の審判とほぼ同等である）を受けたことを否定し，「市役所及裁判所ニテ問合セヨ」と答えた行為が詐術に当たるとした。

　＊＊大判昭8・1・31民集12巻24頁は，東京米穀取引所での定期米の売買委託に際して，「自己ハ相当ノ資産信用ヲ有スルヲ以テ安心シテ取引セラレ度キ旨」を述べ，制限行為能力者であるとの疑念が生ずることを防止した事例で，詐術を認めた。

最高裁判例には，一般的説示として，制限行為能力者たることの黙秘であってもその者の他の言動などと相まって詐術となることもあると述べるものがあ

第3章　自然人〔権利の主体1〕

る＊＊＊。

> ＊＊＊最判昭44・2・13民集23巻2号291頁―判例講義民Ⅰ⑨
> 　〔事実〕　Aは準禁治産者であることを黙秘して，保佐人（妻）の同意なく土地を
> 売却。事情として，①Aは代金額決定，登記関係書類の作成，知事への許可申請に
> ある程度積極的に関与した，②「畑は奥さんも作っているのに，相談しなくてよい
> か」との問いに対し，「自分のものを自分が売るのに何故妻に遠慮が入るか」と答
> えた。
> 　〔判旨〕　本件は詐術には当たらないとしつつ，一般的基準として次のように述べ
> た。「積極的術策を用いた場合にかぎるものではなく」，「無能力者（制限行為能力
> 者の旧呼称である）が，ふつうに人を欺くに足りる言動を用いて相手方の誤信を誘
> 起し，または誤信を強めた場合をも包含する……。したがって，無能力者であるこ
> とを黙秘していた場合でも，それが，無能力者の他の言動などと相俟って，相手方
> を誤信させ，または誤信を強めたものと認められるときは，なお，詐術に当たると
> いうべきであるが，単に無能力者であることを黙秘していたことの一事をもって，
> 右にいう詐術に当たるとするのは相当ではない」。「詐術に当たるとするためには，
> 無能力者が能力者であることを信じさせる目的をもってしたことを要すると解すべ
> きである」と。

（ⅱ）　学　説

　近時の学説の大勢は，上記最高裁判例の基準を支持しているとみることがで
きる。

（ⅲ）　現行法における，基準の具体的適用

　詐術に関する判例は，準禁治産者（現行法の被保佐人に相当する）の一類型で
ある浪費者の事例が多かった。浪費者は事理弁識能力がないわけではなく，詐
術を使ってでも契約を締結（これが浪費に該当）したかったからである。平成
12年4月施行の現行法では浪費者は保佐類型から除外されたので，浪費者の
事例は今後は生じない。他方，補助類型が導入されている。詐術が問題となり
得るのは，被補助人＊，被保佐人の一部，年長の未成年者などであろう。当該
制限行為能力者の能力の程度，取引の際の事情に応じて，具体的に判断するこ
とになる＊＊。

> 　＊取引の相手方は，単独で契約を結ぼうとする者が被補助人であるとの疑いをも
> った場合，登記事項証明書の提出を要求することになろう。被補助人がこの要求に
> 応じなかった場合どうか。上の基準でいう，制限行為能力者であることについての
> 単なる黙秘にとどまるのか，他の言動と相まって行為能力者であると誤信させたと

122

認められるのか，さらに，行為能力者であることを信じさせる目的をもってしたかどうかなどの事情が判断されることになろう。詐術に該当することが少なくないであろうが，単に登記事項証明書の意味を理解せず提出しない場合にはもちろん詐術とはならない。

　　＊＊一例として，未成年者が通信販売の注文書に，年齢を詐称したり，法定代理人の同意書を偽造する場合はどうか。相手方としてもかかる事態は予測の範囲内であり，相手方を欺くに足りる程度には達していないとする見解がある。

（2）　詐術は故意に基づいていること

欺罔の故意がない場合には，詐術には該当しない（前掲最判昭44・2・13参照）。

（3）　詐術によって行為能力者であるとまたは同意があると誤信したこと

詐術と誤信との間に因果関係があることが必要である。詐術があり，誤信があっても，誤信が別の理由によるものである場合には適用がない，ということである。

3　効　果

効果は，「その行為を取り消すことができない」，すなわち，取消権の剥奪であり，行為は有効のままであるということになる。

6　住　所

□1　はじめに

　例えば，売買契約において，買主は売主の住所で代金を支払わねばならず（民484条1項），訴訟になれば，原則として被告の住所を管轄する裁判所に訴えを提起することになる（民訴4条2項）。また，あとで扱われる「不在者の財産管理・失踪宣告の制度」の前提として住所を確定することが必要となる。このように，様々な法律関係において基準とされる「住所」の意味について，以下で確認をすることにする。

□2　住所とは

　各人の生活の本拠を住所という（民22条）＊。生活の本拠というためには，

第3章　自然人〔権利の主体1〕

定住の事実だけで十分か（客観説），定住の意思も要するのか（主観説）という争いがある。また，住所はその人との関係で1つに限られるのか（単一説），複数あり得るのか（法律関係基準説（複数説））という争いがある。

> ＊本籍地は，夫婦およびこれと氏を同じくする子ごとに編製される戸籍（各個人の身分関係を記載する公簿）の所在地であって，住所とは別のものである（戸6条）。また住民票は，住民基本台帳法を根拠に，現実の共同生活に応じて，市町村の区域内に住所を有する者につき，個人を単位に世帯ごとに作成されるものであり，民法上の住所とは区別される（住所を証明する証拠とはなる）。

1　定住の意思を要するか

住所の認定に定住の意思を要するかにつき，主観説をとるものもあるが，意思の有無を外部からは認識し難いなどの理由から，客観説が通説である。判例も，客観説の傾向を示している（最判昭27・4・15民集6巻4号413頁）。

2　住所の個数

住所の個数につき，判例の立場は必ずしも明らかではない。実家から離れ学生寮に居住する学生の選挙法上の住所が，学生寮の所在地であることを認めた判決＊は，法律関係基準説（複数説）になじみやすいが，その後，私生活地と営業活動地の異なる者の公職選挙法上の住所が私生活地にあるとした判決＊＊は，一般論として単一説を説示したものと解される。

学説上は，かつて単一説が通説であったが，複雑に分化し，重層的・多面的な現代の生活状態にあっては，それぞれの法律関係に応じて複数の適当な住所が認められてよいとして，法律関係基準説が通説となっている（同一の法律関係に住所が複数あるという意味ではないことに注意）。近時は，住所が氏名とともに人の同一性を保証するものであるとして，法律関係基準説に懐疑的な立場も有力に主張されている。

> ＊最大判昭29・10・20民集8巻10号1907頁—判例講義民Ⅰ⑩は，「住所とは各人の生活の本拠を指す」とする一方，学生寮での居住が長期にわたり，休暇以外は実家に帰る事実がないなどの種々の事実を認定した上で，生活の本拠が学生寮にあることを認めた。

> ＊＊最判昭35・3・22民集14巻4号551頁は，「選挙権の要件としての住所は，

124

その人の生活にもっとも関係の深い一般的生活，全生活の中心をもってその者の住所と解すべく，所論のように，私生活面の住所，事業活動面の住所，政治活動面の住所等を分離して判断すべきものではない」とする。

③ 居所・仮住所

1 居　所
(1) 居所とは
生活の本拠とまではいえないが，人が一時的に居住する場所を**居所**という。
(2) 居所の必要性
ある人の「住所が知れない場合」（住所不明の場合だけでなく住所不定の場合を含む）であっても，その人の場所的な基準は必要となるから，居所が住所とみなされる（民23条）。

ある人が「日本に住所を有しない」場合，つまり，外国に住所がある場合には，それを場所的な基準としたのでは不便であり，不都合であるから，日本における居所を住所とみなすことにしている（同条2項本文）。ただし，準拠法を定める法律（法適用通則法など）に従い，住所地が指定される場合は，居所を住所とみなすことなく，外国にある住所が基準となる（同条2項但書）。

2 仮住所
例えば，ある取引が隔地者間でなされるとき，各当事者の住所を基準にすると不便な場合がある。そこで，特定の行為に限り，当事者の意思により，ある場所を住所に代わるものとして選定することができる。その場所を仮住所という。仮住所が選定されるとそれが住所とみなされる（民24条）。

7　不在者の財産管理

① はじめに

これまでの住所または居所を離れ，容易に帰る見込みのない者を**不在者**という。行方不明や生死不明である必要はない。

不在者のある場合，不在者の財産が放置され，不在者自身やその関係者が不

第3章　自然人〔権利の主体1〕

利益を受ける可能性がある。そこで民法は，**不在者の財産管理**に関する規定を置いている（民25 ～ 29条）。

② 不在者に財産管理人がいない場合

1　財産管理の開始と終了

ある者が，財産管理人を置かずに不在者となった場合には，利害関係人または検察官の請求により*，家庭裁判所は，不在者の財産の管理について必要な処分を命じることができる（民25条1項）。必要な処分の主たる内容は，財産管理人の選任である。

本人（不在者）がのちに財産管理人を置いたとき（同条2項），本人（不在者）が自分で財産を管理できるようになったとき，審理すべき財産がなくなったとき，その他，財産の管理を継続することが相当でなくなったときは，家庭裁判所の必要な処分の命令は取り消さなければならない（同条2項，家事147条）。不在者の財産管理をする必要がなくなるからである。

＊利害関係人とは，不在者の推定相続人や債権者など，法律上の利害関係人である。検察官が請求権者に含まれているのは，公益に関係することもあるからである。

2　選任管理人の地位

家庭裁判所により選任された財産管理人（以下，選任管理人）は，一般に法定代理人と理解され，不在者の財産につき，民法103条に定める管理行為をすることができるが，それを超える行為は家庭裁判所の許可を要する（民28条前段）。

選任管理人には，一般に委任に関する規定が準用され，選任管理人は受任者と同様，善良な管理者の注意をもって職務を執行しなければならない（家事146条6項，民644条）。さらに，不在者の財産管理が適正になされるよう，選任管理人は，不在者の費用で財産目録を作って管理すべき財産を明らかにしなければならず（民27条1項），また，家庭裁判所は，選任管理人に対し，財産の保存に必要な処分を命じ（同条3項），必要に応じて担保を提供させ（民29条1項），不在者の財産から報酬を与えることができる（同条2項）。

③ 不在者に財産管理人がいる場合

1 不在者に法定代理人がいる場合

不在者に法定代理人がいる場合には，不在者としての特別の措置を講じる必要はない。

2 不在者が財産管理人を選任している場合

不在者自身が選任した財産管理人（以下，委任管理人）の場合，通常，委任契約（不在者自身が委任管理人に何を依頼したのか）によって，その権限の範囲が決定される（権限の範囲を定めていない場合は，民法 103 条に定める行為をすることができる）。

不在者が不在中に委任管理人の権限が消滅したとき（委任管理人の死亡，管理期間の満了等）には，不在者に管理人がいない場合と同じことになるから，家庭裁判所は不在者の財産管理人の選任その他必要な処分を命じることができる（民 25 条 1 項後段）。

不在者が生死不明となると，委任管理人を指揮監督できず，管理が不十分となるおそれがあるから，家庭裁判所は，委任管理人を改任することができ（民 26 条），あるいは，改任せずに，選任管理人と同じような権限と義務を与えることもできる（民 27 条 2，3 項，28 条後段，29 条）。

8 失踪宣告の制度

① はじめに

不在者の生死不明の状態が長期にわたると，不在者の法律関係を確定することができず，その関係者に不都合が生じる（例えば，推定相続人が相続できない，残存配偶者が再婚できないなど）。そこで民法は，不在者自身を死亡したものとして，これまでの住所地を中心とする不在者の財産関係や親族関係を確定する失踪宣告の制度を設けている（民 30 ～ 32 条）。

② 失踪宣告の要件

失踪宣告の要件は，以下の４つである。

1 不在者の生死が不明であること

不在者の生死不明とは，生存の証明も死亡の証明もできないことをいう。

2 生死不明の状態が一定期間継続していること

必要とされる失踪期間には，２種類ある。

(1) 普通失踪

失踪者の生存を証明できる時点から７年間（民30条1項）。これを普通失踪という。

(2) 特別失踪（危難失踪）

危難に遭遇した者の場合，危難の去った時点（戦争の終了時，船舶の沈没時など）から１年間（民30条2項）。これを特別失踪（危難失踪）という＊。

> ＊地震，火災，雪崩など生命を失う蓋然性の高い危難に遭遇した場合，死亡したことはほぼ確実だが，死亡を確認できないということがある。この場合には，認定死亡とされることが多いであろう。

3 利害関係人の請求

利害関係人が失踪宣告を家庭裁判所に請求することを要する（民30条）。

利害関係人とは，失踪宣告をすることによって法律上の利害関係を有する者をいう（典型的には，配偶者や推定相続人）。失踪者の死亡という重大な効果をもたらすものであるから，不在者の財産管理人を選任すれば足りる程度の者（例えば，不在者の債権者・債務者など）は，ここでの利害関係人に当たらない。

4 失踪宣告の手続

利害関係人の申立てにより，家庭裁判所は，一定の期間までに，不在者がその生存の届出をすべきこと，不在者の生死を知る者がその届出をすべきこと等を公告し，その届出をすべき期間を経過すると，失踪宣告の審判をする（家事148条）。

8　失踪宣告の制度

③　失踪宣告の効果

1　死亡の擬制

失踪宣告を受けた者は，普通失踪の場合には「失踪期間満了の時」に，特別失踪の場合には「危難の去った時」に，死亡したものとみなされる（民31条）。その結果，相続が開始し（民882条），失踪者の婚姻は解消される。

2　死亡したものとみなされるの意味

死亡が「推定」されるわけではないので，死亡の効果を確定的に生じさせることになる。したがって，生存または異時死亡を主張するためには，それを立証し，失踪宣告の取消しの審判を受ける必要がある（民32条1項）。

死亡したものとみなされるとは，失踪者の従来の住所または居所を中心とする法律効果について，失踪者が死亡したのと同じ効果を認めることである。したがって，例えば，失踪者が実は生きている場合，失踪宣告により，失踪者の権利能力まで奪うものではないから，失踪者が取引をして権利を取得し，義務を負担することは否定されない。

3　死亡とみなされる時期

死亡とみなされる時期は，失踪宣告の確定時ではない。普通失踪の場合「失踪期間7年の満了時」であり，特別失踪の場合，失踪期間1年の満了時ではなく，「危難の去った時」である。その結果，例えば，死亡したものとみなされる時から失踪宣告時までの期間に，失踪者を被告として言い渡された確定判決は，失踪宣告により無効となる。その確定判決は，失踪宣告による死亡の効果が失踪期間の満了時までさかのぼることで，死者に対する判決ということになるからである（大判大5・6・1民録22輯1113頁）。

④　失踪宣告の取消し

1　はじめに

すでに述べたように，死亡が「推定」されるわけではないので，生存または異時死亡を主張するためには，それを立証し，失踪宣告の取消しの審判を受ける必要がある（民32条1項）。さらに，失踪宣告が取り消されるまでは，失踪

129

者は死亡したものと扱われ，その死亡を基準にして様々な法律効果が発生しているので，その後始末をしなければならない。

2 失踪宣告取消しの要件

次の要件が満たされる場合，家庭裁判所は審判により，失踪宣告を取り消さねばならない（民32条1項本文，家事149条）。

(1) 本人または利害関係人が請求すること

利害関係人は，失踪宣告の請求の場合より広く，失踪者の権利回復に利害関係を有するすべての者が含まれる。失踪宣告と異なり，誤った審判を是正するだけのことだからである。

(2) 失踪宣告が事実と異なることの証明があること

具体的には，①失踪者の生存すること，②宣告により死亡したとみなされる時と異なる時に死亡したこと，③宣告により死亡したとみなされる時の前後いずれかの時点で生存していたこと，以上3つのいずれかが証明されねばならない。

3 失踪宣告取消しの効果

(1) 原 則

失踪宣告が初めからなかったこと（遡及的消滅）になる（民32条1項本文）。その結果，例えば，相続は開始せず，配偶者との婚姻は継続していたことになるなど，失踪宣告を原因として生じた権利・義務の変動は，生じなかったことになる。

(2) 例 外

しかし，失踪宣告が事実に反することを知らなかった者は，その取消しにより，自己の利益が損なわれるおそれがある。そこで，失踪宣告取消し前の行為の効力（a）と財産の返還（b）について，一定の場合には失踪宣告取消しの遡及効を制限する例外を認めている。

(a) 失踪宣告取消し前の行為の効力

失踪宣告後，その取消し前に善意で（知らずに）した行為は，その効力を変じない（民32条1項後段）。ここでの「善意」とは，失踪者の生存または異時死亡を知らないことであり，効力を変じないとは，宣告の取消しがあっても有効

なものと扱われるということである。財産上の行為（ⅰ）と家族法上の行為（ⅱ）に分け，いま少し詳しくみておこう。

（ⅰ）財産上の行為

失踪宣告により失踪者Aから直接権利を取得した者B（例えば，相続人）は，善意であっても，失踪宣告の取消しによって権利を失い，常に返還する義務がある（民32条2項）。民法32条1項後段で保護されるのは，失踪宣告を信頼して新たに取引関係に入った善意の第三者Cである（例えば，失踪者の相続人から相続財産を譲り受けた善意の第三者）。失踪宣告が事実に反することを知っていた（つまり悪意の）第三者Cは，保護すべき信頼がないからである。

取引の相手方である第三者Cだけでなく，処分行為者B（例えば，相続人）も善意であることを要するかについては争いがある。民法32条1項後段の趣旨が，取引の相手方である第三者を保護すること（取引の安全を図ること）にあると解するときには，処分行為者Bが悪意であっても，善意の第三者であるCは保護されると解する立場がある。これに対して，処分行為者Bが悪意である場合，失踪者Aから相続したものを返還しなければならないことを知りつつ第三者Cに処分しており，このような不正な行為により，失踪者Aが財産を失うことは不当であって，否定すべきであるから，処分行為者Bの善意も要するというのが判例・通説の立場である（判例として，大判昭13・2・7民集17巻59頁）。

さらに，例えば，失踪者Aの不動産を取得した善意の第三者Cから転売を受けた転得者Dが悪意である場合，AはDから取り戻せないという立場（**絶対的構成**）と取り戻せるという立場（**相対的構成**）との間で争いがある。この点については，虚偽表示の場合（民94条2項）の議論と共通するので，該当箇所を参照されたい（第2章3.③「虚偽表示」32頁参照）。

（ⅱ）家族法上の行為

家族法上の行為については，特に婚姻の効力が問題となる。例えば，Aの失踪宣告により婚姻関係が解消されたので，その配偶者BがCと再婚したところ，その後，Aの失踪宣告が取り消されたとき，AB間の前婚は復活せず，BC間の後婚だけが有効となるのか，それとも，AB間の前婚が復活し，重婚となるのかの問題である。

かつての通説は，民法32条1項後段を家族法上の行為にも適用し，失踪宣

告事由について当事者が善意であれば前婚は復活せず，後婚だけが有効となり，当事者が悪意であれば，前婚が復活し，重婚となるという立場であった。しかし，家族法上の行為については，本人の意思を尊重すべきであり，事実として現に存在する状態こそが重要であるから，当事者の善意・悪意を問うことなく（民法32条1項後段を適用せず），後婚のみを有効とする立場が多数となっている。なお，平成8年2月の法制審議会民法部会による答申「民法の一部を改正する法律案要綱」も，前婚は復活しないとする案をとっている。

(b) 直接取得者の財産返還の義務

失踪宣告により失踪者から直接権利を取得した者（以下，直接取得者）は，失踪宣告の取消しにより権利を失い，善意であっても常に返還する義務がある，とはすでに述べた。直接取得者（例えば，相続人）は，失踪宣告の取消しにより権利を失うのであるから，失踪宣告により取得したものを，法律上の原因なく保有していることになり，返還しなければならないからである（不当利得の返還義務）。この直接取得者の返還の範囲については，「現に利益を受けている限度においてのみ，その財産を返還する義務を負う」とされる（民32条2項）。

（ⅰ）現に利益を受けている限度とは

「現に利益を受けている限度」とは**現存利益**（民703条）と同じだと解されている。したがって，直接取得者は，取得した財産を原形をとどめて保有しているのであれば，それを返還し（例えば，相続した不動産），形を変えてそれを保有しているのであれば，それを返還すればよい（例えば，相続した不動産の売却代金の現存分）。

（ⅱ）不当利得との関係（直接取得者の善意の要否）

ところで，不当利得の一般的な規定に従えば，法律上の原因がないことを知らずに利益を受けた者（善意の受益者）は，その利益の存する限度で返還すればよいが（民703条），法律上の原因がないことを知りつつ利益を受けた者（悪意の受益者）は，その受けた利益に利息を付けて返還しなければならない（民704条）。これに対し，民法32条2項は，直接取得者の善意・悪意を区別していないため，悪意の直接取得者も，現存利益だけを返還すればよいのかが問題となる。

民法32条2項が別に定められていることを重視すれば，善意・悪意を問わず，現存利益を返還すれば足りるということになるが，現在の通説は，民法

8 失踪宣告の制度

32条2項が善意の直接取得者保護のための規定であるから，善意の直接取得者にのみ適用され，悪意の直接取得者については，全部の利益に利息を付して返還させることになると解している。

第4章 | 代理人による法律行為

1 序 説

① 代理とは何か

1 代理の意義と特徴

代理とは，ある人（本人）と一定の関係にある者（代理人）が，本人のためにすることを示して第三者（相手方）に意思表示をすることによって，本人と相手方の間に，直接に法律関係が生じるとする制度である。この代理制度は，意思表示を行う者と，その意思表示によって生じる法律効果を受ける者が異なること，また，代理人の行為によって本人と相手方の間に直接かつ全面的に権利・義務関係が発生することに特徴がある。

2 代理制度の社会的意義（存在理由）

人は物を売却したり，賃借したりするために，通常，自ら相手方と交渉し，また契約を締結することになるが，代理制度を利用することによって，法律効果を享受しようとする者が自ら意思表示を行う必要がないので，判断能力のない者や，それが不十分な者でも，代理人が意思表示を行うことにより，その効果を直接受けることが可能となる。さらに，法人のように権利の主体となる者が意思表示を行うことが不可能な場合でも，その代理人（代表者）によって，法人に権利・義務を帰属させることができるのである。また，例えば，不動産を購入しようとする者が，専門知識や交渉能力を有する代理人に取引行為を依頼することによって，より安全に，有利に取引を行うことが可能になる。このように，代理制度は人の活動を補充（私的自治の補充）したり拡大（私的自治の

135

拡大)したりする機能を有し，今日の社会生活，経済生活において，欠くことができない制度となっている。

3 代理における三面関係

契約（法律行為）は，通常，契約の締結行為を行った当事者間に，法律効果が生じるが，代理の場合は，契約の締結行為をした代理人（B）と相手方（C）の間ではなく，本人（A）と相手方の間に直接生じることになる。そこで，代理においては本人，代理人，相手方といった3当事者が関わってくるのであり，それぞれの関係が問題となる。代理においては三面関係が代理の基本構造である。すなわち，図にあるように，本人と代理人の関係（代理関係），代理人と相手方の関係（代理行為），そして相手方と本人との関係（効果帰属）についてである*。

> ＊民法99条1項が「代理人がその権限内において本人のためにすることを示してした意思表示は，本人に対して直接にその効力を生ずる」と規定してその関係を示している。

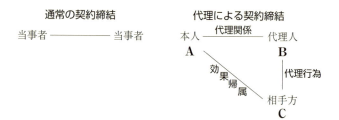

② 代理の種類

1 法定代理・任意代理

代理は，法定代理と任意代理に分類することができる。主に法律によって代理権が与えられている代理を**法定代理**といい，それに対して，本人の意思によって代理権が与えられる代理を**任意代理**といっている。民法典では復代理人の選任（民104, 105条）や代理権の消滅事由（民111条）において，法定代理と任意代理とで取扱いを異にしているほか，表見代理や代理権の濫用といった問題においても，解釈上，この区別が問題とされることがある＊ ＊＊。

＊委任による代理と任意代理　民法典では「委任による」代理と規定されているが（民104，111条2項），これは，本人の意思に基づく代理権は委任によって発生するものとする，民法典制定時の考えに基づくものである。しかし，委任以外の請負や雇用などにおいても代理権が生じることが一般的に認識され，任意代理という表現が用いられている。

＊＊法定代理と任意代理の区別　法定代理，任意代理の区別は民法典においても，それを前提とした規定があり（民104，105，111条2項）さらに，法定代理人という用語も用いられ（民5条1項・3項，6条2項，105，724，797条ほか），民法典上区別があることは明らかである。また，この区別は，これから述べる，代理権の発生，範囲，制限，復代理，消滅などにおいて，さらには表見代理，代理権の濫用といった点でも解釈上問題とされることがあるが，両者の区別の基準というものが必ずしも明確というわけではなく，学説上議論がある。

2　能動代理・受動代理

代理は，代理人が相手方に意思表示をする場合を**能動（働）代理**，代理人が相手方から意思表示を受ける場合を**受動（働）代理**という。前者の例としては，代理人Bが本人Aの不動産をCへ売却する申込みを行う場合などであり，後者の例では，相手方Cから代理人Bが承諾の意思表示を受ける場合などがあげられる。

③　代理と類似する制度

ある人の行為によって，他のものが利益や法律効果を受けるといった制度は，代理以外にもいくつかみられる。

1　法人の代表

法人の**代表**は，法人の機関である代表者の行為が法人自身の行為と評価される点で，代理人と本人が別個の法的地位で代理人が行為し，その効果を本人が享受するといった代理とは異なる。しかし，代表者が法人のためになす行為は法人に効果が生じ，代表の形式は代理の規定によるものとされ，法人の名において代表者が行為することになるなど代理と共通性を有する。

第4章　代理人による法律行為

2　使　者

使者は，本人が決定した意思表示を相手方にそのまま伝えるといった伝達機関である。代理の場合は，代理人が自ら意思を決定するのであり，この点において相違がある。また，使者の場合は本人の意思をそのまま伝えるのであるから，本人に行為能力が必要とされるのに対して，代理の場合は制限行為能力者でもかまわない。

3　間接代理

間接代理とは，間接代理人が自己の名で法律行為をし，その効果をいったん間接代理人に属するものとするが，直ちにその効果を本人に帰属させる制度で，商法551条の問屋などがこれに当たる。経済的効果が結果的に本人に帰属するので代理と類似するが，代理人の行為によって直接本人に効果が生じるのではない点で，代理と異なる。

4　授　権

授権とは，自己の名において法律行為をすることによって，他人効を発生させる権限をいう。ドイツの学説によって形成された概念であるが，わが国の判例（最判昭37・8・10民集16巻8号1700頁—判例講義民 I ⑥1）においても，無権利者の自己の名による処分行為（処分授権）について権利者が追認したときには有効としている。

民法改正の審議においては，中間試案まで立法化の方向で検討されたが，3の間接代理（問屋）との区別があいまいとのパブリックコメントなどを考慮して，立法化はせず解釈に委ねることとされた。

5　信　託

信託とは，ある人（委託者）が他人（受託者）に財産権を移転し，受託者が一定の目的に従って受益者のために財産の管理・または処分およびその他の目的の達成のために必要な行為をするべきものとする制度である（信託2条）。

④　代理の適用範囲

代理は他者の判断によって相手方と本人との間に直接効果が生じることから，

本人の意思や判断が重視される法律行為は代理に親しまない。例えば婚姻や離婚，認知など家族法上の法律行為は，特別に他者の意思表示によることが認められている場合を除いて認められない＊。

なお，代理と類似する制度において指摘したように（前述 1.③参照），ここでの代理は意思表示（法律行為）の代理であって，不法行為や事実行為については認められない。ただし，債権譲渡の通知（民 467 条）などの観念の通知や，催告（民 541 条）といった意思の通知など準法律行為については代理が認められている。

＊例えば，15 歳未満の子についてはその法定代理人による代諾養子が認められている（民 797 条 1 項）。

2 代理権

代理は代理人が本人に効果を帰属させるために，本人に代わって行為するのであるが，代理人が本人に代わって行う資格ないし地位を**代理権**という。

① 代理権の発生原因

1 法定代理権の発生原因
法定代理権が発生する場合としては，以下のような場合があげられる。
①本人に対して一定の地位にある者が法律上当然に代理人となる場合
　親権者（民 818 条）の代理権。
②本人以外の私人の協議・指定によって代理人となる場合
　協議による親権者の決定によってなる代理人（民 819 条 1 項，3 項但書，4 項），指定後見人（民 839 条）の代理権。
③裁判所が代理人を選任する場合
　不在者の財産管理人（民 25 条 1 項），親権者（民 819 条 2，5，6 項），未成年後見人（民 840 条），成年後見人（民 843 条），代理権を付与された保佐人および補助人（民 876 条の 4，876 条の 9）の代理権。

2 任意代理権の発生原因
(1) 代理権授与行為
任意代理権は本人が代理人に代理権を授与することによって発生する。この

第4章　代理人による法律行為

代理権授与行為（授権行為ともいう）の法的性質をどのように解するかについて，立法当初から議論されてきた。

(2)　代理権授与行為の法的性質

授権行為を委任や雇用，請負，組合などといった内部契約とは別個の一種の無名契約とする見解がこれまで通説といわれてきたが，今日，任意代理権は単に委任や雇用，請負，組合などの契約から生じると捉えればよいとする見解も有力である。すなわち，代理権授与行為の独自性を否定し，代理権授与は内部関係から直接生じるとする見解で，事務処理契約説（融合契約説）および委任契約説がそれである＊。

代理権授与行為は内部契約と別個の行為であるとする無名契約説と同様，内部契約とは別個の行為と解する見解として単独行為説が主張されている。単独行為説は代理権授与において代理人の同意を必要とせず，本人の一方的な意思表示により授与されるものと解する＊＊。

＊事務処理契約説と委任契約説との違いは，委任契約説においては，雇用や請負などの契約の場合に代理権が生じるのは，それらの契約においても委任契約が含まれていて，それによって代理権が生じるものと解するのに対し，事務処理契約説では，委任契約が必ず含まれているとはせず，雇用や請負など（もちろん委任も含めて）事務処理契約そのものから代理権が発生するものと捉える点である。

＊＊学説の背景には，物権行為の独自性との対比や，代理の内部関係が代理関係にどのような影響を与えるかといった，代理権の有因・無因など理論的および代理取引の安全といった実践的な点が認められるが，今日，このような代理権授与行為の性質を論じることはあまり意味がなく，単に内部契約から代理が発生すると解すればよいとの見解も主張されている。

(3)　委任状

代理権の授与は明示でも黙示でもよく方式は問われない（ただし，代理権を付与する任意後見契約においては，法務省令で定める様式の公正証書によらなければならない（任意後見3条））。

重要な取引の場合では，委任状といった書面が交付されることが多い。委任状は本人から代理人に交付され，そこには，通常，代理人，本人および相手方の氏名，委任事項が記載され，本人が署名捺印する場合が多い。委任状は代理権授与の証拠となるもので，相手方は，委任状を所持するものが代理人で，委任事項で記載された代理権を有するものと判断して取引することになる。しか

140

し，委任状を所持するものが常に委任事項の代理権をもつ代理人とは限らない。委任状が偽造や盗用された場合は委任状の所持者には代理権はない。また，委任状には，代理人欄や委任事項欄および名宛（相手方）欄を空白にしておいて，本人の氏名の署名と捺印したものも利用されることがある。これを白紙委任状といい，流動的な取引において有用であるが，しかし空欄補充を濫用され，争いが生じるケースも多くある＊。

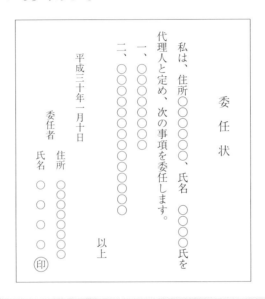

＊**白紙委任状**　白紙委任状には，委任状が転々と渡っていくことを想定したものと，転々と渡ることを想定せず，交付されたものが空欄を補充し，代理人として行為するといったものとが認められる。前者（転々移転型）では，委任状が転々と移転したのちに，受け取った所持者が空欄を補充することになり，濫用が起こりやすい。後者（非転々移転型）においては，空欄補充については一定の範囲での合意がなされている場合が多いので，その範囲を超えたような場合に濫用となり，いずれも表見代理の成否が問題となる。

2 代理権の範囲

1 法定代理権の範囲

法定代理権の範囲は，その発生原因である法令によって規定され，あるいは

直接範囲について規定されていなくても，発生原因を定めた法令やその解釈によって定まる。

例えば，親権者の法定代理権については，民法 824 条で子を代表すると規定し，包括代理権であることを明らかにしている。そのほか，後見人についても，民法 859 条で同様の規定を置いている。また，保佐人や補助人に付与された代理権の範囲は，家庭裁判所の代理権付与の審判で明らかとなり（民 876 条の 4，876 条の 9），その代理権の範囲は後見登記等に関する法律 4 条 1 項により後見登記等ファイルに記録される。

2　任意代理権の範囲

任意代理権の範囲は，本人が代理権授与の際，明確に示した場合はそれによるが，明確に示されていなくても，原則として代理権授与行為の解釈によって明らかとされる。しかし，解釈によっても明らかとならない場合について，民法は，保存行為および代理の目的となる物または権利の性質を変えない範囲内での利用行為または改良行為を行う権限を有するものとしている（民 103 条）＊　＊＊。

＊保存行為とは財産の現状を維持する行為であり，物の修繕行為や時効の中断などをする行為がこれに当たる。利用行為とは財産の収益を図る行為であり，改良行為とは財産の価値を増加させる行為をいう。保存行為，利用行為，改良行為をあわせて管理行為といい，処分行為に対する概念として用いられている。

＊＊任意後見契約による任意後見受任者または任意後見人の代理権の範囲も，後見登記等ファイルに記録される（後見登記 5 条 4 号）。

③　代理権の制限

代理人が代理行為を行う際，代理権の範囲内で行うことが求められるが（逸脱した場合は，表見代理，無権代理の問題となる），代理権の範囲内とみられる場合でも，本人の利益が害される危険がある一定の場合について，あらかじめ代理権を制限する規定を民法は置いている。

1　共同代理

法律行為を行う際，複数の代理人が関わることがある。通常は法律行為を行

える代理人が複数いるというだけで，それぞれが独自に代理行為を行うことができるにすぎない（複数の理事がいる場合など。一般法人77条2項）。しかし，複数の代理人が共同して代理行為することが求められる場合があり，そのような代理を**共同代理**といっている。父母の有する親権者の法定代理権（民818条3項，824条）などがこれに当たり，共同しなければならないことは，それぞれにとって代理権の制限となる。共同する拘束があるにもかかわらず，単独で代理行為が行われた場合は，それは無権代理となる＊。

＊ただし，共同親権において，一方が共同名義で代理行為を行った場合は，それが他方の親権者の意思に反した法律行為や同意であっても，相手方が悪意でない限り，代理の効果は生じるものとしている（民825条）。

　なお，共同代理において，意思表示の受領は，共同代理の1人が受領すればよいものと解されている。

2　自己契約・双方代理

(1)　意　義

　自己契約とは，一定の法律行為について，その相手方の代理人となって自分自身と契約を締結するような場合であり，例えば，BがAの所有する不動産を売却する代理権を有する場合，BがAの代理人としてB自身に不動産を売却する契約を締結するようなことである。また，**双方代理**とは，一定の法律行為について，本人の代理人であるとともに，相手方の代理人にもなって法律行為を行う場合で，例えば，BがAの代理人としてA所有の不動産を売却する際，相手方Cの代理人ともなってAC間の売買契約を成立させるような場合である。

```
自己契約                          双方代理
   本人        A 代理人B          本人      A 代理人B      相手方
   A ————————— B                 A ——————— B ——————— C
   □          相手方B                     C 代理人B
```

　改正民法では自己契約・双方代理は，本人の利益を害するおそれのある代理行為であることから，これを原則として禁止し，違反してなされた場合の効果については，代理権を有しない者がした行為，すなわち，無権代理になるものとしている（民108条1項）。無権代理とされることから，民法113条から117

条の無権代理に関する規定が適用され，本人は自己契約・双方代理を事後に追認したり（民113条），相手方が本人に対して追認するかどうかの確答を求める催告をすることができる（民114条）*。

> ＊旧民法においては，自己契約・双方代理の禁止に反して代理行為を行った場合について，条文では定められていなかった。しかし，判例によって無権代理となることが認められていた（最判昭47・4・4民集26巻3号373頁ほか）。

(2) 自己契約・双方代理の適用範囲

　自己契約・双方代理の規定は，法定代理，任意代理のいずれにも適用される。しかし，親権者の法定代理の場合，および後見人による代理の場合には，特別に，親権者と子との間の利益相反行為についての規定（民826条）および後見人と被後見人との間の利益相反行為の規定（民860条）が置かれている。また，法人の理事と法人との間についても，利益相反行為を制限する規定を置いている。ただし一定の場合民法108条の適用を除外している（一般法人84条2項，第7章6②2参照）。

　自己契約・双方代理とも本人の利益を守るために定められた代理権の制限の規定であるので，本人の利益を害するおそれのない場合には，たとえ形式的に該当しても，それを禁止する必要はなく，自己契約・双方代理も許されるものとされる。債務の履行および本人があらかじめ許諾した行為については，108条1項但書で許容している*。債務の履行は，新たな法律関係を創設するものではなく，本人の利益を害さないためである。

> ＊不動産の売買契約において，売主から買主へ所有権の移転とともに登記も移すことになるが，この場合，登記手続は専門的で個人で行うことは難しいため，多くの場合，司法書士に登記手続の代理を依頼する。その際，司法書士は売主と買主双方の代理人として手続することが多く，それは形の上では双方代理ともいえるが，登記手続は売買契約の効果としての債務の履行と考えられ（あるいは本人があらかじめ許諾しているともいえ），かような代理行為は許容されている。

　この但書の趣旨を発展させ，すでに合意されている契約条項に基づいて公正証書を双方代理によって作成するような場合も，新たな利益変動がないといったことから認められることになる（最判昭26・6・1民集5巻7号367頁）。また，本人が事前に，事情を知った上で同意した場合だけでなく，事後に追認した場合も，代理行為として有効に効力が生じる。

2　代理権

(3) 利益相反行為

　民法 108 条 1 項の自己契約・双方代理を無権代理とするのは，そのような行為が自由に行われると本人の利益が害される危険があるためである。民法 108 条 2 項は，自己契約・双方代理には形式的には該当しなくても，代理人と本人との利益が相反する行為については，代理権を有しないもの，すなわち無権代理とみなし*，ただし，本人があらかじめ許諾した行為については，この限りでないとする規定を設けている。

　108 条 2 項では，108 条 1 項に規定された，「債務の履行」の場合について，規定をおいていないが，本人の利益を害さない場合であれば許容される。

　利益相反行為に該当するかの判断については，親権者と子との間での利益相反行為（民 826）について，行為の外形に照らし定型的・外形的に判断され，代理人の動機・目的は考慮されるべきでないとした外形説が判例・通説とされており（最判昭 42・4・18 民集 21 巻 3 号 671 頁ほか），その判断方法がこの場合も適用される。

　　＊民法 108 条 2 項は平成 29 年改正民法で新たに設けられた規定であるが，過去の判例には，形式的には民法 108 条 1 項に直接当てはまらなくても，実質的に本人の利益を害する場合には，民法 108 条 1 項を類推（拡張）適用したものがみられる。賃貸人と賃借人とのトラブルが生じた場合には，賃貸人が賃借人の代理人を選任するとした内容の委任契約について，民法 108 条の趣旨に準拠して無効なものとし，選任された代理人には代理権が認められず，したがって，その者と和解契約がなされても，本人の追認がない限り効力は生じないものとするものである（大判昭 7・6・6 民集 11 巻 1115 頁—判例講義民法Ⅰ㊽参照）。

④　代理権の濫用

1　意　義

　代理権の濫用とは，代理人が代理権の範囲内で，自己もしくは第三者の利益を図るために代理行為を行うことをいう。例えば，本人Aより，Aの事業資金としてCから 1000 万円を借り入れる権限を与えられた代理人Bが，B自身の借金返済のために，Aの代理人としてCから 1000 万円借り入れる代理行為を行う場合などがこれに当たる。本人Aに対する背信的な行為であるが，代理権の範囲内の行為であり，また，本人に代理の効果を帰属させようとする代理意思にも問題はないので代理の効果は生じる。ただし，相手方が代理人の行為が

145

第4章　代理人による法律行為

自己または第三者の利益のために行われたことについて悪意の場合は，相手方を保護する必要はないので，代理の効果は否定されるべきとされ，その結論をいかなる理論構成によって行うべきかについてこれまで論じられてきた。

　平成29年改正民法が成立するまでは，代理権の濫用についての明文規定は存在しなかったため，判例・学説によって解決が行われてきたが，改正民法で107条に「代理人が自己又は第三者の利益を図る目的で代理権の範囲内の行為をした場合において，相手方がその目的を知り，又は知ることができたときは，その行為は，代理権を有しない者がした行為とみなす」とする規定が設けられた＊ ＊＊ ＊＊＊。

　　＊判例は，法人の代表権（最判昭38・9・5民集17巻8号909頁），任意代理（最判昭42・4・20民集21巻3号697頁―判例講義民Ⅰ㊻），親権者の法定代理権（最判平4・12・10民集46巻9号2727頁―判例講義民Ⅰ㊼）のいずれの代理の類型においても，代理人が代理権を濫用した場合，それは代理権限内の行為であり，また代理意思にも瑕疵はないので代理の効果は生じるものとし，ただし相手方が代理人の濫用行為について知っている場合もしくは知り得る場合には，そのような相手方を保護する必要はないので民法旧93条但書を類推適用して代理の効果は生じないものとしていた。

　　他方，学説は，判例と同様の見解である民法旧93条但書を類推適用する説のほかに，代理人が権限を濫用し相手方が「悪意」にもかかわらず代理の効果を主張するのは信義に反し権利濫用であるとする説（権利濫用説）や，代理権濫用行為を代理権限外の行為とし，相手方が善意・無過失であれば表見代理が成立し代理の効果は生じるが，「悪意」の場合は無権代理で無効となるとする説（表見代理説）などのほか，代表権の制限の（一般法人77条5項）の規定を準用する説や，三層的法律行為論の立場から解決を試みる見解，付随的義務違反として構成する見解，民法100条を類推する見解，民法112条を類推する見解などが様々な説が主張されていた。

　　＊＊判例および多くの学説が支持する民法93条但書類推適用説および権利濫用説が，代理権濫用行為を代理権限内の行為と解するのに対して，表見代理説は権限外と捉えるといった理論的な面での違いが生じるとともに，学説によって，①悪意の立証責任は誰が負担するのか，②転得者の保護は可能か，③相手方が「悪意」と判断されるのは，軽過失でもされるのか，それとも重過失の場合なのか，といった実質的な点においても若干の相違がみられた。

　　＊＊＊代理権の濫用において判例（前掲最判平4・12・10）および多くの学説

は，代理の類型を考慮していない。しかし，法定代理と任意代理を同じように処理してよいのかは，それぞれの内部関係における利益状況が異なることや代理権の濫用の意義から考えると問題ではないかと主張されている。

2 要 件

代理権の濫用が無権代理となるための要件としては，①代理人が自己または第三者の利益を図る目的で代理行為を行うこと，②代理権の範囲内で代理行為を行うこと，③相手方がその目的を知り，または知ることができたことである。旧93条但書を類推適用する適用従来の判例と同様に，相手方が「知りもしくは知り得る場合」，すなわち，悪意または有過失であることが求められ，その過失は軽過失でも無権代理とされる。従来の学説の多く（権利濫用説）は，取引の保護のため代理権の濫用が無効とされるためには，重過失まで求めていたが（中間試案では重過失を要件としていた），改正民法はその見解をとらなかった＊。

＊重過失から軽過失に変更された理由として，重過失の要件では厳格にすぎて適切に機能しないことや，従来の判例のように軽過失であっても，過失の認定・評価を通じて柔軟な解決を図ることができるなどといった理由があげられている。

3 効 果

改正民法においては，従来の判例の見解である無効（旧民93条但書の類推適用によっていた）とするのではなく，代理権を有しない者がした行為，すなわち，無権代理行為になるものとしている。その理由として，意思表示自体なんら問題はない代理権濫用行為については，改正民法108条の自己契約および双方代理の場合のように，無権代理と同様の扱いとするほうが，無権代理に関する規定が適用され，より柔軟な解決が図れるという考えが，立法過程で示されている。このことから，本人による追認（民113条），相手方の催告権（民114条），相手方の取消権（民115条），代理人に対する責任の追及（民117条）が認められることになる。

4 相手方からの転得者の保護

代理権濫用行為の相手方からの転得者の保護については，民法94条2項を類推適用することや，民法192条の即時取得制度を適用することによって図る

ことができる。

5 法定代理権の濫用の場合

107条は代理の類型について考慮していない。したがって法定代理権の濫用の場合にも適用される。ただし，法定代理権の濫用として認められるためには，判例はかなり厳格な要件を課している＊。

> ＊親権者の法定代理権の濫用の成立について，前掲最判平4・12・10では，親権者の法定代理権の濫用と認められるには，「子の利益を無視して自己又は第三者の利益を図ることのみを目的としてされるなど，親権者に子を代理する権限を授与した法の趣旨に著しく反すると認められる特段の事情が存」することが必要としている。

5 復代理

1 意 義

復代理とは代理人が自己の名で代理人（復代理人）を選任し，復代理人に代理行為を行わせることをいう。

2 復代理人の選任と代理人の責任

(1) 任意代理の場合

任意代理人は，本人の信任を得て代理人となったのであるから，原則として復代理人を選任する権限（復任権）はなく，ただ，本人の許諾を得た場合や緊急な場合で代理人が自ら代理行為が行えず本人の許諾を受ける余裕がないなど，やむを得ない事情がある場合にのみ復代理人を選任することができる（民104）。この場合，復代理人を選任した任意代理人の責任は債務不履行の一般原則によるものとされる＊。

> ＊旧民法105条では，任意代理人は復代理人の選任・監督について，および，本人の指名に従って復代理人を選任した場合に，その復代理人が不適任あるいは不誠実であることを知ったにもかかわらず本人に通知することや解任することを怠った場合に責任を負うものとされ，責任が軽減されていたが，同条は改正民法では削除された。また，民法旧105条が削除されたことによって，民法1016条2項の遺言執行者の復任権を定めた規定も削除された。

(2) 法定代理の場合

　法定代理人は広範な権限を有することが多く（民824，859条ほか），また法律上代理人となることが決められてしまうことなどから，いつでも自己の責任で復代理人を選任することができるが，選任・監督について，過失の有無を問わず，全責任を負わなければならない。ただし，やむを得ない事由があって復代理人を選任した場合には，その責任は軽減され，本人に対して選任・監督についてのみ責任を負う（民105）。

3　復代理の法律関係

(1)　復代理人と本人の関係

　復代理人は，代理人によって選任されるが，代理人の代理人ではなく本人の代理人である（民106条1項）。代理人と同一の地位に立ち，本人の名で代理行為を行い，その効果はすべて本人に帰属する。すなわち，復代理人と本人との間には直接，委任などの内部関係はないが，復代理人は，代理人が本人に対して有する権利を有し，また義務（受領物引渡義務＊，善管注意義務など）を負担することになる（同条2項）。

> ＊判例は，復代理人の受領物引渡義務について，復代理人は相手方から受領した物を，本人，代理人のいずれに引き渡してもよく，代理人に引き渡した場合には，本人に対する引渡義務は消滅するものとしている（最判昭51・4・9民集30巻3号208頁）。

(2)　復代理人と代理人との関係

　復代理人は代理人の代理権に基礎を置くことになるから，その代理権の範囲，権限，消滅などすべて代理人の代理権に付従する。ただし，復代理は代理権を復代理人に譲渡するのではないので，代理人は依然本人の代理人の地位にある。

4 復代理の消滅

復代理は，代理権の一般的な消滅事由のほか，代理人と復代理人の間の授権行為の消滅および代理人の解任あるいは代理人の代理権の消滅によって消滅する。

6 代理権の消滅

代理権の消滅事由については，任意代理・法定代理共通の消滅事由があるほか，それぞれ特有の消滅事由がある。

1 共通の消滅事由

本人の死亡と代理人の死亡または代理人が破産手続開始の決定もしくは後見開始の審判を受けた場合（民111条1項）*。

> ＊ただし，商行為の委任による代理権は本人が死亡しても消滅しない（商506条）。

2 任意代理に特有の消滅事由

委任など内部契約の終了によって任意代理権は消滅する（民111条2項）。委任は，委任者または受任者が死亡，破産手続開始の決定を受けた場合や，受任者が後見開始の審判を受けた場合に終了する（民653条）。さらに委任者，受任者は相互にいつでも解除でき（民651条1項），解除によって任意代理権は消滅することになる*。また，委任およびそれ以外の内部契約においても契約目的の完了や契約期間の満了によって，任意代理権は消滅する。

> ＊任意代理の場合，当事者はいつでも委任を解除して代理関係を終了させることができることになるが，代理権授与を解除（撤回）しない旨の特約をすることがある。債権者が債務者に代わって，債務者が他に有する債権を取り立てる代理権を得たような場合である（代理受領という）。このような撤回し得ない代理権の授与も，通常の債権の取立ての場合などで，公序良俗に反しない限り有効とされている（最判昭61・11・20判時1219号63頁）。

3 代理行為

① 顕 名

1 顕名主義

　代理人が代理行為を行うためには，「本人のためにすることを示」す必要がある（民99条1項）。本人のためにすることを示すということは，代理人の行為でありながらその行為の効果を本人に帰属させる意思（**代理意思**）を相手方に示すことで，これを**顕名**といい，代理の効果が生じるためにはこのような顕名が必要なことを，顕名主義という＊。受動代理の場合には，相手方が，本人に対する意思表示であることを代理人に示す必要がある（同条2項）。

　＊**顕名主義**という表現は，民法典には使われていないが，ドイツ語のOffenheits-prinzipに対応したことばで，学者が使っている。

2 顕名方法

　顕名は代理人の行為が本人に効果を帰属させるということがわかるように表すことが必要であり，例えば「A代理人B」「C法人　代表者D」というような表示で行われるが，3で述べるように必ずしも代理人と表示されなくてもよい。営業主任といった肩書や一定の営業所内における被用者の行為などはその営業主のためにすることを示しているといえる＊＊＊。

　＊商法26条では，物品販売等を目的とする店舗の使用人はその店舗にある物品の販売等をする権限があるものとされるが，同様に，顕名がなされなくても権限に基づく代理行為と考えられる。

　＊＊代理人が自己の名を出さずに本人の名で直接相手方と法律行為することがある。本人の名を契約書に直接記入したり，本人の印を押印するなどの場合で**署名代理**という。判例（大判大4・10・30民録21輯1799頁ほか）はこのような場合も，相手方は本人と法律行為をする意図で行っているので，原則として本人に効果が帰属するものと解している。

第4章　代理人による法律行為

3　顕名のない場合

顕名のない場合は，原則として本人に効果は発生せず，代理人自身に効果が帰属することになる（民100条本文）＊。

> ＊このような場合，代理人は自分自身に効果を帰属させる意思もないので，本来なら代理人自身に効果が生じるとすることもできないのであるが，相手方の保護のため，民法はかような場合には代理人自身に効果を帰属させているのである。この場合，代理人は代理人として行為していることを主張・立証して，錯誤を主張することも許されないものと解されている。

しかし，以下の場合には例外として，本人に効果が帰属する。

①代理人が顕名をしなくても，相手方の方で代理人が本人のためにすることを知っている場合（悪意）あるいは容易に知り得る場合（有過失。民100条但書）

②一定の法律関係にあるため，原則として顕名を必要としない場合

商行為の代理においては，代理人は顕名しなくても原則として本人に効力が生じる。ただし，相手方の方で代理人が本人のためにすることを知らない場合は，代理人に対して履行請求できる（商504条）。また，夫婦の日常家事代理権の行使においても，顕名する必要はないものと解されている＊。

> ＊民法761条は，夫婦は日常家事債務について連帯責任があると規定しているだけであるが，判例において，夫婦はお互いに代理権を有するものと判示されている（最判昭44・12・18民集23巻12号2476頁―判例講義民Ⅰ㊹）。

② 代理行為の瑕疵

1　代理行為の瑕疵とは

代理行為においては，代理人が意思表示を行うのであり，したがって，代理行為において，意思の不存在＊，錯誤，詐欺・強迫，ある事情を知っていること，もしくは知らないことに過失があることによって意思表示の効力が影響を受ける場合には，その事情の有無は代理人について決する。民法は代理人が相手方に対して意思表示を行った場合（民101条1項）と相手方が代理人に対して意思表示を行った場合（同条2項）にわけて規定を設けている。

> ＊意思の不存在とは，心裡留保（民93条），通謀虚偽表示（民94条）の場合をいう。

152

3 代理行為

2 代理人が相手方に対して意思表示を行った場合（民101条1項）

代理人が相手方に対してした意思表示の効力が意思の不存在，錯誤，詐欺，強迫またはある事情を知っていたこともしくは知らなかったことにつき過失があったことによって影響を受けるべき場合には，その事実の有無は代理人について決する。

代理人が相手方に詐欺をした場合における相手方の意思表示について，大審院判決には民法101条1項が適用されるものとし，相手方は本人が詐欺の事実を知る知らないにかかわらず取り消すことができるとしていたが（大判明39・3・31民録12輯492頁），今日においては，代理人による詐欺は，代理人の意思表示の問題ではなく，民法101条1項が想定する場合ではないので，民法101条1項は適用されず，当事者の詐欺の問題として民法96条1項を適用すべきと解されている。

3 相手方が代理人に対して意思表示を行った場合（民101条2項）

心裡留保に基づいて相手方がした意思表示について相手方の真意を知りまたは知ることができた場合や，第三者の詐欺に基づいて相手方がした意思表示について第三者による詐欺の事実を知っていた場合など，相手方が代理人に対して行った意思表示について，その意思表示を受けたものが，ある事情を知っていたことまたは知らなかったことについて過失があったことによって影響を受けるべき場合は，その事実の有無は，代理人によって決するものとされる。

4 特定の法律行為を委託された代理人による行為の場合（民101条3項）

特定の法律行為をすることを委託された代理人がその行為をしたときは，本人は，自ら知っていた事情について代理人の不知を主張することができない。本人が過失によって知らなかった事情についても，同様である（民101条3項）。本人の事情を考慮するということで，民法101条1項の例外と捉えられ，代理行為において本人の事情がどのように影響されるべきかといった問題の契機となる規定ともいわれる。なお，ある事情の知，不知，過失の有無について，意思表示の効力に関わる場合でなくても拡張解釈され，本人は代理人の不知を主張することができないものと解されている。例えば，代理人が真の所有者でないものから動産を購入した場合に，即時取得（民192条）の要件である善

意・無過失については代理人について判断するので（最判昭 47・11・21 民集 26 巻 9 号 1657 頁），代理人が悪意である場合は，即時取得は成立しない。

③ 代理人の行為能力

1 意　義

民法 102 条は，本文で，制限行為能力者が代理人としてした行為は，取り消すことができないとし，但書で，制限行為能力者が他の制限行為能力者の法定代理人としてした行為については，この限りでないと規定している。すなわち，代理人は行為能力者である必要はないものとしている。これは，代理人は意思表示を行うのであるから，意思能力を必要とするのは当然のことと考えられるが（民 3 条の 2），行為能力については，代理行為の効果はすべて本人に帰属するのであるから，代理人自身が，代理行為によって不利益を受けることはないし，本人があえて制限行為能力者を代理人に選任するのであれば，その危険は本人が負担すればよいものと考えられるからである。しかし，この規定はむしろ相手方の不利益を回避することに意味がある。すなわち，相手方が制限行為能力者である代理人と取引行為を行った場合，のちに，代理人が制限行為能力者であることを理由に，取引行為を取り消すことはできないとすることにより取引の安全を図ることが可能だからである。

2 法定代理の場合

民法 102 条は法定代理人の場合にも原則として適用があるものと解されている。ただし，法定代理人の場合には，制限行為能力者であることはその地位につくことの欠格事由とされていることがある（民 833，847，852 条）。また，判例によっても親権者については行為能力者であることを要求している（大判明 39・4・2 民録 12 輯 553 頁）。

民法は，成年被後見人，被保佐人，被補助人など制限行為能力者であっても，他の制限行為能力者の法定代理人となりうるものとしている（民 847 条，876 条の 2 第 2 項，876 条の 7 第 2 項。ただし，111 条 1 項 2 号において代理人が後見開始の審判を受けたときは代理権は消滅すると規定している）。そのことから，例えば，被保佐人が他の被保佐人の保佐人になることは法的に可能である 。この場合には，民法 102 条本文の規定から，被保佐人が他の被保佐人の法定代理人（保

佐人）として行った代理行為を取り消すことができなくなる。そこで，平成
29年改正民法で，制限行為能力者である本人の保護のため，民法102条1項
の例外として，但書で，制限行為能力者が他の制限行為能力者の法定代理人と
してした行為については，取消しが認められるものとしている。そのため，保
佐人の同意を要する行為の民法13条1項に10号を加え，また，民法120条1
項の取消権者について，「他の制限行為能力者の法定代理人としてした行為に
あっては，当該他の制限行為能力者を含む」という文言が加えられた。

3 内部契約が取り消された場合

代理人が制限行為能力者であってもよいことと，代理人と本人との委任契約
など内部契約において制限行為能力者であることを理由に，内部契約を取り消
すことができることとは別問題である。この場合，代理人が制限行為能力者で
あることを理由に，内部契約を取り消した場合は，遡及して契約は無効になる
とともに，代理行為も遡及して無効になるものと考えられるが，それでは取引
の安全が害されるので，代理行為は将来に向かって無効となり，取消しの効果
は遡及しないものと解されている。

4 代理行為の効果

1 代理行為の効果

代理人による代理行為の効果はすべて本人に帰属し，契約であれば，その効
果として本人と相手方の間に直接権利・義務関係が発生し，また契約の当事者
としての地位も本人に帰属する。

2 代理人による不法行為の場合

代理人による不法行為で生じた損害賠償責任は，代理の効果としては本人に
責任は生じない。損害賠償責任は法律行為の効果ではないからである。その責
任は代理人自身が負うことになる。ただ，本人と代理人との間に使用関係があ
れば，代理人の不法行為について本人が使用者責任を負うことはある（民715
条）。また，法定代理人がその権限に関わることで第三者に不法行為を行った
場合には，法人の代表者の不法行為の場合に準じて本人に不法行為責任を負担
させるべきものと解される*。

第4章　代理人による法律行為

> ＊法人の代表理事等による不法行為は，法人自身がその責任を負うことになる（一般法人78，197条。本書第7章6.③参照。

4　無権代理

① 序　説

無権代理とは，代理行為がなされたが，そのための代理権が与えられていない場合である。例えば，BがAからそのための代理権を与えられていないにもかかわらず，ほかの目的で預かっているAの実印を勝手に使用し，A代理人Bとして，AをBのCに対する債務の連帯保証人とする契約をCとの間で結んだ，などという場合である。この場合，本人に効果を帰属させる要件である代理権（民99条）が欠けているので，原則としては，その行為の効果は「本人に対してその効力を生じない」（民113条）。

無権代理の場合，本人，無権代理人，および相手方は相互にどのような法律関係に立つことになるのか。とりわけ，契約の相手方は代理による契約の有効な成立を期待していたであろうから，その保護が問題となる。

第1は，本人に対しなお効果の帰属を求めるという関係である。本人の事後的な追認あるいは追認拒絶（民113条以下），および，表見代理の成否（民109，110，112条）が問題となる。第2は，相手方の無権代理人に対する責任追及である（民117条）。第3は，特別な事情であるが，本人が死亡し無権代理人が本人を単独相続するなどの場合に，相手方は，無権代理人であった者に対し契約の効力を主張できるか，という問題である（なお，本人と無権代理人との法律関係は代理法の問題ではなく，両者間での内部的事務処理契約関係または不法行為法の問題である）。

以下，まず，無権代理一般について述べ（4.②），次いで，表見代理を取り上げる（4.③）。

156

2 無権代理

1 相手方と本人との関係

(1) 効果不帰属

「代理権を有しない者が他人の代理人としてした契約は，本人がその追認をしなければ，本人に対してその効力を生じない」（民113条）。代理の基本条文である民法99条は，代理行為の効果が直接に本人に対して生ずる要件として，「代理人がその権限内において」した意思表示であることとしている。したがって，代理権がない者が契約を締結した場合，本人にその効果が帰属しないのは当然である。

もっとも，あとで本人が追認をすれば，代理人が契約を締結した時にさかのぼって，有効な代理であったとされる（民116条）。したがって，無権代理行為がなされた場合，その効果は当然に完全な無効というわけではなく，本人の追認を許す無効，不確定的な無効の状態にあるものということができる。この状態において，本人は追認ないし追認を拒絶し得る立場を留保している。他方，それがなされるまでの間は法律状態は不確定であるので，相手方にはこれを解消する手段として，本人に対し追認するかどうかの確答を迫る催告権，および取消権が与えられている。

(2) 本人の追認権・追認拒絶権

(a) 追認権・追認拒絶権の行使

代理権を有しない者が代理人として契約した場合，本人は，**追認**をして，その契約の効果を引き受けることができる。また，逆に，**追認を拒絶**することもできる。追認をするかしないかは自由である。追認は，例えば，本人が商人であるような場合に，その取引上の信用を維持するためなどの理由でなされることがある。

追認または追認拒絶は，相手方に対してしなければそのことをその相手方に対抗することができない。無権代理人に対して追認または追認拒絶をした場合は，相手方がその事実を知ったときにのみ，その効果を主張できる（民113条2項但書。この場合，効果を主張する本人が相手方の悪意を証明する必要がある）。

追認および追認拒絶は本人の一方的な意思表示である。明示でない場合であっても，例えば，無権代理と知りつつ当該契約から生ずる権利を主張する場合

などは，黙示的に追認があったとされよう。

　追認により，無効であった無権代理行為が契約の時にさかのぼってその効力を生ずる。そこで追認は，欠けていた代理権を事後的に**追完**するという意味をもつ（なお，民法122条の取り消し得る行為の「追認」は，これと比較すると，一応有効な行為につき，取消権を放棄し最初から有効であったことに確定するという意味がある）。

　(b)　**追認の遡及効とその制限**

　追認がなされると，別段の意思表示がなければ，契約の時にさかのぼって本人に有効に効果が帰属するとの効力を生ずる（民116条本文）。本人，相手方とも，そのような意思，期待を有しているからである。しかし，この遡及効により第三者の権利を害することは許されず，その限りでは遡及しない（同条但書）。例えば，A所有の甲建物が無権代理人BによりCに売却，譲渡されAからCへの所有権移転登記がなされ，他方A本人が甲建物を第三者Dに賃貸し上記登記に遅れて引渡しがなされ，その後，AによりBの無権代理行為が追認されたという場合がこれに該当する。CがAによる追認の遡及効を主張すれば，Dの賃借権は先に所有権移転登記を経由しているCに対抗できず，まさに第三者Dの利益が害される結果となるからである＊。

> 　＊典型的に但書に該当しそうなケース，例えば，上の例で，第三者DにもAから甲建物が売却，譲渡されるような事例には，適用の余地はない。すなわち，Cに所有権移転登記があればDはAから登記を得ることはできず，Aの追認により，その遡及効のあるなしにかかわらず対抗関係（民177条）でCが優先し，逆に，仮にCに所有権移転登記がなされていない場合であれば，追認により，CとDとは二重譲渡の関係に立ち登記の先後で決着がつく（Dに所有権移転登記があればDが優先し，そうでない場合，追認後CDいずれの登記が先であるかで決着がつく）。

　(3)　**相手方の催告権・取消権**

　本人の追認または追認拒絶により本人に効果が帰属するかどうかが確定するまでは，相手方は不安定な状態に置かれる。そこで，相手方に効果確定の手段として，**催告権**，**取消権**が与えられている。すなわち，第1に，相手方は，本人に対し，相当の期間を定めて，その期間内に追認をするかどうかを確答すべき旨の催告をすることができ，本人がそれに応じ追認または追認拒絶をすれば，契約が有効または無効に確定し，本人がその期間内に確答をしないときは，追認を拒絶したものとみなす，としている（民114条）。

第2に，本人が追認をしない間は，相手方は，無権代理人による契約を取り消すことができる（民115条本文）。ここでいう取消しとは無権代理行為を確定的に無効とする一種の撤回であり，本人の追認の可能性を奪うものである，と同時に無権代理人の責任も追及しないという意味をもつ。この取消しは，本人，無権代理人いずれに対してなしてもよい。ただし，契約の時において代理権を有しないことを相手方が知っていたときは，相手方は取り消すことはできない（同条但書。相手方悪意の証明は，取消しを受けて，本人または無権代理人の側がする）。

2 無権代理人の責任

(1) 意 義

なされた代理行為が無権代理で無効であり本人の追認も得られないという場合，契約が有効に成立したと信じていた相手方は不測の損害を被る。そこで民法は特に規定を設けて，このような相手方を保護する趣旨で無権代理人の特別の責任を定めた（民117条）。

(2) 責任の内容

無権代理人は，「相手方の選択に従い，相手方に対して」「履行又は損害賠償の責任」（民117条1項）という特別の責任を負う。履行の責任を負うとは，これが有権代理であれば相手方と本人との間に成立したであろうその契約から生ずる債務を，無権代理人に履行させるという意味である＊。したがって，実質上これを選択できるのは，無権代理人がその債務の履行をすることが可能である場合に限られ，本人の所有不動産の売却を内容とするなどの場合にはできない（損害賠償の責任を選択したものと扱われる）。他方，この損害賠償責任の内容は，その契約の履行があったと同一の利益すなわち履行利益の賠償であると解されている（転売利益なども含まれることになる）。

> ＊契約の当事者ではない無権代理人に契約上の義務の履行をさせるというのは特別な責任の負わせ方である。その趣旨としては，取引社会で重要な役割を担う代理制度の信頼を保つため，善意・無過失の相手方に対し，本人には表見代理の責任を，他方，無権代理人にも同様の責任を負担させるということである（なお，この場合，無権代理人はこの契約により本人が相手方に対し有すべきであった債権を取得すると考えるべきであろう）。

（3） 責任の成立要件

（a） 代理権がなく追認が得られない場合

他人の代理人として契約した者は，「自己の代理権を証明したとき」，または「本人の追認を得たとき」を除いて，相手方に対して責任を負う（民117条1項）。この条文からは，（本人に効果の引受けを拒まれた）相手方は，代理行為をした者に対して「他人の代理人として契約した」ことのみを主張してその契約の履行または損害賠償を求めればよく，これに対して，代理行為をした者が，「自己の代理権」または「本人の追認を得た」ことを証明することで無権代理人の責任を免れることができることになる。

なお，代理行為をした者が，自分には有効な代理権が存在すると信じ，かつそう信ずるについて過失がないとしても（例えば，代理行為のあとになって代理権授与行為が第三者の強迫を理由に本人により取り消されたなどの場合が考えられる），本条の責任を免れることはできない。このような意味で，無権代理人の責任は**無過失責任**ということになる（なお，立法の際参考にしたドイツ法では，無権代理人が自分に代理権のないことにつき善意・無過失である場合には，無権代理人の責任内容を「信頼利益の賠償」に軽減している（ドイツ民法179条2項））。

（b） 免責事由

（ⅰ）免責の内容

以上の要件が満たされたとしても，無権代理人は，次の各場合には責任を負わない（民117条2項）。①「他人の代理人として契約をした者が代理権を有しないことを相手方が知っていたとき」（同項1号）。②もしくは，「他人の代理人として契約をした者が代理権を有しないことを相手方が過失によって知らなかったとき」（同項2号）。ただし，この場合，無権代理人が，「自己に代理権のないことを知っていたとき」は，免責を受けられない（同項2号但書）。③または，「他人の代理人として契約をした者が行為能力の制限を受けていたとき」（同項3号）。無権代理人は，これらの事由のいずれかがあることを証明することで，1項による責任を負担しなくてよいとするのである。

（ⅱ）免責事由（1号，2号）の趣旨

無権代理に関する相手方の悪意・有過失を証明できると，なぜ無権代理人は免責されるのか。判例は，無権代理人の責任が無過失責任という重いものであるから（上記（a）参照），その均衡上，責任を追及する相手方は無権代理につ

き悪意・有過失であってはならないと説明する*。

> ＊最判昭 62・7・7 民集 41 巻 5 号 1133 頁—判例講義民 I ⑩
> 〔事実〕　妻 Y が本人 B（夫）を無権代理して，X 信用組合を相手方とし，X の A 会社に対する債権につき保証契約を締結した。A 会社が倒産し，X が B に対し保証債務の履行を請求したが拒絶された。そこで，X は Y に対し民法 117 条の責任を追及。原審は，民法 117 条の「過失」を重過失と解釈し，X は単に過失があるにすぎず Y は免責されないとした。
> 〔判旨〕　「同法 117 条による無権代理人の責任は，無権代理人が相手方に対し代理権がある旨を表示し又は自己を代理人であると信じさせるような行為をした事実を責任の根拠として，相手方の保護と取引の安全並びに代理制度の信用保持のために，法律が特別に認めた無過失責任であり，同条 2 項が『前項ノ規定ハ相手方カ代理権ナキコトヲ知リタルトキ若クハ過失ニ因リテ之ヲ知ラサリシトキハ之ヲ適用セス』と規定しているのは，同条 1 項が無権代理人に無過失責任という重い責任を負わせたところから，相手方において代理権のないことを知っていたとき若しくはこれを知らなかったことにつき過失があるときは，同条の保護に値しないものとして，無権代理人の免責を認めたものと解されるのであって，その趣旨に徴すると，右の『過失』は重大な過失に限定されるべきものではないと解するのが相当である」。

　確かに，無権代理人が無権代理であることにつき善意・無過失で責任を負う場合には，均衡上，相手方は善意・無過失でなければ無権代理人の責任追及ができないとすることについては上述の理由は妥当である。しかし，無権代理人が自ら無権限であると知りながら代理行為をした場合にまで，相手方の過失を指摘すれば（注意を払っていれば無権代理であると知り得たであろうと指摘すれば）免責されるというのは，いかにもバランスを欠くことになる。そのような考慮から，2 号但書は，「他人の代理人として契約をした者が自己に代理権のないことを知っていたときは，この限りでない」，として，悪意の無権代理人の免責主張を認めないのである。

　なお，無権代理人の責任追及の際には，相手方の善意・無過失が要件となるので，一見，相手方が本人に対し表見代理の責任を追及できる場合と要件が同じであるようにみえる。しかし，表見代理の成立には基本代理権の存在等（本人の帰責事由）が要求されている点で要件が異なり（無権代理人の責任の成立範囲の方が広い），また，相手方の善意・無過失の証明責任は，表見代理では原則として相手方にあるのに対し，無権代理人の責任の場合には逆に無権代理人に

ある（免責のため相手方の悪意・有過失の証明が必要で，責任を追及される無権代理人に不利に働く）。結局，無権代理人の責任の方が広く成立することになる。

（ⅲ）免責事由（3号）の趣旨

行為能力の制限を受けている者が無権代理行為をした場合に，その者に本条の重い責任を負わせることは，制限行為能力制度の趣旨からして適切ではないというのが，免責される趣旨である。したがって，意思能力を有しない状態で無権代理行為をした者についても，同様の扱いをすることが妥当であろう。

3　相続による本人と無権代理人の資格の同一化

（1）　問題の所在

例えば子Bが代理権がないにもかかわらず，親Aの代理人として契約を結んだが，本人たるAがその追認または追認拒絶をしないまま死亡し，無権代理人BがAを単独または共同で相続をした，あるいは逆に，無権代理人Bが死亡し本人AがBを相続したとする。この場合，本人と無権代理人の資格が同一人に帰属することとなるが，それによってその直前まで存在していた無権代理をめぐる法律関係*に変化が生ずるのかどうか議論がある。

　　＊本人には追認ないし追認拒絶の権利があり，無権代理人は民法117条の責任を追及される立場にあった。相手方は，本人に対しては表見代理責任の追及，無権代理人に対しては117条の責任の追及が可能という立場であった。

相続法の原則からは単純に同一人格中に本人・無権代理人双方の資格がそのままあわせて帰属する状態となるだけで，それ以上でもそれ以下でもない。しかし議論されているのは，このような無権代理人と本人の資格が同一人に帰すことになった場合，行為時にはなかった代理権があとから当然に補完（追完）されることになるのではないか，あるいは本人の追認拒絶権の行使は許されなくなるのではないかなどということである。以下，問題とされるいくつかの事例類型をあげて検討する。

（2）　本人死亡の場合

（a）　単独相続

（ⅰ）判　例

本人が死亡し，無権代理人が本人を単独相続する結果となる場合につき，「無権代理人が本人を相続し……資格が同一人に帰するにいたった場合におい

ては，本人が自ら法律行為をしたのと同様な法律上の地位を生じたもの」として，代理行為は当然に有効なものとなるという＊（最判昭 40・6・18 民集 19 巻 4 号 986 頁。資格融合説と呼ばれる）。

＊しかし，当然有効とする考えは単純すぎる。相続開始後においても，相手方による取消権の行使（無権代理人を契約の相手方としたくない），あるいは，相手方から無権代理人としての資格を捉えて損害賠償の請求をすることを否定すべき理由はない。最近の判例は，むしろ，次の資格併存信義則説に立っているようにみえる。

(ⅱ)　資格併存信義則説

資格併存信義則説とは，無権代理人には相続による本人としての資格と無権代理人としての資格とが併存するとした上，相手方から本人の資格での追認を求められた場合には，信義則上それを拒絶できないとするものである＊。

以前に代理人と称し本人に効果が帰属するとして行為した者が後になって無権代理であったとして追認を拒絶することは，相手方に対しては前後矛盾する行為となり，信義則に反し原則として許されないと考えるのである。その結果，無権代理について追認があったものと扱われ，効果が有効に帰属することとなる。ただ，相手方が無権代理につき悪意であり本人に効果が帰属しないことを承知していた場合には，相手方は，無権代理人の追認拒絶を信義則に反するととがめることはできず，無効を甘受するほかないと考えるべきであろう。

＊なお，有力な反対説として，資格が単純に併存するだけで，無権代理人だった者が本人の資格で追認を拒絶することも許されるとするもの（**単純資格併存説**）がある。これは，本人の死亡（相続の発生）という偶然により，望外にも，相手方がそれ以前と比べて，より有利な（有効を主張できる）立場を得ることには合理性がないとするのである。この考えでは，相手方は，本人の資格で追認拒絶がなされた場合には，無権代理人としての責任を追及することになる（ただし，相手方には善意・無過失が求められる（民 117 条 2 項 1，2 号））。

(b)　共同相続

単独相続ではなく，無権代理人を含む複数名の共同相続となった場合について，判例は以下のように述べる＊。

＊最判平 5・1・21 民集 47 巻 1 号 265 頁—判例講義民Ⅰ 56

〔事実〕　本人Cを無権代理してその息子Yが，Aを相手方として，Aの第三者Bに対する貸金債権につきCを連帯保証人とする契約を締結した。Aから債権を譲り

受けたＸがＹに対して民法117条の責任を訴求し1審では請求棄却。その後，Ｃが死亡し，Ｃの妻Ｄと無権代理人ＹとがＣを各2分の1の割合で相続した。原審は，Ｙに連帯保証責務の2分の1については当然に履行義務ありとした。

〔判旨〕　共同相続した場合，追認権は，その性質上相続人全員に不可分的に帰属する。全員が共同してこれを行使しない限り，無権代理行為が有効となるものではない。「そうすると，他の共同相続人全員が無権代理行為の追認をしている場合に無権代理人が追認を拒絶することは信義則上許されないとしても，他の共同相続人全員の追認がない限り，無権代理行為は，無権代理人の相続分に相当する部分においても，当然に有効となるものではない。そして，以上のことは，無権代理行為が金銭債務の連帯保証契約についてされた場合においても同様である」。

　判例は，追認権の不可分的帰属・共同行使の必要という解釈を前提に，上述の信義則説を援用して，①他の共同相続人全員が無権代理行為の追認をしているのに無権代理人だけが追認を拒絶することは信義則上許されないが，②他の共同相続人が1人でも追認拒絶している場合には無権代理行為は全体が無効となるとの結論を導いている（なお，無効となる場合には，Ｙには民法117条の無権代理人の責任のみが問題となる）。

（c）　本人がすでに追認拒絶している場合

　判例＊は，本人が生前に自ら追認拒絶をしたあと死亡した場合には，「無権代理行為の効力が本人に及ばないことが確定」しているので，以上の議論は当てはまらないという＊＊。

＊最判平10・7・17民集52巻5号1296頁―判例講義民Ⅰ⑰
〔事実〕　意思無能力であった母Ａ所有の甲不動産につき，その子Ｂが無権代理によりＹを相手方として根抵当権を設定した。その後見開始の審判により就任したＡの成年後見人がその追認を拒絶した後Ａが死亡し，Ｂが（実際はその子Ｘが代襲）相続した。
〔判旨〕　「本人が無権代理行為の追認を拒絶した場合には，その後に無権代理人が本人を相続したとしても，無権代理行為が有効になるものではないと解するのが相当である。けだし，無権代理人がした行為は，本人がその追認をしなければ本人に対してその効力を生ぜず（民法113条1項），本人が追認を拒絶すれば無権代理行為の効力が本人に及ばないことが確定し，追認拒絶の後は本人であっても追認によって無権代理行為を有効とすることができず，右追認拒絶の後に無権代理人が本人を相続したとしても，右追認拒絶の効果に何ら影響を及ぼすものではないからである」。

＊＊この場合でも，無権代理人が相手方に対し無効を援用し効果帰属を拒否することが信義に反すると評価されることもあり得るのではないか。もともと，無権代理人は相手方との相対的関係においては，本人の資格で追認を拒絶し効果帰属を拒否することが矛盾的であり信義則に反するということであった。したがって，例えば，本人の追認拒絶はあったが履行済のものについての原状回復がまだである場合に，無権代理人が自己の有利に無効の効果を援用して，その原状回復を図ろうとするときには信義に反するとの評価がなされ得ると考える。

(3)　無権代理人死亡の場合

この場合には本人がもともと本人としての資格において有していた追認拒絶の権利を行使することは，何ら信義則に反するとはいえないから，相続により無権代理が当然有効となるものではないというべきであろう（最判昭37・4・20民集16巻4号955頁）。本人が追認を拒絶した場合，相続した無権代理人の民法117条の責任を負担することになる＊（最判昭48・7・3民集27巻7号751頁—判例講義民Ⅰ㊷）。

＊この場合，相手方は責任の内容として「履行」を選択できるか。これを肯定すると，せっかく追認拒絶が認められながら，本人は，結局は債務を履行せざるを得なくなる。学説は，他人物売買において目的物所有者が売主を相続した事案につき，所有者は売主への所有権移転につき諾否の自由を保有し売主の履行義務を拒否することができるとする判例（最大判昭49・9・4民集28巻6号1169頁）を引用して，この場合も，本人は，特定物の給付については履行を拒否できると解すべきであると主張している。その場合，本人は，結局損害賠償責任を負うことになる。

(4)　双方相続の場合

例えば，妻Bが夫Aを無権代理してA所有の土地を処分したあと死亡し，AB間の子Cが無権代理人Bを本人Aとともに共同相続し，その後，Aも死亡したのでCがこれを相続する場合（あるいは，この例でABの死亡の順序が逆である場合）のように，無権代理人と本人の双方を相続することで同一人に双方の資格が帰属することがある。このような場合は，本人としての資格で追認拒絶をすることが信義に反するということがあるか。判例は，Cが先に無権代理人Bを相続した双方相続の事案で，これを肯定している（最判昭63・3・1判時1312号92頁—判例講義民Ⅰ㊸）。無権代理人を相続した者は，無権代理人の法律上の地位を包括的に承継するから，自らが無権代理行為をしていなくとも，このように解すべきであるというのである。この論理によれば，逆に，本人を

無権代理人とともに相続した者がのちに無権代理人を相続する場合は，本人の資格で追認拒絶することが許されることになろう。

4 単独行為の無権代理の場合

以上，無権代理による契約締結の場合を念頭に述べてきたが，単独行為について無権代理があった場合はどうか。相手方のない単独行為（所有権の放棄など）では，無権代理行為は絶対的に無効である。相手方のある単独行為（契約の解除など）の場合も，原則として無効であるが，次の場合には，無権代理の諸規定（民113～117条）が準用される（民118条）。すなわち，①能動代理で，「その行為の時において，相手方が，代理人と称する者が代理権を有しないで行為をすることに同意し，又はその代理権を争わなかったとき」，②受動代理で，「代理権を有しない者に対しその同意を得て単独行為をしたとき」である。

③ 表見代理

1 表見代理の意義

無権代理ではあるが，本人と代理行為をした者との間に一定の関係があり，そのため，その行為につき真に代理権があるとの客観的事情（外観）が生じ，相手方がそれを善意・無過失で信頼して契約を結んだという場合，相手方を保護する必要性が高い。民法は，このような特別の場合につき，あたかも有効な代理権があったのと同様な特別の責任を本人に負わせることとしている（民109，110，112条）。これを，**表見代理**と呼んでいる。

代理権の外観が存在する原因は，この3カ条で異なっている。民法109条は，本人が代理権授与の表示をしたことによりあたかも真に代理権があるかのごとくみえ，その代理権に基づいた代理行為がなされた場合である。民法110条は，本人により何らかの代理権が授与され，そのことにより代理権の外観が存在し，代理人により授与された代理権限外の行為がなされた場合である。民法112条は，それまで代理権が存在していたところそれが消滅したが，なお代理権が残存しているかのごとくみえ，その代理権が行使された場合である。

これらの原因は，任意代理の場合においては，いずれも本人側に関わる事情であるといってよく（**帰責事由**），このような事情が存在するからこそ，本人は，特別の責任を甘受しなくてはならない，ということができる＊（本人の帰責性が

指摘できない法定代理にも表見代理規定が適用されるかについては検討が必要である)。

> ＊表見代理は，権利外観法理によって説明される制度の一つである。権利外観法理とは，権利（ここでは代理権）は不存在であるがその外観があり，それを信じて取引関係に立った者はその信頼において保護され，信頼どおりの効果が生ずる，というものである。動産の善意取得制度などがこれに当てはまる典型例である。この法理で重要なのは，単に外観を信頼した者を保護するというものではなく，それにより不利益を受ける真の権利者（ここでは本人）の扱いについて，不利益を受けても仕方のない事情（帰責事由）の存在を要求している点である。以下の３カ条の解釈に当たってはその点が常に吟味されなくてはならない。

2　代理権授与の表示による表見代理

(1)　意　義

Aが，第三者Cに対し，他人Bに代理権を与えた旨を表示し（実際には代理権を与えていない），その表示した代理権限の範囲内においてBが第三者Cとの間で契約を締結した場合，Aはその責任を負う。責任を負うとは，Aが契約の効果を引き受けなくてはならないということであり，ただ例外的にCが，その他人Bが代理権を与えられていないことを知り，または過失によって知らなかったときは責任を負わなくてよい（民109条1項）。規定の趣旨は，このような代理権授与の表示があれば，第三者CはBに代理権があるものと信頼するのが通常であり，したがってCは保護に値し，他方Aには第三者を誤り導く表示をした帰責性を指摘でき，Aが責任を負うとされるのである。適用の要件は以下の３つ（(2), (3), (4)）である。

(2)　代理権授与の表示

(a)　序　説

第三者に対して，「他人に代理権を与えた旨を表示した」ことである。これはある者に代理権を授与したとの事実を第三者に知らせることであり＊，代理権授与の意思表示には当たらない（直接第三者に対する意思表示によってある者に代理権を授与すること（外部授権と呼ぶ）は日本民法では認められていない）。また，重要な点は，帰責性の観点から，このような表示があると評価されるためには，代理権授与の表示がAの意識的行為によるか，または少なくともAがその表示の存在を知りかつ容認している必要がある。

第4章　代理人による法律行為

> ＊代理権授与の表示は**観念の通知**であるが，法律行為に関する規定の準用があり，例えばかかる通知が強迫によりなされた場合などでは，その取消しが可能である。また，通知は先になした通知と同一形式のものにより撤回することができると解される。代理権授与表示の取消しまたは撤回がなされた場合は，本条の表示が存在しないこととなる。

代理権授与の表示は，口頭（直接または電話など）あるいは書面で，または不特定人に対する新聞広告などの方法によりなされることが考えられる。また，交付された委任状，白紙委任状が本来の趣旨と異なるかたちで代理人により第三者に対し提示，行使された場合，これを本人から第三者に対する代理権授与の表示と評価することがある。本条の適用が実際上多いのは，この白紙委任状の濫用の他，本人名義の使用許諾，および地位・肩書の表示の許諾の事例である。

(b)　白紙委任状の交付の場合

（i）　被交付者濫用型

白紙委任状とは，委任状に記載されるべき代理人名，相手方，委任事項の全部または一部の記入がされない白地のまま，委任者（本人）の署名押印のみがなされている状態のものをいう。のちに，白地部分（例えば，委任事項）が補充されるなどして，代理行為の際相手方に提示される。

民法109条の適用が問題となるのは，例えば次のような事例においてである。すなわち，BがC銀行から500万円の金銭を借り入れるために必要ということで，Aに対してA所有の甲土地に抵当権を設定（物上保証）することを依頼した。Aは，そのための手続をBに委任し，甲土地の登記識別情報（または，権利証）などの必要書類とともに委任事項の部分等が白地の委任状を交付したところ，Bはそれに委任された内容と異なる記載をしたうえ，C銀行からではなくまったく別の金融業者Dから1000万円の金銭を借り入れ，Aを代理してBの借入債務のため甲土地に抵当権を設定したというような事例である。AがBに授与した代理権の趣旨が「C銀行または適当な金融機関から金銭を借り入れるための甲土地への抵当権の設定」というのであれば有権代理となるが，そうではないのでBの代理行為は無権代理である。もっとも，この場合，AからBに交付され，Bにより不当に補充された白地委任状が予定された相手方（C）以外の者（D）に提示されたこの一連の行為が，本人Aからこの相手方Dに対

168

する代理権授与の表示にあたるとみることができ，本条の表見代理が問題となる。

（ⅱ）　転得者濫用型

次いで，上の例で，Bが上記の各書類と白紙委任状（代理人名の記載もない場合）をさらにFに交付し，そのFが白地を補充の上Aを代理して甲不動産につき自己の取引先Gに対する継続的買入代金債務の担保として根抵当権を設定したという場合はどうか。AがBまたはFに代理権を付与するとの趣旨で代理人欄が白地であるならばFは正規の代理人であるが，そうではなく，Fが勝手に代理人欄にFと書き込み，代理行為をした場合には当然無権代理となる。

この場合，この白紙委任状が行使されたことにより，AがGに対し転得者Fに代理権を与えた旨を表示したものと捉え得るかが問題となる。

判例は，やや特殊な転得者濫用型の事案で表示を肯定するものもあるが（最判昭42・11・10民集21巻9号2417頁（委任状の行使者を被交付者に限定した趣旨の委任状ではない事例），最判昭45・7・28民集24巻7号1203頁（転得者も本人から信頼を受けた特定人物である事例）），基本としては，本人が白紙委任状をなんぴとにおいて行使しても差し支えないとの趣旨で交付したのでない場合には，代理権授与の表示を認めない＊。

　＊最判昭39・5・23民集18巻4号621頁―判例講義民Ⅰ⑤
　〔事実〕　XがAから12万円の融資を受けるに当たって，その担保としてX所有の不動産に「抵当権」を設定することを約し，Aにその登記手続を委嘱して，権利証，印鑑証明書，白紙委任状（代理人の名前も相手方の名前も記載がない）を交付したところ，Aはこれら書類をさらにBに交付し，BはYからの自分自身の債務を担保するために書類を濫用しXの代理人Bと偽ってYとの間でX所有の不動産に根抵当権を設定した（委任事項欄の濫用でその程度のひどい事案）。
　〔判旨〕　代理権授与表示を認めない。「けだし，不動産登記手続に要する前記の書類は，これを交付した者よりさらに第三者に交付され，転輾流通することを常態とするものではないから，不動産所有者は，前記の書類を直接交付を受けた者において濫用した場合や，とくに前記の書類を何人において行使しても差し支えない趣旨で交付した場合は格別，右書類中の委任状の受任者名義が白地であるからといって当然にその者よりさらに交付を受けた第三者がこれを濫用した場合にまで民法109条に該当するものとして，濫用者による契約の効果を甘受しなければならないものではないからである」。

学説の多数は，転々される可能性がある白紙委任状を交付した以上，本人に

ある意味での責任があり，このような場合はすべて代理権授与の表示があることを承認し，その上で，相手方の善意・無過失の判断に委ねるべきだとする。その際，委任事項の濫用の程度がひどい場合には無過失と判断されることはあまりないであろうと指摘する。しかし，帰責性の観点からは，善意・無過失の判断に入る前に，なお，本条の意味での代理権授与表示があったといえるかどうかが判断されるべきで，それは，代理権授与の表示が意識的に行われたか，あるいはその表示につき本人が認識しかつ認容していると評価してよいかどうかによることとなる。本人は白紙委任状が転交付された事実を知らないのであるから，転交付を受けた人物を知らず，したがって，その者に代理権を授与した旨の表示を意識的にしたと解することはできない。

(c) 本人の名義の使用許諾

民法 109 条は，他人Bに自己の名義Aの使用を許諾し，その他人BがA名義で取引し，相手方Cが名義者A本人と取引したものと誤信させたAの責任についても，適用がある＊（自己の氏，氏名，商号を使用して営業することを他人に許諾した場合は，商法上の名板貸責任を負う（商 14 条，会社 7 条））。ここでは代理権授与の表示というよりは，名義許諾により，直接，名義許諾者本人の取引の一部とみられるがゆえに，責任の追及が許されるというものである＊＊。

＊判例として，A会社がBに対しA会社S支店名義で営業することを許諾した事例（大判昭 4・5・3 民集 8 巻 447 頁），下請人Bの工事現場が「A組作業場」との看板を掲げる等により請負会社Aの直営のような外観を呈していたことを知悉していながら，Aが差止めなどの措置をしないまま放置し，逆に，工事注文者に対し下請人Bを元請A会社の現場代人として届け出るなどの行為があった事例（大判昭 16・12・6 判決全集 9 輯 13 号 3 頁）をあげることができる。

＊＊最判昭 35・10・21 民集 14 巻 12 号 2661 頁―判例講義民 I ㊾
〔事実〕　東京地方裁判所が，内部の「厚生部」なる組織（裁判所の一部局ではなく職員のための物資購入の活動をする別組織）に対し，裁判所庁舎の一室を利用すること，「東京地方裁判所厚生部」という名称を使用し，その名称で他と取引すること，また，その事務の処理を裁判所の職員がなすことを認めていた事例で，代理権授与の表示が認められた。
〔判旨〕「およそ，一般に，他人に自己の名称，商号等の使用を許し，もしくはその者が自己のために取引する権限ある旨を表示し，もってその他人のする取引が自己の取引なるかの如く見える外形を作り出した者は，この外形を信頼して取引し

た第三者に対し，自ら責に任ずべきであって，このことは，民法 109 条，商法 23 条〔現行の商法 14 条，会社法 7 条〕等の法理に照らし，これを是認することができる」。「されば，前記のごとく，東京地方裁判所当局が，『厚生部』の事業の継続処理を認めた以上，これにより，東京地方裁判所は，『厚生部』のする取引が自己の取引なるかの如く見える外形を作り出したものと認めるべきであり，若し，『厚生部』の取引の相手方である上告人が善意無過失でその外形に信頼したものとすれば，同裁判所は上告人に対し本件取引につき自ら責に任ずべきものと解するのが相当である」。

(d)　地位・肩書の表示の許諾

何らの代理権を与えてはいないのに，代理権があると推測させる地位・肩書を名乗ることを認めた，あるいは黙認した場合，代理権授与の表示に当たるとされることがある＊（商法 24 条，会社法 13 条の表見支配人，および会社法 354 条の表見代表取締役に該当する場合にはそれらの規定により責任を負う）。

　＊裁判例として，管理部長である者が会社の内外で「専務」の名称を用い，あたかも当該会社の代表権あるいは代理権を有するもののごとく振る舞っていることを黙認した事例（東京高判昭 40・5・7 金法 414 号 13 頁），A 社が N 県に連絡事務所を設置し常駐を依頼した男 B に，「A 株式会社 N 県開発センター」という名称，「同開発センター所長」の肩書のある名刺の使用を許容していた事例（東京高判昭 40・8・26 東京高民報 16 巻 7＝8 号 156 頁）をあげることができる。

(3)　授与表示されたその代理権の範囲内の行為であること

代理権授与の表示による表見代理は，授与表示された代理権の範囲内の行為である場合に適用される（民 109 条 1 項本文）。その代理権の範囲外の行為である場合には，本条 2 項の規定による表見代理が認められることがある。

(4)　相手方の善意・無過失

代理行為をした者に代理権が与えられていないことを相手方が知っていたこと，または知らないことに過失があったことを，本人が証明すれば，本条の責任を免れる（民 109 条 1 項但書。最判昭 41・4・22 民集 20 巻 4 号 752 頁）。

(5)　授与表示されたその代理権の範囲外の代理行為である場合

この場合については，民法 109 条 1 項の適用がない。しかし，同条 2 項は，仮に当該代理行為が授与表示されたその代理権の範囲内であったならば同条 1 項の責任が成立する場合には，以下の要件，すなわち，「第三者がその行為についてその他人の代理権があると信ずべき正当な理由があるときに限り」，代

理権授与表示をした者はその行為についての責任を負うと規定する。要するに，授与表示されたその代理権の範囲外の行為であっても，民法109条と110条とをあわせて適用して，いずれの要件も満たされる場合，すなわち，代理権授与の表示があること（民109条），代理権があると信ずべき正当な理由が認められること（民110条）でもって表見代理を認めるのである。判例にも同趣旨のものがある（最判昭45・7・28民集24巻7号1203頁―判例講義民Ⅰ(51)。代理権授与表示は，その解釈からして「山林売渡の代理権」であったが，実際になされた代理行為は「山林の交換契約」であった事案である）。

3　権限外の行為の表見代理

(1)　意　義

代理人がその代理権の権限外の行為をした場合*，これは無権代理であり，その効果は本来本人に帰属しない。しかし，民法110条は，このような場合であっても，相手方において，代理人に当該行為についての代理権限があると信ずべき正当な理由があるときは，本人はその責任を負うとする。任意代理を前提とすれば，同条は，本人が，すでに代理人に対し何らかの代理権限を付与しており，その関係で当該代理行為に関する代理権の外観が生じ，本人に表見代理の責任を負うべき事由がある場合であるといってよい。

本条適用の要件は，「権限外の行為をした」ことと，権限があると信ずべき「正当な理由」の2つである。以下では，この2つの要件の解釈を中心に述べ，関連するその他の問題点を検討する。

＊例えば，AがCから金銭を借り入れそのため自己所有の甲土地に抵当権を設定することとし，その事務処理をBに委託して代理権を与え，必要な甲土地の権利証（または，登記識別情報），実印等を預けたところ，Bはこれら諸書類を冒用して，Aを代理してB自身が取引先Dから負っている債務の担保としてA所有の甲土地に根抵当権を設定してしまったというような事例である。

(2)　権限外の行為をしたこと

(a)　基本代理権

(ⅰ)　意　義

条文では，「代理人がその権限外の行為をした場合」とされているから，代理行為をした代理人がもともと何らかの権限を有していることが本条適用の要

件である。「権限」とは、「代理人がその権限」という以上、これは代理権であり、しかも、代理取引の相手方の保護が問題となるのであるから、私法上の法律行為についての代理権である。講学上、これを**基本代理権**と呼んでいる。

この要件が置かれる意味は、任意代理においては、本人が代理人に何らかの代理権を与えることで、相手方に対して代理人に当該契約締結に関し代理権があるとの外観を作り出した以上、代理行為の効果を引き受けるにつき帰責事由があるといえる、ということにある（なお、法定代理の場合にも適用があるかについては議論がある（後述（4）参照））。

（ii）判　例

判例も、この「権限」は私法上の代理権であることを要求している（後掲最判昭 34・7・24、最判昭 35・2・19 参照）。

もっとも、何らかの代理権であれば十分とし、代理権存否の認定については比較的緩やかであるといってよい（後掲最判昭 35・6・9 参照）。

ⅰ）　直接本人を代理する権限

ある者を本人とする（無権）代理行為について基本代理権といえるためには、付与された代理権が直接その者を代理する権限である必要がある（最判昭 34・7・24 民集 13 巻 8 号 1176 頁。D 会社の専務取締役 Y の職務を処理する代理権を付与されていた会社の経理担当者 B が、その権限がないのに、Y 個人を代理して Y を D 会社の債務についての連帯保証人とした事例で、Y 個人についての基本代理権を否定）。

ⅱ）　事実行為の委託

単なる事実行為をすることについての委託がなされたにすぎない場合には、法律行為をなす代理権は付与されていないので基本代理権は否定される。例えば、D 会社が一般人から金銭の借入れをするにつきその勧誘を委せていた勧誘外交員である Y が、その勧誘行為（事実行為である）につき一切を長男である A に任せていたところ、A が権限なく Y を代理して D 会社の第三者からの借入債務について Y を連帯保証人とする契約を締結したとしても基本代理権はないので、表見代理は成立しないとされた（最判昭 35・2・19 民集 14 巻 2 号 250 頁）。

ⅲ）　公法上の行為についての代理権

取引の安全を目的とする表見代理制度の本旨に照らせば、私法上の行為についての代理権であることを要し、単なる公法上の行為についての代理権、例えば市役所での印鑑証明下付申請手続の代理権は、基本代理権に当たらない（最

判昭 39・4・2 民集 18 巻 4 号 497 頁。印鑑証明下付申請手続を委託された者が，預かった印鑑を冒用し本人所有の不動産に根抵当権を設定した行為について，表見代理の成立が否定された）。

登記申請行為についての代理権が付与された場合も同様である。もっとも，登記申請行為が私法上の取引行為の一環としてなされるような事例では，それを基本代理権と認めることができるとする判例がある＊。

＊最判昭 46・6・3 民集 25 巻 4 号 455 頁—判例講義民 I ㊾
〔事実〕　ＹがＡに甲土地を贈与し，実印・印鑑証明書，および甲土地の登記済証を交付して，Ａに所有権移転登記手続を一任した（所有権移転登記の申請はＹＡが共同で申請することになるが，そのＹの側の申請行為につきＡに代理権を授与）。Ａが，上記の実印等を冒用して，Ｙを代理して，Ｘ会社に対するＡの債務につきＹを連帯保証人とする契約等を締結した。
〔判旨〕　本件登記申請に基づいて登記がなされるときはＹの契約上の債務の履行という私法上の効果を生ずる。このように，公法上の「行為が特定の私法上の取引行為の一環としてなされるものであるときは，右規定の適用に関しても，その行為の私法上の作用を看過することはできないのであって，実体上登記義務を負う者がその登記申請行為を他人に委任して実印等をこれに交付したような場合に，その受任者の権限の外観に対する第三者の信頼を保護する必要があることは，委任者が一般の私法上の行為の代理権を与えた場合におけると異なるところがないものといわなければならない。したがって，本人が登記申請行為を他人に委任してこれにその権限を与え，その他人が右権限をこえて第三者との間に行為をした場合において，その登記申請行為が本件のように私法上の契約による義務の履行のためになされるものであるときは，その権限を基本代理権として」，民法 110 条を適用できる。

iv）　基本代理権の存否の認定

代理権の存在についての認定は比較的緩やかになされている。例えば，Ｙ大学の出版局総務課長を名乗って紙販売業者Ｘと売買契約を締結したＡが，実は総務課長心得で，職制の建前上は何ら代理権を付与される地位にはいなかったものの，事業の実際の運営状況をみると，Ａには書籍買入れの権限が与えられており，また，同じ部屋で執務している業務課との事務分担が画然とは分離されていない状態であったという実体から，基本代理権はあると認めたものがある（最判昭 35・6・9 民集 14 巻 7 号 1304 頁）。

（iii）　基本代理権要件に関する学説

従来の学説・判例の態度に対して，今日の学説の有力な傾向は，このいわば

入口の要件についてはより緩やかに解すべきで，表見代理の成否は次の「正当な理由」の判断に委ねるべきであるという。すなわち，本人が対外的な関係を予定しつつある「行為」をなすことを委託したという事実があれば，それが厳格な意味での（法律行為についての）代理権の付与でなくても，本条の「権限」を認める。したがって，上で取り上げた事実行為の委託，公法上の行為についての代理権付与のいずれにおいても，本条の「権限」は認められることになる。本人が実印等を交付し対外的に代理人として契約することができる状況を作り出した点では，代理権の付与と比べて特に差異がないし，本人の事情は次の正当理由の判断においても考慮することができるから，というのである。

(b) 基本代理権と権限外の行為との関係

なされた代理行為が上記の権限外のものである場合に本条の適用が問題となる。その際，与えられていた権限と現になされた無権代理行為との間で，その行為の種類が異なっている場合であっても，そのことを理由として本条の表見代理の成立が否定されるわけではなく，行為の種類，内容の相違の大小は，一般に，次の正当理由の判断において考慮されることになるというべきである。

さらに考えると，与えられた権限内容が何であったかということよりは，むしろ，その権限を付与するに際して代理人にいかなる資料が交付されたか，その資料が，当該無権代理行為を遂行するにつきいかに寄与したかが重要である。当該代理行為を遂行できるものが不足なく与えられているというのであれば，正当理由が肯定される方向の要素となろう。したがって，基本代理権という要件の充足については，まさに，何らかの代理権が付与されているというだけで足り，その内容は問われないということになる。

(3) 権限があると信ずべき正当な理由

(a) 意 義

(ⅰ) 正当な理由とは

代理行為の相手方が，代理人にそのような「権限があると信ずべき正当な理由がある」ことが必要である。この正当な理由とは，当該無権代理行為がなされた際に存在するいろいろな事情を客観的に観察すると，当該代理人にその行為について代理権があると信ずるのがもっともである場合ということである。これは，一般に，無権代理について当該相手方が善意・無過失であることを意味するものと理解されている。

第 4 章　代理人による法律行為

（ⅱ）　存否の判断

　正当な理由があるかないかの具体的な判断は，その無権代理行為がなされた時に存在したいろいろな事情を客観的に観察して個別的に行う*。例えば，代理人が当該代理取引に必要な資料（例えば，委任状，実印，印鑑証明書，不動産の権利証（または，登記識別情報）など）を所持していたかどうか，代理人が一定の代理権を有する地位・職制に就いているかどうか，取引の種類は何か（不動産の売買，担保の設定，保証契約の締結など），代理人と本人との関係（夫婦，親子，それ以外の第三者），あるいは，相手方の業種（金融機関かどうかなど）などの事情が総合的に考慮されるのである。要するに，当該代理行為をするにつき，通常，代理人であれば当然備えているべき事柄が備わっている場合（代理権の外観がある場合），原則として，正当な理由が認められることになる。

　　＊外部から客観的に観察して正当な理由が判断される構造なので，外部から客観的にはわからないが本人を保護すべき事情（例えば，ある種の代理権を与えられた者が本人の実印を窃取し，それにより印鑑証明書の交付を受け，権限外の代理取引をなした場合の実印窃取という事実）は，直接考慮することが難しい（窃取の事情が外部に反映し相手方が窃取を疑い得た限りで過失に反映されて取り込める）。しかし，このような本人側の帰責事由に関わる要素も，正当な理由の判断に際し，直接取り込むべきではないか。判例を具体的に分析してみると，任意代理の場合には，本人側の関与のあり方（実印を交付したのか窃取されたのか）も正当な理由の判断の一要素として総合的に考慮されているといえる（実印が窃取されたのであれば，正当理由を否定する要素として働く）。

（ⅲ）　証明責任

　訴訟では，まず，このような客観的な事情をあげて，相手方が正当な理由があることを証明し，これに対して，本人が，相手方は無権代理につき悪意・有過失であることを証明することで責任を免れることになると解される。なお，次で述べる判例の判断構造によると（(b) 参照），相手方が，正当な理由を基礎づける客観的事実の存在を証明したら，本人の側は，正当な理由を疑わせる特別の事情を指摘して争うことになるが，その存在を本人が証明しなければ敗訴するというような厳密な意味での証明責任の分配は問題とすべきではない。正当な理由は一切の事情を基礎になされる法律判断だからである。

（ⅳ）　正当な理由の存在につき，本人の作為・不作為，本人に過失がある必要があるか

4 無権代理

　判例によると，正当な理由の存在につき，本人の作為・不作為および過失が関わる必要はないとされる＊（最判昭28・12・3民集7巻12号1311頁。最判昭34・2・5民集13巻1号67頁）。この議論は，民法110条を法定代理に対しても適用できるかという議論と関係する。適用を肯定するためには，この要件が必要でないと答えることが必要であるという関係に立つ（後述（4）参照）。

　＊前掲最判昭28・12・3は，「民法110条にいわゆる代理権ありと信ずべき正当な理由は，必ずしも常に本人の作為または不作為に基くものであることを要しないと解するを相当とする」。「そればかりでなく，……原審認定の事情があったればこそ，本件小切手の振出につきBにおいて上告会社を代理すべき権限を有するものと信ずるに至ったのであって，右信ずるに至ったのは，上告会社の作為不作為に基くものと認めることができる」という。

(b)　正当な理由存否の具体的判断

　正当理由存否の具体的な判断の仕方について，裁判例をあげて検討する。

(ⅰ)　原　則

　まず，相手方は，代理権の存在を推定させる客観的事実があったことを指摘して正当な理由の存在を主張する。その際，代理人が，本人の**実印**ないし**印鑑証明書**＊を所持する場合には，「特別の事情」がない限り，原則として正当な理由があるとされる＊＊。その理由は，わが国における取引においては，本人確認機能がある実印が昔から非常に重視されており，したがって，実印は厳重に管理され，深く信頼した者以外にはこれを交付しないことが通常であるからとされる。

　＊市町村の住民が，当該市町村に，ある印章の印影を届け出ることを印鑑登録といい，その印章を俗に「実印」と呼ぶ。印鑑証明書（または，印鑑登録証明書）は，本人が登録している印鑑の印影がいかなる姿形かを，登録を受けた市町村が証明してくれる文書である。ある契約文書に押されている印影が，印鑑証明書の印影と一致すると，実印所持者本人がその契約を締結したことが強く推測されるという機能（本人確認機能）がある。したがって，実印は登記申請など本人確認が求められる重要な文書作成に利用される。それゆえ，実印は厳重に保管され，これを所持する者には，本人に代わって契約を締結する権限が与えられていると推測されることになる。

第4章 代理人による法律行為

> **＊＊最判昭 35・10・18 民集 14 巻 12 号 2764 頁**
> 〔事実〕　Xからの15万円の借入れにつきBはYに連帯保証人となることを依頼。Yは承諾し，Bに保証契約締結の代理権を与え，実印を交付した。ところが，Bは40万円を借り入れ，その保証契約を締結した。
> 〔判旨〕「本人が他人に対し自己の実印を交付し，これを使用して或る行為をなすべき権限を与えた場合に，その他人が代理人として権限外の行為をしたとき，取引の相手方である第三者は，特別の事情のない限り，実印を託された代理人にその取引をする代理権があったものと信ずるのは当然であり，かく信ずるについて過失があったものということはできない。そして，かかる場合に右の第三者は，常に必ず本人の意思を確め，行為者の代理権の有無を明らかにしなければならないものと即断することもできない」。

（ⅱ）　特別の事情

　しかし，裁判例では，むしろ**特別の事情**が認定される例がはるかに多い。特別の事情とは，当該代理行為において，相手方が代理権の存在に疑問を感ずべき客観的事情をいう。このような事情がしばしば認定される類型として，判例では，ⅰ）本人・無権代理人間が夫婦の関係にある場合，あるいは，ⅱ）無権代理人が自分自身の債務についてある者を保証人ないし物上保証人とする契約を代理して締結する場合などがある。

　ⅰ）　本人と無権代理人との間に夫婦の関係がある場合

　この場合，単に実印の所持のみでは正当な理由を認めるに足りないとされることが多い。特に，不動産など重要な財産の処分行為の代理の場合にはそうである（最判昭 27・1・29 民集 6 巻 1 号 49 頁，最判昭 28・12・28 民集 7 巻 13 号 1683 頁）。その理由は，夫婦の間では，そのような代理行為をするため必要である他方配偶者の実印や，権利証を比較的容易に持ち出し冒用でき（右の諸事案では，夫が戦地に赴き不在中に妻が保管していた実印を冒用），取引の相手方は本人と代理人との間が夫婦の関係にある場合には相応の注意を払わなくてはならないといえるからである。

　ⅱ）　無権代理人自身の債務につき本人を代理して本人を保証人等とする場合

　本人Aから実印や権利証等の交付を受けているBが，Aを代理して，Cとの間で，B自身のC（金融機関等）に対する債務について，Aを保証人とする契約を締結した（またはA所有不動産に抵当権を設定した）場合である。Aに保証等の意思がなく，Bが無権代理人である場合，実印等の所持にもかかわらず，

178

多くの例で，正当な理由が否定されている。

判例に出てきた事案をみると，①BがAのほかの事務処理のため預かっていたAの実印，権利証を冒用して，Bの営業のための資金と明示してCから金銭を借り入れ，その担保としてA所有不動産に根抵当権を設定した事例（最判昭42・11・30民集21巻9号2497頁），②Aから交付を受けていた実印を冒用して，Bが自己の債務のため，Aを代理して，債権者Cとの間で保証極度額，保証期間の定めのない連帯保証契約を締結した事例＊（後掲最判昭45・12・15），③B会社がその取引先である電気器具販売会社Cに対し現在負担しまたは将来負担すべき商取引上の一切の債務について，Aが連帯して支払う旨のA名義の根保証契約書をBが勝手に作成し，Aの実印を断りなく押捺した上印鑑証明書を添えてCに差し入れたが，その際に使用されたAの実印は，AがBの求めに応じて社員寮賃借の保証人となった際，その契約締結のため貸与されていたものであり，印鑑証明書もその際交付を受けたものであったという事例（最判昭51・6・25民集30巻6号665頁─判例講義民Ⅰ㊸）などがあり，いずれも正当な理由が否定されている。

なお，判例の判断構造としては，これらの事情が存在する場合に直ちに正当な理由を否定するのではなく，その場合には本人に照会するなど可能な手段で代理権限ないし保証意思を確認すべき特別の事情があり，その義務を尽くさない以上過失があるとするものが多い。

＊最判昭45・12・15民集24巻13号2081頁

〔事実〕　Aが信用保証協会から50万円借入れするからということで，保証人となることを許諾したYはAに実印を預託。ところがAはX組合と継続的な手形取引契約を締結し（その時点では100万円借入れ），保証極度額や保証期間の制限のない連帯保証契約を締結した。

〔判旨〕「このような継続的取引契約において，右のような態様の保証契約が締結された場合には，保証人の責任の範囲は相当の巨額になり，保証人にとつてきわめて酷となることが予想されるから，金融機関は，……本人の実印を所持していたとしても，他にその代理人の権限の存在を信頼するに足りる事情のないかぎり，……一応照会するなどしてその意思を確める義務があると解するのが，金融取引の通念上，相当」。

この類型で正当理由を否定する特別の事情は，次のように整理することができよう。すなわち，第1に，これらの保証ないし物的保証は，実質的にみると

代理人には利益であるが本人にとっては何ら利益ではない，いわば利益相反とでもいうべき性格のものであるという事情，第2に，保証極度額や期間の定めのない根保証においては，保証人の責任の額が意外の巨額になるおそれがあるという事情，第3に，貸主が金融業者である場合には，代理人との間で保証契約を結ぶに当たって，本人に真に保証人となる意思があるかどうかを確認すべき専門家として相応の注意が要求されるという事情，第4に，最後の事例において指摘できるような当該契約締結に際して存在する特別な事情（もともとCはB会社の資力につき不安を覚えていたこと，保証人がCの求めていたBの実父ではなくBの妻の伯父Aとなったこと），などである。

　なお，保証契約の代理の事例については，保証契約のあり方が民法の改正（平成16年および平成29年）により今日大きく変化しているので，上記のようなかたちでの無権代理行為を行う余地は狭まっているといえよう。すなわち，保証契約は，書面によって締結する必要があり（民446条），また，前掲の事案②に関係するが，個人が保証人である根保証契約については，極度額の定めのないものを無効とし（民465条の2），また，個人貸金等根保証については，保証期間に一定の限度を付す規定が置かれている（民465条の3以下）。さらに，前掲の事案③に関係するが，事業にかかる貸金等債務についての個人保証契約では民法465条の6以下で保証債務の履行意思を表示する公正証書の作成が求められる等の厳しい規律がおかれている。

(4) 民法110条の法定代理への適用可能性について

　以上，任意代理の場合を念頭に論じてきたが，法定代理についても表見代理の規定が適用され得るのであろうか。民法109条については性質上適用は考えられないが，民法110条，民法112条は法定代理にも適用される，というのが判例であり*，従来の多数説である。

> 　*大連判昭17・5・20民集21巻571頁　　事案は，親権者たる母Bが昭和22年改正前親族法の下で必要とされていた親族会の同意を得ないで未成年者Aを代理してA所有の株の売却を第三者に委託したので，Aがその委託の取消しを主張したのに対して，表見代理規定を適用し，委託の取消しを認めなかったものである。

　今日，民法110条の適用は，後見人につき後見監督人がいる場合であってその同意を必要とする行為において，それを得ないで後見人が代理行為をしたという事例（民865条参照）で問題となる。しかし，民法110条を適用して被後

見人側の取消権を剥奪すると結論づけることは，表見的事情に関わりをもち得ない制限行為能力者に責任を負わせる結果となるので，疑問がある** ***。

＊＊保佐人，補助人の場合　さらに，法定代理権を付与された保佐人，補助人が，代理権消滅後に，代理行為をした（例えば，預金の払戻しを受けた）場合も問題である。相手方は，いちいち成年後見登記の登記事項証明書で代理権の在否およびその範囲について確認をしきれない場合があるし（保護に値する），他方，この代理権付与については，被保佐人，被補助人の同意等が必要とされており，本人の「関与」を指摘でき，民法112条の適用に問題はないとの考えも述べられている。しかし，本人の同意等を求めているのは自己決定権を尊重する理念からであり，同意があったとの一事のみをもって，判断能力が不十分または著しく不十分な者に表見代理の責任を負わせてもよいとする根拠とはなり得ないと考える。

＊＊＊日常家事代理　夫婦の間では日常家事につき連帯責任を負うが（民761条），その範囲で法定代理権としてのいわゆる日常家事代理権（民761条）が認められる。夫婦の一方が他方を代理して日常家事代理権の範囲を超えて第三者と法律行為をした場合，民法110条の適用を認めてよいか。判例は，一般的に日常家事代理権を基本代理権として民法110条所定の表見代理の成立を肯定することは，夫婦の財産的独立を損なうおそれがあって相当ではないとする。ただし，相手方が当該行為につきこれをその夫婦の日常家事に関する法律行為の範囲内に属すと信じた場合には，民法110条の類推適用を認めて第三者の保護を図っている（最判昭44・12・18民集23巻12号2476頁─判例講義民I (54)）。

4　代理権消滅後の表見代理

(1)　意　義

民法112条1項は，「他人に代理権を与えた者は，代理権の消滅後にその代理権の範囲内においてその他人が第三者との間でした行為について，代理権の消滅の事実を知らなかった第三者に対してその責任を負う。」と規定する（但書で，第三者に過失があるときは除かれる）。代理権の消滅後の代理行為であるので無権代理であるが，善意・無過失の第三者保護の趣旨で表見代理として本人にその行為の効果の引受けを命じたのである。本人への帰責の根拠としては，自らが与えた代理権を消滅させたにもかかわらず代理権の外観（残像）をそのままにして，事後の無権代理行為を惹起したことにみることになる。本条項が適用される典型例としては，例えば，それまで，Aの商品購入責任者として代理権を有していたBが，その地位を退き代理権を失ったにもかかわらず，従前

の取引先Ｃとの間で，Ａの代理人として取引をしてたというような事例である。この場合，ＣがＢの「代理権の消滅の事実」につき善意・無過失である場合には，表見代理が成立し，Ａは契約の効果を引き受けなくてはならない。

適用の要件は以下の３点（（2）（3）（4））である。

(2) 代理権を有していた（が消滅している）こと

代理権は１度正規に存在しており，しかし，問題の代理行為がなされたときにはその代理権は消滅していたという場合である。代理権は，民法 111 条の規定により当事者間で消滅すれば，対外的な通知など何らの行為，形式を要することなく消滅する。

消滅した代理権の種類が，包括的なものであるかどうか，また，継続的な取引に関わるものかまたは１度の行使で消滅するものかは問わないが，包括的なもの，継続的な取引に関わるものである方が，本条の表見代理の問題が生じやすいと考えられる。

無権代理行為の追認がなされた場合に，この要件が満たされたとした判例がある（ただし，代理権の範囲外の行為であったので民法 110 条をあわせて類推適用している）＊。

> ＊最判昭 45・12・24 民集 24 巻 13 号 2230 頁
> 〔事実〕　ＢがＣ銀行との間でＡを無権代理してＡ所有不動産に根抵当権を設定し，Ａがそれを追認した後，ＢがＡを無権代理して今度は別人Ｄとの間で当該Ａ所有不動産に根抵当権を設定した。
> 〔判旨〕「追認は……契約の時に遡ってその効力を生ずるものである……から，第三者に対する関係においては，Ｂに権限を付与した外観を与えたものとも解され，前記ＤがＢにＡを代理して本件根抵当権設定行為をする権限があると信ずべき正当の事由を有したときは，民法 110 条および同 112 条を類推適用し，ＡはＢのした右行為につき責に任ずべきものと解すべき余地がある」。

代理権の消滅が登記事項であり，登記によりそれを対抗できる場合（理事または会社の代表取締役の退任など）において，その退任登記後に退任者による代表行為があったとき，なお民法 112 条を適用できるかという問題がある。判例は，登記の対抗力を定めた各規定の適用を優先させている＊＊。

> ＊＊会社の代表取締役の場合にはもっぱら商法 9 条 1 項の問題であり，登記があれば，第三者に正当な事由がある場合を除き，善意の第三者にも対抗でき，「別に民法 112 条を適用ないし類推適用する余地はない」とし（最判昭 49・3・22 民集 28

巻 2 号 368 頁), また, 理事の場合についても同様であり (社会福祉法 29 条等に基づく。),「交通・通信の途絶, 登記簿の滅失など登記簿の閲覧につき客観的な障害があり, 第三者が登記簿を閲覧することが不可能ないし著しく困難であるような特段の事情があった場合を除いて」, 民法 112 条の規定を適用ないし類推適用する余地はない, とする (最判平 6・4・19 民集 48 巻 3 号 922 頁)。後者は例外的場合については民法 112 条適用による相手方保護を認める点で前者と異なるが, 例外的場合としてあげる上記引用の「交通・通信の途絶……」は商法 9 条 1 項後段の「正当な事由」の解釈 (通説) と内容的に同じであり, 2 つの判断は実質的に同じであるといってよい。

(3)　なされた代理行為が元の代理権の範囲内のものであること

なされた代理行為は, 以前に有していた代理権の範囲内のものである必要がある。以前に有していた代理権の範囲外の行為である場合には, 本条 2 項の規定による表見代理が認められることがある。

(4)　相手方は「代理権の消滅の事実」につき善意・無過失であること

代理権消滅後の代理行為の相手方保護の要件として, 相手方が「代理権の消滅の事実を知らなかった」(善意である) ことが必要である。ただし, この場合, 本人は, 相手方がその事実を知らなかったことにつき過失があったことを証明することで, 責任を免れることができる。

この「代理権の消滅の事実」について善意・無過失であるといえるためには, 条文文言からすると, 以前に代理権があったことを知っており, しかし, その代理権が消滅している事実については知らない, 知らないことにつき過失がないことが必要であると読める。相手方が, 現に当該行為につき代理権がないことについて善意・無過失であるが, 以前に代理権があったこと (つまり代理権が「消滅」したこと) を知らない場合には, この条文では, 保護されないことになる (以前に代理権がありそれが消滅しているという客観的事実の存在のみでは足らないというのである)。

相手方は, 代理行為をした者との間で, 代理権の消滅する前に取引をした経験を有した (だから代理権の消滅の事実につき善意・無過失である) ことが必要か。民法 112 条の沿革等から, 取引経験を必要とするとの見解を主張する者もある。しかし, 判例・多数説はこれを否定し, そのような事情は善意・無過失の判定に際し考慮される一要素であるという (取引経験があれば善意・無過失が認められやすい)*。

＊最判昭44・7・25判時574号26頁―判例講義民Ⅰ(55)
〔事実〕 BはX会社A支店の支店長名義でYと下請負契約を締結したが，A支店は1年前に廃止されており，Bは同じ場所に設立された別会社Cの専務となっていた。しかし，X会社A支店の看板はそのままそこにあり，Bはそのまま「支店長」と呼ばれていた。相手方Yは，X会社の代理人Bとの取引経験はないがBの代理権を信じた。
〔判旨〕「民法112条の表見代理が成立するためには，相手方が，代理権の消滅する前に代理人と取引をしたことがあることを要するものではなく，かような事実は，同条所定の相手方の善意無過失に関する認定のための一資料となるにとどまるものと解すべきである」。

なお，証明責任であるが，条文からは，善意は相手方が，過失があることは本人がそれを負担することになるが，判例・通説は，本人が相手方の悪意・有過失の証明責任を負担すべきであるという。知らないという証明は難しく，また，代理権の外観が残っていた以上，相手方は代理権の存在を信頼するのが当然だから，本人が相手方の悪意を証明すべきであるというのである。

(5) 消滅した代理権の範囲外の代理行為である場合

この場合については，民法112条1項の適用がない。しかし，同条2項は，仮に当該代理行為が消滅した代理権の範囲内であったならば同条1項の規定により責任が成立する場合には，以下の要件，すなわち，「第三者がその行為についてその他人の代理権があると信ずべき正当な理由があるときに限り」，他人に代理権を与えた者は，その行為についての責任を負うと規定する。要するに，消滅した代理権の範囲外の行為であっても，民法112条1項と民法110条とをあわせて適用して，いずれの要件もすべて満たされる場合，すなわち，代理権消滅後の代理行為であること（民112条），代理権があると信ずべき正当の理由が認められること（民110条）でもって表見代理の成立を認めるのである。

5 表見代理の効果

(1) 本人に対する効果帰属

表見代理が成立すると本人は有効な代理権があった場合と同様，代理人のなした行為の効果を引き受けなくてはならない。この表見代理の成立を主張し得るのは，制度の趣旨から，相手方のみであると解される。

本人が表見代理の責任を相手方に対して負担した場合，本人は無権代理人に

対しては，内部的な委任契約上の義務違反ないし不法行為上の責任を追及することができる。

(2) 無権代理の規定の適用可能性

表見代理も無権代理としての性質を失うものではないから，表見代理が成立し得る場合でも，なお無権代理の規定（民113〜117条）が原則として適用され得る。本人は追認をすることができ，また，相手方は取消権を有する。ただし，本人の追認拒絶権は否定される。

民法117条はどうか。すなわち，表見代理が成立し得る場合でも，無権代理人に対して自由にその責任を追及できるのか，あるいは，本人に対する表見代理責任の追及が不首尾の場合に初めて民法117条の問題となるのかである。後者だとすれば，表見代理の不成立が民法117条の要件となり，条文にない要件が加重され相手方に不利益を強いることになる。前者とすることにつき，学説・判例に異論はない。なお，双方の責任を併行して追及できるとして，双方が認容されることを認めるべきかであるが（それが不真正連帯の関係となる），有権代理の場合（本人の責任財産のみが引当てとなる）よりも相手方が有利となるのでこの考え方は採用できない。下記判旨の冒頭部分はこの趣旨を述べている＊。

＊最判昭62・7・7民集41巻5号1133頁—判例講義民Ⅰ⑥

〔事実〕 前掲②2（3）（b）（ⅱ）参照。原審は，民法117条は表見代理の成立しないときに相手方を補充的に保護する規定とした上，要件の「過失」は重過失と解釈すべきとした。ここでは，原審の前者の点だけを問題とする。

〔判旨〕「表見代理の成立が認められ，代理行為の法律効果が本人に及ぶことが裁判上確定された場合には，無権代理人の責任を認める余地がないことは明らかであるが，無権代理人の責任をもって表見代理が成立しない場合における補充的な責任すなわち表見代理によっては保護を受けることのできない相手方を救済するための制度であると解すべき根拠はなく，右両者は，互いに独立した制度であると解するのが相当である。したがって，無権代理人の責任の要件と表見代理の要件がともに存在する場合においても，表見代理の主張をすると否とは相手方の自由であると解すべきであるから，相手方は，表見代理の主張をしないで，直ちに無権代理人に対し同法117条の責任を問うことができるものと解するのが相当である……。そして，表見代理は本来相手方保護のための制度であるから，無権代理人が表見代理の成立要件を主張立証して自己の責任を免れることは，制度本来の趣旨に反するというべきであり，したがって，右の場合，無権代理人は，表見代理が成立することを抗弁として主張することはできないものと解するのが相当である」。

第5章 法律行為（契約）の無効，取消し

1 序　説

① 無効と取消しの意義

　無効と取消しはいったんなされた法律行為を事後的に消滅させる法技術である。その理由は，なされた法律行為の効力を存続させることが法秩序からみて好ましくないということであり，公序良俗に違反するとか，表意者の真意に反するとか，表意者の意思表示の自由が妨げられていたとか，表意者の能力が不十分であるということがあげられる。

　そこで，すでになされた法律行為の効力を消滅させることによって表意者を保護することが目的である。ただし，相手方や第三者は，消滅を予想していない場合が多いので，彼らの利益も調節する必要がある。

② 無効と取消しの違い

　無効とは，立法者の判断によって法律行為の効力が最初から認められないものをいう。**取消し**は，ある法律行為の効力が，特定の人の行為（取消し）によって，初めて効力を否定されるもので，その場合に「この法律行為の効力は最初からなかった」という取扱いを受ける。これを**取消しの遡及効**という。

　無効は，**追認**（権利者が自分の権限内の事柄につき事後的に同意を与えること。学問的には追完の一種である）によって**治癒**（想定された効力を回復すること）されないが，「取り消すことができる行為」は追認によって確定的に有効となる。

　このように無効は確定的であるが，「取り消すことができる行為」は取消しまたは追認がなされるまで，どちらに転ぶか不確定であるために，取消しの主

187

張には期間の制限が付けられている。

　なお，似た制度に契約の**解除**（民540条以下）がある。法律関係を清算するという点では類似の制度であるが，解除は双務契約における当事者の債務不履行および履行の不能（民542条1項）を原因としている点において異なっている。

③　法的技術としての無効と取消し

　無効と取消しは，当事者が達成しようと表示した法律効果の発生を阻止する法的工夫で，その目的は，公序良俗という秩序の維持，表意者の利益の保護，**意思理論**（表意者の内心の効果意思と表示された意思が異なる場合には，その意思表示の効力を認めるべきではないとするもので，近代市民法の私的自治論の基礎をなしている）を一貫させる等のためである。

　無効と取消しを用いることにより，当事者の法律行為によって発生が意図された債務は発生しなくなり，すでに給付がなされた場合には，それを清算すべき関係（所有権に基づく返還請求や不当利得の返還請求）が発生する。

　ある法律行為の清算の手段として，無効と取消しのいずれを選択するかは法政策的な判断であり，例えば，錯誤（旧民95条）を例にあげると，日本では無効とされていたが，ドイツやアメリカでは「取り消すことができる行為」としている。そこで新民法では「取り消すことができる」と改正した（民95条）。

④　二重効

　相手方の詐欺（民96条）によって錯誤に陥った者が法律行為をした場合には，表意者は錯誤による取消しを主張することもできるし，詐欺による取消しを主張することもできそうである。判例は，表示行為を具体的に検討して，錯誤が要素に関するか否かによって区別すべきとしているようであるが，学説は**二重効**を認めるべきとするものが多かった。しかし，民法の改正により，詐欺と錯誤に関する限り，いずれも取消しを主張することができることとなり，あまり意味が無くなった。

2 無　効

1　無効の法律行為の効果

1　基本的効果

　無効な法律行為においては当事者が意図した法的効果は最初から生じない。この主張は誰からでも可能である。

　法的効果は生じないといっても，通常はなんらかの外形的には，履行にあたる行為が行われる。そこで，それを清算することが必要となる。すでに受領したものがあるときは返還しなければならない。この返還義務は**不当利得返還義務**（民703条以下）である。双務契約において双方に返還義務が生じる場合には，両者の返還義務は原則として同時履行の関係（民533条）に立つと解されている。

2　第三者に対する効果

　無効は原則として誰に対しても主張できる。ただし，虚偽表示（民94条）を理由とする無効は「善意の第三者」に対しては主張できない（同条2項）。

3　一部無効

　無効は必ずしも法律行為全体に及ぶわけではない。公序良俗違反の法律行為（民90条）などは全体が無効とされるが，借地借家法21，30条，利息制限法1，4条，消費者契約法9条，労働基準法13条などは法律が定める基準に違反する部分のみを無効としている。民法の中にも，不動産質の存続期間（民360条），買戻しの期間（民580条），不動産の賃借権の存続期間（民604条）などは一部無効を規定している。

　契約の一部が無効であるようにみえても，その無効原因が契約全体を違法ならしめるような場合には，契約全体が無効とされる。人身拘束と結びついた前借金契約が有名である（最判昭30・10・7民集9巻11号1616頁）。

　民法の規定から全体が無効となることが明らかな場合や，契約全体の違法性が強い場合以外は，できるだけ一部無効で処理すべきである。ただし，無効部

第5章　法律行為（契約）の無効，取消し

分を除いた残余部分では，当事者が契約によって達成しようとした目的が果たせない場合には，やはり全体として無効とするしかない。

一部無効と判定された場合には，その部分につき，慣習，任意規定，当事者の意図に即して補充することが求められる。

② 　無効行為の転換

ある法律行為としては無効であっても，別の法律行為として認められる場合には，そのような転換を認めても差支えがない。これを**無効行為の転換**という。例えば，秘密証書遺言（民970条）として作成された遺言証書が形式が不備であるために無効であっても，自筆証書遺言（民968条）としては形式を満たしているような場合に自筆証書遺言として認めるといった場合である。判例は，非嫡出子を嫡出子として届け出た出生届に認知の効力を認めている（大判大15・10・11民集5巻703頁）。

無効行為の転換が認められるためには無効とされた法律行為（A）と転換が認められる法律行為（B）の間に類型の同一性があること，形式要件に反しないこと（様式契約の場合には様式を充足しないと転換できない），転換が当事者の意思に反しないことが必要である。

類型の同一性については最高裁の態度は厳しく，自己の非嫡出子を他人の嫡出子として届け出た上で，その他人の代諾により改めて養子縁組（A）をした場合に，認知（B）への転換を認めず（大判昭4・7・4民集8巻686頁），他人の子を自己の嫡出子とする届出（A）に養子縁組（B）の効力を認めない（最判昭25・12・28民集4巻13号701頁，最判昭50・4・8民集29巻4号401頁ほか）。これはAとBの当事者意思が，「自分の子として認める」というのと「他人の子を養子にする」というものであり，自分の子と他人の子ではまったく別な意思であるということが大きな理由となっている。

これに対しては学説は批判的であり，下級審にも虚偽の出生届に養子縁組の効力を認めたものがある（大阪高判平3・11・8判時1417号74頁）。

③ 　無効行為の追認

1　追認には2種類ある

民法119条は，無効*の行為は追認によって有効になることはないとし，但

書で「当事者が無効であることを知って追認をしたときは，新たな行為をした
ものとみなす」としている。したがって，無効な行為を追認しても，最初にさ
かのぼって有効になることはない。ただし，無権代理の無効は民法116条の規
定により，追認すれば最初にさかのぼって有効になる。これを追完という。

　無権代理以外でも，いわゆる「非権利者の処分」と呼ばれる，未確定無効の
場合には，追認すれば119条ではなく116条を類推適用すべきとされている。

　＊無効という場合には，法秩序からみて，当該法律行為の効力が認められないと
いう場合と，法律行為としては認められても，その効力を権利者に及ぼすことがで
きないという場合がある。前者を有効要件，後者を効果帰属要件の問題とする見解
がある。効果帰属要件の場合には，権利者が追認すれば，法律行為の効力を行為の
ときにさかのぼらせても，第三者の権利を害さない限り問題はない。

2　追認の制限

　119条にかかわらず，公序良俗に反する法律行為や強行法規に反する法律行
為は，追認しても有効になることはない。したがって同条但書の適用はない。

3　取消し

① 民法における取消し

1　取消しの原因と範囲

　取消しの原因は，民法120条では2つである。能力の制限による取消しと錯
誤，詐欺または強迫による取消しである。前者は意思能力が完成されていない
ことが取消しを認める理由であり，後者は表意者の勘違いまたは外部の力によ
って意思表示がゆがめられたということが理由である。意思表示の取消しは，
このほかにも総則に，無権代理行為の相手方の取消し（民115条），債権法に
詐害行為の取消権（民424条以下）がある。

　取消しに類似しているものとして**撤回**がある。選択権行使の意思表示の撤回
（民407条2項），申込みの撤回（民523条1項，525条），解除の意思表示の撤回
（民540条2項）などで，これらは意思表示に瑕疵があったことを理由とするも
のではなく，表意者の気が変わったことを理由とするものである。撤回に遡及

191

効は認められない。

総則の取消しの規定は，身分行為にはそのまま適用されない。婚姻の取消しについては民法743条に，養子縁組の取消しについては民法803条に規定があり，いずれの場合も取消しに遡及効は認められない。

2 消費者契約法における取消し

最近の立法における重要な取消しは，消費者契約法4条である。以下の3つの場合には，消費者が申込みまたは承諾を取り消すことができる。これはクーリングオフではない。

(1) 事業者が消費者に以下の瑕疵ある情報を与え，消費者が誤認したとき
　　①重要事項について事実と異なることを告げた
　　②将来における不確実な事項につき断定的判断を提供した

(2) 事業者が重要事項について消費者の利益となる旨を告げ，かつ不利益となる事実を故意に告げなかったことにより消費者が誤認したとき

(3) 事業者が契約の締結を勧誘するに当たり消費者に対して次の威圧的な態度をとったとき
　　①消費者が事業者に対して自己の住居などから退去を求める意思を表示したのに応じなかった
　　②消費者が事業者の勧誘を行っている場所から退去する意思を表示したのに退去させなかった

② 取消権者

1 錯誤，詐欺，強迫による取消し

錯誤および詐欺または強迫による取消しの場合には，表意者が取消権者である。表意者の代理人および承継人も取消権をもつ（民120条2項）。承継人には，契約または特定遺贈によって財産を譲り受けた者（**特定承継人**）と，相続または包括遺贈によって財産を包括的に譲り受けた者（**包括承継人**）がある。特定承継人の場合には，契約上の地位の譲渡が必要で，単なる目的物の権利の取得だけでは取消権を認めるべきではないと考えられる*。

> ＊民法125条5号は，取消権の法定追認が生じる原因の一つとして，「取り消すことができる行為によって取得した権利の譲渡」をあげているので，目的物を譲渡

されたにすぎない承継人は，これによって取り消すことができる行為を追認したものとみなされることになる。契約上の地位の譲渡の場合には，120条2項および125条但書の趣旨から，当事者双方が「取り消すことができる行為であることを了解していた場合」には，法定追認にはならないと解すべきであろう。

2　行為能力の制限による取消し

能力の制限による取消しの場合はかなり複雑である。

（1）　まず制限行為能力者本人は，常に取り消すことができる。成年被後見人の場合には，「事理を弁識する能力を欠く常況に有る」（民7条）とされているので，取消しは無理ではないかと考えられるが，意思能力を回復する可能性も皆無ではないので，その場合には取消しを認めても差し支えない。なお，制限行為能力者本人が単独で取消しの意思表示をした場合でも，その取消しの意思表示を取り消すことは認められない。

（2）　法定代理人も取り消すことができる。法定代理人の任務は制限行為能力者の財産管理であるから，当然に取消権限がある（民120条1項）。未成年者の親権者，後見人，成年後見人である。

（3）　保佐人は，民法13条に列挙されている行為について被保佐人に同意を与える権限をもっている。それ以外についても，家庭裁判所の審判によって同意権を設定できる。これらの同意を要する行為を被保佐人が同意を得ずに行った場合には，保佐人が取り消すことができる（民120条1項）。

（4）　補助人も，家庭裁判所の審判によって被補助人がなす特定の法律行為につき，同意権を設定できる（民17条1項）。被補助人が同意を要する行為につき，同意を得ずに行った場合には，補助人が取り消すことができる（民120条1項）。

（5）　承継人については詐欺または強迫による取消しの場合と同じである。

③　取消しの方法

取消しの意思表示の方法は口頭でも，文書でもよい。実際には相手が争うことを予想して，証拠として確保できる方法，例えば内容証明郵便とか配達証明郵便を用いる場合が多いであろう。

取消しの意思表示は裁判上で行うことを要しないが，婚姻の取消し（民743

第 5 章　法律行為（契約）の無効，取消し

条以下），養子縁組の取消し（民 803 条以下），株式会社の決議の取消し（会社法
831 条以下）などは裁判上で行わなければならない。

4　取消しの効果

1　遡及的無効

　取り消された法律行為は「初めから無効であったとみな」される（民 121 条）。
これを取消しの遡及効という。遡及効はいったんなされた法律行為を，解消さ
せるための法技術であって，一種のフィクションである。立法論としては，取
消しの意思表示によって，各当事者に原状回復義務が生じるとする方法もあり
得る。
　判例・通説は，取消しも契約の解除も遡及効で説明するが，現実には不動産
の物権変動において，取消しまたは解除が主張された場合でも，すでになされ
た登記の効力には影響がなく，復帰的物権変動を要求しており，遡及効よりも
原状回復義務の発生の方が，説明としては一貫しているのではないかと思われ
る。

2　当事者の義務

　遡及効を前提にすれば，いったん生じた債務は「実は発生していなかった」
ことになり，すでに履行されている部分については，受領者はそれを不当利得
として返還しなければならない（民 703，704 条）。遡及効の規定を忠実に解釈
すれば，返還すべきものが物であれば，所有権に基づく返還請求ということに
なる。ただし，不動産の場合には判例（大判昭 17・9・30 民集 21 巻 911 頁—判例
講義民 I ⑱）は復帰的物権変動として，登記を取り戻すことが必要としている。
　民 121 条の 2 第 1 項は，無効な行為に基づく債務の履行として給付を受けた
者に原状回復義務を負わせている。ただし，給付を受けた者が，当時その行為
が無効であることを知らなかったときは，現存利益を返還すればよい（同条 2
項）。
　不当利得の返還においても，所有権に基づく返還請求においても，返還義務
者の善意・悪意によって返還の範囲が異なるが（民 189 条以下），制限行為能力
者が返還義務を負う場合にはすべて善意として扱われる。すなわち，制限行為
能力者の返還義務の範囲は，現に利益を受ける部分*に限られる（民 121 条の 2

第3項)。したがって，浪費した部分については返還しなくてよい。

> ＊現存利益とは特殊な概念で，制限能力者が受け取った金銭を，生活費に充てた
> り，借金の返済に充てたりした場合には，「本来減少すべきであった制限能力者の
> 財産が減少を免れている」という理由で，現に利益が存在しているとみなされる
> （大判昭 7・10・26 民集 11 巻 1920 頁—判例講義民Ⅰ⑫）。

　現存利益の存否についての証明責任がどちらにあるかについては，判例は明らかでなく，学説も分かれている。一般原則としては，利得者（制限行為能力者）側に「浪費した」ことの証明責任があると解すべきであろう。学説もこちらの方が有力である。

⑤　取り消すことができる法律行為の追認

1　追認の意味

　取り消すことができる法律行為は，取り消さない限り有効であるが，将来「取り消されるかもしれない」という不安をかかえている。そこで，その不安を取り除いて確定的に有効にする行為が追認である。

2　追認権者

　追認をなし得るのは民法 120 条に掲げられている者であるから，取消権者である（民 122 条）。制限行為能力者および錯誤，詐欺・強迫によって意思表示をした者が追認をするためには，取消しの原因となった状況が消滅し，かつ取消権を有することを知った後でなければ効力を生じない（民 124 条 1 項）。例えば，未成年者は成年に達した後でなければならないし，被保佐人の場合には保佐開始の審判が取り消された後でなければならない。詐欺・強迫によって意思表示をした者の場合には，詐欺にあったことを知ったのち，強迫の状況から解放された後でなければならない。錯誤の場合には，表意者が錯誤に気づいた後である。

　成年被後見人が能力者となった場合には，自分の行った行為を了知（了知とは，成年被後見人が自分の行った法律行為が，取り消すことのできるものであることを知っているという意味である）した後でなければ追認をすることはできない（民 124 条 1 項）。

　成年被後見人以外の制限行為能力者が法定代理人または保佐人・補助人の同

意を得て追認した場合には有効である。（民124条2項2号）。

　法定代理人，保佐人もしくは補助人が追認をする場合には，以上のような制限はなく，常に単独で追認できる（民124条2項1号）。

3　第三者の保護

　取り消すことができる行為が追認されたとき（民122条），旧122条但書は，「第三者の権利を害することはできない」と規定していたが，取り消すことができる法律行為は，取り消さない限り有効であるから，追認によって第三者の権利が害されることはない。したがって改正法では削除された。

6　法定追認

1　法定追認の意味

　取消権が行使されると，既存の法律状態が覆るので，相手方は思わぬ損害を被る可能性がある。そこで，取消権者の相手方を保護する制度として，法定追認と取消権の消滅時効がある。**法定追認**は，相手方からみて，取消権者側の行動が，「もはや取消しは行わない」と安心させるものと評価される場合に，たとえ取消権者側にそのつもりがなくても，追認があったものとみなす制度である。

2　追認とみなされる事項

　取消権者が追認できる状況になったのちに，以下に述べる行為を行った場合，および事実が発生した場合には，特に法定追認の効果を否定する異議を述べて行わない限り追認したものとみなされ，取消権を行使することはできなくなる（民125条）。

　①全部または一部の履行　この中には取消権者による履行の受領も含まれる。

　②履行の請求

　③更改

　④担保の供与

　⑤取り消すことができる法律行為によって取得した権利の全部または一部の譲渡　契約上の地位の譲渡の場合には，民法120条2項および125条但書の趣旨から，当事者双方が「取り消すことができる行為であることを了解

していた場合」には，法定追認にはならないと解すべきことは，すでに述べた。

⑥強制執行　取消権者が強制執行をした場合のみならず，強制執行を受けて請求異議（民執35条以下）の主張をしなかった場合も含まれるとするのが学説の多数である＊。

＊判例は反対で，かなり古いものであるが，請求異議の主張をしなかった未成年者の取消しを認めたものがある（大判昭4・11・22新聞3060号16頁）。

7 取消権の消滅時効

1 消滅時効の意味

法律行為が取り消されるかもしれないということは，相手方を不安定な地位に置くので，期間制限をすることで保護しようとするものである。

2 5年の消滅時効

追認をできるようになってから5年経過すれば取消権は消滅する（民126条）。この場合，制限行為能力者本人と法定代理人では期間が異なる。例えば，未成年者の場合には20歳に達してから5年間であるが，法定代理人の場合には未成年者が同意を得ずに法律行為を行ったことを知った時から5年となる。5年の消滅時効の趣旨が法律関係を速やかに確定させようというものである以上，法定代理人の取消権が5年の時効で消滅した場合には，未成年者の取消権も消滅すると考えるべきであろう。

3 20年の消滅時効

法律行為の時から20年経過すれば取消権は消滅する（民126条）。

4 消滅時効か除斥期間か

これらの2種類の期間制限については，消滅時効ではないとする学説，または20年の方だけ消滅時効ではないとする学説などがある。

判例（大判昭12・5・28民集16巻903頁など）は，いずれも取消権の消滅時効であるとし，期間内に取消権が行使された結果，原状回復請求権や不当利得返

第5章　法律行為（契約）の無効，取消し

還請求権が発生する場合には，それらの請求権については改めて別の消滅時効（民166条など）が適用されるとする。

これに対し，学説の多くは，取消権者は126条の期間内に意思表示を取り消し，かつ返還請求をするべきであるとか，20年の期間制限は除斥期間（除斥期間は時効と違って中断がない。この他に除斥期間とされているものに724条2号の20年がある）と解すべきであるとしている。

5　消費者契約法における取消権の消滅時効

消費者契約法4条の規定による取消権は，追認をすることができる時（重要事項について正確な情報を得た時）から1年間の期間が経過すれば時効によって消滅する。契約締結の時から5年を経過したときも同じである（消費契約7条1項）。

第6章 法律行為（契約）の条件・期限，期間計算

1 序　説

　法律行為をする場合に，当事者が意思表示によって，その法律行為の効力の発生・消滅をある事実にかからせることができる。この事実の発生が不確かな場合を**条件**と呼び，確実に到来する場合を**期限**と呼ぶ。個々の場合において，条件や期限がどのような効力をもつかは，当事者の意思によって決まることであり，民法127条以下の規定も概して法律行為の解釈の基準を示すものにすぎない。

　条件付権利や期限付権利のことを期待権*と呼ぶことがある。しかし，最近では必ずしも127条以下の場合に限定せずに，期待権という言葉が広く用いられる傾向にある。

> ＊相続人や受遺者の期待権については，最判昭30・12・26民集9巻14号2082頁，最判平11・6・11判時1685号36頁。相殺の期待について最大判昭39・12・23民集18巻10号2217頁，もっともこれは条件付権利とみることができる。契約締結過程における期待について福岡高判平5・6・30判時1483号52頁。適切な治療を受ける期待権について神戸地姫路支判平8・9・30判時1630号97頁。

2 条　件

1 条件の意義

1 停止条件と解除条件

条件とは，法律行為の効力の発生または消滅が，その成否にかかっていると

ころの将来の不確かな事実である。条件とされた事実が成就すれば法律行為の効力が発生するものを**停止条件**と呼び，その事実が成就すれば法律行為の効力が消滅するものを**解除条件**と呼ぶ。結婚すれば家を与える，というのが前者の例であり，卒業すれば賃貸借契約を終了する，というのが後者の例である。

2　出世払契約

　条件となる事実は，発生が不確かなものでなければならない。発生が確実なものは期限である。しかし，この区別は実際には難しい。その例が**出世払の合意**である。成功しない限りは支払わなくてよいという意味にとれば，成功が請求権発生にとっての停止条件となる。いずれにしても支払わなければならないが，その支払は成功のときまで猶予されるという意味にとれば，この成功は請求権の発生とは関係がなく，すでに発生している請求権の履行を猶予するものにすぎず（民135条1項），期限である。後者の場合は，期限である以上，その事実がいつ到来するのかが問題となる。

　通説は，この場合の合意は，成功の見込みのある間は猶予するが見込みがなくなったら猶予しないという意味であり，したがって，ここでいう期限は「成功のとき，または成功不能が確定した時」であり，必ず到来するとする。これに対して，出世払の合意のような行為は，法律行為の自由の原則に照らして個別的に判断すればよく，あえてそれを条件か期限のいずれかに分ける必要はないとする有力な批判がある。

　しかし，当事者の合意の内容が不明確な場合には，何らかの基準が必要となろう。判例はこのような場合に不確定期限と解している（大判大4・3・24民録21輯439頁）。なお，判例は出世払の合意を弁済の猶予と捉えて，債権者側に破産などの弁済の猶予をなし得ない状態が生じたときには猶予の合意を撤回し得るとする（大阪地判昭50・5・22判時795号72頁）。

3　条件とされ得る事実

　条件とされる事実は，将来確定するものでなければならない。民法は，当事者にとってその成否が将来において確定するものであれば，事実それ自体は過去のものであってもよいとしている（民131条3項。**既成条件**という）。

　通説は，このような既成条件は真正の条件ではないとして条件を将来の事実

に限定する。しかし，調査の時間的余裕のない場合などに，このような事実も条件として利用される可能性があるし，それを禁ずべき理由もないので，過去の事実であっても成否の確定が将来であるものを条件として認めて問題はない。

4 法定条件

条件は当事者が任意に定めるものである。これに対し，ある法律行為の効力が発生するために法律が一定の要件を求める場合がある。例えば民法 994 条で，遺贈の効力が有効に発生するためには受遺者の死亡が遺言者の死亡よりあとでなければならない。このようなものを**法定条件**という。

② 条件を付けることが許されない法律行為

法律行為に条件が付けられると，法律効果の発生および存続が不確定となるので，法律効果が確定的でなければならない法律行為には，条件を付けることが許されない。

1 身分行為

身分行為に条件を付けることは家族秩序を不安定にし，場合によっては公序良俗に反することもあり得るので許されない。婚姻，縁組，認知，相続の放棄もしくは承認などがその例である。

2 単独行為

単独行為に条件を付けることも，相手方を一方的に不安定な状態に置くことになるから，原則として許されない。相殺には明文の規定がある（民 506 条）。そのほかにも，解除，取消し，追認，買戻し，選択債権の選択などが例としてあげられる。

しかし，解除以下の場合には，相手方の同意があったり，あるいは条件の内容が相手方を特に不利に陥れるものでない限り，条件を付けても問題はない。1 週間以内に履行しないときは，改めて解除の意思表示をしなくても解除の効果が生じるとする，条件付解除がその例である。

③ 条件の成否

1 当事者の意思

条件とされた事実の成否は客観的に決められることが多いであろうが，場合によっては当事者の意思を解釈して決めなければならないことがある。当事者の想定した事情が変化したために，条件とされた事実がそのままの形では実現し得なくなったときには，条件とされた当時の事情を基礎として，新たな事情の下での条件成就を考えなければならない＊。

> ＊第２次大戦中，土地および温泉使用権を傷病兵療養所に利用してもらう目的で寄附するに当たって，陸軍省でこの用途を廃止したときは無償で返還するという条件が付けられた場合には，戦後陸軍省が廃止され，厚生省に移管されることは，たとえ国民の療養施設に利用されるとしても，解除条件の成就になる（最判昭35・10・4民集14巻12号2395頁）。

2 条件成就とみなされる場合

民法130条は，条件の成就によって利益を受ける者に対し，条件が不成就になった一定の場合に条件成就とみなす権利を定めて，この者を保護している。**条件成就の擬制**という。その要件は，条件の成就によって不利益を受ける当事者が，故意に条件の成就を妨害したことである。この場合には，実際には条件が成就していなくても，相手方は条件成就と同じ法律効果を主張できる＊。

> ＊ただし，農地の売買の場合には適用がない。農地法３条の知事の許可がないうちに売主が第三者に転売してしまった場合に，買主が130条に基づく条件成就の擬制を主張しても，判例は，売主は確かに故意に条件の成就を妨げたが，農地の権利移動に関する農地法所定の許可は法定条件であるから130条は適用されない，として買主の主張を退けている（東京高判昭49・2・25判時752号37頁）。

不動産の売買の仲介を委託した者が，中途から業者の関与を排除して，仲介業者から紹介された相手と直接契約を成立させた場合には，130条が適用されて，業者は仲介報酬金を請求できる（最判昭45・10・22民集24巻11号1599頁）。ここでいう「故意」は，条件成就による不利益を積極的に免れようとする意思ではなく，自己の行為によって条件成就が妨げられることを知っているだけで十分である。

3 条件不成就とみなされる場合

130条と反対に，条件の成就によって利益を受ける当事者が，信義則に反して故意に条件を成就させた場合に，相手方は条件不成就とみなすことができる。ドイツ民法はこれを規定し（ドイツ民法162条2項），日本の商法にも火災保険の被保険者が故意に家屋を焼いた場合の規定があるが（商641条，665条但書），通説・判例*は認めていた。旧民法には規定がなかったが，現在は民法130条2項に規定がある。

> ＊最判平6・5・31民集48巻4号1029頁―判例講義民Ⅰ64は，特許品の侵害品を販売しないという和解に反して侵害品を販売した場合には，高額の違約金を支払うという停止条件が付いていた場合に，特許権者の調査員が相手を誘導して侵害品を販売させたというケースにおいて，この条件不成就の擬制を初めて認めた。

④ 条件付法律行為の効力

1 一般的な効力

条件付法律行為の効力については法律行為の一般原則に従うが，いくつかの注意規定が置かれている。

不法の条件を付けた法律行為および不法行為をしないことをもって条件とする法律行為は無効である（民132条）。これは民法90条の具体例といえる。**不能**の停止条件を付けた法律行為は無効であり（民133条1項），不能の解除条件を付けた法律行為は無条件となる（同条2項）。

停止条件付法律行為は，その条件が単に債務者の意思にのみかかるときは無効である（民134条）。このような条件を**純粋随意条件**という。これとは別に，停止条件付法律行為において，その条件が債権者の意思だけにかかる場合には，純粋随意条件であっても無効ではない（大判大7・2・14民録24輯221頁）。

2 条件成就の効果

条件が成就すれば，停止条件付法律行為の場合には条件成就の時より法律行為の効力が発生し（民127条1項），解除条件付法律行為の場合には条件成就の時に法律行為の効力が消滅する（同条2項）。したがって，条件成就の効果は原則として遡及しない。

ところが127条3項は，「当事者が条件が成就した場合の効果をその成就し

た時以前にさかのぼらせる意思を表示したときは，その意思に従う」とする。そうすると，停止条件付売買において条件成就の遡及効を合意した場合に，売主が条件成就前に目的物を第三者に譲渡（**中間処分**という）してしまったとき，この権利を取得した第三者は，その後の条件成就によってどのような影響を受けるであろうか。

　立法者が参考にしたドイツ民法では，合意による遡及効は債権的な効力しかないと規定しているが，日本では少数説である。通説は遡及効の合意に物権的効力を認め，第三者が善意取得の要件を満たす場合とか，その権利を登記した場合を除いて，条件付売買の買主が権利を取得するとする。しかし，合意による遡及効にそこまでの効力を認めることは取引の安全を損なうことになるので，物権の遡及的取得をもって第三者に対抗するためには，あらかじめ対抗要件（民177，178条）を具備することを要するとする見解が有力である。

3　条件の成否未定の間の効力──期待権

　(1)　条件付法律行為に基づく義務者は，条件の成否未定の間に，条件成就によりその法律行為より生ずべき相手方の利益を害することができない（民128条）。128条は，条件付法律行為において，条件の成就によって利益を受ける当事者には，条件の成否未定の間にも将来の権利（または利益）に対する現在の期待があり，それを法律が保護することを示している。民法129条はこの期待を「条件の成否が未定である間における当事者の権利」と呼び，これを一般の権利と同様に処分できるとした。したがって，条件付法律行為によって**期待権**が発生するとした。

　(2)　この期待権は現在の権利であって，「条件にかかる将来の権利」とは異なる。ところが，一般には「条件付権利」という用語が，期待権を指すのか，それとも条件にかかる将来の権利を指すのか不明確である。

　(3)　通説は期待権を現在の権利としながら，それを侵害することによって生じる損害賠償請求権は条件付きで生じるとする。例えばAがBに対して，結婚すれば与えると約束した時計をCが壊した場合に，通説はBが結婚すればCに対する損害賠償請求権が発生するとする。しかし，この損害賠償請求権は現在の期待には対応していない。期待を現在の権利とする限り，その侵害は現在の権利侵害であるから，損害賠償請求権は直ちに発生するはずである。

（4）　期待権を侵害する処分行為がなされたとき，例えば停止条件付贈与の目的物である土地を贈与者が第三者に売却（中間処分）したとき，この売却の効力はどうなるか。停止条件付法律行為の効力が発生するのは条件成就の時からであるので，それまでは条件付義務者のなした処分は有効である。したがって，条件が成就した時に中間処分と贈与の間で対抗関係が発生すると考えるのが通説である。

（5）　期待権も対抗要件を備えれば排他性をもつ。仮登記担保契約（仮登記担保1条参照）において，停止条件付売買契約の売主が目的物を第三者に譲渡して登記を経た場合でも，買主が仮登記（不登105条以下）によって順位を保全しておけば，条件が成就したときに本登記にすることができ（不登105，112条），その結果，仮登記によって保全してある順位に従って，その後の期待権を侵害する処分行為の効力を排除できる（大判昭11・8・4民集15巻1616頁）。ただし，これは期待権の効力ではなく，仮登記の効力である。

（6）　期待権およびそれに対応する義務は，一般の規定に従って処分・相続・保存または担保にすることができる（民129条）。

3　期　　限

①　期限の意義

1　始期と終期と停止期限

期限とは法律行為の効力の発生，消滅または債務の履行が，その到来にかかっているところの将来，確実に発生する事実である。民法は期限の中に，その期限が到来するまでは法律行為によって生じた義務の履行を請求できないとする始期と，期限到来によって法律行為の効力が消滅する終期を規定する（民135条）。このほかに，期限が到来するまでは法律行為の効力が発生しないとする停止期限を付けることももちろん可能である。

2　確定期限と不確定期限

期限となる事実は，将来発生することが確定しているものでなければならない。このうち，その到来がいつか明確なものを確定期限と呼び，いつ到来する

か不明確なものを**不確定期限**と呼ぶ。売買代金は自分の家が売れた時に支払う，などが不確定期限の例であるが，条件との区別は困難である。判例は，必ず到来するとはいえなくても，弁済・履行に関する時期であれば，条件ではなく不確定期限であるとみなしているようである。

② 期限を付けることができない法律行為

期限は条件ほど相手方の地位を不安定にするものではないが，それでもほぼ同じような制約がある。効果の直ちに発生することが要求されるものについては，始期を付けることは許されない。婚姻，縁組などである。ただし，条件と異なり効力の発生することは確実であるから，手形行為など停止条件が許されないものでも始期は許される。

遡及効のある行為について始期を付けることは無意味である。相殺に期限を付けることが許されないのはその例である（民 506 条 1 項後段）。

③ 期限付法律行為の効力

1 期限の到来

期限が到来すれば，始期の場合には債務の履行を請求することができ（民 135 条 1 項），**停止期限**の場合には法律行為の効力が発生し，終期の場合には法律行為の効力は消滅する（民 135 条 2 項）。期限の到来に，条件成就の場合のように遡及効を与えることは無意味である。

2 期限付法律行為の期限到来前の効力

始期の場合には法律行為の時から債権の効力は発生している。停止期限，終期の場合には，期限の到来によって利益を受ける者は条件成就の期待権者よりも確実な地位を有するのであるから，条件に関する民法 128，129 条は当然に類推適用される。

なお，停止期限付処分における譲渡人，および終期付処分における取得者の権利については，果たしてそれらを所有権とみてよいかという問題がある。期間の限られた所有権は実質的にはもはや所有権とはいえないと考えられるが，日本ではあまり議論されていない。

3 期 限

4 期限の利益

1 期限の利益の推定

　期限が付けられることによって当事者が受ける利益を**期限の利益**という。民法は，期限は債務者の利益のために付けられていると推定している（民 136 条 1 項）。

2 期限の利益の放棄

　期限の利益は放棄することができるが，その結果，相手方の利益を害する結果になる場合には放棄が許されない（民 136 条 2 項）。

　期限の利益が当事者の一方のためだけに存する場合には，この者はいつでもこれを放棄することができる。ただし，そのことによって相手方が余分な費用（例えば保管費用など）を負担することになれば，それは塡補しなければならない。

　期限の利益が当事者双方のために存する場合には，分けて考える必要がある。利息付消費貸借において，期限までの約定利息を元本と合わせて払うというように，債務者が相手方の期限の利益の喪失による損害を塡補するのであれば，一方的に期限の利益を放棄することができる（通説・判例。大判昭 9・9・15 民集 13 巻 1839 頁）。

　債権者については，相手方の失われる利益を塡補できる場合には放棄できる。例えば，有償寄託の寄託者は，期限までの寄託料を支払えば一方的に利益を放棄し得る。これに対し，利息付消費貸借の借主が元本使用について有する期限の利益は，損害賠償をもってしても塡補できないものであるから，貸主の方から一方的に奪うことはできない。

　期限の利益の放棄によって期限が到来するが，この効果は将来に向かってのものであって，遡及させることはできない（大判大 1・11・8 民録 18 輯 951 頁）。

3 期限の利益の喪失

　期限の利益が与えられている債務者に，その信用が失われるような一定の事実が生じれば，債務者は期限の利益を主張することが認められなくなる（民 137 条）。破産手続開始の時（破 103 条 3 項），担保を毀損または減失させたり，

第6章　法律行為（契約）の条件・期限，期間計算

減少させたとき，担保提供したり保証人をたてる義務があるのに履行しなかっ
たときである。

　当事者間の約定で，一定の事実が存するときに期限の利益を失う旨定めたと
きは，この事実が発生したときに期限の利益が主張できなくなる。このような
期限の利益喪失約款は実務ではよく用いられている。

4　期間計算

① 期間の意義

　期間とはある時点から次の時点までの時間的な長さのことをいう。これに対
して期日は，法的に意味をもつ特定の時点のことを指す。ただし，それは瞬間
ではなく，期日とされた1日の所定の時間，例えば通常は取引時間である午前
9時から午後3時（銀行15条2項による銀行法施行規則（昭和57年大蔵省令第10
号）16条1項）とか，午前9時から午後5時といった幅をもっている。

　民法の期間の計算方法に関する規定は，私法上の関係にとどまらず，公法上
の関係にも適用される（民138条）。

② 期間の決定

　期間は当事者の意思によって決定されるほか，民法の規定（民20，30，98，
126条，第1編「総則」第7章「時効」その他多数）やその他の法律（例えば民事
訴訟法第1編第5章第3節など）によって定められている。裁判所が期間を定め
ることもある（民196条2項）。個別の法律が期間の計算方法を定めている場合
（戸43条1項，年齢計算ニ関スル法律，民訴95条2項など）にはそれによるが，
定められていない場合には民法の138条以下の規定が適用される。

③ 期間の計算方法

　民法は，日，週，月，年を単位として定められた期間については，初日を算
入しないで，その数で計算するとしている（**初日不算入の原則**）。例えば，10月
1日に「10日後に弁済する」という合意をした場合には，弁済日は11日とな
る。ただし，その合意が1日の午前0時になされた場合には10日となる（民

208

140 条）。

　期間が月または年をもって定められたときは，これを日数に換算せずに，暦に従って計算する。つまり 2 月も 3 月も同じ一月として計算する（民 143 条 1 項）。

　単位が，日よりも小さい場合には，合意の瞬間から時計で測定した時間が期間となる（民 139 条）。例えばカラオケボックスの「2 時間」という合意などである。

4　期間の満了

　日，週，月，年を単位として定められた期間については，最後の日が終了することによって満了する（民 141 条）。商行為においては，その日の取引時間の終了の時，銀行であれば午後 3 時に満了する（商 520 条）。

　月または年をもって定められた場合の満了日は，応答日の前日となる。8 月 30 日に「6 カ月後に弁済する」と合意した場合には，満了は翌年の 2 月 29 日となる。そして，これに対応する日がない場合には，その月の末日（この例では 28 日）が満了日となる（民 143 条 2 項）。

　期間の末日が日曜日，国民の祝日に関する法律に規定する休日その他の休日に当たるときは，その日に取引をしない慣習がある場合に限り，期間はその翌日に満了する（民 142 条）。

5　期間の逆算

　民法の期間計算は，期間を逆算する場合にも準用される。法人の総会の招集通知を会日より少なくとも 1 週間前までにしなければならないとか（一般法人 39 条），時効の期間の満了前 6 カ月（民 158 条 1 項），更新をしない意思表示の期間（借地借家 26 条 1 項），解雇の予告の期間（労基 20 条 1 項）などである。

第7章 法人〔権利の主体2〕

1 法人法の改正について

　平成18年6月2日，一般社団法人及び一般財団法人に関する法律（以下，「一般法人法」と略す），公益社団法人及び公益財団法人の認定等に関する法律（以下，「認定法」と略す），一般社団法人及び一般財団法人に関する法律及び公益社団法人及び公益財団法人の認定等に関する法律の施行に伴う関係法律の整備等に関する法律（以下，「整備法」と略す）が成立した（平成20年12月1日施行）。これによって，民法の法人の箇所は大幅な変更を受けることになった。法人の権利能力に関する民法34条（旧民43条）の規定を除けば，法人に関する重要な規定は一般法人法に移行された。

　一般法人法は，剰余金（利益）の分配を目的としない社団・財団に，それが行う事業の公益性の有無にかかわらず，準則主義により容易に法人格を与える法律である。剰余金（利益）の分配を行う法人は営利法人であるから，一般法人法は，非営利法人に関する一般法ということができる。従来は，公益を目的とする社団・財団は，民法の規定に従い，営利も公益も目的としない社団は，中間法人法に従い，それぞれ法人格を取得することになっていたが，一般法人法の成立により，中間法人法は廃止され（整備法1条），民法の規定も一部改正され，民法38条から84条までは削除された（整備法38条）。

　営利を目的としない社団・財団は一般法人法に基づき法人格を取得し，法人格を取得した社団・財団は，一般社団法人・一般財団法人という名称を用いなければならない（一般法人法5条1項）。一般社団法人・一般財団法人の設立，組織と解散命令，対外的法律関係，解散，清算，合併などは，一般法人法が規定している。営利を目的としない社団・財団は，まず一般社団法人・一般財団法

人として成立するのであるが，その中で，公益を目的とするものは，認定法に基づき公益認定を受けなければならない。公益認定を受けた一般社団法人・一般財団法人は，公益社団法人・公益財団法人という名称を用いなければならない（認定法9条3項）。しかし，公益社団法人・公益財団法人は，一般社団法人・一般財団法人と称する必要がないだけで（認定法9条6項），一般社団法人・一般財団法人であることに変わりはなく，一般法人法の適用を受ける。公益認定を受ければ，公益目的事業を主として行うことなどの公益性の認定要件を遵守していることなどについて，行政庁による監督を受けなければならない（認定法27～31条）が，税制上の優遇措置を受けることができる。

2 法人の意義

法人とは，自然人以外のもので，法律上，権利・義務の主体たり得るものであるといわれる。自然人以外に，なぜ権利・義務の主体たるものが必要とされるのであろうか。

① 多数当事者の法律関係単純化の技術としての法人

われわれのまわりには，様々な団体が存在する。例えば，町内会・労働組合・会社などである。これらの団体は，取引をし，訴訟をし，財産を所有している。団体とは，構成員の集まりなのであるから，団体が取引をし，訴訟をし，財産を所有するとは，全構成員がそうしていることを意味する。

しかし，例えば団体が不動産を購入する場合，全構成員の名で契約をし，相手方が履行してくれない場合，全構成員の名で相手方を訴え，不動産を無事取得できた場合も全構成員の名でこれを登記しなければならないということでは，非常に不便である。相手方も，団体が，例えば代金を払ってくれない場合，全構成員を相手に訴訟をしなければならないというのでは，同様に非常に不便である。このような場合に，団体の名で契約をし，訴訟をし，不動産登記ができれば，団体にとっても相手方にとっても非常に便利である。法人とは，団体を権利・義務の主体とすることによって，そのようなことを可能にしてくれる法技術なのである。

2 法人の意義

② 財産関係分別の技術としての法人

団体は，その活動のために必要な財産をもっているが，この団体財産は構成員の個人財産から分別されたものでなければならない。構成員が個人的に負った債務のゆえに，団体財産が差し押さえられ，売却されて第三者の手に渡るというのでは，団体活動が阻害されてしまうからである。団体を権利・義務の主体とするのは，構成員の個人財産から分別された団体財産をつくるためでもある。

ところで，注意しなければならないのは，構成員の個人財産から分別された団体財産をつくるための法技術は，法人だけではないということである。例えば，民法上の組合（民667〜688条）もそのための法技術なのである。組合でも，各組合員は組合財産に属する個々の目的物についての持分を譲渡することができず，各組合員の債権者もこの持分を差し押さえることができないと解されている（民676条1項，677条）ため，各組合員の個人財産から分別された組合財産をつくることが可能なのである。

法人と組合との差異は，前者は，団体の名で契約や訴訟や不動産登記をすることができるが，後者は，それを構成員全員の名でしなければならないということにある。このため，構成員の多数いる，法人でない団体（権利能力なき社団）は組合の規定に従ったのでは，十分な団体活動ができないという問題が生ずる（本章8「権利能力なき社団」252頁参照）。

なお，財団法人は，もっぱら財産関係の分別を目的とする法技術であるといってよい。ある人が一定の財産を，例えば育英資金として使うために寄付したとする。この寄付した財産は，もはや寄付者の個人財産ではなくなるのであるが，例えば寄付された不動産が寄付者の名で登記されたままだとすると，寄付者が個人的に負った債務のゆえに，この不動産が差し押さえられるということにもなりかねない。○○育英財団の名でこの不動産を登記することを認めれば，このような不都合を避けることができる。財団を権利・義務の主体と認めるのは，寄付者の個人財産と寄付財産とを分別するためなのである。

③ 法人は誰に便宜を与えるものか

法人とは，以上のような目的をもった法技術なのであるが，例えば団体を法

人と認めることは誰に便宜を与えるためなのであろうか。従来は，もっぱら団体の利益のためだと考えられてきた。このため，団体に法人格を認めなければ，団体の活動を抑圧できるのではないか，とも考えられた。公益社団法人の設立に関して許可主義（団体に法人格を与えるか否かを国家が自由に判断できるとする考え方）がとられた（旧民34条）のは，国家にとって望ましくない団体に法人格を認めなければ，その活動を抑制できると考えたからである。

しかし，このような考えは妥当であろうか。訴訟の場合に相手方が団体を団体の名で訴えることができるのは，団体のためというよりは，むしろ相手方の便宜のためではないだろうか。団体が団体の名で不動産登記をできるのは，確かに団体の便宜のためと一応いい得るが，このような便宜を団体に認めないと，団体の債権者が団体に対する判決を得ても，その判決で団体不動産へ強制執行できるか，という疑問が生じる。団体を法人と認めることは，必ずしも団体の便宜のためとはいえないし，そのように一応いい得る場合でも，団体を法人と認めないことは，団体の活動を害するだけでなく，団体の債権者をも害することになるということに注意しなければならない。

④ 法人の債務についての構成員の責任

法人の債務について，一般法人法には特に規定はないが，一般社団法人の社員は責任を負わないと解されている（有限責任）。これに対して，会社法では，株式会社であれば，株主は有限責任だが（会社104条参照），例えば，合名会社では社員は法人である会社の債務について無限責任を負う（会社576条2項・580条参照）。

⑤ 法人の本質（法人学説）

法人学説としては，法人擬制説・法人否認説・法人実在説などがよくあげられているが，それぞれの説は一定の歴史的背景の下に一定の課題を担って現れたものであるから，それぞれを同一平面に並べてその是非を論ずることはあまり意味がない。しかし，それぞれの説の歴史的背景と課題を十分に検討し，それを簡単に説明するということは困難なため，ここでは各説について論ずることは差し控えたい。ただ，法人の本質についての理解の差異が用語の使い方や説明の差異となって現れる場合もあるので，法人の本質についての基本的対立

については簡単に触れておきたい。

　法人とはすでに述べたような法技術にすぎないと解する立場（擬制説ないし否認説的立場といわれる）と，社会的実在であると解する立場（実在説的立場といわれる）との対立がある。実在説的立場によれば，法人には代表機関（具体的には理事）があり，代表機関の行為は法人の行為であるということになるので，法人は自ら行為（法律行為），不法行為をなし得るということになる。そして，理事の行為は法人そのものの行為であるということを示すために，「代表」とか「機関」といった用語が用いられ，法人は行為能力，不法行為能力をもつという説明がなされる。これに対して，擬制説（ないし否認説）的立場では，理事は法人の代理人であり，理事の代理行為によって法人が権利・義務を取得し，理事の不法行為について法人が賠償責任を負わされているのだということになる。

　実在説的見解は，比喩としてなら十分理解できる（例えば，法人の不法行為・犯罪行為といったことは日常的にもいわれている）が，法律論としては擬制説（ないし否認説）的見解が正当だと考える*。もっとも，「代表」とか「機関」という用語は，必ずしも実在説的立場から用いられているわけではないので（例えば，民824条参照），ここでも一般的な意味で用いることにする。

　　*例えば，実在説的見解では理事の不法行為の場合に法人の責任は認め得ても，理事個人の責任は認めにくい。それでもなお，理事の行為は一面では法人の行為であるが，他面では理事個人の行為であるとして理事の責任を認めるのはいかにも苦しい。

3　法人の種類

1　社団法人と財団法人

　社団法人とは，一定の目的のもとに結合した人の団体が法人となったものであり，**財団法人**とは，一定の目的に捧げられた財産の集合を法人としたものである，といわれる。一方は団体を基礎とし，他方は財産の集合を基礎とするものであるから，両者は全く異なる実体を反映するものであると考えられるかもしれないが，必ずしもそうではない。同一の実体を社団法人とすることも財団

法人とすることも可能なのである。例えば，日本ネパール協会は社団法人であるが，日本スペイン協会は財団法人である。

ただ，同一の実体であっても社団法人とされるか財団法人とされるかで，大きな差異が生じることも否定できない。例えば，社団法人の場合であれば，財産出資者は社員として，社員総会を通じて法人の運営に参加できるが，財団法人の場合はそうではない。理事の法人運営に問題がある場合，社団法人であれば，社員が社員総会を通じて理事をコントロールできるが，財団法人では，そのような場合に理事をコントロールする機関がない。このため，財団法人では，例えば評議員会のようなものを常置必須機関として，これに理事のコントロールをさせるべきではないか，との立法提案もなされていた。この点に関し，一般法人法は，財団法人には評議員会を置かなければならない旨を定めた（170条）。

また，法人財産の運用目的等を変更する必要が生じたとき，社団法人であれば社員総会でこれを変更できる（旧民38条）が，財団法人ではこれを変更できなかった。このため，財団法人は社団法人に比べて時代の変化に対応しにくいという欠点をもっていたが，一般法人法は，財団法人の場合も評議員会が定款を変更し得る旨を定めた（200条）。平成18年の法人法の改正により，財団法人の欠点は大幅に改善されたということができる。

なお，一般法人法によれば，財団も公益目的のものに限定されていないので，営利も公益も目的としない財団の設立も認められることになった。

② 公益法人・営利法人・中間法人

1 公益法人

公益法人とは，学術，技芸，慈善，祭祀，宗教その他の公益を目的とする法人である（民33条2項）。つまり，不特定多数人の利益を目的とするものである。公益法人は民法の旧34条により法人格を取得していたが，平成18年の法人法の改正により，一般法人法に従って法人格を取得し，認定法に従って，公益認定を受けることになった。宗教法人，学校法人，社会福祉法人は，公益法人ではあるが，それぞれ宗教法人法，私立学校法，社会福祉法の適用を受ける。

また，平成10年に特定非営利活動促進法（いわゆるNPO法）が成立した。本法は，ボランティア活動を始めとする市民が行う自由な社会貢献活動として

の特定非営利活動の健全な発展を促進し，もって公益の増進に寄与することを目的とし，保健，医療または福祉の増進を図る活動など19項目の非営利活動を目的とする団体に法人格を与えようとするものである。本法2条では，「特定非営利活動」とは不特定かつ多数のものの利益の増進に寄与することを目的とするものをいう，とされているので，本法により成立する法人は公益法人である。

　公益目的の団体は民法の公益法人として法人格を取得できたはずであるが，民法の公益法人は許可主義をとっており，許可の条件として多額の基本財産を要求していたため，公益を目的とする団体は容易に法人格を取得できなかった。そこで，本法は，認証主義を採用し，財産についても特別な要求をすることなく，ボランティア団体等が容易に法人格を取得できるようにしたのである。なお，平成18年の法人法の改正でも，NPO法は廃止されず，そのまま存続することになった。

2　営利法人

　営利法人とは営利を目的とする法人である。すなわち，金銭的利益を得てこれを構成員に分配することを目的とするものである。株式会社，合資会社，合名会社，合同会社がこれに当たる。

3　中間法人

　公益でも営利でもない目的，例えば相互扶助・親睦などを目的とする法人は**中間法人**と呼ばれる。公益も営利も目的としない団体は特別法（労働組合法，各種協同組合法）によってのみ法人となり得た。このため，同窓会・婦人会などは権利能力なき社団（本章8.[1]「権利能力なき社団とは何か」252頁参照）として存在するほかなかった。

　しかし，平成13年に中間法人法が成立し，これらの団体にも法人になる道が開かれた。本法2条1号では，中間法人とは，社員に共通する利益を図ることを目的とし，かつ，剰余金を社員に分配することを目的としない団体であって，この法律により設立されたものをいう，とされていた。中間法人には，社員が有限責任を負う有限責任中間法人と社員が無限責任を負う無限責任中間法人とがあり，有限責任中間法人では，300万円以上の基金が要求されているが，

第7章　法人〔権利の主体2〕

無限責任中間法人では基金は要求されていなかった。

　平成18年の法人法の改正により，営利も公益も目的としない社団は，一般法人法に基づき法人格を取得できることになり，基金は有限責任の要件ではなくなり，有限責任中間法人と無限責任中間法人の区別もなくなった。つまり，営利も公益も目的としない社団は，基金を要求されることなく，有限責任を享受できることになった。

③　外国法人と内国法人

　外国法人とは，外国法に準拠して設立された法人であり，内国法人とは，日本法に準拠して設立された法人である，とする準拠法説が通説である。民法は外国法人の認許について規定している（民35条1項）が，認許とは，外国法人に対して，わが国の法律上その法人格を承認することであるから，外国法人とは，外国法に準拠して設立された法人を意味すると解さざるを得ない。

　しかし，民法は，認許された外国法人の権利の享有についても規定している（民35条2項）が，権利の享有に関して内外法人を区別する場合には，設立準拠法を基準とせず，法人の構成員・資本・議決権・業務執行者などにおける外国的要素を考慮して，その法人が内国的であるか外国的であるかを判断するのが合理的である。というのは，その法人が実質的には外国的であるにもかかわらず，ただそれが日本法に従って設立されたという理由で，これを内国法人として，外国法人には享有が禁止または制限されている権利の享有を認めるのは不合理だからである。

　わが国の法令の中には，日本法に従って設立された法人を一応内国法人としながら，その実質が外国的なものは，権利の享有に関して外国法人と同様に扱っているものがある（外人土地2条参照）。問題は，そのような明文がない場合*であるが，そのような場合にも，その法人が実質的に外国的であれば外国法人として処理すべきである。この意味で，外国法人という概念は，各種の法規の適用に当たってその意義を変ずべき相対的な概念なのである。

　　*例えば，鉱業法17条は，日本国民または日本国法人でなければ，鉱業権者となることができない，と規定するだけである。

218

4 非営利法人と収益事業・税制

　公益法人や中間法人といった非営利法人がその事業資金を得るために収益事業を営むことは，公益目的，非営利目的に反するものではないと解されている。収益事業で得た利益を構成員に分配すれば，営利法人となってしまい，公益性，非営利性に反することになるが，利益を法人の目的に使用する限り，収益事業は公益性，非営利性に反しない。しかし，非営利法人が十分な財産なしに収益事業を行うと，債権者を害することになるのではないか，という問題がある。

　この点，民法上の公益法人の場合は，法人設立に主務官庁の許可が必要であり，主務官庁は許可の条件として多額の基本財産を要求していた。このため，民法上の公益法人では，債権者保護が事実上かなり果たされていた，ともいえる。

　しかし，中間法人は準則主義で法人格を取得できるため，中間法人が収益事業を営むことを考えると，法人の債権者保護を図るべきではないか，が問題となった。有限責任中間法人に最低額として300万円の基金が要求されるようになったのはこのためである。

　もっとも，中間法人法の適用を受ける団体として，同窓会・婦人会などを想定した場合，基金を要求すべきか，は疑問である。これらの団体は，一般的には収益活動を予定していないので，基金を要求する必要はないと考えられる。

　平成18年の法人法の改正により，中間法人法のような，有限責任の要件として基金を要求するという制度は廃止された。非営利法人は，特に財産を要求されることなく，有限責任を享受できることになった*。このため，同窓会・婦人会などが容易に法人格を取得できるようになったといえるが，反面，十分な財産がないのに収益事業を行った場合に債権者保護をどうするか，という問題は残った。このような問題に対処するには，法人格否認の法理（法人と構成員とを同一視し，法人の債務について構成員の責任を認めるという考え方）を活用すべきではないかと考える。

　　*ただし，財団法人に関しては，300万円以上の財産を拠出することが設立の要件とされている（一般法人法153条2項）。財団法人は財産に法人格を認めるものであるから，一定の財産の拠出が要件とされるのは当然である。

　なお，法人制度に関しては，公益法人と中間法人を合わせて非営利法人とし

て，準則主義により法人格を認めてはどうか，との見解も主張されていた。この主張は，平成 18 年の法人法の改正により実現された。しかし，この場合は，税制上の優遇措置は公益目的の社団・財団に限られるので，誰が公益性を判断すべきかが問題となる。認定法によれば，公益認定等委員会および都道府県に置かれる合議制の機関が判断することになっている（認定法 32，50 条）。民法旧 34 条により公益法人とされていたものの中には，公益とはいえないものが含まれているとの批判があったが，これらの法人は，平成 25 年 11 月 30 日までに，行政庁の認定を受けて公益社団法人・公益財団法人へ移行するか，行政庁の認可を受けて一般社団法人・一般財団法人へ移行するか，解散することになった（整備法 44 ～ 46 条）。この結果，2 万 4000 ほどあった旧公益法人のうち，新公益法人として残ったものは，9000 ほどだということである。

4　法人の設立

① 法人設立の諸主義

　法人の設立を認める方法には種々のものがあるが，国家の関与の強弱に応じて次の諸主義がとられている。

1　許可主義
　許可主義とは，法律の定める要件の具備と主務官庁の許可によって，法人の設立を認める主義をいう。法人の設立を許可するか否かは主務官庁の自由裁量に委ねられている。民法の公益法人はこの主義がとられていた（旧民 34 条）。

2　認可主義
　認可主義とは，法律の定める要件の具備と主務官庁の認可によって，法人の設立を認める主義をいう。要件を具備していれば，主務官庁は必ず認可しなければならない。各種協同組合（生協 57 条，農協 59 ～ 61 条），学校法人（私学 30，31 条），社会福祉法人（社福 31，32 条）などがこの主義をとる。

3 認証主義

認証主義は認可主義の一種である。ただ，認可主義の場合は法律の定める要件を具備していれば主務官庁は必ず認可しなければならないとされているが，法律の定める要件が抽象的な場合がある。このような場合は，主務官庁の裁量が働き得るため，許可主義に近い運用がなされ得る。そこで，法律の定める要件をできるだけ具体的なものにし主務官庁の審査を形式的なものにする場合を，特に認証主義と称している。準則主義の場合，登記官の審査は形式的なものであるため，認証主義は主務官庁が関与するものの，準則主義に近いといわれる。宗教法人（宗法12～14条），特定非営利活動法人（いわゆるNPO法人，非営利活動10，12条）がこの主義をとる。

4 準則主義

準則主義とは，法律の定める要件の具備によって法人の設立を認める主義をいう。会社法上の会社，労働組合などがこの主義をとる。この主義をとる場合，通常，設立登記をすることが，法人設立の要件とされており（会社49，579条，労組11条），設立登記の際に，登記官が要件の具備について審査する。登記官の審査は形式的なものである。

なお，平成18年に一般法人法が成立し，剰余金（利益）の分配を目的としない社団・財団は，それが行う事業の公益性の有無にかかわらず，準則主義に基づき，法人格を取得できることになった（一般法人法22，163条）。

5 自由設立主義

自由設立主義とは，国家（主務官庁，登記官等）の関与なしに，法人の設立を認める主義をいう。スイスでは，非営利社団法人につき，この主義がとられている（スイス民法60条）。

② 一般社団法人・一般財団法人の設立

一般社団法人・一般財団法人を設立するには，次の条件が満たされなければならない。

第7章 法人〔権利の主体2〕

1 剰余金（利益）の分配を目的にしないこと

剰余金（利益）の分配をすると，営利法人になってしまうので，営利法人と区別するために，社員または設立者に剰余金または残余財産の分配を受ける権利を与える旨の定款の定めは，効力を有しないとされている（一般法人法11条2項，153条3項2号）。

2 設立行為をすること

(1) 一般社団法人の場合

一般社団法人を設立するには，設立者2人以上*の者が集まり，法人の根本規則を定めた書面たる定款を作成しなければならない（一般法人法10条1項）。定款は，電磁的記録をもって作成することもできる（同条2項）。定款には，「1　目的，2　名称，3　主たる事務所の所在地，4　設立時社員の氏名又は名称及び住所，5　社員たる資格の得喪に関する規定，6　公告方法，7　事業年度」を必ず記載し，または記録しなければならない（一般法人法11条1項）。これを**必要的記載事項**という。このうち，どの一つを欠いても定款は無効となる。

> ＊一般法人法10条は，一般社団法人を設立するには，その社員となろうとする者が，共同して定款を作成しなければならない旨を規定する。「共同して」とは，「2人以上で」という意味である。

定款には，この法律の規定により定款の定めがなければその効力を生じない事項およびその他の事項でこの法律の規定に違反しないものを記載し，または記録できる（一般法人法12条）。「この法律の規定により定款の定めがなければその効力を生じない事項」とは，**相対的記載事項**のことであり，社員の経費支払義務（一般法人法27条），理事会，監事または会計監査人の設置（一般法人法60条2項）等がこれに当たる。「その他の事項でこの法律の規定に違反しないもの」とは，**任意的記載事項**のことである。相対的記載事項も任意的記載事項も，その記載がなくても定款の効力には影響しないが，記載され，記録されると必要的記載事項と同一の効力をもつ。設立時の定款は，公証人の認証を受けないと，その効力は生じない（一般法人法13条）＊＊。

> ＊＊これは，公証人が，定款作成の事実が真正であることを確認し，関係法令に照らして内容の適法性を審査して，後日の紛争と不正行為を防止するためである。

一般社団法人の設立に際して理事になる者（設立時理事）は，定款で定めて

おくのが原則であるが，定款で定めなかったときは，公証人による定款の認証後遅滞なく，一般社団法人の社員になろうとする者（設立時社員）が設立時理事を選任しなければならない（一般法人法15条1項）。監事や会計監査人を設置しなければならないときも，設立時社員が設立時監事，設立時会計監査人を選任しなければならない（同条2項）。

(2) 一般財団法人の場合

一般財団法人を設立するには，設立者が，法人の根本規則を定めた書面たる定款＊を作成しなければならない（一般法人法152条1項）。定款には，「1　目的，2　名称，3　主たる事務所の所在地，4　設立者の氏名又は名称及び住所，5　設立に際して設立者が拠出をする財産及びその価格，6　設立時評議員，設立時理事及び設立時監事の選任に関する事項，7　設立しようとする一般財団法人が会計監査人設置一般財団法人であるときは，設立時会計監査人の選任に関する事項，8　評議員の選任及び解任の方法，9　公告方法，10　事業年度」を，必ず記載し，または記録しなければならない（一般法人法153条1項）。5号の財産の価格の合計額は，300万円を下ってはならない（同条2項）。任意的記載事項を定めることが可能なことも一般社団法人の場合と同様である（一般法人法152条3項）。設立時の定款について公証人の認証が必要なことも一般社団法人と同様である（一般法人法155条）。

> ＊民法では，財団法人の根本規則は，定款ではなく，寄付行為と呼ばれていた（旧民39条）が，一般法人法では財団法人の根本規則も定款とされている。

一般社団法人とは異なり，一般財団法人を設立するには，一定財産の拠出が必要である。設立者は，公証人の認証後遅滞なく，定款に記載した財産の拠出を履行しなければならない（一般法人法157条1項）。拠出した財産は，一般財団法人成立の時に法人に帰属するのが原則である（一般法人法164条1項）。しかし，遺言で財産の拠出をしたとき＊＊は，当該財産は遺言の効力発生時，すなわち設立者の死亡時にさかのぼって法人に帰属したものとみなされる（一般法人法157条2項）。その理由は，拠出財産が法人成立時に法人に帰属するとするならば，拠出財産からの果実その他の利益が相続人に属することになり，設立者の意思に反することになるからである。

> ＊＊遺言で財団法人を設立する場合について，民法では明文の規定はなかったが，相続人または遺言執行者が設立者の死亡後に設立許可の申請をすることになっ

第 7 章　法人〔権利の主体 2〕

ていた。一般法人法では，設立者が遺言で定款に記載する事項を定め，遺言執行者
が，遺言が効力を生じた後，遺言で定められて事項を記載した定款を作成すること
になっている（一般法人法 152 条 2 項）。つまり，一般法人法では，設立者がなす
べきことと遺言執行者がなすべきことが明記され，遺言執行者は必置とされてい
る。財産の拠出は，通常の設立の場合は設立者が行うが，遺言による設立の場合は
遺言執行者が行う（一般法人法 157 条 1 項）。

　定款で設立時評議員，設立時理事，設立時監事を定めておくのが原則だが，
定款で定めなかったときは，財産の拠出の履行が完了した後，遅滞なく，定款
の定めるところに従って，これらのものを選任しなければならない（一般法人
法 159 条 1 項）。会計監査人を設置しなければならないときも同様である（同条
2 項）。

3　設立の登記

　一般社団法人・一般財団法人は，その主たる事務所の所在地において設立の
登記をすることによって成立する（一般法人法 22, 163 条）。

③　法人の登記

1　法人登記の意義

　法人と取引しようとする第三者は，法人の存在・組織・財産状態など取引上
必要な事項を簡単に知る方法がないと不測の損害を被るおそれがある。そこで，
一般法人法は，一般社団法人・一般財団法人に関する一定の事項を公簿に記載
し公示せしめることにした。法人登記の制度がこれである。

2　登記の効力

　登記すべき事項は，登記した後でなければ，善意の第三者に対抗できない
（一般法人法 299 条）。

3　設立登記

　一般社団法人・一般財団法人は，その主たる事務所の所在地において，20
条 1 項，161 条 1 項の規定による設立手続の調査を終了した日または設立時社
員・設立者が定めた日のいずれか遅い日から 2 週間以内に設立の登記をしなけ
ればならない（一般法人法 301 条 1 項，302 条 1 項）*

＊民法では，設立の登記は対抗要件であった（旧民45条2項）が，一般法人法では，設立の登記は法人の成立要件である（一般法人法22，163条）。

4　変更登記

登記した事項に変更が生じたときは，2週間以内に，主たる事務所の所在地において変更の登記をしなければならない（一般法人法303条）＊。

＊民法では，変更の登記をしないと，変更をもって，第三者（善意・悪意を問わない）に対抗できない（旧民46条2項）とされていたが，一般法人法では，善意の第三者に対抗できないだけである（一般法人法299条）。

5　法人の組織と解散命令

1　法人の機関

法人には，内部的および対外的な事務を処理する機関がある。民法の公益法人に関しては，社団法人と財団法人に共通する必須機関としては理事があり，社団法人には必須機関として社員総会があり，必須機関ではないが理事に対する監督機関として，監事を置くことができる，とされていた。一般法人法では，この点に関し，大きな変更が加えられている。

1　機関に関する変更点

(1)　一般社団法人

一般社団法人は，社員総会のほかに1人または2人以上の理事を置かなければならない（一般法人法60条1項）。一般社団法人では，社員総会，理事は必須機関である。定款の定めによって，理事会，監事，会計監査人を置くことができる（同条2項）。理事会，監事，会計監査人は任意機関である。しかし，理事会を設置している一般社団法人および会計監査人を設置している一般社団法人では，監事は必須機関である（一般法人法61条）。また，大規模一般社団法人，すなわち，最終事業年度に係る貸借対照表の負債の部に計上した額の合計額が200億円以上である一般社団法人（一般法人法2条2号）では，会計監査人は必須機関である（一般法人法62条）。なお，理事会を設置した一般社団法人では，

理事は 3 人以上でなければならない（一般法人法 65 条 3 項）。

(2) 一般財団法人

財団法人には必須機関として理事があるが，社団法人の社員総会のような機関がないため，理事が恣意的な運営を行っても，これをコントロールする機関がなかった。そこで，一般法人法は，評議員，評議員会を必須機関として設置することにした（一般法人法 170 条 1 項）。また，理事会も必須機関とし，業務執行の意思決定を慎重に行うことにした（同条同項）。理事の業務執行を監督する監事も必須機関とされている（同条同項）。要するに，理事，理事会，評議員，評議員会，監事は，一般財団法人の必須機関である。さらに，大規模一般財団法人，つまり，最終事業年度に係る貸借対照表の負債の部に計上した額の合計額が 200 億円以上である一般財団法人（一般法人法 2 条 3 号）では，会計監査人が必須機関とされている（一般法人法 171 条）。なお，一般財団法人は理事会を設置しなければならないので，理事は 3 人以上でなければならない（一般法人法 177 条，65 条 3 項）。

(3) 公益法人

一般社団法人が公益法人として認定されるためには，理事会を設置していることが必要である（認定法 5 条 14 号ハ）。また，一般社団法人・一般財団法人が，公益法人として認定されるためには，収益，費用および損失その他の勘定の額がいずれも一定の基準に達しない場合を除き会計監査人を置いている必要がある（認定法 5 条 12 号）。すでに述べたように，理事会を設置している一般社団法人では，監事は必須機関である（一般法人法 61 条）から，公益社団法人では，社員総会，理事，理事会，監事は必須機関であり，会計監査人も原則として必須機関ということになる。公益財団法人では，理事，理事会，評議員，評議員会，監事だけでなく，会計監査人も原則として必須機関ということになる。

2　理事，理事会

(1)　理事の選任・解任

民法の公益法人では，**理事の選任**の方法は，定款・寄付行為で定められるとされていた（旧民 37 条 5 号，39 条）。社団法人では，社員総会の決議で選任されるのが普通であったが，一般法人法では，一般社団法人の理事は，社員総会の決議で選任することが明記された（一般法人法 63 条 1 項）。社員総会による理

事のコントロールが必要と考えられたからである。解任も，社員総会の決議で
なし得る（一般法人法70条）。一般財団法人の理事は，評議員会の決議で選任お
よび解任し得る（一般法人法177条・63条，176条）。

(2) 理事の職務権限

民法の公益法人では，理事は，定款・寄付行為および総会の決議に従い法人
のために必要なすべての対内的・対外的業務を執行する職務権限をもっていた
(旧民53条)。しかし，一般法人法では，一般社団法人の場合，理事会が設置さ
れている法人か否かで，理事の権限は異なる。**理事会非設置一般社団法人**では，
理事が業務を執行し，理事が2人以上ある場合は，業務は，理事の過半数で決
定するのが原則であるが，定款で別段の定めができる（一般法人法76条1項，
2項）。これに対して，**理事会設置一般社団法人**では，業務執行の決定は，理
事会の職務であり（一般法人法90条2項1号），業務執行は，代表理事および業
務執行理事が行う（一般法人法91条1項）。法人の代表も，理事会設置一般社団
法人か否かで異なる。理事会非設置一般社団法人では，理事は，一般社団法人
を代表し，理事が2人以上いる場合は，各理事が一般社団法人を代表するのが
原則だが，定款，定款の定めに基づく理事の互選または社員総会の決議によっ
て，理事の中から代表理事を定めることもできる（一般法人法77条1～3項）。
これに対して，理事会設置一般社団法人では，代表理事だけが一般社団法人を
代表する。一般財団法人の場合は，理事会の設置が必須であるから，理事会設
置一般社団法人に関する規定が準用される（一般法人法197条）。

(3) 理事会の権限

理事会は，業務執行の決定，理事の職務執行の監督，代表理事の選定および
解職の権限をもつ（一般法人法90条2項，197条・90条2項）。なお，重要な財
産の処分および譲受け，多額の借財，重要な使用人の選任および解任，従たる
事務所その他の重要な組織の設置，変更および廃止などの重要な業務執行の決
定は理事に委任することはできず，理事会が決定しなければならない（一般法
人法90条4項，197条）。

3 監 事

(1) 監事の選任・解任

その選任・解任は，すべて理事の場合と同じである（一般法人法63条1項，

70条，177条・63条1項，176条）。

(2) 監事の職務権限

監事の職務権限は，理事の職務の執行を監査することである（一般法人法99条，197条）。監事は，理事が法人の目的外の行為その他法令もしくは定款に違反する行為をし，または行為をするおそれがある場合，その行為を差し止めることができる（一般法人法103条，197条）。また，監事は，法人が理事に対し，または理事が法人に対し訴えを提起する場合には，当該訴えについて，法人を代表する（一般法人法104条，197条）。

4　会計監査人

(1) 会計監査人の選任・解任

その選任・解任は，理事，監事と同じである（一般法人法63条1項，70条，177条・63条1項，176条）。

(2) 会計監査人の職務権限

会計監査人の職務は，法人の計算書類およびその付属明細書を監査することである（一般法人法107条，197条）。会計監査人は，公認会計士または監査法人でなければならない（一般法人法68条，177条）。

5　評議員，評議員会

(1) 評議員の選任・解任

「評議員の選任及び解任の方法」は，一般財団法人の定款の必要的記載事項とされている（一般法人法153条1項8号）。具体的には，評議員会の決議によるという方法を定めることが多いのではないか，といわれている。理事または理事会が評議員を選任・解任する旨の定めは禁止されている（同条3項1号）。評議員会は，理事の選任機関だから（一般法人法177条・63条），被監督者が監督者の選任・解任権をもつのは妥当ではないと考えられたからである。

(2) 評議員会の権限

評議員会は，この法律に規定する事項および定款で定めた事項に限り，決議することができる（一般法人法178条2項）。この法律に定められた事項としては，理事・監事・会計監査人の選任・解任（一般法人法177条・63条，176条），定款の変更（一般法人法200条）などがある。

6 社員総会

(1) 社員総会の招集

　理事は，毎事業年度の終了後一定の時期に定時**社員総会**を招集しなければならず，必要がある場合は，いつでも社員総会を招集できる（一般法人法36条）。総社員の議決権の10分の1（5分の1以下の割合を定款で定めた場合にあっては，その割合）以上の議決権を有する社員は，理事に対し，社員総会の目的である事項および招集の理由を示して，社員総会の招集を請求できる（一般法人法37条1項）。この場合，請求の後遅滞なく招集の手続が行われなければ，請求した社員が裁判所の許可を得て社員総会を招集できる（同条2項）（民法の規定では総社員の5分の1以上の社員から請求があったときは，理事は臨時総会を招集しなければならない（旧民61条2項）とされていたが，理事が招集しない場合にどうするかについて規定はなく，規定の不備が指摘されていた。平成18年改正によりそれが改善されたということができる）。社員総会を招集するには，理事は，社員総会の日の1週間前までに，社員に対して通知を発しなければならない（一般法人法39条1項）。社員の全員の同意があるときは，招集の手続を経ることなく，総会を開催できる（一般法人法40条）。

(2) 社員総会の権限

　社員総会の権限は，理事会設置一般社団法人か否かで，差異がある。理事会非設置一般社団法人では，社員総会は，この法律に規定する事項および一般社団法人の組織，運営，管理その他一般社団法人に関する一切の事項について決議することができる（一般法人法35条1項）。これに対し，理事会設置一般社団法人では，社員総会は，この法律に規定する事項および定款で定めた事項に限り，決議することができる（同条2項）。「この法律で規定する事項」としては，社員の除名（一般法人法30条1項），理事・監事・会計監査人の選任・解任（一般法人法63条1項，70条1項），定款の変更（一般法人法146条）などがある。

(3) 社員総会の決議

　社員総会の決議には，通常決議と特別決議がある。通常決議は，総社員の議決権の過半数を有する社員が出席し，出席した社員の議決権の過半数によって行われる（一般法人法49条1項）。特別決議は，総社員の半数以上であって，総社員の議決権の3分の2以上に当たる多数をもって行わなければならない（同条2項）（社員は，各1個の議決権を有するのが原則である（一般法人法48条1項本

文)。しかし，定款の定めにより，特定の社員が複数の議決権を有する旨を定めることができる（同条1項但書）。このため，総社員の数と総社員の議決権の数が食い違うことがあるので，特別決議の要件が，「総社員の半数以上であって，総社員の議決権の3分の2以上に当たる多数」と規定されているのである。なお，社員の議決権の数に差をつけることは許されているが，特定の社員が全く議決権を有しない旨の定款の定めは無効である）。特別決議が必要な事項は，除名，監事の解任，定款の変更，解散などである（同条2項各号参照）。理事会設置一般社団法人では，社員総会は，議題としてあらかじめ通知された事項以外の事項については，決議できない（同条3項）。議決権は，代理人によってこれを行使することもでき（一般法人法50条)，書面や電磁的方法による議決権の行使も認められる（一般法人法51，52条)。

(4) 社員総会決議の瑕疵

総会の決議について手続上および内容上の瑕疵があるときに，決議の取消し・無効または不存在確認の訴えを提起し得るか，が問題となっていた。平成18年改正により，社員総会の決議不存在または無効確認の訴えと取消しの訴えとが規定され，この問題は解決された〔一般法人法265，266条)。なお，評議員会の決議に関しても同様の訴えが認められる（一般法人法265，266条)。

(5) 社員の権限

理事等の役員が不正な行為をしたような場合に，**社員**にこれをコントロールする権限を認めるべきかは，今日重要な問題である。社団法人の理事が法令や定款に違反する行為をなして法人に損害を与えた場合に，他の理事がその責任を追及しないとき，個々の社員が責任追及をできるかが問題となっていた。また，理事が法人の目的の範囲外の行為をしようとしているとき，個々の社員が差止めの請求ができるかも問題となっていた。一般社団法人では，個々の社員に理事等の責任を追及する代表訴訟と理事の行為の差止めを請求することが認められた（一般法人法278条，88条1項)。また，理事，監事が不正な行為等をしたにもかかわらず，解任の議案が社員総会で否決されたときは，総社員の議決権の10分の1以上の議決権を有する社員は，理事，監事の解任を求める訴えを提起できる（一般法人法284条1号)。さらに，総社員の議決権の10分の1以上の議決権を有する社員は，業務時間内は，いつでも会計帳簿等の閲覧または謄写の請求ができる（一般法人法121条)。これらの規定によって，社員ある

いは少数社員が理事等をコントロールする権限が強化された，ということができる。なお，一般財団法人では，評議員が差止めの請求と解任の訴えおよび会計帳簿等の閲覧または謄写の請求ができる（一般法人法197条・88条1項，284条2号，199条・121条）が，評議員には理事等の責任を追及する代表訴訟は認められていない。

(6) 社員の入会，退社，除名

社員の入会は，社員と社団との契約である。社員となる資格や入会の手続は定款で自由に決めることができる。社員は，定款に別段の定めがない限り，いつでも退社できる（一般法人法28条1項）。定款に別段の定めがあっても，やむを得ない事由があるときは，いつでも退社できる（同条2項）。除名は，正当な事由があるときに限り，社員総会の特別決議で行うことができる（一般法人法30条，49条2項1号）。

② 法人の組織変更

1 一般社団法人の定款の変更

一般社団法人は，その根本規則である定款を自主的に変更することができる。ただし，定款変更は，社員総会の特別決議によらなければならない（一般法人法146条，49条2項4号）。

2 一般財団法人の定款の変更

定款の変更は，評議会の決議によってできる（一般法人法200条1項本文）。ただし，この決議は，特別決議によることが必要であり，議決に加わることができる評議員の3分の2以上に当たる多数でもって行われなければならない（一般法人法189条2項3号）。なお，法人の「目的」と「評議員の選任及び解任の方法」に関しては，設立者が評議員会によって変更できる旨を定めていれば，特別決議で変更できるが，そうでない限り，変更できない（一般法人法200条2項，同条1項但書）。しかし，その設立の当時予見することのできなかった特別の事情により，法人の「目的」と「評議員の選任及び解任の方法」に関する定款の定めを変更しなければその運営の継続が不可能または著しく困難となるに至ったときは，裁判所の許可を得て，評議会の決議によって，変更できる（同条3項）。

③　解散命令

　一般社団法人・一般財団法人に関しては，主務官庁等による一般的な監督制度は存在しない。しかし，これらの法人に関しても，法人の設立が不法な目的に基づいていたり，不法な業務が行われたりするおそれがあることは否定できない。そこで，そのような場合は，裁判所が法務大臣または社員，評議員，債権者その他の利害関係人の申立てにより，法人の解散を命ずることができるようにしている（一般法人法261条）。なお，公益社団法人・公益財団法人は，公益目的事業を主として行うことなどの公益性の認定要件を遵守していることなどについて，行政庁による監督を受けなければならず（認定法27条），法人がこれを遵守していない場合は，行政庁は公益認定を取り消す権限を有する（認定法29条）。

6　法人の対外的法律関係

①　法人の権利能力

　法人は，自然人同様，権利能力を有するものであるが，その権利能力の範囲いかんが問題となる。自然人の権利能力は，原則としてすべての範囲に及ぶのであるから，例えば自然人の団体である社団法人の権利能力の範囲もすべての範囲に及ぶと解してよさそうである。しかし，種々の考慮から，法人の権利能力の範囲は自然人に比べて制限されている。すなわち，「法人は，法令の規定に従い，定款その他の基本約款で定められた目的の範囲内において，権利を有し，義務を負う」（民34条）と。

1　法令による制限

　法人の権利能力は，法令によって制限されることがある。例えば，清算法人の権利能力は，「清算の目的の範囲内」に限定されている（一般法人法207条）。

2　性質による制限

　法人は，肉体を基礎とする権利・義務をその性質上享有できないといわれて

いる。例えば，親権・生命権・肉体上の自由権は享有し得ない＊。

　　＊相続権は，理論上必ずしも法人が享有し得ないものではないが，わが民法は相
　続人を被相続人と一定の親族関係にあるものに限定している（民887〜890条）の
　で，法人は相続権を享有できない。しかし，法人も特別縁故者として相続財産の分
　与を受けること（民958条の3）や遺贈を受けることは可能である。

　法人は，肉体を基礎としないような氏名権・名誉権・精神的自由権を享有し
得ると解されている。しかし，名誉権が侵害された場合に，法人が民法710条
の非財産的損害の賠償を請求し得るかは問題である。下級審判例は，民法710
条の非財産的損害を精神的損害と解し，法人には精神的苦痛はあり得ないとし
てこれを否定的に解するのが一般的であったが，最高裁は精神的損害以外にも
金銭評価の可能な損害があり得るとしてこれを認めた＊。

　　＊最判昭39・1・28民集18巻1号136頁
　〔事実〕　Yはその編集する新聞に医療法人Xを誹謗する記事を掲載したので，X
　は民法710条に基づき損害賠償を請求した。
　〔判旨〕「民法710条は，財産以外の損害に対しても，其賠償を為すことを要す
　ると規定するだけで，その内容を限定していない。……いわゆる慰謝料を支払うこ
　とによって，和らげられる精神上の苦痛だけを意味するものとは受けとり得ず，む
　しろすべての無形の損害を意味するものと読みとるべきである」。「法人の名誉権侵
　害の場合は金銭評価の可能な無形の損害の発生すること必ずしも絶無ではなく，そ
　のような損害は加害者をして金銭でもって賠償させるのを社会観念上至当とすべき
　であり，この場合は民法723条に被害者救済の格段な方法が規定されているとの故
　をもって，金銭賠償を否定することはできない」。

　ところで，法人には精神的苦痛はあり得ないので，法人は民法710条により
慰謝料を請求できないと考えるべきであろうか。ここに複数の者が団体を形成
し営業を営み，あるいは宗教活動をしているとする。この団体の名誉が侵害さ
れた場合，これによって精神的苦痛を受ける者はいないのであろうか。この場
合，個々の構成員が精神的苦痛を受けることは否定できない。では，これらの
者は，この精神的苦痛に対する慰謝料請求権をいかなる方法で行使すべきであ
ろうか。これらの者が個々バラバラに請求権を行使しなければならないという
ことになると，これらの者が困るだけでなく，相手方も煩雑すぎて困る。この
場合，これらの者が団体の名で請求権を行使すべきではあるまいか。このよう
な意味で，法人に慰謝料請求権を認めることは可能ではないかと考える。

第7章　法人〔権利の主体2〕

3　目的による制限

　立法者の見解によれば，法人は定款その他の基本約款で定められた**目的**によって権利能力が制限されている（権利能力制限説）。その意味は，法人の理事が目的の範囲外の法律行為をすれば，その行為は絶対的に無効であり，相手方はこの行為につき表見代理の成立を主張したり（民110条），法人側がこの行為を無権代理として追認する（民113条）余地はないということである（後述するように，この点については異論がある）。

　では，なぜこのような措置がとられたのであろうか。その理由としては，目的の範囲外の行為によって法人が財産を失ったり，義務を負わされたりするのを防止するため，ということがいわれている。この措置は，相手方の利益を犠牲にして法人の利益を保護するものといってよいであろう。というのは，相手方は，理事の行為を目的の範囲内と信ずるにつき正当な理由があるときでも保護されないからである。しかし，注意しなければならないのは，この措置によって法人が常に利益を得るとは限らないことである。というのは，目的の範囲外の行為によって法人が利益を得る場合もあり得るが，この場合でも法人はこの行為を追認して有効とすることはできないからである。目的による権利能力制限によって法人に与えられる利益は，目的の範囲外の行為によって法人が財産を失ったり義務を負わされることはないという消極的な利益なのである。

　ところで，目的による権利能力制限は，相手方の利益を犠牲にして法人の利益を保護するものであるから，「目的の範囲」をあまり厳格に解すると相手方にとって酷な結果となる場合が少なくない。このため，判例によって「目的の範囲」が拡大される傾向がある。この傾向は営利法人と非営利法人とで異なるといわれているので，営利法人，非営利法人（公益法人・協同組合）の順で検討してみたい。

　なお，目的による権利能力制限は，法人の利益の保護を目的とするものであると述べてきたが，このようにいってしまってよいかについては疑問がないわけではない。この点は，協同組合の「目的の範囲」を論ずるところ（(2)(b)）で述べる。

(1)　営利法人

　初期の判例は，「目的の範囲」を厳格に解し，定款に記載された目的の範囲に限定し，例えば創業時代からの功労者に対して2,000円を贈与する契約を目

的の範囲外とした（大判明36・1・29民録9輯102頁）。しかし，次第に緩やかに解するようになり，会社の目的を達するに必要な事項は，定款に記載されていなくてもなお目的の範囲内であるとした。例えば，鉄道会社が石炭採掘権を取得することも目的の範囲内とされた（大判昭6・12・17新聞3364号17頁）。さらに，ある行為が会社の目的を達するに必要か否かの判断についても，**行為の外形**からみて判断すべきとした＊。

＊大判昭13・2・7民輯17巻50頁は，運送会社の代表者が転売利益を着服する目的で重油を購入した行為について，「重油買入ノ行為カ外形ヨリ観テ被上告会社ノ目的タル前記業務ヲ遂行スルニ必要ナル行為タリ得ヘキモノナルニ於テハ右行為ハ被上告会社ノ目的ノ範囲内ノ行為ナリト謂フヘク」と述べている。

そして，これは最高裁に受け継がれている＊＊。

＊＊最判昭27・2・15民集6巻2号77頁
〔事実〕　Xは，訴外A会社の代表者Bから本件建物を買い受け，その建物に居住するYらに建物の明渡しを求めた。原審では，A会社はY一族（当主はYらのうちの1人）の「不動産その他の財産を保全し之が運用利殖を計ること」を目的とするものであり，本件建物を売却することは会社の目的の範囲内に属する行為でないことはもちろん，当時会社の目的たる事業を遂行するのに本件建物を売却する必要があった事情も認め得ないから，本件建物の売買行為は無効である，とされX敗訴。そこで，Xが上告。
〔判旨〕　「定款に記載された目的自体に包含されない行為であっても目的遂行に必要な行為は，また，社団の目的の範囲に属するものと解すべきであり，その目的遂行に必要なりや否やは，問題となっている行為が，会社の定款記載の目的に現実に必要であるかどうかの基準によるべきではなくて定款の記載自体から観察して，客観的に抽象的に必要であり得べきかどうかの基準に従って決すべきものと解すべきである」として破棄差戻し。

この最高裁の判断基準の下で，客観的に抽象的にみて目的遂行に必要でない，とされた例はない。かくして，営利法人では，「目的の範囲」による権利能力制限は，判例による解釈によって有名無実となっている。

(2)　非営利法人

(a)　公益法人

公益法人については判例が少ないため，「目的の範囲」についての判例の傾向を述べることは困難である。

学説では，公益法人の「目的の範囲」は営利法人の場合と異なり厳格に解す

第7章　法人〔権利の主体2〕

べきであるとする見解が有力である。しかし，その意味するところは必ずしも明確ではない。公益法人の場合も，例えば目的に資金借入れということが記載されていなくても，運営資金借入れを「目的の範囲」内とする必要があることは疑いないのだから，目的遂行に必要な行為を「目的の範囲」外としてしまう趣旨ではないであろう。

では，目的遂行に必要な行為か否かの判断を，公益法人の場合は営利法人の場合と異なり，客観的・抽象的にではなく具体的に行えという趣旨なのであろうか。もしそうだとすれば，営利法人と公益法人とで，「目的の範囲」の認定に関し大きな差異が生じることになるが，その結果が妥当かは疑わしい。例えば，資金借入れが現実に法人の目的遂行のためになされたか否かによって，「目的の範囲」内か否かを判断することになると，貸主は資金がどのように使われるか知り得ない場合が少なくないであろうから，貸主にとって極めて酷な結果になると思われる。いずれにせよ，公益法人の「目的の範囲」は，営利法人に比べより厳格に解すべきであるということの意味を明確にし，今後議論していく必要があると思われる。

(b)　協同組合

協同組合の「目的の範囲」に該当するか否かが問題となる行為に，**員外貸付**（非組合員への貸付）があるが，この点についての裁判所の判断は，戦後の最高裁判例をみてもかなり不安定なものである。

まず，農業協同組合が，非組合員であるリンゴ移出業者に資金を貸し付けた事案を「目的の範囲」内とした*。次に，農業協同組合の理事長が非組合員である土建業者に人夫賃支払資金を貸し付けた事案を「目的の範囲」外とした**。さらに，労働金庫が非組合員に資金を貸し付けた事案を「目的の範囲」外とした***。

これらの判例の流れをみる限り，協同組合の「目的の範囲」認定は，営利法人の場合に比べて厳格であるようにみえる。

＊最判昭33・9・18民集12巻13号2027頁
〔事実〕　X農業協同組合は，非組合員Yに金銭を貸し付け，その債務を準消費貸借とした。X組合がYに支払を求めたところ，原審では，X組合の非組合員Yへの貸付は組合の目的の範囲外の行為であり無効である，としてX組合敗訴。そこでX組合が上告。
〔判旨〕「X組合は，その経済的基礎を確立するため，林ごの移出業者であるY

236

外数名の者との間にそれぞれ林ごを集荷せしめ各その集荷にかかる林ごの委託販売をうけ，所定の手数料を受くべき旨契約を締結し，それら林ご移出業者が林檎の集荷に要すべき資金を貸し付けることとなったものであって，……右はＹがＸ組合の組合員でなくとも，特段の事情の認められない限りは，少なくとも右にいわゆるＸ組合の事業に附帯する事業の範囲内に属するものと認めるを相当とする」として破棄差戻し。

＊＊最判昭41・4・26民集20巻4号849頁—判例講義民Ⅰ⑪
〔事実〕　Ｘ組合は農業協同組合であるが，その理事長Ｙ₁は組合を代表して，自己が取締役に就任している土建会社の代表取締役Ｙ₂に人夫賃等の支払のための金銭を貸し付け，Ｙ₃がその債務を連帯保証した。Ｙ₂が返済しないので，Ｙ₁が債務の保証をし，自己の不動産に抵当権を設定することを約束したが，これを実行しない。そこで，Ｘ組合がＹ₁らを相手に債務の履行と抵当権の設定登記を求めたのが本件である。原審では，非組合員に対する本件貸付は組合の目的の範囲外の行為であり無効とされ，Ｙ₂に対する不当利得返還請求のみが認められ，Ｙ₃の連帯保証，Ｙ₁の抵当権設定はそれぞれ無効とされたので，Ｘ組合が上告。
〔判旨〕　「原審は，右金員貸付が組合員でない者に対してなされたことのみならず，Ｘ組合代理理事であったＹ₁も右貸付がＸ組合の目的事業とは全く関係のないものであり，従って，右貸付が組合定款に違反することを承知して貸し付け，またＹ₂も右事情を承知してこれを借り受けたものであって，右貸付が組合の目的範囲内に属しないことが明らかであることを理由に，右貸付が無効であると判断しているのであり，原審の確定した事実関係のもとにおいては，右判断は是認するに足りるところである」。

＊＊＊最判昭44・7・4民集23巻8号1347頁—判例講義民Ⅰ②
〔事実〕　Ｘは，訴外Ａ労働金庫の会員資格を仮装するため，自己を代表者とする架空の訴外Ｂ洋服店従業員組合を結成し，その組合名義でＡ金庫より金を借り，自己所有の土地・建物に抵当権を設定したが，これを実行され，Ｙ₁が競落した。Ｙ₁はそのうちの建物の一部をＹ₂に賃貸している。Ｘは，Ａ金庫の貸付行為は目的の範囲外の行為であり，したがって，抵当権も無効であるとして，登記の抹消と土地・建物の明渡しを求めたが，敗訴したので上告。
〔判旨〕　「同法〔労働金庫法〕がその会員の福利共済活動の発展およびその経済的地位の向上を図ることを目的にしていることに鑑みれば，労働金庫におけるいわゆる員外貸付の効力については，これを無効と解するのが相当であって，この理は，農業協同組合が組合員以外の者に対し，組合の目的事業と全く関係のない貸付をした場合の当該貸付の効力についてと異なるところはない」。「しかしながら，……Ｘは自ら虚無の従業員組合の結成手続をなし，その組合名義をもってＡ金庫から本件

第7章　法人〔権利の主体2〕

貸付を受け，この金員を自己の事業の資金として利用していたというのであるから，仮りに右貸付行為が無効であったとしても，同人は右相当の金員を不当利得としてA金庫に返済すべき義務を負っているものというべく，結局債務のあることにおいては変りはないのである。そして，本件抵当権も，その設定の趣旨からして，経済的には，債権者たる労働金庫の有する右債権の担保たる意義を有するものとみられるから，Xとしては，右債務を弁済せずして，右貸付の無効を理由に，本件抵当権ないしその実行手続の無効を主張することは，信義則上許されないものというべきである」。

　ところで，員外貸付を「目的の範囲」外とすることに対しては賛否両論がある。まず，員外貸付を「目的の範囲」外とすることに反対する説（「目的の範囲」内説）の背後には次のような事情があると思われる。

　第1に，員外貸付を「目的の範囲」外とすると，協同組合の利益が害されるという事情がある。例えば，最高裁昭和33年判決では準消費貸借契約が結ばれ，最高裁昭和41年判決では保証契約・抵当権設定契約が結ばれ，最高裁昭和44年判決では，抵当権が設定されていたのであるが，員外貸付が「目的の範囲」外とされれば，これらの行為は無効となり，組合の利益が害されることになる＊＊＊＊。

　　＊＊＊＊もちろん，その場合，組合は相手方に対して不当利得返還請求権を行使し得るが，貸付契約で高い約定利息が約束されていても，5分の法定利息しか請求できないし，保証契約の履行を請求したり，担保権の実行をすることもできない。なお，新法では，法定利息は変動制とされ，改正法施行時の法定利息は年3分とされている（民404条2項）。

　第2に，これらの事件では，すべて相手方が員外貸付を「目的の範囲」外と主張しているという事情がある。相手方は，員外貸付が許されないことを承知で借りておきながら，あとになって貸付の無効を主張し，法律関係を混乱させているのである＊＊＊＊＊。

　　＊＊＊＊＊特に，最高裁昭和44年判決では，抵当権が実行され，競落人の手に担保物件が渡り，この物件を賃借している者もいる段階で，貸付の無効，抵当権実行手続の無効が主張されている。なお，昭和54年に民事執行法が制定され，同法184条に「担保不動産競売における代金の納入による買受人の不動産取得は，抵当権の不存在又は消滅により妨げられない」との規定がおかれた。このため，貸付が無効であり，抵当権が無効であっても競落人（＝買受人）は，抵当物件の所有権を取得できることになった。

238

6 法人の対外的法律関係

すでに述べたように，目的による権利能力制限は，法人の側の消極的利益を保護するものであり，法人の側が積極的に利益を得たいというときには，むしろその障害になり得る。「目的の範囲」内説は，相手方の利益のためではなくて，法人の利益のために，「目的の範囲」の拡大を主張しているのである。

次に，員外貸付を「目的の範囲」外とすることに賛成する説（「目的の範囲」外説）の背後には次のような考慮がある。各種協同組合法は，協同組合のなし得る事業範囲を限定し，員外貸付などを原則として禁止しているため，員外貸付は定款の目的の範囲外の行為であると同時に法律に違反する行為でもある。法律で員外貸付を禁止しているのは，員外貸付によって組合員が借りにくくなるのを防ぐため（つまり，組合員の保護のため）ということもあるが，それと同時に組合が一般金融機関と類似の行為をすることを禁止することによって，一般金融機関の市場を保護するということもある。協同組合には税法上・金融上の保護が与えられているが（例えば法税 66 条 3 項参照），これは，組合が法定の制限内で事業を行うことを前提に与えられたものであるから，この保護の反面として，員外貸付のようないわば一般金融の市場への進出は国家の政策として禁ぜられていると解すべきだというのである。つまり，協同組合の場合の目的による権利能力制限は，法人の側の利益の保護のみを目的とするのではない，というのである。このため，法人の利益になるからといって，目的による権利能力制限をやめてしまうこともできないということになるわけである。

なお，「目的の範囲」外説に立ちながら，「目的の範囲」内説があげる第 2 の事情を考慮することは可能である。例えば，最高裁昭和 44 年判決では，裁判所は，員外貸付を「目的の範囲」外で無効としておきながら，借主がこの貸付の無効を理由に，抵当権ないしその実行手続の無効を主張することは許されないとして競落人の権利取得を認めている。「目的の範囲」外説に立ちながら，当事者間では員外貸付を無効とし（最高裁昭和 41 年判決と同様の処理），第三者との関係では無効の主張を認めない（最高裁昭和 44 年判決と同様の処理）という処理もあり得る******。

******当事者は，互いに違法を承知で取引しているのであるから保護に値しないが，そのような事情を知らない第三者は保護する必要があるからである。

4 代表権制限説

目的によって制限されるのは権利能力ではなくて，理事の代表権の範囲であるとする学説（代表権制限説）がある。この説によれば，理事の目的の範囲外の法律行為は，無権代理行為ということになり，表見代理の成立や無権代理の追認が認められることになる。この説が目的によって制限されるのは権利能力であるとする説（権利能力制限説）より優ると考えられた場合の一つは，協同組合の員外貸付である。この説に立てば，「目的の範囲」外の行為であっても法人は追認することができるため，員外貸付を目的の範囲外としつつ，「目的の範囲」内説があげる第1の事情を十分に考慮することができるという利点がある，というわけである。

しかし，「目的の範囲」外説が述べるように，目的による権利能力制限が意図するものは法人の利益の保護だけではないということになれば，やはりこの説に立っても員外貸付を追認することはできないということになると思われる。員外貸付の追認を認めれば，目的による権利能力制限が意図する他の利益，一般金融機関の市場の保護という利益を法人が無視するのを認めることになるからである。

では，営利法人・公益法人の場合，この説は権利能力制限説より優っているといえるであろうか。営利法人の場合，「目的の範囲」の認定が非常に緩やかになっているため，表見代理の規定で相手方を保護する必要性も，追認によって法人を保護する必要性も乏しい。公益法人の場合，学説に従って「目的の範囲」の認定を厳格に行うことになれば，この説は独自性を発揮し得ると思われるが，ここでも「目的の範囲」の認定を緩やかにするという立場をとれば，この説を採用する必要性は少ないと思われる。

5 法人の政治献金・寄付

法人が政治献金や災害等への寄付をすることが法人の目的の範囲内の行為といえるかが問題となる。会社の政治献金に関しては，客観的・抽象的に観察して，会社の社会的役割を果たすためになされたものと認められる限り，会社の目的の範囲内の行為である，とされた（最大判昭45・6・24民集24巻6号625頁―判例講義民Ⅰ⑫）。しかし，税理士会の政治献金は，たとい税理士にかかる法令の制定改廃に関する政治的要求を実現するためのものであっても，税理士会

の目的の範囲外の行為であり，政治献金をするために会員から特別会費を徴収する旨の決議は無効である，とされた（最判平 8・3・19 民集 50 巻 3 号 615 頁—判例講義民 I ⑬）。

その根拠の一つとしては，税理士会は強制加入団体であるから，会員の思想・信条の自由との関係で，会員に要請される協力義務には自ずから限界がある，ということがあげられている。しかし，政治献金をするか否かは，選挙における投票の自由と表裏をなすものとして，会員各人が市民としての個人的な政治的思想，見解，判断等に基づいて自主的に決定すべき事柄というべきである，とも述べられている。この点は，強制加入団体ではない会社にもいえることである。会社の政治献金に関しても再検討が必要なのではあるまいか。

群馬司法書士会が阪神・淡路大震災の復興支援のために会員から寄付を徴収することが司法書士会の目的の範囲内の行為といえるかが問題となり，最高裁はこれを目的の範囲内の行為であるとした（最判平 14・4・25 判タ 1091 号 215 頁）。しかし，災害があったときに寄付をするか否かは，法人の目的達成とは関係がない事柄であるから，そのような事柄について法人が決議しても，構成員は決議に拘束されないと考えるべきではあるまいか。最高裁判決は 3 対 2 の多数決で目的の範囲内としたのであるが，目的の範囲外とする少数意見にも十分根拠があると考える。

② 理事の代表権

法人は，その権利能力の範囲内において，理事の代表行為によって権利・義務を取得する。ここでは，この**理事の代表権**について述べる。

1 理事会設置法人か否か

すでに，理事の権限の箇所で述べたように，理事の代表権を考える場合，理事会が設置された法人か否かが重要である。

(1) 理事会設置一般社団法人・一般財団法人

一般財団法人では理事会を設置しなければならないので，一般財団法人は常に理事会設置法人である。一般社団法人の場合は，理事会を設置するか否かは任意だが，これを設置すれば，理事会設置一般社団法人である。このような法人では，理事会で選任された代表理事だけが代表権をもつ。他の理事は代表権

第7章　法人〔権利の主体2〕

をもたない。代表理事は，法人の業務に関する一切の裁判上または裁判外の行為をする権限を有し，この権限に加えた制限は，善意の第三者に対抗できない（一般法人法77条4項5項，197条）。代表理事は，包括的な代表権をもっており，定款や社員総会の決議によって，これに制限を加えても，善意の第三者には対抗できない。この点は，従来と変わらない。

　しかし，一般法人法では次のような問題が生じる。一般法人法は，重要な財産の処分および譲受け，多額の借財，重要な使用人の選任および解任，従たる事務所その他の重要な組織の設置，変更および廃止などの重要な業務執行の決定は理事に委任することはできず，理事会が決定しなければならない（一般法人法90条4項，197条），と規定する。この規定によれば，重要な財産の処分や多額の借財等は理事会の決議事項なのに，代表理事が，理事会の決議を得ないで，重要な財産を処分し，あるいは多額の借財をした場合に，その代表行為の効力がどうなるか，ということが問題となる。この場合も，代表理事の代表権に加えた制限は，善意の第三者に対抗できないという一般法人法77条5項規定を適用して，相手方が善意であれば保護されるのであろうか。それとも，重要な財産の処分等は理事会の決議がなければ行い得ないとの規定は，いわば法律による代表理事の代表権の制限だから，一般法人法77条5項の適用はないと考えるべきであろうか。類似の問題は，すでに旧商法260条2項（会社362条4項）に関し議論されていた。この旧商法260条2項は，「取締役会」と「取締役」を「理事会」と「理事」に変更すれば，一般法人法90条4項とほぼ同じ規定である。したがって，商法での議論が，本問題を検討するのに役立つ。判例は，代表取締役が，取締役会の決議を経てすることを要する個々的取引行為を，決議を経ないでした場合でも，その取引行為は，内部的意思決定を欠くにとどまるから，原則として有効であって，ただ，相手方が決議を経ていないことを知りまたは知り得べかりしときに限って，無効である，という（最判昭40・9・22民集19巻6号1656頁）。この判例によれば，相手方は決議がないことについて善意であるだけでは足らず，無過失でなければならないことになる。この判例に対しては，学説上批判が少なくないが，以後の判例もこの最高裁の理論に従っている。したがって，一般法人法の解釈でも，この最高裁の理論が適用される可能性が強い，といえる。なお，「重要」な財産，「多額」の借財という言葉をどう解釈するかも問題となる。旧商法260条2項1号の「重要ナル

財産」に関して，「重要」の意味を明らかにした判例（最判平 6・1・20 民集 48 巻
1 号 1 頁）が，一般法人法 90 条 4 項 1 号の「重要」の解釈に役立つものと思われ
れる。

(2)　理事会非設置一般社団法人

理事は，一般社団法人を代表する（一般法人法 77 条 1 項本文）。理事が 2 人以
上ある場合は，理事は，各自，一般社団法人を代表する（同条 2 項）。定款の定
めに基づく理事の互選または社員総会の決議によって，理事の中から代表理事
を定めることもできる（同条 3 項）。代表理事は，法人の業務に関する一切の裁
判上または裁判外の行為をする権限を有し（同条 4 項），代表理事の権限に加え
た制限は，善意の第三者に対抗できない（同条 5 項）。

理事の中から代表理事を定めた場合，いわゆる平理事が代表行為をしても無
権代理となり無効であるが，この無効は一般法人法 77 条 5 項により善意の第
三者に対抗できない，と考えるべきであろうか。一般法人法 77 条 5 項は，「代
表理事」の権限に制限を加えても，善意の第三者に対抗できないと規定するが，
いわゆる平理事は代表理事ではないから，これらの者が代表行為をしても，同
項の適用はないと考えるべきであろう。

代表理事を定めず理事が数人ある場合に，法人の事務は過半数で決めること
になっている（一般法人法 76 条 2 項）のに，議決を要する事項について一部の
理事が議決を経ないで法人を代表したときは，各理事はそれぞれ代表理事であ
る（一般法人法 77 条 2 項）から，一般法人法 77 条 5 項が類推適用されると考え
てよいであろう。

(3)　一般法人法 77 条 5 項の「善意」

一般法人法 77 条 5 項の「善意」の意味は，従来の民法旧 54 条の「善意」と
同じ意味だと考えられる。従来次のように解されていた。

民法旧 54 条は，理事の代表権に加えた制限は，善意の第三者に対抗できな
い，と規定するのであるが，この場合の善意とは，理事の代表権に制限が加え
られているのを知らないこと，つまり，定款の規定や総会の決議によって理事
の代表権に制限が加えられていることを知らないことである。問題は，例えば
理事が代表権を行使するためには社員総会の決議に従わなければならないとい
う定款の規定があることを相手方は知っていたが，社員総会の決議があったと
相手方が信じている場合にどうするかである。

第7章　法人〔権利の主体2〕

　この場合，相手方は民法旧54条の意味での善意とはいえないが，場合によっては相手方を保護する必要性がある。判例は，相手方が，社員総会の決議があったと信じ，かつ，このように信じることに正当な理由があるときは，民法110条を類推適用して相手方が保護されるとする（最判昭60・11・29民集39巻7号1760頁—判例講義民Ⅰ⑮）＊。なお，このとき，相手方に過失ありとして，民法110条の表見代理の成立が認められない場合があり得るが，その場合，代表理事の不法行為についての法人の責任を規定した一般法人法78条（旧民44条）の適用が問題になる（この点については，6.③「法人の不法行為責任」で触れる）。

　　＊従来，定款による理事の代表権の制限としては，理事が法人の不動産などを売却するには理事会の決議に従わなければならないという定款が例としてあげられていた。前掲最判昭60・11・29でも，そのような定款による理事の代表権の制限が問題となっていた。しかし，(2) 理事会設置一般社団法人・一般財団法人の箇所で述べたように，一般法人法では，理事会設置一般社団法人においては，重要な財産の処分は理事会の決定事項とされ（一般法人法90条4項1号），代表理事が理事会の決議なしに不動産などの重要な財産を売却した場合は，一般法人法77条5項の適用はないと解される可能性が強い。このため，本文では，理事が代表権を行使するためには社員総会の決議に従わなければならないという定款を例としてあげることにした。

2　競業および利益相反取引の制限

　法人と理事の利益相反する事項については，理事は代表権を有せず，裁判所の選任する特別代理人が法人を代表する（旧民57条）とされていたが，利益相反の規律が変更され，競業の規律が新設された（一般法人法84条）。すなわち，理事は，「1　理事が自己又は第三者のために一般社団法人の事業の部類に属する取引をしようとするとき，2　自己又は第三者のために一般社団法人と取引をしようとするとき，3　一般社団法人が理事の債務を保証することその他理事以外の者との間において一般社団法人と当該理事との利益が相反する取引をするとき」には，社員総会において，当該取引につき重要な事実を開示し，その承認を受けなければならない（一般法人法84条1項）。この規定は，会社法356条と全く同じ規定であるから，会社法の規定に関する解釈がこの規定の解釈においても参考になる。理事は，例えば，自己または第三者のために一般社団法人と取引をしようとするときは，社員総会の承認を受けなければならない

244

（同条 1 項 2 号）。この承認を受ければ，民法 108 条は適用されず（同条 2 項），理事は法人を代表することができる＊。理事が自己または第三者のために法人と取引する場合であれば，法人を代表するのが同人であろうと，他の理事であろうと，社員総会の承認が必要である。法人を別の理事が代表しても，両者の結託の危険があるからである。なお，理事会設置一般社団法人では，社員総会の代わりに理事会が承認し（一般法人法 92 条 1 項），一般財団法人では，理事会が承認することになっている（一般法人法 197 条・84 条）。

＊承認を受けない取引については，会社法の領域では，会社は，取締役または取締役が代理した相手方に対しては，取引の無効を主張できるが，取締役または取締役が代理した相手方からの転得者等に対しては，当該取引が利益相反取引に該当すること，および，株主総会・取締役会の承認を受けていないこと，を当該転得者等が知っていることを会社が主張・立証して初めて，会社は取引の無効を主張できると解されている。一般法人法の解釈においても，同様に解される可能性が強い。

③ 法人の不法行為責任

法人の代表理事その他の代表者がその職務を行うについて第三者に不法行為をなした場合，法人が賠償責任を負うことになっている（一般法人法 78 条，197 条・78 条）。この法人の不法行為責任は，被用者の不法行為についての**使用者責任**（民 715 条）と同様，他人の行為についての賠償責任の一場合と解されている。

1 代表理事等の不法行為による法人の責任の要件

(1) 「代表理事その他の代表者」の加害行為であること

代表理事その他の代表者とは，代表理事，一時代表理事の職務を行うべき者（一般法人法 79 条 2 項），代表理事の職務を代行する者（一般法人法 80 条），清算人（一般法人法 214 条）のような法人の代表機関を意味する。被用者はこれに含まれない。これらの者の不法行為については，法人は民法 715 条に基づいて責任を負う＊。法人の機関であっても，代表機関でない者（社員総会・監事など）の行為については旧民法 44 条の責任は生じないとするのが通説であったが，これに対しても有力な批判があった。監事が，例えば理事に対する監督権限の行使に際して理事の名誉を毀損した場合，一般法人法 78 条の類推適用が考えられてよいであろう。

＊このような区別をする合理的理由が存在するかは疑問であるが，民法 715 条 1

項但書の免責は判例上認められていないので，いずれの規定によっても結果は変わらない。

　では，社員総会や社員による行為の場合はどうであろうか。まず，社員総会が他人の名誉を害するような決議をしたような場合，社団法人とは社員の集合を意味すると考えれば，この場合はいわば法人自身の行為についての責任が問題になっているといえる。それゆえ，他人の行為についての法人の責任を規定する一般法人法78条（旧民44条）の場合とは事案を異にするといえよう＊＊。

　＊＊この場合は，法人自身の行為についての責任が問題となっているのであるから，民法709条に基づいて法人の責任を認めるべきではないかと思われる。その場合，社員の個人的責任も問題となる。法人財産が不十分な場合を考えると，被害者保護のためにも，決議に賛成した社員の個人責任を認めるべきであろう。

　次に，社員の不法行為の場合はどうであろうか。慈善事業を目的とする社団法人の社員が法人の慈善事業の実行のために自らの労力を提供するような場合に，他人に対して不法行為をすることがあり得る。この場合は，この社員を法人の理事ないし被用者に準ずる者と考えて，一般法人法78条ないし民法715条で法人の責任を認めるという見解があるが妥当であろう。

(2)　職務を行うについて他人に損害を加えたこと

　「職務を行うについて」の認定は非常に困難な問題であり，判例は次のような変化を示している。まず，倉庫運送会社の取締役が寄託物（玄米）の所有者と共謀し，預り証と引換えでなしに寄託物を庫出して寄託物の上に質権を有する者に損害を与えた場合に，裁判所は法人の責任を認めた（大判大7・3・27刑録24輯241頁）。本件では，現に職務の執行としてなすべきことの存する場合に取締役が他人の利益を図る目的をもって不法にこれを執行したので，「職務を行うについて」に当たるとされたのである。

　次に，倉庫運送会社の取締役が，第三者に金融を得させる目的で，偽造の倉庫証券を発行し，その第三者が，それを行使して銀行に損害を与えた場合，現に職務としてなすべきことが存しないので，「職務を行うについて」に当たらず，会社は銀行に対して責任を負わなくてよい，とされた（大判大11・5・11評論11民法307頁）。

　ところで，一般法人法78条（旧民44条1項）の「職務を行うについて」と民法715条1項の「事業の執行について」とは，同意義のものであると解され

ているので，「職務を行うについて」の認定には民法715条に関する判例も参考にしなければならない。例えば，会社の庶務課長として株式発行等の事務を担当する者が自己の利益を図るために株券を偽造し発行して，これを担保にとった者に損害を与えた事案につき，会社に責任を認めた判例（大連判大15・10・13民集5巻785頁）がそうである。本件では，現に職務の執行としてなすべきことの存せざる場合に被用者が自己の利益を図るためになした行為でもなお「事業の執行について」に当たるとされた。民法715条に関するこの判例は，実質的には一般法人法78条（旧民44条1項）のそれとしても機能すると解されている。

(3) 理事等の行為が不法行為の要件を満たしていること

代表理事等の行為が709条以下の不法行為の要件を満たしていなければならない。すなわち，代表理事等の故意・過失，他人の権利または法律上保護される利益の侵害，代表理事等の加害行為と損害との因果関係だけでなく，代表理事等の責任能力（民712，713条）も必要だと解されている。

2 代表理事の無権代理行為につき一般法人法78条が適用されるか

代表理事が代表権を行使するには理事会の決議や社員総会の決議に従わなければならないという定款があるのに，代表理事が決議に従わないで代表行為をした場合，相手方は，そのような定款があることを知らなければ，一般法人法77条5項で保護されるが，知っていた場合は，この規定ではなく，民法110条が類推適用される。相手方に過失があり，110条で保護されない場合に，一般法人法78条（旧民44条）を適用して法人に責任を認め得るかが問題となる。このようなことが問題となるのは，不法行為責任は相手方に過失があってもなお成立し得るからである（もちろん，この場合，過失相殺によって賠償額が減額されることはあり得る（民722条2項））。

このような問題に関しては，民法旧44条の適用を認めるのが判例の立場である。例えば，市長が自己に金融を受ける目的で市議会の議決証明書を呈示することなく，収入役を介せずに金融の斡旋を依頼して約束手形を振り出し，この手形を受け取った第三者が市の責任を追及した事案につき，民法110条の表見代理の成立を否定しながら（議決証明書の提出がないのに議決の有無につき十分調査していないので「正当事由」なしとされた），民法旧44条の適用を認め，

受取人の過失を考慮して過失相殺をなした原審の判断を支持した最高裁判例（最判昭41・6・21民集20巻5号1052頁）などがそうである。

この判例に対しては賛成する見解もあるが，市長等の無権代理については取引法の枠内で解決すべき（つまり，表見代理の成否の問題としてのみ考慮すべき）とする批判もある。市長等が自己費消の目的で議会の議決証明書（偽造）すら呈示せず，収入役を介せず自ら金銭を受領しても，なお市等が責任を負うのは不当，というのである。

なお，市長等のした職務権限外の行為が，その行為の外形からみてその職務行為に属するものと認められる場合であっても，相手方において，その行為が職務行為に属さないことを知っていたか，またはこれを知らないことにつき重大な過失があったときは，市等は相手方に対し旧民法44条1項による損害賠償責任を負わない，とする最高裁判決（最判昭50・7・14民集29巻6号1012頁—判例講義民Ⅰ⑭）がある＊。これらの判例は，一般法人法78条の解釈にも適用されると思われる。

> ＊なお，715条の使用者責任に関しても，被用者のした職務権限外の行為が，その行為の外形からみて，使用者の事業の範囲内に属するものと認められる場合においても，相手方において，その行為が職務行為に属しないことを知っていたか，または知らないことにつき重大な過失があったときは，使用者は相手方に対して損害賠償責任を負わない，との最高裁判決がある（最判昭42・11・2民集21巻9号2278頁）。

3 理事等の第三者に対する責任

一般法人法78条（旧民44条）を他人の行為に対して法人の責任を認めたものと解するならば，不法行為をなした代表理事等が民法709条に基づき個人的に責任を負うのは当然ということになる。判例も，例えば会社と並んで取締役の個人責任を認めている（大判昭7・5・27民集11巻1069頁）。

なお，一般法人法は，理事，監事，会計監査人，評議員がその職務を行うについて悪意または重大な過失があったときは，理事等は，これによって第三者に生じた損害を賠償する責任を負う，と規定する（117条1項，198条）。この規定は，民法709条とは異なり，重過失を要件としているが，民法709条の適用を排除して理事等の責任を軽減するための規定ではない。民法709条と本条は競合する。民法709条の場合は，第三者に対する加害についての故意・過失が

必要であるが，本条の場合は，法人に対する任務懈怠についての悪意・重過失があれば，これによって第三者に生じた損害を賠償する責任が生じる。本条は，会社法429条1項と同じ規定であるから，この規定に関する解釈が本条の解釈にも参考になる。

4 法人の不法行為責任が成立しない場合の理事等の責任

民法旧44条2項は，「法人の目的の範囲を超える行為によって他人に損害を加えたときは，その行為に係る事項の決議に賛成した社員及び理事並びにその決議を履行した理事その他の代理人は，連帯してその損害を賠償する責任を負う」と規定していた。これは，理事等が法人の機関としての資格で行動し他人に損害を与えながら，しかもそれによって法人が旧民法44条1項によって責任を負わない場合，その行為をした理事等だけでなく，その事項に賛成した社員・理事も連帯して賠償義務を負うとの趣旨である。

民法旧44条2項に当たる規定は一般法人法78条では削除されたが，この規定がなくても，賛成した社員および理事等は共同不法行為に関する民法719条1項に従って連帯責任を負う。

5 理事等の法人に対する責任

一般社団法人・一般財団法人と理事，監事，会計監査人，評議員との関係は，委任に関する規定に従う（一般法人法64条，172条1項）。理事，監事，会計監査人，評議員は，その任務を怠ったときは，法人に対し，これによって生じた損害を賠償する責任を負う（一般法人法111条1項，198条）。法人と理事，監事，会計監査人，評議員との関係は，委任に関する規定に従うので，任務懈怠は，法人に対する民法644条の善管注意義務違反である。理事は，法人に対し，忠実義務を負っているので（一般法人法83条，197条），理事の場合は忠実義務違反でもある＊。任務懈怠，善管注意義務違反の主張・立証責任は，理事の責任を追及する原告側にある。

　＊善管注意義務と忠実義務との関係については，会社法において議論されており，通説・判例は，これを同質の義務であると解している。

第7章　法人〔権利の主体2〕

7　法人の消滅（解散，清算）

　法人は，解散によってその本来の活動をやめ，清算が開始される。清算とは，解散した法人の財産関係を整理する手続であり，この間，法人は清算に必要な範囲で法人格をもつ（**清算法人**，一般法人法207条）。清算の結了によって，法人は完全に消滅する。

1　解散事由

1　一般社団法人・一般財団法人に共通の解散事由（一般法人法148条，202条1項）
①定款で定めた存続期間の満了
②定款で定めた解散の事由の発生
③合併
④破産手続開始の決定
⑤解散を命ずる裁判

2　一般社団法人のみに特有の解散事由（一般法人法148条）
①社員総会の決議
②社員が欠けたこと　社員が1人もいなくなることをいう。

3　一般財団法人のみに特有の解散事由（一般法人法202条1項，2項）
①基本財産の滅失その他の事由による一般財団法人の目的である事業の成功の不能
②貸借対照表上の純資産額が2期連続して300万円を下回った場合

4　休眠一般社団法人・一般社団法人のみなし解散
　登記懈怠が5年以上継続する法人（休眠法人）は，所定の手続を経た結果，すでに事業を廃止し休眠状態にあると判断されたときは，解散したものとみなされる（一般法人法149，203条）＊。

＊休眠法人の登記をそのままにしておくと，当該法人が不正行為を意図した売買

250

の対象になるおそれがあるので，解散したこととみなすことにした。

② 清　算

　清算とは，解散した法人の財産関係を整理する手続であるが，清算手続には2種類ある。その1つは破産の場合で，破産管財人が破産法の定める手続によって厳格な財産整理をする。もう1つはその他の解散事由で解散した場合で，清算人が清算する。一般法人法は，もっぱら後者について規定している。

1　清算法人

　解散した法人は，清算の目的の範囲内において清算の結了に至るまで存続する（一般法人法207条）。この清算法人の目的の範囲は，適当に広く解すべきだといわれている＊。

　　＊例えば，清算法人が清算に必要な範囲で資金を借り入れたり，清算の結了まで財産を運用することは目的の範囲に入ると解されている。

2　清算法人の機関

　清算法人の機関は清算人である。清算人には理事がなるのが原則である（一般法人法209条1項1号）。

3　清算事務の内容（清算人の職務権限）

　清算人の職務は，次のとおりである（一般法人法212条）。

（1）　現務の結了（同条1号）

　現務の結了とは，例えば解散前に締結されてまだ履行されていなかった契約を履行することなどである。

（2）　債権の取立て（同条2号前段）

　期限未到来の債権は，清算のために必要であれば換価し，必要でなければ残余財産に加えればよいと解されている。

（3）　債務の弁済（同条2号後段）

　清算人は，公告でもって債権者に対し一定期間内に債権の申出をなすべく，もしこれをしないときはその債権は清算より除斥せられる旨の催告をしなければならず，知れたる債権者には，各別に債権の申出を催告しなければならない

（一般法人法 233 条）。

(4) 残余財産の引渡し（同条 3 号）

以上の手続を終わって残余財産がある場合は，定款に帰属権利者が定められているときはその者に引き渡されなければならない（一般法人法 239 条 1 項）。ただし，定款であらかじめ社員または設立者に剰余金または残余財産の分配を受ける権利を付与することは，利益の分配を目的とする営利法人との区別がつかなくなるので，禁止されている（一般法人法 11 条 2 項，153 条 3 項 2 号）。しかし，営利も公益も目的としない中間目的の法人の場合は，剰余金の分配はともかく，残余財産を社員または設立者に分配することを禁止する合理的理由はないと考えられる。そこで，一般法人法では，残余財産の分配を社員総会または評議員会で決めることには制限を設けていない（一般法人法 239 条 2 項）。したがって，社員総会または評議員会で社員または設立者に残余財産を帰属させる旨を決議することは可能である＊。以上によってもなお帰属が定まらない財産があるときは，国庫に帰属する（同条 3 項）。

＊ただ，そうなると，公益を目的とする法人の場合も，社員総会または評議員会で社員または設立者に残余財産を帰属させる旨を決議することは可能となってしまう。税金や補助金等で優遇措置を受けた公益法人にそのようなことを認めてよいかは，疑問である。認定法が，公益認定の基準として，残余財産を類似の事業を目的とする他の公益法人もしくは法定された公益的目的の法人または国もしくは地方公共団体に贈与する旨を定款に定めることを要求している（認定法 5 条 18 号）のは，以上のような疑問を解消するためである。

(5) 破産申請（一般法人法 215 条）

清算中に法人の財産がその債務を完済するに不足することが明らかになったときは，清算人は，直ちに破産手続開始の申立てをしなければならない（同条 1 項）。

8　権利能力なき社団

1　権利能力なき社団とは何か

平成 13 年に中間法人法が成立するまでは，公益も営利も目的としない中間団体は，特別法がない限り法人となれなかったため，例えば，同窓会・PTA・

婦人会などは，権利能力のない団体として存在するほかなかった。中間法人法の成立によりこれらの団体も法人になる道が開かれた。また，中間法人法は，有限責任中間法人になるためにこれらの団体には必ずしもふさわしくない最低額300万円の基金を要求していたが，一般法人法は，すでに述べたように，基金を要求していない。したがって，これらの団体は法人格を容易に取得できるようになった。しかし，にもかかわらず，これらの団体の中には法人格を取得しないままにとどまるものもあり得る。その場合はこれらの団体は権利能力のない団体として存在することになる。

　権利能力のない団体は，立法者の考えによれば，民法の組合の規定（民667〜688条）が適用されるはずであった。にもかかわらず，同窓会などが「組合」ではなくて**権利能力なき社団**と呼ばれるようになったのはなぜであろうか。この点については，次のようにいうことができる。

　まず，組合では，団体の訴訟や団体不動産の登記を構成員全員の名で行わなければならない*。構成員の数の少ない団体はこれでも困らないが，構成員の数の多い団体はこれでは困る。構成員の多数いる団体は法人として処理しなければうまく処理できないのである（つまり，団体の名による訴訟・不動産登記を認めないとうまく処理できない）。

　　＊このことは，組合の規定に書いてあるわけではないが，組合は法人ではないため当然このようになる。

　次に，組合では，脱退した組合員は持分の払戻しを受けることができるようになっている（民681条）。しかし，同窓会のような営利を目的としない団体（非営利団体）では，構成員が脱退の際に持分の払戻しを受けないのが普通であるから，このような団体に民法681条を適用するのは妥当ではないと考えられる。また，組合の規定によれば，組合員は組合の債権者に個人財産による責任（無限責任）を負うことになっている（民675条2項）が，この規定も非営利団体にはふさわしくない。例えば，同窓会が負った債務について構成員に個人財産でまで責任を負わせるのは妥当でないと考えられる。

　さらに，組合では，組合の業務の決定および執行を他の者に委任した場合でも，組合の業務を総組合員の同意によって決定し，または組合の業務を総組合員が執行することできる（民670条4項）。これは，構成員の少ない構成員の個性が重視される団体にはふさわしいが，同窓会のような構成員が多数いる構成

員の個性が重視されない団体には適さない。このような団体では，構成員全員に業務執行権を認めるよりは，執行機関と決議機関を分けることの方がふさわしい。

また，組合では，業務執行組合員の解任に関して，「正当な事由がある場合に限り，他の組合員の一致によって解任することができる」（民672条2項）と規定し，組合員の除名に関しても，「正当な事由がある場合に限り，他の組合員の一致によってすることができる」（民680条），と規定する。このような規定も，構成員の少ない構成員の個性が重視される団体にはふさわしいかもしれないが，同窓会のような構成員が多数いる構成員の個性が重視されない団体には適さない。このような団体では，決議機関において構成員の多数決で役員の解任，構成員の除名を行うのがふさわしいであろう＊＊。

さらに，組合では，「やむを得ない事由があるときは，各組合員は，組合の解散を請求することができる」（民683条）。これも，構成員の少ない構成員の個性が重視される団体にはふさわしいかもしれないが，同窓会のような構成員が多数いる構成員の個性が重視されない団体にはふさわしくないであろう。要するに，組合の規定は構成員が多数いる構成員の個性が重視されない団体の運営規定としてはふさわしくないのである。

＊＊例えば，一般社団法人では，社員の除名や役員の解任は決議機関である社員総会の多数決で行うことができる（一般法人法30条1項，49条2項1号，70条1項，49条1項）。

② 権利能力なき社団と組合——区別の基準

権利能力なき社団とは，組合の規定では適切な処理ができない団体，つまり典型的には構成員の多数いる営利を目的としない構成員の個性が重視されない団体である。これに対して，組合とは，組合の規定で適切な処理ができる団体，典型的には構成員の数の少ない営利を目的とする構成員の個性が重視される団体といってよいであろう。

しかし，この区別の基準はかなり曖昧なものといわざるを得ない。というのは，両者の中間に例えば構成員の多数いる営利を目的とする団体や構成員の数の少ない営利を目的としない団体が存在し，これらの団体を権利能力なき社団と呼ぶべきか組合と呼ぶべきかの疑問が生ずるからである。このような事情を

考えると，社団と組合とを区別する一般的基準を考えるよりも，問題ごとに社団と組合とを区別する基準を考えるべきであるとする見解が主張されているのも十分に根拠があることだということがわかる。この見解によれば，団体の法人格・団体構成員の責任・持分の払戻し・団体の業務執行・構成員の除名・団体の解散といった問題ごとに，組合の規定で処理した方がよい団体を組合とし，社団法人の規定で処理した方がよい団体を権利能力なき社団として，社団と組合との区別の基準を考えていくことになる。この方法によると，ある問題では組合とされた団体が，他の問題では社団とされることが起こり得るが，すでに述べたような事情を考えると必ずしも不思議ではない。

③　判例における権利能力なき社団の成立要件

　判例は，権利能力なき社団の成立要件について，次のようにいう。「権利能力のない社団といいうるためには，団体としての組織をそなえ，そこには多数決の原則が行なわれ，構成員の変更にもかかわらず団体そのものが存続し，しかしてその組織によって代表の方法，総会の運営，財産の管理その他団体としての主要な点が確定しているものでなければならないのである」（最判昭39・10・15民集18巻8号1671頁—判例講義民Ⅰ⑯）。

　本判決における，権利能力なき社団の成立要件からすると，権利能力なき社団と区別される組合とは，全員一致主義が行われ，構成員が変更すれば団体が解散する，組織によって代表の方法，総会の運営，財産の管理その他団体としての主要な点が確定していないもの，ということになりそうである。しかし，組合に関する判例の中には，これと矛盾するように思われるものがある*。

　　＊最判昭38・5・31民集17巻4号600頁
　　〔事実〕　Xは，A定置漁業組合に対して債権をもっているが，Aが支払をしないので，その構成員Yらに支払を求めた。Yらは，Aは組合員23名で設立され，組合独自の規約を有し，組合機関として総会のほか理事監事の役員を置き，理事のうち1名を組合長とし，組合の重要事項は総会の多数決で決定し，組合員の加入脱退により組合の目的性格に何らの変動もきたさないものであるから，権利能力なき社団であり，構成員の責任は有限責任である，と主張した。原審は，「民法上の組合と雖も社団的性格を有し規約を設け財産を有し組合代表者を定めて業務執行に当たらせ又組合員の脱退によって組合の同一性を害されないものであることは民法の予定する当然のことである」とし，Aは民法上の組合であるとして，Yらの責任を認

めた。Yらが，Aは権利能力なき社団であり，権利能力なき社団の構成員の責任は有限責任である，として上告した。

〔判旨〕　原審がAを民法上の組合としたのは正当である。

　この最高裁昭和38年判決では，前掲最高裁昭和39年判決で述べられた権利能力なき社団の成立要件が，権利能力なき社団と組合を区別する基準として役立っていないように思われる。というのは，最高裁昭和39年判決で述べられた成立要件からすると，当然権利能力なき社団と認定されてよい団体が組合と認定されているからである。なぜ，このようなことが生じたのであろうか。この点については，次のように考えることができる。

　権利能力なき社団という概念はわが民法にはなく，ドイツから学説として継受されたのであるが，最高裁昭和39年判決で述べられた「権利能力なき社団」の定義もドイツから継受されたものである，と考えられる。ドイツでは，組合の規定によれば，組合の業務執行は全員一致で行うことになっている（ドイツ民法709条1項）し，組合員の1人が，告知したり，死亡したり，破産したりした場合，組合は解散することになっている（ドイツ民法723，727，728条）。このため，ドイツでは，権利能力なき社団では多数決の原則が行われ，構成員の変更にもかかわらず団体そのものが存続する，ということが，権利能力なき社団の成立要件にもなるし，権利能力なき社団と組合を区別する基準としても役立っているのである。

　しかし，わが国では，組合の業務執行について多数決の原則がとられている（民670条1項）し，組合員の死亡や破産は，組合員の脱退事由にすぎない（民679条1号，2号）ので，ドイツの場合と異なり，多数決の原則が行われ，構成員の変更にもかかわらず団体が存続する，ということは，組合でもある程度認められているのである。このため，最高裁昭和38年判決において，「民法上の組合と雖も……組合員の脱退によって組合の同一性を害されないものであることは民法の予定する当然のことである」と裁判所が述べたのである。

　最高裁昭和39年判決で述べられた，「権利能力のない社団といいうるためには，団体としての組織をそなえ，そこには多数決の原則が行なわれ，構成員の変更にもかかわらず団体そのものが存続し，しかしてその組織によって代表の方法，総会の運営，財産の管理その他団体としての主要な点が確定しているものでなければならない」という権利能力なき社団の成立要件は，わが国におけ

る権利能力なき社団の定義としてはかなり問題があるにもかかわらず，判例では今日でもこの定義はよく使われている。その理由はどこにあるのであろうか。この点は次のように考えることができる。

まず，多数決の原則に関していえば，わが民法では組合の業務執行に関しても多数決の原則が行われている（民670条1項）ので，権利能力なき社団の成立要件としてこれを強調する必要性はドイツの場合に比べて少ない。しかし，業務執行組合員の解任や組合員の除名については全員一致主義がとられている（民672条2項，680条）。権利能力なき社団では役員の解任や構成員の除名は，多数決の原則に基づくべきであるから，その限りで，「権利能力のない社団といいうるためには，……そこには多数決の原則が行なわれ」と述べることには意味があるといえる。

次に，構成員の変更にもかかわらず団体そのものが存続する，ということは，わが民法ではすでに述べたように組合でも予定されている（民679条）。ただ，民法683条によれば，「やむを得ない事由があるときは，各組合員は，組合の解散を請求することができる」，とされているため，各構成員の意思により団体が解散するという可能性は残っている。「構成員の変更にもかかわらず団体そのものが存続する」ということでいいたい趣旨は，権利能力なき社団では，各構成員の意思で団体そのものの存続が左右されてはならないということであれば，その限りで，「構成員の変更にもかかわらず団体そのものが存続する」と述べることには意味がある。

さらに，組合では，組合の業務の決定および執行を他の者に委任した場合でも，組合の業務を総組合員の同意によって決定し，または組合の業務を総組合員が執行することできる（民670条4項）。しかし，権利能力なき社団では，構成員全員による業務執行を認めるべきではなく，執行機関と決議機関とを区別することが望ましい。「その組織によって代表の方法，総会の運営，財産の管理その他団体としての主要な点が確定している」ということで主としていいたいのは，権利能力なき社団では執行機関と決議機関とが区別され団体の運営がされている，ということではないかと思われる。このように解すれば，この点も権利能力なき社団と組合を区別する基準として意味があるといえる。

以上のように理解すれば，最高裁昭和39年判決における権利能力なき社団の成立要件は，権利能力なき社団と組合とを区別する基準として，わが国にお

いても意味があるといえる。すでに述べたように，組合の規定は，構成員が多数いる構成員の個性を重視しない団体の運営規定としてはふさわしくないのである。このような団体では，組合とは異なり，執行機関と決議機関を区別し，役員の解任や構成員の除名を多数決で行い，各構成員に団体の解散請求権を認めるべきではない，と考えられる。

　要するに，最高裁昭和39年判決における権利能力なき社団の成立要件は，権利能力なき社団では団体運営につき組合の規定が適用されない，といいたいのである。したがって，この基準では，例えば構成員の責任の問題は考慮されていない，ということに注意する必要がある。最高裁昭和38年判決では，構成員の責任が問題となったのであるが，この問題に関しては最高裁昭和39年判決における権利能力なき社団の成立要件は関係がないのである。

　つまり，最高裁昭和39年判決における権利能力なき社団の成立要件を満たしたから，構成員の責任は有限責任である，といった関係にはないのである。のちに述べるように，団体の構成員の責任の問題に関しては，その団体の目的が営利を目的とするか否か，構成員に利益の分配があるか否か，脱退の際に持分の払戻しがあるか否か等々が，構成員が有限責任を負うか否かの基準になると思われる。

④ 権利能力なき社団の構成員の責任

1 学 説

　権利能力なき社団の**社員の責任**は有限責任というのが従来の通説であった。しかし，今日では，権利能力なき社団の社員の責任に関し，営利を目的としない社団の社員には有限責任を認め得るが，営利を目的とする社団の社員にはこれを認め得ないという見解が有力になってきている。その理由は次のように考えられる。

　すでに述べたように，権利能力のない団体は，本来，組合の規定の適用を受けることが予定されており，組合の規定によれば組合員の責任は無限責任である（民675条2項）。しかし，同窓会などのような営利を目的にしない団体の構成員は，無限責任を負うべきではなく，**有限責任**が認められるべきだと考えられた。問題はなぜこのように考えられたかであるが，この点を明らかにするためには，まず，組合ではなぜ組合員の責任が無限責任とされたかを検討し，次

に，非営利団体ではなぜ構成員の責任を有限責任とし得ると考えられたのかを検討する必要がある。

　組合で組合員の責任が無限責任とされたのは，次のような事情によるものと思われる。組合員は，脱退の際に持分の払戻しを受けることができる（民681条）。このため，組合財産と組合員の個人財産との分別は不完全となる。また，組合員は利益分配を受けることができる（民674条）。しかも，この利益分配については何らの規制もなされていない。極端にいえば，利益がないのに利益分配をすることも可能である。このため，組合財産と組合員の個人財産との分別はやはり不完全となる。このように，組合財産と組合員の個人財産との分別が不完全であると，組合の負った債務についての責任を組合財産に限定すること，つまり，組合員の有限責任を認めることは，組合債権者の利益を考えると無理ということになる。しかし，同窓会のような，非営利団体では，構成員は持分の払戻しを受けないし，利益分配も当然受けないので，団体財産と個人財産との分別は完全であるということができる。このため，団体債権者の利益を考慮に入れても，なお非営利団体の構成員には有限責任を認めることができると考えられたのだと思われる。

　ところで，権利能力なき社団の中に営利団体を含めて考えることになると，次のような問題が生ずる。営利団体では，構成員の加入脱退が持分譲渡の方式で行われない限り，持分の払戻しがあるのが普通であるし，持分の払戻しがない場合でも利益の分配は行われる。このため，営利団体の構成員に有限責任を認めるためには，持分の払戻しを規制するだけでなく，利益の分配をも厳格な規制の下に置かねばならないという問題が生じる。

　例えば，株式会社では，会社の純資産額が300万円を下回る場合は，利益配当をできないとされている（会社458条）。

　しかし，営利を目的とする権利能力のない団体はこのような規制の下にはないのである。このため，営利を目的とする団体の構成員に有限責任を認めることは，団体の債権者の利益を害することになり許されないと考えられたのであろう。

2　判例の検討

権利能力なき社団の構成員の責任は**有限責任**，というのが判例である＊。

第 7 章　法人〔権利の主体 2〕

＊最判昭 48・10・9 民集 27 巻 9 号 1129 頁─判例講義民 I ⑲
〔事実〕　A 協会は，B を代表者とする集団給食の栄養管理の向上等を図ることを
目的とする団体である。X らは A 協会に対し売掛債権を取得したが，A 協会は不渡
手形を出し，事業を継続することができなくなった。X らは，A 協会を民法上の組
合であるとして，A 協会の構成員の一部である Y ら 17 名に対し，右債務の支払を
請求した。1 審では，A 協会は権利能力なき社団であるとして，X ら敗訴。控訴審
では，取引安全等の観点から考察すれば，構成員が主として当該社団から利益の配
分を受けることを目的とするような場合は，構成員の責任を認める余地はあると思
われるが，本件ではかかる事情は認められないとして，X ら敗訴。X らが権利能力
なき社団の構成員の責任が有限責任とされるのは不当だとして上告。
〔判旨〕　「権利能力なき社団の代表者が社団の名においてした取引上の債務は，
その社団の構成員全員に，1 個の義務として総有的に帰属するとともに，社団の総
有財産だけがその責任財産となり，構成員各自は，取引の相手方に対し，直接には
個人的債務ないし責任を負わないと解するのが，相当である。これを本件について
みると，訴外 A 協会……が権利能力なき社団としての実体を有し，Y らはいずれも
その構成員であること，協会の代表者である訴外 B が協会の名において X らと取引
をし，X らが本訴で請求する債権は右取引上の債権であることは，原判決……が適
法に確定するところである。右事実のもとにおいて，Y らが，X らの本訴各請求債
権について，X らに対し直接の義務を有するものでないことは，叙上の説示に照ら
し，明らかであるといわなければならない」。

　本件では，A 協会が権利能力なき社団であるか組合であるかが問題となった
が，A 協会は 63 名の栄養士によって設立され，定款の定めに従って会長，理
事，監事らの役員を選出して活動していたことから，権利能力なき社団と認定
された。A 協会は，前掲最高裁昭和 39 年判決の権利能力なき社団の成立要件
からも，権利能力なき社団と認められるであろう。最高裁は，権利能力なき社
団の構成員の責任は有限責任である，と一般的に述べているので，原審のよう
に，例えば構成員が主として当該社団から利益の配分を受けることを目的とす
るような場合は別である，とは考えていないようにみえる。しかし，前掲最高
裁昭和 38 年判決における判断をみると，そのようにいってよいかは疑問であ
る。最高裁昭和 38 年判決は次のような事例であった。

　X は，A 定置漁業組合に対して債権をもっているが，A が支払をしないので，
その構成員 Y らに支払を求めた。Y らは，A は組合員 23 名で設立され，組合
独自の規約を有し，組合機関として総会の他理事監事の役員をおき，理事の中
1 名を組合長とし，組合の重要事項は総会の多数決で決定し，組合員の加入脱

退により組合の目的性格に何らの変動も来さないものであるから，権利能力な
き社団であり，構成員の責任は有限責任である，と主張した。

　A定置漁業組合は，最高裁昭和39年判決の権利能力なき社団の成立要件か
らすれば，権利能力なき社団と認定されてもおかしくない，と思われる。にも
かかわらず，組合と認定されたのは，すでに述べたように，最高裁昭和39年
判決の権利能力なき社団の成立要件が社団と組合を区別する基準として曖昧で
ある，ということに加えて次のような事情があったのではないかと思われる。
A定置漁業組合は，判旨からは明らかでないが，団体の性格からして，構成員
への利益配分や持分払戻しの認められている団体だと思われる。このため，裁
判所は，構成員に有限責任を認めることはできないと考え，A定置漁業組合は
組合であると認定したのではないかと考えられる。

　これに対して，最高裁昭和48年判決の事例の場合は，原審の認定によれば，
A協会では構成員への利益配分はないということであるし，その目的も非営利
的なものであるから，A協会は権利能力なき社団と認定され，構成員の責任は
有限責任とされたのであろう。

　要するに，最高裁昭和48年判決では，裁判所は，権利能力なき社団の構成
員の責任は有限責任である，と一般的に述べているが，このことから，最高裁
昭和39年判決の権利能力なき社団の成立要件を満たす団体の構成員には広く
有限責任が認められる，と即断することはできないということである。

第8章 ‖ 物〔権利の客体〕

1 物の意義

① 権利の客体

1 権利の主体・客体

　法的世界においては，権利主体たる人（自然人・法人）に，法的評価を経た一定の生活利益が割り当てられている。この法的生活利益は，主として権利のかたちに構成され，その法的承認が明確にされている。権利の目的ないし内容である法的利益は，物権であれば物を通じて，債権であれば特定人の給付（＝債務者の行為）を通じて，獲得される。通説的見解によれば，ここで，権利の目的ないし内容の成立のために必要な一定の対象のことを，権利の客体という。つまり，権利の客体とは，所有権を念頭に置く物権にあっては物（＝有体物）であり（民法179条1項但書は「物」が第三者の「権利の目的」である場合につき規定する），債権では給付（＝債務者の行為）である（債務者自身を権利の客体とする見解もあるが，人を権利の客体とするのは奴隷制度を想起させる）。また，無体財産権ないし知的財産権（著作権・特許権等）では著作・発明等の人間の精神的産物（これを無体物という）が権利の客体であり，形成権では法律関係が権利の客体である。

2 法的な主体・客体

　他方，法的主体（＝人）による法的世界の一部の支配および処分という観点からみれば，法によって法的主体（＝人）に認められた生活利益の対象自体を，権利の客体（＝法的な客体）ということもできる。この場合，その客体は物（＝

有体物）または（債権・無体財産権等の）権利である。

　すなわち，「物を売る」という表現は便宜上のものであり，法的には物の上の所有権の売買である（講学上「他人物売買」とも呼ばれる民法561条は精確にも他人の権利の売買とする）。すなわち，物については，物の物理的（有体的）存在を前提として，物の上に（所有権等の）物権が成立する。物の上の所有権は，法により法的主体（＝人）に割り当てられているところ（所有権の帰属），（売買等の）法律行為により他の法的主体に移転する（所有権の移転）。ここでの法的な客体（＝対象）は，所有権の基礎にある物である。

　債権については，（契約等の）法律行為または法律の規定によって成立し，観念的にのみ存在して法的主体（＝人）に帰属する（債権の成立・帰属）。債権の他者への移転は，その観念的な存在たる権利のみがその法的な客体となって，（売買等の）法律行為により行われ（債権の移転＝債権譲渡），（対抗要件等について）所有権の移転とは異なる規律がある（民466条以下）。ここでの法的な客体（＝対象）は，権利たる債権そのものである。

　ここで，（債権・無体財産権等の）権利は法的な観念上の産物であり，権利の上の所有権を認めるがごときは錯雑である。また，無体財産権ないし知的財産権は，著作権法・特許法等の特別法により規律されている。それゆえ，民法典では，物権と債権の区分を基本とするパンデクテン体系の下で，（観念的にのみ存在せず，現実の生活世界とつながりのある）法的な客体である物（＝有体物）についてのみ，総則編に一般規定が設けられている。もっとも，物に関する民法85条以下の規定は，主として物権，特に所有権に関わるものであるから，民法全体にわたる共通規定（＝総則）にふさわしくないともいえる。

2　物の意義

1　物の定義

　民法典において「物」とは**有体物**をいう（民85条）。字義どおりに解せば，有体物とは（空間の一部を占める）形あるものである。つまり，目で見て，手で触れることができる物理的な存在である。しかし，すべての物理的存在が法的な客体（＝対象）になるわけではない。人間が制御・支配できるものでなければならない。

　したがって，有体物とは，人間が覚知することができ，空間の一部を占める

（空間的に区画された）存在のうち（→有体性），人間が支配できるもの（→支配可能性・非人格性）をいう。

2　有体性

電気・光・熱・電波等のエネルギーや自然力は物ではない。しかし，電気のように，それが制御・支配可能な状態に置かれれば，物に準じる（刑法245条は電気を財物とみなす）。物の凝集状態（物質の三態）は原則としてこれを問わないが，液体および気体のときは，容器等により物理的に把握可能でなければ，物ではない。

3　支配可能性

日月星辰はいまだ人類の支配するところではないから，物たり得ない。空気・海洋は共通物であり，1人が支配すべきでないから，物ではない。もっとも，海洋は，一定の範囲が区画されて，支配し得べき物となり，そこに漁業権・公有水面埋立権等が成立する。

4　非人格性

人間は法的な主体（＝人＝法的人格者）となるべき存在であり，人が他の人（＝法的人格者）を支配することは許されない。それゆえ，法的人格を担う有体的存在，つまり，人間のからだ（人体）は物ではない（通説によれば，屍体は物であって，所有権は葬儀・埋葬のため慣習法上喪主たるべき人に帰属するという）。もっとも，分離された人体の一部（例：献血された血液，かつら用の毛髪，抜歯された歯）は物であり，所有権の客体となる。逆に，人体に付合した人工的な物（例：金歯，ペースメーカー）は，人体の一部となり，物としての性質を失う＊。

　＊人体の一部の分離またはその譲渡を内容とする契約は，公序良俗に反しない限り，有効である。例えば，無償ならば，公序良俗に反しない（例：献血，臓器・組織提供）。有償であれば，公序良俗に反する場合がある（例：売血，臓器売買（臓器移植11条参照））。提供された臓器が移植された場合には，人体の一部となり，物ではなくなる。

人間と同じく生命体である動物および植物は，支配可能性があるとされているから，なお物である＊＊。

第 8 章　物〔権利の客体〕

> ＊＊ドイツ民法 90 条 a は，動物は物ではないと規定する。動物は人間と同じく被造物であり，動物は特別法により保護されるべきものとされている（わが国では，動物の愛護及び管理に関する法律参照）。もっとも，法律に特別の定めがない限り，物に関する規定が準用される。

③　物の単一性・独立性

1　物の単一性

民法典にいう物は，単一の物である（物の単一性）。自然的に一体的な単一性を有する物（**単一物**）（例：馬，1 枚の紙）だけでなく，多数の構成部分からなる物（**合成物**）（例：1 組のトランプ，宝石入り指輪，自動車，船舶，建物）も単一性を有する。したがって，合成物も法律上 1 個の物であり，所有権の客体となる。

多数の物が集合して，一体的な経済的価値を有する場合（**集合物**）（例：図書館の蔵書，倉庫の在庫商品）であっても，一定数量が集合してのみ価値のあるとき（例：米，土砂），特別法のあるとき（実際にはほとんど利用されていないが，鉄道財団（鉄抵 2 条），工場財団（工抵 14 条），鉱業財団（鉱抵 3 条），登記された樹木の集団たる立木（立木 1，2 条）），あるいは，**集合物譲渡担保**を除き，それは原則として 1 個の物ではない＊。

> ＊集合物譲渡担保（または流動動産譲渡担保）において集合物の単一性を承認したとしても，（先取特権者や一般債権者との関係で）物の特定性が問題になる。すなわち，特定している物に対してのみ物権が成立するところ，例えば倉庫中の在庫商品全体を担保とする（債務が弁済されなければその時の在庫商品を換価して債権者＝担保権者が優先弁済を受ける）集合物譲渡担保では，在庫商品が常に変動するからである。判例（最判昭 54・2・15 民集 33 巻 1 号 51 頁，最判昭 62・11・10 民集 41 巻 8 号 1559 頁—判例講義民 I ⑰）は，「構成部分の変動する集合動産であっても，その種類，所在場所及び量的範囲を指定するなどの方法によって目的物の範囲が特定される場合には，一個の集合物として譲渡担保の目的とすることができる」とする。

2　物の独立性

一物一権主義＊から，物は他の物の一部であってはならず，独立性を備えていなければならない（物の独立性）。ただし，物の一部である構成部分に所有権の認められる場合がある＊＊（例えば，民法 242 条但書の弱い付合のときの付合物や

266

マンションの1室のように，1棟の建物が構造上区分され，住居等の用途に供することができる部分（建物区分1条））。

＊一物一権主義とは，1個の物の上には1個の（所有権を代表とする）物権のみが成立し，逆に，物権が成立するのは1個の物であるという原則をいう。物権が万人に主張できる権利（＝絶対権）であるので，その効力の範囲を明確にしなければならないからである。

＊＊合成物の各構成部分は，損傷しなければ分離できないとき，または，分離に過分の費用を要するとき，構成部分のみに対する所有権は原則として成立しない（民243条（民法243条は動産の付合に関する規定だが，不動産についても類推すべきである（いわゆる強い付合）），242条本文）。例えば，フロントガラスが自動車に取り付けられた場合や，ガラスや窓枠が建物に取り付けられた場合，それらは物ではなくなり，自動車や建物の一部となる。これに対して，過分の費用を要せず取り外し可能な構成部分（いわゆる弱い付合）については，それを権原（権利を根拠づける法律上の原因。民法242条但書の文脈では，動産を附属させて不動産を利用する権利を有することである（例：地上権（民265条），永小作権（民270条），賃借権（民601条）））によって附属させた者に所有権がある（民242条但書）。例えば，土地に播かれた種子・植え付けられた苗は，初めは土地の一部たる構成部分となり（**強い付合**），土地の所有権に服する（民242条本文）が，成熟すれば収穫可能（分離が容易，つまり，**弱い付合**）となり権原によって附属させた者の所有となる（民242条但書）。

2　動産と不動産

1　物の区別

　物の区別のうち最も重要なものは，動産と不動産の区別であり＊，民法典は民法86条でまずその区別を明らかにしている。区別の根拠の第1は，不動産（特に土地）が古来重要な財産とされていることである。民法13条1項3号もこれを肯定し，重要な財産の例として不動産をあげている。第2に，その名が示すように，不動産はその所在を変じないのに対して，動産は転々と所在を変じ得る。これに応じて法制度が異なり，例えば，権利の公示方法が不動産では登記（民177条）であるのに対して，動産では原則として，物に対する事実的支配＝占有（民178条）である。

267

第8章 物〔権利の客体〕

＊講学上のその他の物の分類として，融通物・不融通物（私法上の取引の対象となるか否か——不融通物として公物・禁制品），可分物・不可分物（性質や価値を著しく損しないで分割できるか否か（民258条，427条，428条参照）），消費物・非消費物（1回の使用により存在を失い，または，その主体を変じるか否か——消費物として，金銭・米（民587条参照）），代替物・不代替物（他の同種の物をもって代えがきくか否か，つまり，取引通念上種類に着眼されるか，それとも，物の個性に着眼がされるかどうか），特定物・不特定物（取引当事者が物の個性に着目したか，種類に着目したかどうか（民401条，484条1項参照））などがある。

2 不動産

不動産とは「土地及びその定着物」をいう（民86条1項）。定着物のうち取引上重要な物は建物である。土地と建物は，1筆の土地または1戸の建物ごとに登記記録が電磁的に作成される（不登2条5号）。登記記録が記録される磁気ディスク製の帳簿を登記簿という（不登2条9号）。

1筆の土地は，一定範囲の地面と，その利用に必要な範囲でその上下を含む（民207条参照）。地中の鉱物は土地の構成部分だが，国は，まだ掘採されない一定の鉱物について，掘採・取得する権利を賦与する権能を有する（鉱業2条，3条）。大深度地下については（地下鉄等の）公共的使用が認められ，土地所有権はそこまで及ばない（大深度地下の公共的使用に関する特別措置法）。

定着物とは，土地に固定的に付着して容易に移動できない物であって，取引通念上土地に付着して使用されると認められる物をいう＊。

＊トンネル・井戸・敷石等は，土地の構成部分であって定着物ではない。また，移動の容易な物は定着物ではなく，土地の従物たり得るにすぎない。定着物には，建物，立木がある。

建物は，土地とは別の独立の不動産とされる（この点は日本法の大きな特色である）。明文の規定はないが，民法370条によれば抵当地の上に存する建物に抵当権の効力が及ばないから，建物が独立の不動産であることがわかる＊＊。立木（樹木の集団）も登記されれば独立した取引対象である不動産となる（立木2条）＊＊＊。

＊＊工事中の建物であっても，住宅用建物の場合には，屋根がわらをふき荒壁を塗り終えれば，床や天井を備えていなくても，土地に定着した1個の建造物として存在するに至る（大判昭10・10・1民集14巻1671頁）。

＊＊＊立木法にいう立木（＝登記された樹木の集団である立木）は「りゅうぼく」と読みならわされる。登記されていない樹木の集団である立木は「たちき」と読み，これを区別する。立木は，明認方法（名前等を立て札や樹皮を削った所に記す）を対抗要件として，独立の取引対象とすることができる。

③ 動 産

動産とは不動産以外の物をいう（民 86 条 2 項）。船舶・登録を受けた自動車等は動産でありながら，不動産と同様に取り扱われることがある（商 686 条，687 条，848 条 3 項，車両 4 条，5 条 1 項，自抵 3 条・5 条 1 項。）。

3 従 物

① 主物と従物

他の物（主物）の「常用に供するため」に，その物に「附属」させた物を**従物**といい（民 87 条 1 項），従物が附属せしめられた物を主物という。つまり，従物とは，主物の構成部分ではない独立の物でありながら，主物の経済的目的に役立つように供せられた（←「常用に供するため」）物であって，その機能に応じた場所に存在する（←「附属」）物である＊。

＊例えば，レストランたる建物を主物とすれば，その営業目的に役立てるべくレストランに据えられたテーブル・椅子，建物に付合していない調理設備，あるいは，食器類等が従物となる。あるいは，地下タンク・ノンスペース計量機・洗車機などが，ガソリンスタンドの店舗用の建物に近接して設置され，経済的に一体としてガソリンスタンド営業に使用されていた場合，それらは建物の従物である（最判平 2・4・19 判時 1354 号 80 頁。他の例として，家屋に対する畳・建具（襖・障子），土地に対する石灯籠・取外し可能な庭石など）。これらの従物は建物たる主物と経済的に一体となって，単なる建物プラス設備という価値を超えたレストランまたはガソリンスタンドという有機的な経済的価値を現出させている。それゆえ，従物は，それ自体単独で取引対象になるにもかかわらず，（上の例ではレストランまたはガソリンスタンドとして）できる限り主物と一体的に法的に取り扱われるべきである。つまり，次述のように，従物は主物の（売却・抵当権設定等の）法的運命に可能な限り従うものとされている。

なお，民法 87 条 1 項は主物の所有者が従物を附属させたことを要件とする

ようにも読めるが，主物と法的運命をともにする従物であるためには，従物の所有者が主物の所有者と同じであればよい。

2 従物の法的運命

「従物は，主物の処分に従う」（民87条2項）。これは，主物と経済目的上の一体性を有する従物が，主物の法的運命に従うことを，「処分」の観点から規定したものである（それゆえ，主物と法的運命をともにするのは，処分の場合に限られない）。処分とは物権の移転または設定（民176条参照）をいうが，ここでは所有権の移転（＝売却）または抵当権の設定がその典型である。つまり，主物につき売却または抵当権設定がなされたならば，従物についても売却または抵当権設定がなされたことになる＊。

＊民法87条2項は，抵当権設定前の従物につき，抵当権の効力が従物にも及ぶことをうまく根拠づけるが，抵当権が設定されたのちに附属せしめられた従物については，抵当権の効力が及ぶかどうか疑義が生じる。抵当権設定後の従物に抵当権の効力が及ばないとすれば，主物の経済的価値（つまり，担保価値）が損なわれる。そこで，通説的見解はこれを民法370条によって処理する。つまり，民法370条によれば，抵当不動産に付加して一体となっている物（**付加一体物，付加物**）にも抵当権の効力が及ぶので，従物は付加一体物として抵当権の効力が及ぶとする。ここでは，付加一体物の一体性が物理的なものではなく，経済的なものだと解釈されている。

建物に対する（地上権・賃借権という）借地権のような権利についても，これを**従たる権利**とし，従物と同様に，主物（または主たる権利）と法的運命をともにすると解されている。

4　元物と果実

1 使用と収益

所有者は，所有権の内容として，その所有物に対する使用・収益権限および管理・処分権限を有する（民206条）。使用・収益権限にいう使用とは，物を現実に利用すること（例：建物に居住する，土地を建物の敷地として利用する）であり，これによって得られる利益を使用利益という（使用利益に関する民法の規定

はないが，下記の果実と同様に取り扱う）。収益とは，物から産出物（例：土地から産出される米・野菜・果物・材木または土砂・石炭，動物から産出される牛乳・子牛）を収取し，あるいは，他の者に使用または収益させる対価として金銭等（例：家賃，利子，小作料）を受け取ることであり，これらの利益自体も収益という。

② 元物と果実

収益を生み出す物を元物（「げんぶつ」ともいう）といい，元物から生じる収益を果実という。民法88条は，物の用法に従い収取する産出物を天然果実（前述①の物からの産出物）とし，物の使用の対価として受け取るべき金銭その他の物を法定果実（前述①の使用または収益の対価としての金銭等）とする。

③ 果実の帰属および分配

天然果実は，その元物から分離する時に，これを収取する権利を有する者に帰属する（民89条1項）。すなわち，天然果実は，未分離の間は元物の一部であり（未分離の果実も，明認方法を対抗要件として，独立の物として扱う判例がある（温州蜜柑につき大判大5・9・20民録22輯1440頁）），分離して初めて独立の動産となり，この時に，所有権が当然に収取権を有する者に帰属する。収取権者には，元物の所有者（民206条）・賃借権者（民601条）などがある。

民法89条2項によれば，法定果実は，これを収取する権利の存続期間に応じて，日割計算によりこれを取得する。しかし，これは法定果実の帰属を定めるものではない。すなわち，賃料等の法定果実は支払期の権利者に帰属する。そして，月極め賃料の賃貸借において月の途中に賃貸人（所有者）が交替した場合で，前の賃貸人（旧所有者）がすでに賃料を受領していたときには，民法89条2項の定めるように，これを新しい賃貸人（新所有者）に日割計算で分配する。

もっとも，以上と異なる契約や慣習があればそれに従う。

第9章 時効制度

1 時効とは何か

1 時効の意義

時効とは，一定の事実状態が一定期間継続した場合（これを時効の「完成」という（民147条1項柱書参照））に，その事実状態に即した権利関係を認める制度である。これには，**取得時効**と**消滅時効**がある。

所有権の取得時効では，「所有の意思」をもって，「平穏」「公然」に「他人の物」を20年間占有すると，その「所有権を取得する」（民162条1項）＊。「占有の開始の時」に善意・無過失であれば，この占有期間は10年間に短縮される（同条2項）。

債権の消滅時効では，債権者が5年間または10年間行使しないと，債権は「消滅する」（同条1項）＊＊。

裁判所は，時効が完成していても，当事者（占有者・債務者）が時効を援用しなければ，時効に基づく裁判をすることはできない（民145条）。

> ＊甲土地につき所有者であると主張するAが占有者Bに対し明渡しを請求してきたときに，Bが取得時効による所有権の取得を主張してこれを拒むという事態は，①甲土地がAとBの隣接する土地の一部である場合（境界紛争型），②甲土地の所有者Cからの第1譲受人Bには占有があり，第2譲受人Aには登記がある場合（二重譲渡型），③Bが所有者と誤信して非所有者と売買契約を結んだり，代理権があると誤信して無権代理人と売買契約を結んだために所有権を取得できなかった場合（瑕疵取引型），④BはAから譲り受けて所有権を取得したと主張するが立証できなかった場合（取得原因不存在ないし不明型），などに生ずる。

273

第 9 章　時効制度

> ＊＊売主あるいは金銭の貸主であるＡが，代金あるいは貸金債権の消滅時効完成後に買主あるいは借主であるＢに対して金銭の支払を求めて訴訟になった裁判例をみると，Ｂは債権の時効による消滅だけを主張するのではなく，債権の不発生や弁済による債権消滅の主張をした上で，仮にそれが認められないとしても債権は消滅時効により消滅したと主張してＡの請求を拒むことも少なくない。

② 時効の存在理由

1 ２つの時効観

他人の物でも長く占有すると自分の物にすることができ，債権も長く行使されないと消滅させることができるという時効制度が設けられたのはなぜか。**時効の存在理由**をめぐって，古くから議論がなされてきた。

時効制度の存在理由をどこに求めるかは，時効制度の捉え方により異なってくる。この時効制度の捉え方は大きく２つに分かれる。

１つは，所有の意思のある占有や債権の不行使という事実状態が継続したときは，そのまま占有し続けることができ，債務の支払を強制されないで済むよう，現状を法的に正当化するために，占有者に所有権を与え，債権を消滅させる制度とみる立場である。

もう１つは，所有の意思のある占有や債権の不行使という事実状態が継続したときは，占有者は所有権を取得しており，債権は弁済等によりすでに消滅している蓋然性が高いので，所有権の取得や債権の消滅を推定する制度であるとみる立場である。

前者は時効を権利得喪（権利変動）の効果が生ずる実体法上の制度と解することになるとして実体法説（あるいは権利得喪説）と呼ばれ，後者は時効を所有者や弁済者であることの証拠に関する訴訟法上の制度と解することになるとして訴訟法説（あるいは推定説）と呼ばれている＊。

> ＊何をもって訴訟法上の制度といえるかは，必ずしもはっきりしない。また，「権利得喪説」というときは，取得時効と消滅時効をともに権利の取得・消滅という権利変動を生ずると解する立場を指すことになるが，学説には，取得時効と消滅時効で別々に理解するものもある。そこで，以下では権利変動説（実体法説）・推定説（訴訟法説）と呼ぶことにする。なお，旧民法（ボアソナードが起草し 1890 年に公布されたが施行されずに終わった民法をいう）の時効の効果は，権利の取得・免責の「法律上ノ推定」（証拠編 89 条本文）であった。現行民法の時効につい

274

ても推定説（訴訟法説）をとるときは，時効の効果は理論的には所有権の取得・債権消滅の「推定」となるが，反証によりこの「推定」が破られることのないよう，所有権を取得している占有者や弁済している債務者を確実に保護するために，民法は所有権を「取得する」（民162条1項）・債権は「消滅する」（民166条1項柱書）という表現をとったものであると理解することになろうか。

2 3つの存在理由

　時効一般の存在理由として，①社会の法律関係の安定のため＊，②権利の上に眠る者は保護に値しない＊＊，③証明の困難を救済する必要性，ということがいわれてきた。

　また，例えば，短期（10年）取得時効（民162条2項）については，④取引の安全＊＊＊，長期（20年）取得時効（同条1項）については，⑤財の効率的利用，消滅時効については，⑥事務の効率化（消滅時効期間だけ弁済の記録を保存していればよい）など，個々の時効制度に応じて存在理由が説かれることもある。

　先に述べた時効観との関係では，①・②・④・⑤は権利変動説（実体法説）と，③・⑥は推定説（訴訟法説）と結びつきやすい。また，⑤は②を，⑥は③を別な角度から表現したものといえよう。

　もし，時効制度がなければ，例えば，債務者はいつまでも弁済の証拠（領収書）を保存していなければならない。これは不便であり，領収書を紛失すると二重弁済の危険にさらされる。したがって，消滅時効の中心的な目的ないし機能が③や⑥にあることは明らかであり，権利変動説（実体法説）もこれを否定するものではない。時効制度は非所有者の所有権取得（所有権の取得時効の場合）・債権者の債権消滅（債権の消滅時効の場合）という構成をとっている（民162，166条1項）ので，権利変動説（実体法説）では，所有者であることを証明できない占有者や，弁済等による債務消滅を証明できない者の保護は，時効制度の裏面の目的ないし機能として位置づけられよう。

　考え方が分かれるのは，消滅時効はまだ弁済されていない債権が消滅することを正面から認めたものと考えるのか（権利変動説の立場），それとも，消滅時効は弁済の証拠をもたない弁済者の保護だけを目的とするものであるが，未弁済者が未弁済であることを隠して消滅時効を援用するときは未弁済者も債務を免れるという事態が生じてしまうと考えるか（推定説の立場），である。

275

＊①は，A所有の甲土地を占有しているBを所有者と誤信してBから甲土地を買い受けたCや，債権者Dのために債務者E所有の乙土地に設定された抵当権の被担保債権はすでに弁済により消滅しているものと誤信してEから乙土地を買い受けたFのように，主に第三者の保護が時効の目的であると考えるものである。これに対しては，時効に第三者保護の機能があるとしても，まず当事者（所有者Aと占有者B，債権者Dと債務者E）間の問題として時効の存在理由を考えるべきであるとの批判がある。

＊＊②は，権利者が時効により権利を失う側面に焦点をあて，権利者の権利不行使をとがめるものである。近時は，義務者（非所有者であり占有権原がないために返還義務を負う占有者，未弁済の債務者）が時効により義務から解放される側面に焦点をあて，時効は義務者といえども権利行使により現状（事実上権利者であるような状態，事実上義務の履行を免れている状態）を否定されるという不安定な状態にいつまでも置いておくべきではないとの価値判断に基づき，現状維持の計算可能性を与える（一定期間が経過すれば占有物の返還や債務の支払を拒むことができるとする）制度であるとの説明もなされている。

＊＊＊日本の時効制度は，主にフランス民法の時効制度を基につくられたものである。旧民法は，不動産の短期（15年）取得時効について，フランス民法と同じく，「善意」と「正権原」を要件としていた（証拠編140条1項）。「正権原」とは，売買など所有権の取得を目的とする法律行為を意味するので，旧民法の短期取得時効は，不動産取引の安全のための制度であるということができた。現行民法は，「正権原」に代えて「無過失」を要件とした（民162条2項）ので，条文上は，取引による占有取得である必要はなくなったが，学説には，取引による占有取得に限るべきであるとするものも有力である。この考えによるときは，土地の境界を誤解して隣地にはみ出して占有していた場合には，その部分の短期取得時効による所有権取得は認められないことになる。

③ 時効の効果についての法律構成

民法は，時効が完成すると所有権を「取得する」（民162条），債権は「消滅する」（民166条1項柱書）としながら，当事者が時効を援用しないと時効に基づく裁判をすることはできないとしている（民145条）。そこで，時効の効果の発生と時効の援用との関係が問題となる。

1　時効とは何か

1　確定効果説（完成時説）──攻撃防御方法説，法定証拠提出説

民法162条，166条1項柱書を重視し，時効の完成だけで時効の効果は確定的に発生するとの説である。時効の効果は，その起算日にさかのぼるが（民144条），時効の効果は時効完成時に発生する（そして，起算日にさかのぼる）と考えるものであるから，完成時説と呼ぶこともできよう。

確定効果説からは，時効の援用は訴訟上の攻撃防御方法にすぎない（攻撃防御方法説。大判大8・7・4民録25輯1215頁は，これを理由に援用の撤回を認める）とか，法定証拠の提出である（法定証拠提出説）と説明されている。先に述べた時効観の権利変動説（実体法説）は攻撃防御方法説に，推定説（訴訟法説）は法定証拠提出説と結びついている。

2　不確定効果説（援用時説）──停止条件的効果説，要件説

民法145条を重視して，時効が援用されるまでは時効の効果は確定的には発生しないとする説である。不確定効果説と呼ばれているが，不確定ながら時効の効果が発生しているわけではなく，援用時に時効の効果が発生する（そして，民法144条により起算日にさかのぼる）ので，援用時説と呼ぶ方がわかりやすい。ここでは，時効の援用は時効の効果発生のための停止条件的なものである（停止条件的効果説）とか，近時は，より端的に時効の効果が発生するための要件である（要件説）と説かれている。判例も，消滅時効による権利消滅の効果の発生時点が問題となった事案で，援用時に効果が生じるとしている＊。

＊農地非農地化と時効の効果援用時発生判決（最判昭61・3・17民集40巻2号420頁）　Aは農地をBに売却し代金の支払を受けて引き渡したが，農地法3条の知事の許可を得ていなかったので，Bは所有権移転請求権保全の仮登記をした。さらに，BはCに買主の地位を譲渡して仮登記に付記登記がなされた。AB間の売買から約20年後，A（の相続人）は，知事に対する許可申請協力請求権はAB間の売買から10年の経過により時効消滅したので，農地の所有権が買主に移転するための法定条件の不成就が確定し，本件農地の所有権は確定的にAに帰属したとして，C（の相続人）に対して付記登記の抹消と明渡しを求めて訴えを提起した。本判決は，民法「145条及び146条は，時効による権利消滅の効果は当事者の意思をも顧慮して生じさせることとしていることが明らかであるから，時効による債権消滅の効果は，時効期間の経過とともに確定的に生ずるものではなく，時効が援用されたときにはじめて確定的に生ずるものと解するのが相当」であるから，「右時効の援用がされるまでの間に当該農地が非農地化したときには，その時点において，

277

右農地の売買契約は当然に効力を生じ，買主に所有権が移転する」とした。

4 他の制度との異同

1 除斥期間

(1) 消滅時効との違い

起草者によると，**除斥期間**とは，権利行使を制限する期間のうち，権利の特に速やかな行使を目的とし，時効の更新や完成猶予（2 ③）により期間の伸長されないものである。学説には，このほかにも消滅時効との違いをあげるものがあり，それらをまとめると以下の表のようになる。

	消滅時効	除斥期間
起算点	権利認識時・権利行使可能時（民 166 条 1 項）	権利発生時
完成猶予・更新	あり（民 147 条以下）	な し
援 用	必要（民 145 条）	不 要
放 棄	できる（民 146 条の反対解釈）	できない
遡及効	あり（民 144 条）	な し

もっとも，権利行使が極めて困難なうちに権利を消滅させるのは妥当でないとして，停止の規定は類推適用すべきであるといわれている。判例も，民法改正（2017 年）前の民法旧 724 条後段の 20 年は除斥期間であるとしていたが*，民法 158 条の法意を理由にその期間の満了を延長したものがある**。

＊不発弾爆発受傷 28 年後提訴事件（最判平 1・12・21 民集 43 巻 12 号 2209 頁）不発弾処理作業中の爆発で重傷を負ったＡは，28 年後に損害の賠償を求めてＢ（国）を訴えた。原審は，Ｂが民法 724 条後段の 20 年の期間経過を主張するのは信義則に反し権利濫用であるとしたが，最高裁は，請求権は「20 年の除斥期間が経過した時点で法律上当然に消滅したことになる」ので，Ｂが 20 年の経過による請求権の消滅を主張することが信義則違反または権利濫用になることはないとした。学説は民法旧 724 条後段の 20 年については除斥期間説が多数であった。しかし，この判例は除斥期間説の不都合さを強く感じさせるものであったため，その後の学説は消滅時効期間説が多数となり，改正民法は消滅時効であることを明文化した（民 724 条柱書参照）。

＊＊予防接種禍 22 年後提訴事件（最判平 10・6・12 民集 52 巻 4 号 1087 頁）

予防接種により高度の精神障害・知能障害等を負ったAは，接種から 22 年後に損害の賠償を求めてB（国）を訴えた（Aは1審判決後に禁治産宣告（現在の後見開始の審判（民7条参照）に当たる）を受けている）。原審は，前掲最判平1・12・21 に従いAの請求を棄却したが，最高裁は，それでは著しく正義・公平の理念に反するとし，不法行為の時から 20 年を経過する前6カ月内において当該不法行為を原因として心神喪失の状況にあるのに法定代理人がいなかった場合において，その後当該被害者が禁治産宣告を受け，後見人に就職した者がその時から6カ月内に損害賠償請求権を行使したなど特段の事情があるときは，民法 158 条の「法意」に照らし，民法旧 724 条後段の効果は生じないとした。これに対しては，民法 158 条の趣旨を強調するのであれば，期間満了の際に権利行使が困難である原因が当該不法行為によるものであることまでは必要ないとの批判があった。

(2) 消滅時効と除斥期間を判別する基準

(a) 条文の文言か実質的判断か

かつての学説は，「時効によって消滅する」とか，それに続いて「同様とする」というように（民 126 条参照），条文上，時効であることが明示されているか否かで判断していた。しかし，近時は，このような条文の文言にとらわれずに，権利の性質や規定の趣旨に照らして実質的に判断すべきであるとの考えが通説となっている。

(b) 形成権の期間制限

取消権や解除権のように，権利者の一方的な意思表示で法律関係を変動させることができる権利を形成権という。学説は，権利者の意思表示のみで権利内容の実現ができる形成権に時効の更新は考えられないので，形成権の期間制限は除斥期間であると解するものが多い。これに対しては，承認による更新（民 152 条）は考えられるので消滅時効であるとの説もある。また，権利行使による時効の完成猶予・更新がないのは形成権という権利の性質からくるものであって，権利の特に速やかな行使という目的からあえて時効の完成猶予・更新を認めないのとは異なるから，形成権には時効の完成猶予・更新がないということをもって，直ちにその期間制限が除斥期間であるということにはならないとの指摘もある。

(c) 請求権の短期期間制限

請求権のうち，民法が比較的短期の期間制限を定めるに当たって，「時効によって」の文言がないもの（民 193 条，195 条）については，除斥期間と解する

ものと消滅時効と解するものに分かれている。

(d) 長短二重の期間制限

1つの権利について長期と短期の期間制限が定められている場合（民126条，426条，884条など）には，長期の期間制限は，それによって権利関係を確定しようとするものであるから除斥期間であると解するものが多いが，時効完成の猶予・更新を全く認めないのは妥当でないとの考え方も有力である。

2 権利失効の原則

長期間経過後の権利行使が信義に反すると認められる場合には，法律が定める制限期間内であっても権利の行使を許さないとする考えを，**権利失効の原則**という。判例には，一般論としてはこれを認めるものがある（最判昭30・11・22民集9巻12号1781頁）。学説は，法律が一定の期間を定めた趣旨が没却されるとして慎重な立場をとるものが多い。

3 権利保存期間（失権期間）

買主や注文者は，種類・品質が契約内容に適合していない目的物が引き渡されたときは，売主や請負人に対して，履行の追完の請求権，代金や報酬の減額請求権，損害賠償請求権，解除権を有する。これらの権利は，原則的な消滅時効期間（民166条1項）に服するが，買主や注文者は，その不適合を知った時から1年以内にその旨を売主や請負人に通知しないと，これらの権利を失う（民566条本文，637条1項）。

権利保存期間は権利が消滅時効にかかる前に失権する点では権利失効の原則と似ているが，期間が法定されている点で異なる。また，権利保存期間自体は権利行使等により延長（後述2③の「更新」）されることはないという点では除斥期間と似ているが，別途，権利が消滅時効に服する点で異なる。

2 時効完成のための要件

1 取得時効完成のための要件

1 概　要

　取得時効は，以下の表のように，一定の事実状態が一定期間継続することにより完成する。

時効取得できる権利	一定の事実状態	一定期間の継続	
所有権（民 162 条）	「所有の意思＋平穏公然」の他人物占有	10 年	（短期取得時効—占有開始（財産権行使）時に善意・無過失の場合）
所有権以外の財産権（民 163 条）	「自己のためにする意思＋平穏公然」の財産権行使	20 年	（長期取得時効）

2 時効取得できる権利

(1)　所有権その他の財産権

　民法は，「所有権」と「所有権以外の財産権」に分けて取得時効完成の要件と取得時効の効果を規定している（民 162，163 条）。ここから，取得時効により取得できる権利は財産権であることがわかる。したがって，例えば，男女が長い間夫婦のように生活し，あるいは，他人同士が長い間親子のように生活していても，婚姻の届出（民 739 条参照）や養子縁組（民 799 条参照）をしなければ，法律上の夫婦や親子にはなれない。身分関係は一定の継続した事実状態に基づいて認めるには適していないからである。

(a)　所有権

　取得時効の援用がなされる事案の大半は，所有権についてである＊。

　　＊日本民法は，フランス民法と同じく登記を不動産の取得時効の要件とはしていない。しかし，フランスでは不動産売買に関与する公証人の調査により非所有者から買い受けるという危険は未然に防止されているので，短期取得時効により真の所有者が所有権を失う危険は小さいといわれている。また，ドイツ民法の登記簿取得時効では，占有者が登記をしていることも要件とされている。これらに比べると，

日本は不動産の取得時効が認められやすく、所有者は登記を保持していても安心できないといえる。

(b) 所有権以外の財産権

(ⅰ) 用益物権など

用益物権（地上権（民265条）・永小作権（民270条）・地役権（民280条））のように、継続的な権利行使が考えられるものは、取得時効の対象となる。地役権については、「継続的に行使され、かつ、外形上認識することができるもの」に限られている（民283条）。

(ⅱ) 不動産賃借権

賃借権は、時効取得できると解されている。判例の事案のほとんどは、土地賃借権（または転借権）に関するものであり＊、「土地の継続的な用益という外形的事実が存在」し、かつ、「それが賃借の意思に基づくことが客観的に表現されている」ことを要件としている（最判昭43・10・8民集22巻10号2145頁—判例講義民Ⅰ㉑）。

＊賃貸したのは誰かで事案を分けると、3つに大別される。第1は、所有者が賃貸借契約を結んだ場合である。これには、賃借人が賃貸人の隣地にはみ出て占有している場合（前掲最判昭43・10・8）、賃貸借契約が無効であった場合（最判昭45・12・15民集24巻13号2051頁）がある。第2は、賃借人が無断譲渡（最判昭53・12・14民集32巻9号1658頁）・転貸（最判昭44・7・8民集23巻8号1374頁）した場合である。第3は、所有者・賃借人以外の第三者が賃貸借契約を結んだ場合である。これには、無権代理の場合（最判昭52・9・29判時866号127頁）、自称所有者が賃貸した場合（最判昭62・6・5判時1260号7頁）がある。

(2) 時効取得できない財産権

(a) 継続的な権利行使が考えられない権利は、時効取得できない。例えば、取消権（民5条2項、9条、13条4項、17条4項、96条、115条参照）や解除権（民540条以下、612条2項参照）などの形成権は、1回の行使により消滅するので、取得時効の対象とならない。

(b) 留置権（民295条）や先取特権（民303条）などのように、直接法律の規定によって成立する権利は、取得時効の対象とならない。法律の定める要件を満たすことが必要であるからである。

3 所有権の取得時効完成のための要件

所有権の取得時効完成の要件は，①一定の要件を備えた占有（「所有の意思」をもった，「平穏公然」の「他人の物」の占有）と，②一定期間（20年間，または10年間）の継続である（民162条）。

(1) 占 有

占有とは，「自己のためにする意思」をもって「物を所持」することである（民180条）＊。さらに，民法162条により，以下のような占有であることが必要である。

> ＊占有の要件については，占有者の一定の意思（主観）を要求する考え方（主観説）と，意思的な要素を求めずに所持のみで足りるとする考え方（客観説）がある。主観説では，意思無能力者には占有は認められないことになる。民法180条は主観説をとるものであるが，意思は外部からは認識しにくい。そこで，事実状態を保護しようとする占有制度の目的を達成するために，意思的要素は緩やかに解されている。

(a) 自主占有

「所有の意思をもって」する占有を**自主占有**といい，所有の意思のない占有を**他主占有**という。「所有の意思」とは，所有者がなし得ると同様の排他的支配を事実上行おうとする意思のことである。

(ⅰ) 自主占有か他主占有かの判断基準

自主占有か否かが占有者の内心の意思によって定まるとすると，内心の意思は他人にはわからない場合も少なくないから，真の所有者は取得時効の完成猶予・更新の機会を失う危険がある。したがって，「所有の意思は，占有者の内心の意思によってではなく，占有取得の原因である権原又は占有に関する事情により外形的客観的に定められるべきものである」（最判昭58・3・24民集37巻2号131頁─判例講義民Ⅰ73）。例えば，贈与（民549条）・売買（民555条）・交換（民586条）のように所有権の移転を目的とする契約に基づいて占有を開始した者の占有は自主占有である。これに対し，使用貸借（民593条）・賃貸借（民601条）・寄託（民657条）のように他人の所有権を前提にした契約に基づいて占有を開始した者の占有は，他主占有である。

(ⅱ) 他主占有から自主占有への変更

「権原の性質上占有者に所有の意思がないものとされる場合」に，次の事由

があると，他主占有が自主占有に変更される（民185条）。

　ⅰ）　所有の意思の表示

　第1は，他主「占有者が，自己に占有をさせた者に対して所有の意思があることを表示」することである。例えば，賃借人が賃貸人に対して，これからは所有者として使用するので賃料は支払わないというと，これに当たる。しかし，このようなことをいうと，通常であれば賃貸借契約は解除されて賃貸目的物の返還を請求されるであろうから，実際には，所有の意思の表示による自主占有への変更による時効取得は，賃貸人がこれに対してなんら異議を述べないという，ごく例外的な場合に限られよう（最判平6・9・13判時1513号99頁参照。いわゆる農地解放後に，小作料等を一切支払わずに自由に耕作し占有することを容認していた事案で，所有の意思が表示されたとして時効取得を認めたものである）。

　ⅱ）　新権原による占有開始

　第2は，「新たな権原により更に所有の意思をもって占有を始める」ことである。例えば，賃借人が賃借物を買い取った場合である（最判昭52・3・3民集31巻2号157頁参照。知事の許可のない農地売買のため，所有権は買主である賃借人に移転しなかったが，自主占有への変更と時効取得を認めた）。

　他主占有者を相続した場合については，判例（最判平8・11・12民集50巻10号2591頁―判例講義民Ⅰ⑪⑧）は，相続により被相続人の占有を承継しただけでなく，「新たに当該不動産を事実上支配することによって占有を開始した場合において，その占有が所有の意思に基づくものであるとき」は，相続人は独自の占有に基づく取得時効の成立を主張できるとしている。そして，この場合には，「相続人が新たな事実的支配を開始したことによって，従来の占有の性質が変更されたものであるから」，「占有者である当該相続人において，その事実的支配が外形的客観的にみて独自の所有の意思に基づくものと解される事情を自ら証明すべき」であるとする。この場合は，所有の意思が推定されるとの規定（民186条）は適用されないということである。

　なお，所有者の共同相続人の1人が単独で占有している場合については，判例（最判昭47・9・8民集26巻7号1348頁）は，「単独に相続したものと信じて疑わず，相続開始とともに相続財産を現実に占有し，その管理，使用を専行してその収益を独占し，公租公課も自己の名でその負担において納付してきており，これについて他の相続人がなんら関心をもたず，もとより異議を述べた事

実もなかったような場合」には，その「相続人はその相続のときから自主占有を取得した」ものと解されるとしている。また，単独で相続したと信じる合理的事由がなければ単独の自主占有は認められないとしている（最判昭54・4・17判時929号67頁）。

（ⅲ）　自主占有の推定

自主占有であることは推定される（民186条1項）。したがって，他主占有であると主張する側が占有者に「所有の意思」がないことの証明責任を負う。具体的には，①占有者がその性質上所有の意思のないものとされる権原（他主占有権原）に基づいて占有を取得した事実，または，②占有者が占有中，真の所有者であれば通常はとらない態度を示すなど，外形的客観的にみて占有者が他人の所有権を排斥して占有する意思を有していなかったものと解される事情（他主占有事情＊）が証明されると，他主占有と認定され，時効による所有権取得は否定される（前掲最判昭58・3・24）。

> ＊他主占有事情判決（最判平7・12・15民集49巻10号3088頁—判例講義民Ⅰ⑺）　兄名義の土地の上に弟が家を建てて居住していたが，それぞれの相続人間で土地の所有権をめぐり争いとなり，弟の相続人らが取得時効を援用した事案である。本判決は，前掲最判昭58・3・24の判例を援用した上で，土地占有者が登記簿上の所有名義人に対して所有権移転登記手続を求めないということや固定資産税を負担していないということは，基本的には占有者の悪意を推認させる事情として考慮されるものであり，他主占有事情として考慮されるが，占有者と名義人との間の人的関係や税額等によっては，そのことのみをもって他主占有事情として十分であるということはできないとして，他主占有と認定した原審判決を破棄差戻しとした。

（b）　平穏・公然の占有

平穏とは，暴行もしくは強迫（民190条2項）の反対であり，「占有者がその占有を取得し，または，保持するについて，暴行強迫などの違法強暴の行為を用いていない」ことをいう（最判昭41・4・15民集20巻4号676頁）。公然とは隠匿の反対であり，密かに隠したりしないことをいう。例えば強盗による占有は平穏な占有ではなく，拾った物を隠している場合は公然の占有ではない。不動産については，密かに隠して占有することは難しいので，公然の占有かどうかが実際に問題となるのは動産についてである。

占有者は，平穏・公然に占有しているものと推定される（民186条）。

（2）　占有の客体

所有権の取得時効の対象となるのは，「他人の物」である（民162条）

（a）　「他人」の物

権利変動説（実体法説）では，非所有者が所有権を時効取得するのであるから，取得時効の対象が「他人」の物であることは当然である。これに対し，推定説（訴訟法説）では「他人」の物である必要はなく，むしろ理論的には「自己」の物（ただし，それを立証できない）ということになろう。いずれにしても，裁判においては，わざわざ「他人」の物であることを立証する必要はない。

問題は，所有者であることについて争いがない場合に，その所有者が取得時効を援用できるかである。判例には，前主Aから有効な契約により不動産の所有権を取得した第1譲受人Bが登記を経由した第2譲受人Cに対して取得時効を主張する場合に，Bの占有開始時を取得時効の起算点とすることの理由として，所有権に基づいて占有する者であっても時効取得できるというものがある＊。これは，いわゆる「取得時効と登記」の問題であり（後述（5）参照），議論のあるところである。また，判例には，売買契約の当事者である買主も取得時効を援用できるとしたものがある（最判昭44・12・18民集23巻12号2467頁）が，これには批判が強い。

＊第1譲受人の取得時効援用（自己の物の時効取得）肯定判決（最判昭42・7・21民集21巻6号1643頁）　Aは昭和27年11月に所有する甲不動産を弟Bに贈与した。Bは引渡しを受けて居住していたが登記を移転していなかった。そこでAはBに無断で甲に抵当権を設定し，これが実行されてCが競落し昭和37年10月に登記はCに移転した。Cが甲を占有するBに対し所有権に基づいて明渡しを請求したところ，Bは昭和37年11月の経過によって時効取得したと主張した。原審は，「他人の物」の占有が必要であるから第1譲受人Bは占有開始時を起算点とする時効取得はできないとして，Cの請求を認めた。Bの上告に対し，最高裁は，「取得時効は，当該物件を永続して占有するという事実状態を，一定の場合に，権利関係にまで高めようとする制度であるから，所有権に基づいて不動産を永く占有する者であっても，その登記を経由していない等のために所有権取得の立証が困難であったり，または所有権の取得を第三者に対抗することができない等の場合において，取得時効による権利取得を主張できると解することが制度本来の趣旨に合致するものというべき」であるとして原判決を破棄し，Bの取得時効の成否を判断させるために差し戻した。

(b) 他人の「物」

（ⅰ) 動　産

取得時効の対象となる物は，通常は不動産であるが，動産も取得時効の対象となる。例えば，動産の即時取得は「取引行為」によって占有を取得する必要があるので（民192条），境界線を間違えて他人の山林を自己の山林と過失なく誤信して（善意・無過失）木を伐採するなど，取引行為によらないで動産の占有を開始した場合には民法162条が適用される。

（ⅱ) 1筆の土地の一部

物の一部であっても，独立の所有権を認めることができる場合には，その部分についての時効取得も認められる。例えば，登記簿の上で1個とされている土地を1筆の土地というが，この1筆の土地の一部についても取得時効は成立する。

（ⅲ) 公　物

道路・公園・河川敷地などの公物の時効取得が認められるかについて，かつての判例は公用廃止処分のない限り時効取得できないとしていた（大判大10・2・1民録27輯160頁（国有の道路），大判昭4・12・11民集8巻914頁（下水敷地）など）。しかし，最高裁はこれを変更し，公共用財産としての形態，機能をまったく喪失し，もはやその物を公共用財産として維持すべき理由がなくなった場合には，黙示的に公用が廃止されたものとして，取得時効の成立を認めてよいとするに至った（最判昭51・12・24民集30巻11号1104頁（水路敷地））。

(3) 時効期間

(a) 20年（長期取得時効）

平穏・公然の自主占有を，20年間継続すると，取得時効が完成する（民162条1項）。

(b) 10年（短期取得時効）

さらに，「占有の開始の時」に善意・無過失であったときは，10年で取得時効が完成する（民162条2項）。善意とは，普通は「知らないこと」であるが，ここでは，自分に所有権があると信ずることと解されている（大判大9・7・16民録26輯1108頁）。この善意は推定される（民186条）。

(c) 起算点

占有の開始時が取得時効の起算点となる。初日は算入されない（民140条）。

20 年の取得時効については，現在からさかのぼって 20 年間占有が継続していればよいとの考え（逆算説）も有力である。しかし，判例＊＊＊は，いわゆる取得時効と登記の問題との関連で，時効援用者において起算点を選択し，時効の完成時を早めたり遅らせたりすることはできないとしている。

＊起算点任意選択否定判決（最判昭 35・7・27 民集 14 巻 10 号 1871 頁—判例講義民 I ⑨）　A 所有の甲土地と B 所有の乙土地の境界をめぐって争いとなり，A は B に対し境界確認の訴えを提起した。そして，本件係争地が乙土地に含まれるとされるときは，A は時効取得しているので本件係争地の所有権移転登記手続をせよと主張した。A は遅くとも昭和 21 年には本件係争地を 20 年以上占有しており，B は乙土地を昭和 28 年 9 月に買い受けて移転登記を経由していた。いわゆる取得時効と登記の判例理論では，取得時効完成後にその土地を譲り受けて登記を経由した第三者に対しては時効取得を対抗できない（大連判大 14・7・8 民集 4 巻 412 頁，最判昭 33・8・28 民集 12 巻 12 号 1936 頁）ので，A は昭和 28 年 10 月からさかのぼって 20 年の取得時効を主張した。しかし，本判決は，「時効による権利の取得の有無を考察するにあたっては，単に当事者間のみならず，第三者に対する関係も同時に考慮しなければなら」ないから，「取得時効を援用する者において任意にその起算点を選択し，時効完成の時期を或いは早め或いは遅らせることはできない」とした。

＊＊第 1 買主遡及的他人物占有判決（最判昭 46・11・5 民集 25 巻 8 号 1087 頁—判例講義民 I ⑫）　事案を簡略に説明すると，甲土地は昭和 27 年に A から B に譲渡され，以後 B が占有してきたが，昭和 33 年に A の相続人から C に譲渡され，登記も C に移転した。そこで，B は C に対して昭和 27 年の占有開始から 10 年の時効取得を主張し登記の抹消を求めた。原審は，二重売買における第 1 買主は第 2 買主が登記するまでは自己の物を占有するものであるから，第 2 買主の登記の時が取得時効の起算点になり，B の取得時効は完成していないとした。B の上告に対し，最高裁は，「登記の時に第 2 の買主において完全に所有権を取得するわけであるが，その所有権は，売主から第 2 の買主に直接移転するのであり，売主から一旦第 1 の買主に移転し，第 1 の買主から第 2 の買主に移転するものではなく，第 1 の買主は当初から全く所有権を取得しなかったことになるのである」として，前掲最判昭 42・7・21 を援用し，原審判決を破棄差戻しとした。本判決の理由づけは，自己の物の時効取得を正面から認めた前掲最判昭 42・7・21 とは整合的でないとの指摘がある。

(d)　自然中断

占有者が，①「任意にその占有を中止し」，または，②「他人によってその占有を奪われたとき」は，取得時効は中断する（民 164 条）。これを**自然中断**と

いう。それまでに経過した占有期間は無意味となり，その後再び占有を始めて
も，中断までの期間は算入されない。なお，②の場合は，占有回収の訴え（民
200条）を提起して勝訴すれば占有は継続していたものとされる（民203条但書）。

(e) 占有の承継

目的物の売買（特定承継）や相続（包括承継）によって他人から占有を承継し
た者は，自己の占有のみを主張してもよいし，自己の占有に前の占有者の占有
をあわせて主張してもよい（民187条1項）。自己の占有期間と前の占有者の占
有期間を合算して初めて時効が完成するときに意味がある。

ただし，占有期間を合算するときは，前の占有者の占有の瑕疵（平穏でない
こと・公然でないこと・悪意・有過失などの性質）も承継する（民187条2項）の
で，前の占有者の占有に瑕疵があるときは，合算された占有も瑕疵のある占有
となる＊。

> ＊**第1占有者基準判決**（最判昭53・3・6民集32巻2号135頁—判例講義民Ⅰ⑲）
> 第1占有者（前の占有者）の占有には瑕疵はないが，占有承継人の占有に瑕疵があ
> った場合については規定がない。本判決は，占有者の善意・無過失の存否は占有開
> 始の時点において判定すべきであるとする民法162条2項の規定は，時効期間を通
> じて占有主体に変更がない場合だけでなく，占有主体に変更があって2個以上の占
> 有があわせて主張される場合も変わりはないとした（第1占有者基準説）。

(4) 推定規定

すでに，個別に述べてきたが，占有の態様のうち，自主占有（所有の意思），
善意，平穏，公然は推定される（民186条1項）。したがって，10年の取得時
効（民162条2項）を援用する者は，無過失を立証するだけでよい。

占有の継続についても，前後2つの時点で占有していた証拠があれば，占有
はその間継続していたものと推定される（民186条2項）。

(5) 取得時効と登記

民法177条は，不動産の物権変動は登記がなければ「第三者」に対抗できな
いとしている。そこで，A所有の甲不動産につきBが占有を開始し，取得時効
を援用したとき，Bは登記なしに時効取得を対抗できるかが問題となる。判例
は，以下のように，時効完成時を基準として＊，時効完成前の所有者は不動産
物権変動の「当事者」であるから，この者に対して登記なしに時効取得を対抗
できるが，時効完成後に現れた所有者は民法177条の「第三者」に当たるから，

289

登記がなければこの者に対して時効取得を対抗することはできないとしている。

> ＊時効完成時を基準に「当事者」と「第三者」を区別するのは，時効完成時に時効の効果が発生するとの考え（確定効果説）からは説明しやすい。しかし，前述（本章1・③・2「不確定効果説」（援用時説））のように，最高裁（前掲最判昭61・3・17）は時効援用時に時効の効果が発生するとした。

（a） 当初の所有者

時効取得者Bと，Bが占有を開始した当初の所有者Aとは，不動産物権変動の「当事者」に当たるので，Bは登記がなくてもAに時効取得を主張できる（大判大7・3・2民録24輯423頁）。

（b） 当初の所有者からの譲受人

（ⅰ）時効完成前の譲受人

AがBの取得時効完成前に甲不動産をCに譲渡した場合は，Cは「当事者」であるから，Bは登記なしに時効取得をCに対抗できる（最判昭41・11・22民集20巻9号1901頁）。これは，Cの登記がBの時効完成後になされた場合でも変わらない（最判昭42・7・21民集21巻6号1653頁）。

（ⅱ）時効完成後の譲受人

AがBの取得時効完成後に甲不動産をCに譲渡した場合は，Cは「第三者」であるから，Bは登記がなければ時効取得をCに対抗できない（大連判大14・7・8民集4巻412頁，最判昭33・8・28民集12巻12号1936頁）。

（c） 時効完成後の譲受人に対する再度の時効完成

時効完成後の譲受人Cが登記をしても，Bが引き続き占有しているときは，新たに時効が進行し，再度時効が完成すると，Cは「当事者」となり，Bは登記なしに時効取得をCに対抗できる（最判昭36・7・20民集15巻7号1903頁—判例講義民Ⅰ㉒）。

（d） 時効の起算点

時効完成後の譲受人に対し，登記なしに時効取得を対抗できるようにするために，時効完成前の譲受人になるように起算点を遅らせて時効取得を主張することはできない（前掲最判昭35・7・27）。

これを表にまとめると，以下のようになる。

2 時効完成のための要件

時効完成時の所有者		物権変動の「当事者」か「第三者」か
当初の所有者		「当事者」
当初の所有者 からの譲受人	時効完成前の譲受人	「当事者」
	時効完成後の譲受人	「第三者」

　以上の判例理論によると，占有開始から10年以上20年以内に譲受人Cが現れると，善意・無過失の占有者の方が悪意または有過失の占有者よりも不利になる。また，登記を取得していても譲受人Cが時効取得者Bに優先するかどうかは，譲受けが時効完成の前か後かという偶然の事情による。そこで，学説は，時効取得者は登記なしに対抗できるとするもの（占有尊重説），登記を先に取得した者が優先するとするもの（登記尊重説），紛争類型ごとに分けて考えるものなど，区々に分かれている。

4　所有権以外の財産権の取得時効

　「所有権以外の財産権」を，「自己のためにする意思をもって，平穏に，かつ，公然と行使する」ことを要する（民163条）。すなわち，平穏・公然の準占有（民205条参照），または占有（地上権や質権のように占有を伴う権利の場合）の継続を要するが，所有権の取得時効ではないので，「所有の意思」ではなく，「自己のためにする意思」が要件とされている。

　時効期間の区別は所有権の取得時効（民162条）と同様であり（民163条），自然中断の規定（民164条）も準用される（民165条）。

② 消滅時効完成のための要件

1　消滅時効の対象となる権利

(1)　消滅時効にかかる権利

　消滅時効にかかる権利は，「債権」と「債権又は所有権以外の財産権」である（民167条）。後者の例としては，他人の土地を一定の目的のために使用する用益物権（地上権（民265条）・永小作権（民270条）・地役権（民280条））がある。

(2) 消滅時効にかからない権利

(a) 所有権・所有権に基づく権利

所有権は消滅時効にかからないので（民167条2項），所有権に基づく権利である物権的請求権・共有物分割請求権（民256条）・相隣権（民209条以下）も消滅時効にかからない。

(b) 占有権

占有権（民180条）は，事実状態に随伴するものであるから消滅時効にかからない。

(c) 所有権以外の物権に基づく物権的請求権・担保物権

所有権以外の物権に基づく物権的請求権や，被担保債権に従たる権利である担保物権は，その物権や被担保債権から独立して消滅時効にかかることはないと解されている。もっとも，判例（大判昭15・11・26民集19巻2100頁）は，民法396条の反対解釈として，第三取得者の下では民法167条2項の適用により，抵当権は被担保債権と離れて20年の消滅時効にかかるとする。民法396条と397条の関係は一見して明らかとはいえないこともあり，これらの条文の解釈に関して学説は分かれている。

(d) 抗弁権

買主の目的物引渡請求に対して売主が詐欺（民96条1項）を理由に取り消すときのように，ある人の請求に対して現状を維持するために受動的な形で実体法上の権利を行使する場合には，期間の制限（上記の取消権については民法126条）に服さないという原則を**抗弁権の永久性**という。この考えは，権利が抗弁的（受動的）に主張される場合には，権利者に積極的な権利の行使を期待することは無理であるという理由による。学説は，実体法上の権利一般につきこれを肯定する積極論と，個々の抗弁として主張される権利の性質と期間制限が設けられた趣旨を考慮して，個別的に抗弁的な権利行使の当否を検討すべきであるとする慎重論との間に対立がある。

2 消滅時効期間

従来は，職業別の短期消滅時効が規定されていた。しかし，それらを合理的に説明することは難しく，また，それらは時効期間を複雑でわかりにくくしていることから，2017年の民法改正で廃止され，消滅時効期間は大幅に単純化

2 時効完成のための要件

消滅時効期間一覧

権利の種類		起算点	時効期間
一般の債権（166条1項）		債権者が権利を行使することができることを知った時	5年（1号）
		権利を行使することができる時	10年（2号）
不法行為による損害賠償請求権（724条）		被害者またはその法定代理人が損害および加害者を知った時	3年
		不法行為の時	20年
人の生命または身体の侵害による損害賠償請求権	債務不履行による場合（167条）	債権者が権利を行使することができることを知った時	5年
		権利を行使することができる時	20年
	不法行為による場合（724条の2）	被害者またはその法定代理人が損害および加害者を知った時	5年
		不法行為の時	20年
定期金債権（168条1項）		債権者が定期金の債権から生ずる金銭その他の物の給付を目的とする各債権を行使することができることを知った時	10年（1号）
		1号に規定する各債権を行使することができる時	20年（2号）
確定判決または確定判決と同一の効力を有するものによって確定した権利（169条1項）		裁判上の請求等が終了した時（147条2項）	10年
債権または所有権以外の財産権（166条2項）		権利を行使することができる時	20年

された。これをまとめると，表「消滅時効期間一覧」のとおりである。

(1) 債権

(a) 一般の債権

一般の債権の消滅時効期間は，主観的起算点（「債権者が権利を行使することができることを知った時」）からの短期（5年）と客観的起算点（「権利を行使することができる時」）からの長期（10年）の二重期間構成になっている（民166条1項）。

（b）　不法行為による損害賠償請求権

不法行為による損害賠償請求権の消滅時効期間も，主観的起算点（「被害者またはその法定代理人が損害および加害者を知った時」）からの短期（3年）と客観的起算点（「不法行為の時」）からの長期（20年）の二重期間構成になっている（民724条）。

（c）　人の生命または身体の侵害による損害賠償請求権

（ⅰ）　債務不履行による場合

一般の債権の消滅時効期間の規定（民166条1項）の特則として，客観的起算点からの長期の消滅時効期間が一般債権の場合の10年から20年に延長されている（民167条）。

（ⅱ）　不法行為による場合

不法行為による損害賠償請求権の消滅時効期間の規定（民724条）の特則として，主観的起算点からの短期の消滅時効期間が3年から5年に延長されている（民724条の2）。

（d）　定期金債権

定期金債権とは，年金債権や定期的扶助料債権のように，一定または不定の期間にわたって，金銭その他の物の給付を定期的に給付させることを目的とする債権である（このような権利を基本権という）。この定期金債権に基づいて各期（例えば，毎月の末日）に発生する一定額の支払を請求する債権（このような権利を支分権という）を定期給付債権という。

基本権である定期金債権の消滅時効期間は，「各債権」を行使することができることを知った時から10年，または，各債権を行使することができる時から20年である（民168条1項1号・2号）。この「各債権」とは，各期に発生した定期給付債権のいずれかを意味する。なお，定期金債権から発生する毎期の定期給付債権については，債権の消滅時効における原則的な規律（時効期間と起算点）に服する（民166条1項）。

各期の弁済（時効の更新事由である債務の承認（民152条）にあたる）の証拠は，通常は領収書として債務者のもとにあっても，債権者のもとにはない。したがって，例えば，債務者が各期に弁済をしながらこれ以上の支払を免れようと，第1回の弁済期から10年経過後に突如として定期金債権の消滅時効を援用することがないよう，債権者は，いつでも，承認書の交付を求めることができる

（民 168 条 2 項）。

(2) 債権または所有権以外の財産権

(a) 形成権

形成権とは権利者の一方的な意思表示（つまり，単独行為）で法律関係の変動を生じさせる権利である。形成権である取消権は，民法 126 条により追認することができる時から 5 年で時効にかかる。取り消すことができる行為（民 95 条, 96 条参照）の時から 20 年を経過した場合も同様である。

（i） 期間の定めのない場合

形成権で期間の定めのないものについては，債権に準じて扱われる（大判大 10・3・5 民録 27 輯 493 頁（再売買の予約完結権について），最判昭 62・10・8 民集 41 巻 7 号 1445 頁（無断転貸を理由とする解除権（民 612 条 2 項）について）など）。

（ii） 形成権の行使により生じる請求権

形成権行使の結果として生ずる請求権の消滅時効については，形成権行使の時から進行するとの判例がある（大判大 7・4・13 民録 24 輯 669 頁（履行遅滞のため売買契約を解除し，代金の返還を請求した事案））。これは，形成権の時効とその行使の結果生ずる請求権の時効とは，それぞれ別個の期間制限に服するという 2 段階構成をとったものである。

学説は，例えば，取消しに基づく不当利得返還請求権（民 703 条参照）のように，形成権が請求権を行使するための単なる論理的前提にすぎない場合には，形成権の期間制限（例えば，民 126 条）は，形成権行使の結果生ずる請求権についての期間制限でもあると解する 1 段階構成が有力である。

(b) 用益物権

用益物権（地上権（民 265 条）・永小作権（民 270 条）・地役権（民 280 条））は，権利を行使することができる時から 20 年の消滅時効にかかる（民 166 条 2 項）。

(3) 判決などによって確定した権利

(a) 時効期間の延長

確定判決または確定判決と同一の効力を有するものによって確定した権利は，10 年より短い時効期間の定めがあるものであっても，消滅時効期間は 10 年となる（民 169 条 1 項）。その理由としては，権利の存在についての確証が生じたことや，時効を完成猶予・更新させるために訴訟を短期間に繰り返すことの煩わしさがあげられている。なお，確定の時に弁済期の到来していない債権

（期限付債権について期限到来前に確認判決を得た場合など）については，時効期間は延長されない（同条2項）。

(b) 関連する債権への影響

主たる債務の消滅時効が更新されると，保証債務の消滅時効も更新される（民457条1項）。そこで，判例は，主たる債務の消滅時効期間が確定判決によって10年に延長されたときは，保証債務の付従性を理由に，保証債務の消滅時効期間も10年に延長されるとする（最判昭43・10・17判時540号34頁，最判昭46・7・23判時641号62頁）

3 起算点

(1) 主観的起算点と客観的起算点

消滅時効期間の説明でも述べたように，消滅時効の起算点には，主観的な起算点と客観的な起算点がある。「債権者が権利を行使することができることを知った時」（民166条1項1号）とか，「被害者又はその法定代理人が損害及び加害者を知った時」（民724条1号）という主観的な起算点だけでは，いつまでも消滅時効が進行を開始しない場合があるので，主観的起算点からの短期の消滅時効期間を設けるときは，客観的起算点からの長期の消滅時効期間も設ける二重期間構成となっている（民166条1項参照）。

実際には，客観的起算点と主観的起算点が一致することが少なくなく，特に契約上の債権については，通常は履行期の定めがあるので，ほとんどの事案において主観的起算点と客観的起算点とは一致するものと思われる。

なお，民法140条により初日は算入されない（最判昭57・10・19民集36巻10号2163頁）。

(2) 客観的起算点—「権利を行使することができる時」

(a) 法律上の障害と事実上の障害

「権利を行使することができる時」（166条1項2号）とは，権利行使について法律上の障害（例えば，履行期の未到来）がなくなった時のことであると解されている。したがって，例えば，権利者が権利の存在あるいは権利を行使し得ることを知らなくても，それは事実上の障害にすぎないので，消滅時効は進行する（大判昭12・9・17民集16巻1435頁）。

なお，法律上の障害であっても，権利者が除去し得るものである場合には時

効の進行は妨げられない。例えば，債権に同時履行の抗弁権（民533条）が付着している場合や，債権者が先履行義務を負っている場合にも，時効は進行する。

(b) 権利行使の現実的期待可能性

法律上の障害はなくても，消滅時効の進行を認めるのは妥当でない場合があり得る。そこで，判例は，「権利の性質上，その権利行使が現実に期待のできるものであること」も必要であるとしている＊＊＊。

> ＊供託金取戻請求権の時効起算点判決（最大判昭45・7・15民集24巻7号771頁）　AB間に土地賃借権の存否について争いが生じたので，Bは賃借料を供託（民494条）していたが，AのBに対する土地明渡しを求める裁判において和解が成立した。そこで，BはC（供託官）に供託金の取戻し（民496条1項）を請求したところ，Cは，この請求権は供託の時から時効が進行しすでに完成しているとしてこの請求を却下した。しかし，賃貸借関係の存否について争いが続いている間に供託金取戻請求権の行使をBに期待するのは無理である。そこで，BがCの上記却下処分の取消しを求めた裁判において，本判決は，「弁済供託における供託物の払渡請求，すなわち供託物の還付または取戻の請求について『権利ヲ行使スルコトヲ得ル』とは」との限定つきで，「単にその権利の行使につき法律上の障害がないというだけではなく，さらに権利の性質上，その権利行使が現実に期待のできるものであることをも必要と解する」として，供託者が免責の効果を受ける必要が消滅した時（裁判上の和解成立の時）を起算点とした。

> ＊＊自賠法72条1項の保障請求権の時効起算点判決（最判平8・3・5民集50巻3号383頁）　昭和59年（1984年）にひき逃げ事故により負傷した被害者Aが，被疑者Bに対する損害賠償請求訴訟で昭和64年（1989年）に敗訴したのち，平成元年（1989年）に政府に対して保障請求（自賠72条1項前段）したところ，自賠法75条の2年の消滅時効完成を理由にこの請求が却下された。そこで，AがC（国）に対し改めて保障請求をして訴えを提起したという事案で，本判決は，前掲最大判昭45・7・15の上記限定をはずして，「民法166条1項にいう『権利ヲ行使スルコトヲ得時』とは」として一般的に起算点を述べた上で，本件請求権の時効起算点はAのBに対する上記敗訴判決が確定した翌日であるとして，Aを勝訴させた。

(3) 客観的起算点の具体例

(a) 期限付きまたは停止条件付きの債権

期限到来または条件成就の時から進行する。期限が不確定期限であっても，起算点はその期限到来の時である（債務者が履行遅滞に陥る時期（民412条2項）

とは異なることに注意を要する）。これらの権利は，期限未到来または条件未成就の間は行使することができないが，権利の目的物を占有する者のための取得時効は進行する（民166条3項本文）。そこで，例えば，停止条件付売買における買主は，目的物を現に占有する第三者がいる場合には，取得時効を完成猶予・更新するために，いつでもその占有者に対して自己の権利の承認を求めることができるものとされている（同項但書）。

(b) 期限の定めのない債権

(ⅰ) 原 則

いつでも請求することができるので，債権成立の時から進行する（債務者が履行遅滞に陥る時期（民412条3項）とは異なることに注意を要する）。これは，不当利得返還請求権（民703，704条）のように，法の規定に基づいて発生し，かつ発生と同時に請求することができる債権についても当てはまるが，不法行為による損害賠償請求権については特別に「不法行為の時」とする規定がある（民724条2号。なお，不法行為による損害賠償債務は，損害の発生と同時に履行遅滞となる（最判昭37・9・4民集16巻9号1834頁））。

(ⅱ) 債務不履行による損害賠償請求権

債務不履行による損害賠償債務（民415条）は，本来の債務が変更したにとどまり，債務の同一性に変わりはないから，本来の債務の履行を請求し得る時が起算点になると解されている（最判昭35・11・1民集14巻13号2781頁。契約解除に基づく原状回復義務の履行不能による損害賠償請求権の消滅時効は，契約解除の時から進行を開始し，履行の不能の時からではないとした。解除権の消滅時効の起算点については，後述 (d) 参照）。

雇用者の安全配慮義務違反により「じん肺」に罹患した者の損害賠償請求権については，判例は「じん肺」の特殊性に応じた起算点の判断をしている*。

> ＊じん肺は進行性疾患であり，昭和35年に制定されたじん肺法により病状に応じて管理1から4までの区分が行政決定によりなされる。そこで，判例は，「じん肺の病変の特質にかんがみると，管理2，管理3，管理4の各行政上の決定に相当する病状に基づく各損害には質的に異なるものがある」ことを理由に，「重い決定に相当する病状に基づく損害は，その決定を受けた時に発生し，その時点からその損害賠償請求権を行使することが法律上可能となるものというべき」であるから，じん肺法所定の管理区分についての「最終の行政上の決定を受けた時」から10年の消滅時効が進行するとした（最判平6・2・22民集48巻2号441頁―判例講義民

Ⅰ⑦）。さらに，死亡による損害は管理2～4に相当する病状に基づく各損害とは質的に異なるから，「じん肺によって死亡した場合の損害については，死亡の時」から損害賠償請求権の消滅時効が進行するとした（最判平16・4・27判時1860号152頁）。

(c) 期限の利益喪失特約がある割賦払債務

割賦払債務において，1回でも弁済を怠ると債権者は直ちに残り全額の弁済を請求できるという期限の利益喪失特約がある場合に，1回分の支払を怠ると，残り全額についていつから時効が進行するかが問題となる。

（ⅰ） 当然喪失特約の場合

特約の趣旨が，不履行（1回の不払）があると当然に期限の利益がなくなるという当然喪失特約である場合には，その不履行の時から時効が進行する。

（ⅱ） 請求時喪失特約の場合

特約の趣旨が，不履行があると債権者が期限の利益を失わせることができるという請求時喪失特約である場合には，現に債権者が期限の利益を失わせる旨の意思表示をした時から時効が進行する（大連判昭15・3・13民集19巻544頁。最判昭42・6・23民集21巻6号1492頁―判例講義民Ⅰ⑦）。学説は，判例を支持するものと，この場合は期限の定めのない債権と同じく扱うべきであり不履行時を起算点とすべきであるとするものに分かれている。

(d) 債務不履行による解除権

解除権の消滅時効の起算点である解除権を「行使できる時」は，債務不履行により解除権が発生した時である（大判大6・11・14民録23輯1965頁）。判例は，地代不払が続いた事案では「最終支払期日が経過した時」（最判昭56・6・16民集35巻4号763頁），無断転貸による解除の事案では「転借人が，賃借人（転貸人）との間で締結した転貸借契約に基づき，当該土地について使用収益を開始した時」（最判昭62・10・8民集41巻7号1445頁）を起算点としている。

(e) 普通預金債権・定期預金債権・自動継続定期預金債権

普通預金債権は，期限の定めのない債権にあたるので，債権発生時，つまり預入れ時が起算点になると解されている。定期預金債権は，期限の定めのある債権であり，満期日までは払戻しを請求できないので，満期日が起算点になる。自動継続定期預金債権は，預金者が解約の申入れをするなどして，それ以降自動継続の取扱いがなされなくなった満期日が到来した時が起算点になる（最判

平 19・4・24 民集 61 巻 3 号 1073 頁—判例講義民 I ⑳）。

③ 時効の完成の障害—時効の完成猶予・更新

1 時効の完成猶予・更新の意義と根拠

(a) 意義

時効の完成を妨げる制度として，時効の完成猶予と時効の更新があり，これらを時効の完成の障害という。2017 年改正前の民法は，時効完成の障害として，時効の停止と時効の中断の用語を用いていた。しかし，「裁判上の請求」（旧民 149 条）などの権利行使による中断は，時効の完成が猶予されるという効力と，それまでに進行した期間が時効の完成にとって全く意味がなくなり，新たな時効が進行を始めるという効力（旧民 157 条）を，いずれも「中断」という同一の用語で表現していたため（旧民 147 条 1 号・2 号，149 条以下），わかりにくいものとなっていた。そこで，改正民法は，両者の概念を区別し，時効の完成が猶予されるという効力を時効の「完成猶予」，新たな時効が進行を始めるという効力を時効の「更新」という言葉を用いて再構成した（ただし，占有の中止等により取得時効の進行が止まることについては，民法改正の前後で変更はなく，「中断」と呼んでいる（民 164 条））。

このように，時効の「完成猶予」と「更新」は，それぞれ 2017 年改正前の時効の「停止」と「中断」という用語を（中断については内容も）改めたものである。したがって，以下では，判例が「中断」すると述べているところは適宜「完成猶予・更新」される，あるいは「更新」されると言い換えることにする。

(b) 根拠

時効の完成猶予事由には，裁判上の請求や強制執行などの権利行使によるものと（権利行使型），権利行使が困難なもの（権利行使困難型）がある。また，時効の更新事由には，権利行使によるものと（権利行使型（一定の完成猶予事由の終了）），権利を承認したことによるもの（権利承認型）がある。

時効は権利得喪という効果をもつ実体法上の制度であると考える立場（権利得喪説，実体法説）では，時効は占有や未弁済の状態が継続しているにもかかわらず権利者が権利を行使しない場合に認められるものであるから，権利行使型の時効の完成猶予・更新事由は権利行使がなされたことが（権利行使説），権利

の承認の場合は権利行使がなされないのもやむを得ない（換言すれば，全体を通じて，もはや権利の上に眠る者とはいえない）ということが時効の完成猶予・更新の根拠となる。

　これに対し，時効は権利得喪を推定する訴訟法上の制度であると考える立場（推定説，訴訟法説）では，権利行使型の時効の完成猶予・更新事由は権利の存在が確定したことが（権利確定説），権利の承認型の場合は権利の存在を強く推認させる（つまり，全体を通じて，権利得喪の推定が破れる）ことが時効の完成猶予・更新の根拠となる。

2　時効の完成猶予事由

(1)　権利行使による時効の完成猶予事由

　権利行使による時効の完成猶予事由には，完成猶予事由の終了が時効の更新事由になっているもの（更新事由一体型），そうでないもの（更新事由非一体型）がある。

(a)　更新事由一体型

(i)　裁判上の請求等（民147条）

　民法147条は，裁判上の請求（1項1号），支払督促（同項2号），民事訴訟法275条1項による訴え提起前の和解・民事調停法による調停・家事事件手続法による調停（同項3号），破産手続参加・再生手続参加・更生手続参加（同項4号）を時効の完成猶予事由および更新事由としている。

　裁判上の請求（民147条1項1号）とは，訴えの提起（民訴133条1項，147条参照）であり，ふつうは給付の訴えであるが，確認の訴えでもよい（大判昭5・6・27民集9巻619頁）。また，反訴でもよく，判決確定後の再訴でもよい。問題となるのは，応訴または債権の一部について訴えが提起された一部請求の訴えの場合である。

　被告が原告の請求棄却の判決を求めて応訴することは，反訴と異なり，訴えの提起そのものではないが，判例はこれに時効の完成猶予・更新の効力を認めていた。例えば，①債務者から提起された債務不存在確認訴訟の被告として債権者が債権の存在を主張し，原告の請求棄却の判決を求めた場合（大連判昭14・3・22民集18巻238頁），②抵当権者が債務者でもある抵当権設定者からの債務不存在を理由とする抵当権設定登記抹消登記手続請求訴訟の被告として被担保

債権の存在を主張し、原告の請求棄却の判決を求めた場合（最判昭44・11・27民集23巻11号2251頁）、③占有者から提起された移転登記手続請求訴訟の被告として所有者が自己に所有権のあることを主張し、原告の請求棄却の判決を求めた場合（最大判昭43・11・13民集22巻12号2510頁—判例講義民I⑥⑨）には、裁判上の請求に準じて時効の完成猶予・更新が認められるとした。

　一部請求の訴えは、勝訴の見込みがあるかどうかを判断するためになされること（試験訴訟）が多い。判例は、訴訟係属中に請求が拡張された事案において、一部請求であることが明示されているときには残債権につき時効は更新されないが（最判昭34・2・20民集13巻2号209頁）、明示されていないときには、債権全部につき完成猶予・更新の効力が生ずるとした（最判昭45・7・24民集24巻7号1177頁）。また、前訴で明示的一部請求をし後訴で残部を請求した事案で、明示的一部請求の訴えの提起は、特段の事情のない限り、残部について裁判上の催告（これは裁判で権利主張がなされている間および判決確定から6カ月は完成が猶予されるとするものである（後述（b）（ⅱ）参照））としての効力を有するとした（最判平25・6・6民集67巻5号1208頁—判例講義民I⑦⓪）。

（ⅱ）　強制執行等（民148条）

　民法148条は、強制執行（民148条1項1号）、担保権の実行（同項2号）、民事執行法195条の競売（同項3号）、財産開示手続（同項4号（民執196条以下参照））を時効の完成猶予事由および更新事由としている。

（b）　更新事由非一体型（完成猶予の効果だけが認められるもの）

（ⅰ）　仮差押え・仮処分（民149条）

　仮差押え・仮処分は、民事訴訟の本案の権利（仮差押えの場合は金銭債権）の実現が不能ないし困難となることを防止するために財産を現状のまま凍結すること（仮差押え（民保20条1項）、係争物に関する仮処分（民保23条1項））、または民事訴訟の本案の権利関係につき争いがあることによって権利者に生ずる危険や不安を除去するために暫定的な法律関係を形成すること（仮の地位を定める仮処分（同条2項））を目的とする制度である。

　判例は、仮差押えによる時効の完成猶予の効力は仮差押えの執行保全の効力が存続する間は継続し、本案の勝訴判決が確定しても仮差押えによる時効の完成猶予の効力は継続するとして、不動産仮差押登記（民保47条1項参照）がある間の時効の完成猶予を認めた（最判平10・11・24民集52巻8号1737頁—判例

講義民Ⅰ⑥8）。この判例は，このように解したとしても，債務者は，本案の起
所命令や事情変更による仮差押命令の取消しを求めることができるので，債務
者にとって酷な結果になるともいえないという。

（ⅱ）　催告（民150条）

催告とは，裁判外で，所有者が占有者に対して土地の返還を請求したり，債
権者が債務者に弁済を請求することである。時効の完成が猶予されている間に
再度の催告がされても，再度完成猶予の効力が生ずることはない（民150条2
項）。したがって，催告により完成が猶予されている間に債務者が債権者の権
利を承認すれば時効は更新されるが（民152条），そうでない限り，他の一定
の手続に基づく完成猶予・更新事由（民147条以下）による補強がなされない
と，時効は完成する。

なお，判例は，裁判上でなされた権利主張には催告としての効力しか認めら
れないが，裁判手続中は催告が継続して行われていたとして，裁判終結後6カ
月は時効は完成しないという考え方（裁判上の催告）を認めてきた（最大判昭38・
10・30民集17巻9号1252頁（裁判上で被担保債権の債務者である被告が留置権を主
張した場合），前掲最判平25・6・6（明示的一部請求の訴えの場合））。

（ⅲ）　協議を行う旨の書面による合意（民151条）

権利についての協議を行う旨の合意が書面でされたときは，①その合意があ
った時から1年を経過した時（民151条1項1号），②その合意において当事者
が協議を行う期間（1年に満たないものに限る）を定めたときは，その期間を経
過した時（同項2号），③当事者の一方から相手方に対して協議の続行を拒絶す
る旨の通知が書面でされたときは，その通知の時から6カ月を経過した時（同
項3号），のいずれか早い時までの間は，時効は完成しない（同項柱書）。

協議による時効の完成猶予（民151条1項柱書の内容）

協議の合意	期間の定めがない場合	期間の定めがある場合	
		1年以上の期間の定めがある場合	1年未満の期間の定めがある場合
時効完成はいつまで猶予されるか	①と③のいずれか早い時まで	①と③のいずれか早い時まで	②と③のいずれか早い時まで

民法 151 条 1 項の合意（協議を行う旨の書面による合意）により時効の完成が猶予されている間に，改めて同項の合意をすることができる。ただし，その効力は，時効の完成が猶予されなかったとすれば時効が完成すべき時から通じて5 年を超えることができない（同条 2 項）。

催告によって時効の完成が猶予されている間にされた 1 項の合意，および，1 項の規定により時効の完成が猶予されている間にされた催告には，時効の完成猶予の効力は認められない（同条 3 項）。

なお，民法 151 条 1 項の合意および 1 項 3 号の通知は，電磁的記録によるものでもよい（同条 4 項・5 項）。

(2)　権利行使困難による完成猶予事由

権利行使が困難であるため，時効の完成が猶予される事由は，次頁の表のとおりである。

(3)　完成猶予の期間

(a)　裁判上の請求等・強制執行等

裁判上の請求等，強制執行等の完成猶予事由が「終了するまでの間」は完成が猶予される（民 147 条 1 項柱書，148 条 1 項柱書）。さらに，「終了した時」に更新されるが（民 147 条 2 項，148 条 2 項），完成猶予事由が訴えの取下げなどにより権利が確定することなく終了した場合や申立ての取下げなどにより終了した場合は，その終了の時から 6 カ月を経過するまでの間は完成が猶予される（民147 条 1 項柱書括弧書，148 条 1 項柱書括弧書）。

(b)　仮差押え・仮処分

仮差押え・仮処分が終了した時から 6 カ月を経過するまでの間は完成が猶予される（民 149 条柱書）。

(c)　催告

「催告があった……時から」6 カ月を経過するまでの間」は完成が猶予される（民 150 条 1 項）。したがって，本来の時効完成の 6 カ月以上前になされた催告は，何ら，完成猶予の効力を有しない。これに対して，本来の時効完成前の6 カ月内に何度も催告がなされたときは，催告は本来の時効完成を最長で 6 カ月猶予するのであるから，最後の催告の時から 6 カ月を経過するまでの間は完成が猶予される。

2　時効完成のための要件

権利行使困難型の時効完成猶予事由

条文	完成猶予事由	完成猶予期間
158条1項	時効期間満了前6か月以内の間に未成年者または成年被後見人に法定代理人がないとき	これらの者が能力者となった時，または法定代理人のついた時から6カ月
158条2項	未成年者または成年被後見人がその財産を管理する父，母または後見人に対して権利を有するとき	これらの者が能力者となった時，または後任の法定代理人のついた時から6カ月
159条	夫婦の一方が他の一方に対して権利を有するとき	婚姻解消の時から6カ月
160条	相続財産に関する権利	相続人が確定した時，管理人が選任された時，または相続財産について破産手続開始の決定があった時から6カ月
161条	時効期間の「満了の時に当たり」，天災その他避けることのできない事変のため，147条1項各号または148条1項各号による完成猶予・更新の手続を行うことができないとき	その「障害が消滅した時」から3カ月

(d)　協議を行う旨の書面による合意

これについては，前述（(1)（iii））の説明と協議による時効の完成猶予の表参照。

(e)　権利行使困難による完成猶予

これについては，権利行使困難型の時効完成猶予事由の表参照。

3　時効の更新事由

(1)　権利の行使

権利行使による更新は，裁判上の請求など確定判決または確定判決と同一の効力を有するものによって権利が確定する権利行使（民147条1項各号）については，確定判決または確定判決と同一の効力を有するものによってその権利が確定した時，つまり，権利行使の「事由が終了した時」（例えば，裁判上の請求では判決が確定した時（民訴116条参照））に更新の効力が生じ，新たにその進行を始める（民147条2項）。これに対し強制執行等の場合（民148条1項各号）は，

305

未回収の債権が残る限り，強制執行等のたびに，その「事由が終了した時」に時効は更新される（同条2項）。

(2)　権利の承認

権利の承認（民152条1項）とは，債務者が債権者に対して債権の存在を認めるというように，義務者（時効の利益を受ける者）が相手方（時効により権利を失う者）に対し，相手の権利を認めることである。明示的な承認がなされなくても，利息の支払や一部弁済のように債務の存在を前提とした行為があれば承認となる。

承認はすでに得た権利を放棄したり相手方が有していない権利を認めて義務を負担するものではなく，ただ相手方の権利を事実のままに認めるにすぎないので，承認をするには，「相手方の権利についての処分につき行為能力の制限を受けていないこと又は権限があることを要しない」とされている（民152条2項）。これは，時効の利益を受ける当事者が時効にかかる権利をもつと仮定して，承認する者はその権利を処分する行為能力または代理権限を有していなくてもよいという意味である。したがって，例えば，被保佐人は「処分につき行為能力の制限」受けているが保佐人の同意なしにした承認によっても時効は更新される。また，不在者の財産管理人（民28条）や権限の定めのない代理人（民103条），後見監督人の同意を得ていない後見人（民864条）は，「処分につき権限」はないが，これらの者の承認によっても時効は更新される。

しかし，相手方の権利を承認するということは，自己の財産の保存（他人の物を返して損害賠償債務等の拡大を回避することは自己の財産の保存である）ないし利用（相手方の金銭債権を承認して弁済することは自己の金銭の利用である）という管理行為に属することであるから，少なくとも管理の能力または権限は必要であると解されている。したがって，未成年者が法定代理人の同意を得ないでなした承認や成年被後見人のした承認は，管理能力のない者による承認なので，有効な承認とはならないと解されている。

この権利の承認による更新の効力は，権利を承認した時に生じる（民152条1項）。

4 時効の完成猶予・更新の効力が及ぶ者の範囲

(1) 民法 153 条の意味

民法 153 条は，裁判上の請求等（民 147 条）または強制執行等（民 148 条）による時効の完成猶予または更新は，「完成猶予又は更新の事由が生じた当事者及びその承継人の間においてのみ，その効力を有する」（民 153 条 1 項），仮差押え・仮処分（民 149 条），催告（民 150 条），協議を行う旨の書面による合意（民 151 条）による時効の完成猶予は，「完成猶予の事由が生じた当事者及びその承継人の間においてのみ，その効力を有する」（民 153 条 2 項），承認による時効の更新は，「更新の事由が生じた当事者及びその承継人の間においてのみ，その効力を有する」（同条 3 項）としている。

(i) 人的範囲説

本条を文理に素直に解釈すると，当事者（例えば，債権者Aと債務者B）の間で生じた時効の完成猶予・更新の効力は，当事者（AとB）とその承継人（例えば，Aから債権を譲り受けた者，Bから債務を引き受けた者）の間でだけ主張できるということになりそうである（人的範囲説）。しかし，そうだとすると，例えば，CのDに対する債権を担保するため自己の不動産に抵当権を設定した物上保証人Eは被担保債務者のDの承認により被担保債権の時効が更新されても（民 152 条 1 項）自分との関係では時効は更新されていないとして，被担保債権の消滅時効を援用してCの抵当権の実行を阻止できることになる。学説には，そのように解するものもあった。しかし，例えば，判例は，先の例で物上保証人による被担保債権の消滅時効の援用を認めると担保権の付従性に抵触し，民法 396 条の趣旨にも反するとして援用を否定している（最判平 7・3・10 判時 1525 号 59 頁）。

(ii) 物的範囲説

学説には，人的範囲説が妥当する具体例を見出すことはできないとして，これらの規定（民 153 条 1 項～3 項）は時効の完成が猶予されたり更新されたりする権利の範囲（物的範囲）についての原則と，時効の完成が猶予されたあるいは時効が更新された権利が承継された場合について規定したものであると解すべきであるとするものもある（物的範囲説）。

この説では，これらの規定は二つの場面を規定していることになる。第 1 は，時効が進行している権利関係の当事者が複数の場合，時効の完成猶予・更新事

由が生じた当事者間で進行していた時効だけが時効の完成猶予・更新となるということである（時効の完成猶予・更新の物的範囲）。第2は，当事者間の権利に生じた時効の完成猶予・更新の効力は承継人に承継される（承継が生じても時効の完成猶予・更新の効力が失われることはない）という，いわば当然のことである（時効の完成猶予・更新の効力の承継）。前者の例としては，①AとBが共有する土地をCが占有しているときに，AだけがCに土地明渡しの訴えを提起すると，取得時効更新の効力はAの持分についてだけ生ずること（大判大8・5・31民録25輯946頁），②債権者が（連帯）保証人を訴えて（連帯）保証債務の消滅時効の完成が猶予され・更新されても主たる債務の消滅時効の完成は猶予されず・更新されないこと，などがあげられる。ただし，この原則にも，時効の完成猶予・更新の効力を生ずるための要件が加重されたり（民284条2項参照），時効の完成猶予・更新の範囲が拡張される（民292条，457条1項参照）などの例外がある。

物的範囲説では，当事者間で生じた時効の完成猶予・更新の効力は誰との関係でもそのように扱われることになる（言い換えると，誰も当事者間で生じた時効の完成猶予・更新の効力を自分との関係では時効の完成猶予・更新はないとして否定することはできない）。したがって，例えば，物上保証人が被担保債権の時効の完成猶予・更新を自己との関係で否定して消滅時効を援用することはできないということになる（前掲最判平7・3・10と結論は同じであるが，判例のような理由づけは不要となる）。

(2) 時効の利益を受ける者への通知が必要とされる場合

強制執行等（民148条1項各号）または仮差押え・仮処分（民149条）は，時効の利益を受ける者に対してしないときは，その者に通知をした後でなければ，完成猶予・更新（強制執行等の場合），完成猶予（仮差押え・仮処分の場合）の効力を生じない（民154条）。これらの手続が，第三者（時効の利益を受ける者以外の者）に対してなされた場合に，時効の利益を受ける者の知らないうちに完成猶予や更新の効力を認めるのは酷であるという理由による。判例は，物上保証人に対する抵当権の実行を申し立てたときは，競売開始決定の正本が債務者に送達された時にこの通知があったものとし（最判昭50・11・21民集29巻10号1537頁），その時点で時効の完成猶予の効力が生じるとする（最判平8・7・12民集50巻7号1901頁）。

3 時効の援用と放棄

　時効が完成すると，時効を援用して時効の利益を受けることができるが，時効の利益を放棄する（つまり，時効援用権を放棄する）こともできる。

① 時効の援用

1 時効の援用とは

　時効の利益を受け得る者が，実際に時効の利益を受けようとする行為を**時効の援用**という。例えば，裁判上，被告（債務者）が，「消滅時効が完成しているので原告（債権者）の請求棄却の判決を求める」というのがそうである。時効の援用は裁判外でもなし得るというのが，判例（大判昭10・12・24民集14巻2096頁）・通説である。

2 なぜ援用が必要とされるか

　時効の利益を受けるためには援用が必要とされる。その理由をどこに求めるか，いくつかの考え方がある。

　第1は，民法145条は，判決の基礎をなす事実の確定に必要な資料の提出を当事者の権能および責任とする民事訴訟法上の弁論主義（その反対概念が職権探知主義（人訴20条）である）からの当然の帰結を示したものにすぎないとする説である。確定効果説の考えであり，これによると，援用は裁判上なされるものということになる。

　第2は，民法145条は時効の利益を受けるか否かを当事者の良心に委ねたものであるとする考え方である。通説的な考えであるが，義務者といえども義務を免れる（そのために権利の得喪が生ずる）ことのあることをひとたび法が認めた以上，その利益の主張を良心に反すべき行為であると評価することはもはやできないので権利変動説（実体法説）にはなじまないとの指摘もある。

　第3は，権利変動説（実体法説）をとり，援用により時効の効果が発生する（要件説）との立場から，時効の利益はその利益を受けたい者にだけ与える（利益の押しつけはしない）ということにあるとの考え方である。

第9章　時効制度

3　援用権者

民法 145 条は時効の援用権者を「当事者」としている。判例は，当初，この「当事者」は時効によって「直接利益を受ける者」であるから，間接に利益を受けるにすぎない抵当不動産の第三取得者や物上保証人は被担保債権の消滅時効を援用できないとした（大判明 43・1・25 民録 16 輯 22 頁）。理由は，これらの者の援用が認められるならば，債権者は主たる債権を有しながら従たる抵当権を失うという不都合を生じるからであるという。のちに判例を変更し，これらの者も援用できるとしたが，援用権者は直接利益を受ける者に限られるとの一般的基準は堅持されてきた。そのため，判例理論はわかりにくいものとなっている。主な事案ごとに判例の結論を示すと，次頁の表「判例における時効援用の可否」のようになる。

改正民法は，消滅時効における「当事者」の具体例として，これらの判例が援用権者と認めた，保証人，物上保証人（他人に対する債権を担保するために自分の財産に担保権を設定した者），第三取得者（担保権の設定された財産を譲り受けた者）をあげている。また，抽象的な基準として「消滅時効にあっては，……権利の消滅について正当な利益を有する者」と定めているが，「正当な利益を有する者」というのは取得時効の援用権者についてもあてはまるものである。

学説は，時効の効果は時効の完成により確定的に発生する（確定効果説）との考えから時効の援用により法的利益を受ける者であれば誰でもよいという無制限説をとるものもあった。しかし，不確定効果説とともに，援用権者の範囲を限定する制限説が通説となり，改正民法 145 条も「正当な利益を有する者」として制限説の立場を明らかにしている。学説における制限説には次のようなものがある。

第 1 に，時効によって直接権利を取得しまたは義務を免れる者のほか，この権利または義務に基づいて権利を取得しまたは義務を免れる者は援用できるとの考え方である。実質は無制限説に近い。

第 2 に，①援用権者は時効の援用により義務を免れる者でなければならない（したがって，債権者Ａは債務者ＢがＣに対して負っている債務の消滅時効の援用により自己の利益が増進するにすぎないので援用できない）。その上で，②「直接の当事者」（取得時効完成の要件を満たした占有者や，消滅時効が完成した債権の債務者など，時効にかかる権利関係の当事者）が「第三者」（直接の当事者ではないが，

310

3　時効の援用と放棄

判例における時効援用の可否

	援用する者	援用の対象となる時効		援用の可否
取得時効	①建物の賃借人	建物賃貸人の敷地に対する所有権の取得時効		最×（最判昭44・7・15民集23巻8号1520頁）
	②土地の賃借人	賃貸人のその土地に対する所有権の取得時効		下×（東京高判昭47・2・28判時662号47頁）下○（東京地判平1・6・30判時1343号49頁）
消滅時効	①保証人・連帯保証人	主債務		大○（大判大4・7・13民録21輯2051頁，大判昭7・6・21民集11巻1186頁）
	②物上保証人	被担保債権の消滅時効		最○（最判昭42・10・27民集21巻8号2110頁（前掲大判明43・1・25を変更））
	③担保不動産の第三取得者	被担保債権の消滅時効		最○（最判昭48・12・14民集27巻11号1586頁（前掲大判明43・1・25を変更，第三取得者の登記の有無は不明），最判昭60・11・26民集39巻7号1701頁（第三取得者に登記あり））
	④売買予約の仮登記のされた不動産につき抵当権の設定を受け登記を経由した抵当権者・所有権の移転登記を経由した第三取得者	予約完結権の消滅時効		最○（最判平2・6・5民集44巻4号599頁（取得目的の売買予約の事案のようである），最判平4・3・19民集46巻3号222頁（担保目的の売買予約の事案））
	⑤譲渡担保権者から被担保債権の弁済期後に譲渡担保権の目的不動産を譲り受けた第三者	譲渡担保権設定者Aが譲渡担保権者Bに対して有する精算金支払請求権の消滅時効		最○（最判平11・2・26判時1671号67頁）
	⑥一般債権者	債務者Bが他の債権者Cに対して負っている債務の消滅時効	単なる援用	大×（大決昭12・6・30民集16巻1037頁）
			債権者代位による援用	最○（最判昭43・9・26民集22巻9号2002頁）
	⑦後順位抵当権者	先順位抵当権の被担保債権の消滅時効		最×（最判平11・10・21民集53巻7号1190頁—判例講義民Ⅰ⑥⑥）
	⑧詐害行為の受益者	詐害行為取消権を行使する債権者の債権（被保全債権）の消滅時効		最○（最判平10・6・22民集52巻4号1195頁—判例講義民Ⅰ⑥⑤）

（○は援用を認めたもの）

時効の援用が認められれば法律上の利益を受ける者）のために援用すべき関係にある場合（例えば，自己の不動産上に抵当権を設定した債務者（「直接の当事者」）と，彼からその不動産を譲り受けた者（「第三者」）がこれに当たる。抵当不動産の譲渡人は所有権移転を目的として譲渡した以上，譲受人に所有権を取得させるために被担保債権の消滅時効を援用すべき関係にあるからである）にはその「第三者」に援用が認められる，③②に該当しなくても，ほかに，「第三者」に援用を認めるべき特別の理由があるときはその「第三者」にも援用が認められる，との説である。上記①は，時効の目的は義務からの解放であるとの考えからくるものであり，②は，「直接の当事者」には援用するかしないか（時効の利益を受けるか否か）の自由があるため援用を強いることはできないので，「第三者」のために援用すべき関係にあるときは，「第三者」に援用権を認めるべきであるとの考え方からくるものである。

　第3は，直接利益を受ける者にのみ援用を認めるという判例の基準を再評価し，①時効を援用しようとする者とその相手方との間に「直接の法律関係」があり，②その「直接の法律関係」が，実体法上，当該援用者との相対的な関係においてのみ消滅したと扱うことができる「可分」なものであることが必要であるとの考え方である。

4　援用の効果の及ぶ人的範囲

　時効の利益は，それを受けたい者にだけ与えればよい。したがって，例えばAがBに対して金銭債権をもっており，Cが物上保証人であるとき，Cが被担保債権の消滅時効を援用しても，AとCとの関係でだけ債権は時効消滅したものと扱われる。つまり，AはCとの関係では被担保債権の消滅に伴い抵当権も失うが，Bが援用しなければ，AはBとの関係では債権を失わず，Bに対してはなお債務の履行を請求することができる。このように，援用権者の1人が援用しても，援用による時効の効果の発生は他の援用権者には及ばないということを指して，援用の効果は相対的であるといわれることがある。なお，Bが先に援用した場合にはAのBに対する債権は消滅するので，もはやCの援用は問題とならない（裏返していうと，Cが援用権者であるかどうかが問題となるのは，Bが援用しない場合である）。

312

3 時効の援用と放棄

② 時効利益の放棄

1 援用権の放棄

民法146条は、「時効の利益は、あらかじめ放棄することができない」としている。この反対解釈として、時効完成後の放棄は認められている。

時効完成前の放棄が無効とされるのは、もしこれを有効と認めると、立場の弱い債務者は常に放棄を押しつけられるおそれがあるからである。

2 援用権の喪失

時効の完成を知らないで、自己の義務（無権利者の権利者に対する占有物の返還義務、金銭債務者の債権者に対する支払義務など）の存在を前提とする行為（自認行為）があった場合（例えば、支払の延期を求めるとか債務の一部弁済など、いわゆる消滅時効完成後の債務の承認がなされた場合）に、その後に時効を援用して義務を免れることができるだろうか。かつての判例（最判昭35・6・23民集14巻8号1498頁（一部弁済の事案）など）は、時効利益の放棄とは完成した時効の効力を消滅させる意思表示であるから、放棄は時効の完成を知ってしなければならないという前提に立ちつつ、債務者は時効の完成を知っていたものと推定し、援用権は放棄されているので改めて時効を援用することはできないとしてきた。しかし、学説は、援用を認めないのは妥当としつつも、知っていたという推定は経験則に反し不当であり、また、推定が破られて時効の援用が認められる余地も残ると批判してきた。そこで、のちに最高裁はこの判例を変更し、放棄の意思を推定するのではなく、信義則を理由に、時効を援用することはできないとした*。これは、放棄の意思（したがって、時効の完成を知っていること）を要する援用権の放棄そのものとは異なり、学説のいう放棄の意思を問題としない援用権の喪失を認めたものと解されている。

＊**木材商債務承認事件**（最大判昭41・4・20民集20巻4号702頁―判例講義民Ⅰ⑥⑦）　木材商Aは、Bから借金をした際、Bの求めに応じて公正証書（民執22条5号参照）作成のためBに白紙委任状と印鑑証明書を交付した。Bは勝手にその白紙委任状を利用して、元本を増額し、履行遅滞の場合の違約損害金を日歩（元金100円に対する1日の利息）70銭とする公正証書を作成した。Bに支払を求められたAは、消滅時効の完成を知らずに、利息を免除してくれるならその年に何とか分割して支払うとの手紙を債権者Bに出したが、Bはこれに応じず、Aの動産に対し

313

第 9 章　時効制度

て強制執行した。そこで，Ａは請求異議の訴え（民執35条参照）を提起し，5年の
商事消滅時効を援用した。

　原審は，公正証書の効力については，貸金元本を超える部分は無効であり，遅延
損害金の約定も当時の利息制限法を超える部分は無効であるとしたが，Ａの時効援
用は認めなかった。そこで，Ａは，小学校を出ただけで，数年前まで統合失調症で
入院していた病症の持主であるＡが，5年の商事消滅時効の完成を知って時効の利
益を放棄したものと推定した原審判決は経験則に反するとして，上告。

　本判決は，「時効の完成後，債務者が債務の承認をすることは，時効による債務
消滅の主張と相容れない行為であり，相手方においても債務者はもはや時効の援用
をしない趣旨であると考えるであろうから，その後においては債務者に時効の援用
を認めないものと解するのが，信義則に照らし，相当である」こと，また，「かく解
しても，永続した社会秩序の維持を目的とする時効制度の存在理由に反するもので
もない」ことを理由に，判例（最判昭35・6・23民集14巻8号1498頁）を変更し
た。

　学説は一般に，自認行為により，債権者が弁済に対する正当な期待をもち
（権利変動説からの根拠），債務の存在が明らかとなる（推定説からの根拠）こと
を理由に，最高裁の考えを支持するが，慎重論もある。すなわち，権利変動説
（実体法説）から，債権者の弁済に対する期待を保護しすぎるときは，かえっ
て時効の目的に反することになるとして，例えば，時効の完成を知らずに一部
弁済した後に時効を援用して残債務を免れることは許されるとの少数説もある。
また，援用権を留保しつつ支払の猶予や債務の減額を申し出ることもあるので，
援用権喪失の認定は慎重を要するとの指摘もある＊＊。

　＊＊主債務の消滅時効完成後に保証人が一部弁済した場合について，最高裁は，
原審が「主債務が時効により消滅するか否かにかかわりなく保証債務を履行すると
いう趣旨に出たものであるときは格別，そうでなければ，保証人は，主債務の時効
を援用する権利を失わない」として残債務の時効援用が信義則により妨げられるこ
ともないと判断したことを正当であるとしている（最判平7・9・8金法1441号29
頁（主債務の消滅時効完成の前後にわたり連帯保証人が一部弁済を続けた事案））。
なお，物上保証人が被担保債権の消滅時効完成前に当該物上保証と被担保債権の存
在を承認した場合について，物上保証人は債務者ではないので被担保債権の消滅時
効は更新されず，また，物上保証人との関係においても更新される余地はないの
で，物上保証人は被担保債権の時効を援用できるとする判例がある（最判昭62・
9・3判時1316号91頁）。

314

3 効 果

(1) 再度の進行

援用権の放棄（喪失の場合も同じ）があると，時効の援用はできなくなる。しかし，放棄の時点から再び時効は進行する（最判昭 45・5・21 民集 24 巻 5 号 393 頁（援用権喪失の事案））。

(2) 相対効

放棄の効果は相対的なものである。理由は，援用の場合と同じく，時効の利益を受けるか否かは，本来，各当事者の意思に任されるべきものだからである。したがって，例えば，債務者が援用権を放棄しても，物上保証人（最判昭 42・10・27 民集 21 巻 8 号 2110 頁）や抵当不動産の第三取得者（大判大 13・12・25 民集 3 巻 576 頁）はなお援用権を有する。

4 時効の効果

1 権利の取得・消滅

取得時効の効果は権利の取得（民 162，163 条），消滅時効の効果は権利の消滅（民 167 条）である。ただし，すでに述べたように，推定説（訴訟法説）では，権利を（売買などにより）取得していること・権利は（弁済などにより）消滅していることについての強力な証拠としての効力が生ずると解することになる。

2 遡及効

「時効の効力は，その起算日にさかのぼる」（民 144 条）。したがって，例えば，取得時効では，①時効期間中の果実は，元物の時効取得者に帰属し，②時効取得者が時効期間中になした目的物の法律上の処分（賃借権の設定など）は有効なものとなり，③時効取得された所有権を時効期間中に侵害した者は，時効取得者に対して不法行為責任（民 709 条参照）を負う。また，消滅時効により債務を免れた者は，起算日以後の利息を支払う債務も免れることになる（大判大 9・5・25 民録 26 輯 759 頁）。

第10章 信義則，権利濫用 〔私権行使の自由とその限界〕

1 序 説

　第2次世界大戦後の民法改正により，民法典の冒頭に民法1条が追加された。その1項は，日本国憲法29条を受けた規定であり，2項および3項は，すでに判例・学説により認められていたところを立法により確認したものである。平成29（2017）年に債権法の領域を中心に民法が改正されたが，民法1条については従来の規定が維持されている。

　物権や債権に代表される私法上の権利を**私権**というが，私権の確立は，フランス革命を始めとする市民革命直後の個人主義・自由主義に基づく。その結果，フランス民法典を始めとする近代民法典では，私権の絶対性が強調された。19世紀末に成立したわが国の民法典も，個人主義・自由主義を基調とする。

　しかし，その後の経済社会の発展の中で，市民間の格差が次第に顕著になると，私権の絶対性に対する反省が生まれた。民法典成立から約半世紀を経て民法1条として追加された，**公共の福祉**（1項），**信義則**（2項），**権利濫用の禁止**（3項）は，私権が社会共同生活との関連で捉えられるべきことを規定したものである。

　この3つの原則相互の適用関係はどうか。まず，信義則と権利濫用の禁止の関係については，法文上は，信義則が「権利の行使及び義務の履行」の場面を適用対象としているのに対して，権利濫用の禁止は適用対象を特に限定していない。そこで，かつては，信義則は権利・義務の関係で結ばれている者どうしの関係で妥当し，権利濫用の禁止は権利・義務関係がない者の間でも妥当する原則であると考えられていた。しかし，信義則と権利濫用の禁止は，いずれも一般条項*として，既存の制定法規範を修正，あるいは補充する機能を有する。

317

第 10 章 信義則，権利濫用〔私権行使の自由とその限界〕

そのため，両者の適用範囲の区別にこだわる必要はあまりない。判例も現在では，「……は信義誠実の原則に反し権利の濫用として許されない」と判示することが少なくない。

また，公共の福祉の原則は，私権が公共の福祉に適合しなければならない，という理念を謳ったものであり，実際の事件の処理に用いられることは稀である。そのため，公共の福祉と信義則，権利濫用の禁止の適用関係が問題になることはほとんどない。

> **＊一般条項**　民法 1 条の規定は，私権自体について具体的に規定したものではなく，抽象的な価値基準として規定されている。このような規定を一般条項という。ほかに，公序良俗（民 90 条），正当の事由（借地借家 6，28 条）なども一般条項である。

2　公共の福祉

私権は，公共の福祉に適合しなければならない（民 1 条 1 項）。これは，私権の内容および行使は，公共の福祉，すなわち社会共同生活に適合しなければならないこと（私権の社会性）を宣言するものである。私権が公共の福祉に適用しなければならないというのは，私権の内容および行使は，公共の福祉に反する範囲でその効力を認められないということを意味する。ただし，私権の公共性を強調することは個々の私権を制限することを意味するから，公共の福祉の原則の適用には慎重でなければならない＊。

> **＊板付基地事件**　この観点から批判的に引用される判決として，最判昭 40・3・9 民集 19 巻 2 号 233 頁がある。この判決は，ガソリン貯蔵庫が設置されている板付空軍基地用土地の地主が，国との間の借地契約の期間満了後その明渡しを求めた事件であり，最高裁は，この明渡請求は，国に大きな損失を与え，私権の本質である社会性，公共性を無視した過当な請求であって許されないとした。しかし，この判決は，私権の社会性・公共性を強調するあまり，憲法が保障する個人の財産権（憲 29 条）に対する配慮を欠いている点で問題である。

3 信義誠実の原則

① 信義則の意義

　信義誠実の原則（略して**信義則**という）とは，社会の一員として，互いに相手方の信頼を裏切らないように，誠意をもって行動しなければならないという原則である。当初，フランス民法（1804 年）やドイツ民法（1896 年）は，信義則を債権・債務が存在する場面で，債務者の義務の履行に関して要求される原則とした（なお，ドイツ民法は，さらに信義則が契約解釈の基準となることを規定した）。しかし，その後，スイス民法（1907 年）は，信義則を債権者側にも要求し，また，民法全体を通じての一般原則とした。わが国でも，信義則に関する裁判例は 1920 年ころからみられるようになったが，民法に信義則に関する規定が置かれたのは，戦後の 1947 年である。わが国でも，スイス民法と同じく，信義則を民法全体の一般原則として規定した（民 1 条 2 項）。

② 信義則の具体的適用例

　ここでは，判例を中心として，どのような場面で，信義則が適用されているかをみることにする。次いで，後述 3 ③（「信義則の機能」324 頁）で，信義則を機能面から分析する。

1 債務者の債務の履行に関する信義則の適用

　信義則は，債務の履行に当たって債務者に誠実に行動すべきことを要求する。例えば，いつ履行すべきかが特に定められていない場合でも，真夜中に履行の提供をすべきではない。

2 債権者の側への信義則の適用

　信義則は，債務の履行を受けるに当たって債権者に誠実な態度を要求する。例えば，金銭債務において弁済額が不足していた場合には，原則としてこの弁済は債務の本旨に従ったもの（民 415 条 1 項，493 条）とはいえないから，債権者はその受領を拒絶し，債務者に対して不履行の責任を問うことができるのが

第 10 章　信義則，権利濫用〔私権行使の自由とその限界〕

原則である。しかし，この不足がわずかな場合には，債権者が受領を拒絶し，債務者の不履行責任を問うことが，信義則に反すると判断されることもある。

　そのような判決として，弁済として提供された金額がわずかに不足することを理由として，債権証書の引渡しや抵当権登記の抹消を拒絶することは信義則に反し，認められないとしたものがある＊。

　ただし，給付額がわずかに不足するにすぎない場合に，債権者がこれを債務の本旨に従った弁済の提供でないと主張することがすべて信義則に反するわけではない。信義則違反の判断は，不足額を生じた事情（債務者が金額を問い合わせたのに債権者が答えなかったなど），当事者の行為や態様における誠実さの程度（債務者が不足の事実を知らないとか，債権者が提供を受けた際に給付額の不足を知りつつそれを指摘しないなど），当事者の利害の均衡など，債権者・債務者双方の事情を総合的に考慮して決すべきである。

> ＊大判昭 9・2・26 民集 13 巻 366 頁—判例講義民Ⅰ①　　債務者 X が元金 1 万円のうち 9,900 円を弁済し，残りの 100 円についても弁済の準備を整えた上で債権者 Y に債権証書の引渡しと抵当権登記の抹消を求めたところ，Y が残金 100 円と利息分 79 円が不足するとしてこれを拒絶した場合につき，この拒絶は信義則（民 1 条 2 項）に反するとした。

　また，債務の履行についてその相手方には，信義則上の協力義務が課せられる。例えば，引渡場所を慣習に従い「深川渡」とする大豆粕の売買契約において，売主が深川所在の倉庫で引渡しの準備を整えて，買主に目的物と引き換えに代金を支払うべきことを請求したが，買主が応じなかったので，売主はさらに催告の上契約を解除し，価格の値下りによる損害の賠償を請求した場合に，信義則により，買主の方から具体的な引渡場所の問い合わせをすることを要し，それを怠ると代金支払債務についての遅滞の責めを免れない，とされた（大判大 14・12・3 民集 4 巻 685 頁）。

3　不誠実な行為により取得した権利ないし地位の主張に関する信義則の適用

　不誠実な行為により取得した地位を主張すること，あるいは，そのような行為によって相手方に有利な権利ないし地位が生ずるのを妨げることは，許されない。例えば，労働金庫が組合員以外の者に貸し付ける行為（員外貸付）は無効であるが，員外貸付を受けて抵当権を設定した者が，自身が設定した抵当権

に基づいてなされた競売の競落人に対して，員外貸付は無効であり，したがって，抵当権ないしその実行手続が無効であると主張することは信義則上許されない（最判昭44・7・4民集23巻8号1347頁—判例講義民Ⅰ②）。これは，英米法でクリーン・ハンズの原則（「自ら法を尊重する者だけが法の尊重を要求することができる」という原則）と呼ばれるものに当たる。

4 自己の先行行為と矛盾する行為に関する信義則の適用

これは，権利の行使または法的地位の主張が先行行為と矛盾する場合である。先行行為は，上記3の場合と異なり，「不誠実」と判断されるものであることを要しない。先行行為に矛盾する当該行為が信義則に反するかどうかが問題とされるのである。信義則違反の判断においては，先行行為の内容，その際の行為者の主観的な態様，矛盾的行為により不利益を被る者の先行行為に対する信頼などの事情が総合的に考慮される。

例えば，消滅時効の完成後の債務の承認は，時効による債務の消滅の主張と相容れない行為であるから，時効完成後に債務を承認した者が時効を援用するのは信義則に反し，認められない（最大判昭41・4・20民集20巻4号702頁—判例講義民Ⅰ⑥⑦）。また，無権代理人が本人を相続した場合に，無権代理人が本人の資格で追認を拒絶することは，自分の行った無権代理行為と相容れない行為であり，信義則に反し，認められない（傍論としてであるが，最判昭37・4・20民集16巻4号955頁）。

5 付随義務，保護義務の信義則による基礎づけ

例えば，売買契約が成立すると，売主は物の所有権を移転する義務を負い，買主は代金を支払う義務を負う。このような所有権移転義務・代金支払義務は，売買契約における中心的な義務であり，**給付義務**と呼ばれる。給付義務は，当事者の合意を根拠として生ずる。

契約上の債務が，このような給付義務に尽きるとすると，契約当事者の公平が害されたり，契約当事者の一方が損害を被ることがある。そこで，**付随義務**という概念が認められている。例えば，売主は，給付すべき目的物を適切に準備し，引渡しに際して目的物を破損しないように十分に注意を払う義務を負う。このような義務は，給付義務を実現するための義務であり，給付義務に付随し

第 10 章　信義則，権利濫用〔私権行使の自由とその限界〕

て生ずる義務であるため，付随義務と呼ばれる。

　付随義務は，当事者の合意，あるいは法律の規定（例えば民 645 条）によって生ずることもある。しかし，付随義務を根拠づけるものとして最も重要なのは，信義則である。例えば，金融商品の仕組みが複雑で，一般の消費者からみてその商品の元本割れのリスクを容易に知り得ないような場合には，契約締結の際に，金融機関（売主）は，消費者（買主）に対して商品の仕組みや元本割れのリスクについて説明する義務を負う。

　この場合の説明義務は，契約成立より前に存在する義務であるから，合意に基づく義務とはいえない。そのため，この場面で説明義務が発生する根拠は信義則に求められる。この場合の説明義務違反により不法行為責任が生ずるか債務不履行責任が生ずるかが問題となる（最判平 23・4・22 民集 65 巻 3 号 1405 頁参照）。

　また，判例は，自衛隊員が基地内で自衛隊の車両にひかれて死亡したという事件について，安全配慮義務違反という考え方を示した。これによると，**安全配慮義務**とは，「ある法律関係に基づいて特別な社会的接触の関係に入った当事者間において，当該法律関係の付随義務として当事者の一方又は双方が相手方に対して信義則上負う義務」である（最判昭 50・2・25 民集 29 巻 2 号 143 頁）。その後，最高裁は，安全配慮義務を雇用契約上の労災事故のほか，請負契約（最判平 3・4・11 判時 1391 号 3 頁）などにも認め，下級審では売買契約や賃貸借契約についても認めたものがある。

　付随義務が給付義務を実現するための義務であるのに対して，給付の実現とは別個に，契約関係に入った当事者は相手方の生命・身体・所有権その他の財産的利益を侵害しないように注意する信義則上の義務を負う。これを**保護義務**と呼ぶ。例えば，家具の売主が搬入に際して買主の家の壁を傷つけないようにする義務，食品の売主が買主に安全な製品を供給する義務などである。保護義務も，給付に際して要求される注意義務であるが，その保護法益は，給付の実現とは直接の関連はなく，債権者・債務者の人的接触を契機とする関係から，信義則上発生する。そこで，不完全な給付によって相手方の生命・身体・財産を害したという場合には，保護義務違反となる。

322

3 信義誠実の原則

6 民法 177 条における背信的悪意者排除論

　不動産の物権変動は，これを登記しなければ第三者に対抗できない（民 177 条）が，この第三者が単なる悪意（単に第 1 譲渡があったことを知っているだけ）の程度を通り越し，極端に悪質・背信的であって，相手方の登記の欠缺を主張することが信義則に反するとみられるような者については，これを**背信的悪意者**として，177 条の第三者から排除する理論（背信的悪意者排除論）が，今日では判例・通説になっている。このように，信義則を基礎にして，背信的悪意者は，登記の欠缺を主張する正当の利益を有しないとする，背信的悪意者排除論が確立している。

7 民法 612 条 2 項における信頼関係法理

　不動産賃借権の無断譲渡・転貸を理由とする解除権（民 612 条 2 項）の行使は，無断譲渡・転貸が背信行為と認めるに足りない特段の事情がある場合は認められない（最判昭 28・9・25 民集 7 巻 9 号 979 頁）。このように，信義則を基礎にして，612 条 2 項の解除権の行使を制限する法理が確立している。

8 継続的契約関係における信義則の適用

　継続的契約関係においては，信義則上，解除権の行使を制限する多くの判決がある。不動産賃借権の無断譲渡・転貸の場面で解除権を制限する考え方（上記 7 参照）は，賃料不払を理由とする賃借権の解除などにおいても採用されている。例えば，家屋の賃貸借において，催告期間内に延滞賃料が弁済されなかった場合であっても，当該催告金額 9,600 円のうち 4,800 円はすでに適法に弁済供託がされており，統制額超過部分を除けば，延滞賃料額は合計 3,000 円程度にすぎなかったのみならず，賃借人は過去 18 年間にわたり当該家屋を賃借し，上記延滞を除き，賃料を延滞したことがなかったなどの事情がある場合について，賃料不払を理由とする賃貸借契約の解除は信義則に反し許されないとされている（最判昭 39・7・28 民集 18 巻 6 号 1220 頁）。

　また，製造業者と販売業者との継続的売買契約につき，「販売業者に著しい不信行為，販売成績の不良などの取引関係の継続を期待しがたい重大な事由」がなければ製造業者は解約できないとするのが公平の原則ないし信義則に照して相当としたもの（名古屋高判昭 46・3・29 下民集 22 巻 3 ＝ 4 号 334 頁。同種の判

決として，東京高判平 6・9・14 判時 1507 号 43 項など）がある。もっとも，この種の事案でこうした事由を必要としないとする判決もあり，判例の方向は一様ではない。

このように継続的契約において解除権が制限されるのは，当事者が長期間にわたって契約関係に拘束されるため，当事者間の信頼関係が特に重視されるからである。

9　法律行為の解釈における信義則の適用

契約などを解釈する際には，信義則に従ってすべきである。民法は，これを規定していないが，信義則が契約解釈の基準となることは一般に認められている。例えば，最判昭 32・7・5 民集 11 巻 7 号 1193 頁は，信義則は「ひとり権利の行使，義務の履行についてのみならず，当事者のした契約の趣旨を解釈するにもその基準となるべきものである」としている。

さらに，信義則は，契約内容が不明確である場合にそれを解釈する機能を有するばかりでなく，法の理念として契約内容を修正する機能をも有するとされている（最判昭 62・2・20 民集 41 巻 1 号 159 頁—判例講義民 I ㊱など）。

③　信義則の機能

信義則には，次のような機能がある。

1　規範の具体化

信義則は，制定法の枠内で，抽象的な法規範を具体化する機能を有する。例えば，債務の履行の場所・時期・方法などが信義則で定められる。前掲大判大 14・12・3 や，大判昭 9・2・26（3 ② 2〔320 頁〕参照）などが，これに当たる。付随義務，保護義務の信義則による基礎づけ（3 ② 5〔321 頁〕参照）も，これに当たると考えられる。

2　正義・衡平の実現

制定法の予定する枠外の根拠により，正義・衡平を実現するための機能として信義則が用いられる。前掲最判昭 44・7・4（3 ② 3 321 頁参照）や，最大判昭 41・4・20，最判昭 37・4・20（3 ② 4〔321 頁〕参照）などが，これに当たる。

3　規範の修正

社会の進展によって制定法の形式的適用が妥当でない結果をもたらす場合に，信義則の適用によってこれを修正する機能を営む。前掲最判昭28・9・25（3②7 323頁参照）などが，これに当たる。

4　規範の創造

問題となっている状況に適合させるべく裁判官が規範を創造する機能である。事情変更の原則＊などがその例である（最判昭29・1・28民集8巻1号234頁など）。

> ＊**事情変更の原則**　契約の前提となった事情が契約締結後に著しく変わったために，当初定めた契約の内容をそのまま維持し，強制することが信義に反することがある。このような場合に，信義則を根拠として新しい事情に応じた契約内容の修正や契約の解除が認められるとする考え方を事情変更の原則という。事情変更の原則を適用するためには，契約締結時の当事者にとって事情変更が予見できず，かつ，当事者の責めに帰することのできない事由によって生じたものであることが必要である（最判平9・7・1民集51巻6号2452頁など）。判例は，一般論として事情変更の原則を肯定するが，実際に事情変更ありとした最高裁判決は今のところまだない。最近では，事情変更の原則の効果として，契約改訂のための協議をする義務（再交渉義務）を認めるべきだとする学説もある。

4　権利濫用の禁止

1　権利濫用の意義

権利濫用とは，形式的には権利の行使とみられるが，その具体的事情を考慮すると権利の社会性に反し，正当な権利行使と認められない行為をいう。権利濫用と判断されれば，権利の行使が制約される（民1条3項）。

すでにローマ法において，他人を害する目的で権利を行使することは許されない（シカーネの禁止といわれた）という原則が認められていたが，私権の絶対性が強調された近世初期には，権利濫用禁止の原則を認める余地は少なかった。19世紀後半になって，ようやくフランスの判例・学説が権利濫用禁止の原則を認め，ドイツ民法が明文でこの原則を承認した。わが国でもフランス・ドイツなどの影響を受けて，判例・学説はこの原則を比較的早くから認めていた。

第10章　信義則，権利濫用〔私権行使の自由とその限界〕

　どのような場合に権利の行使が濫用になるかについては，初期の判例は，他人を害する目的で権利を行使するという主観的要件を重視したが（安濃津地判大15・8・10新聞2648号11頁など），次第に，権利の行使によって生ずる権利者の利益と相手方または社会全体に及ぼす損害との比較衡量という客観的要件によるようになり＊　＊＊（大判昭10・10・5民集14巻1965頁［宇奈月温泉事件］――判例講義民Ⅰ⑤など），主観的要件は不可欠の要件とはみられなくなった。しかし，客観的な事情の比較衡量を重視しすぎると，既成事実を作った経済的強者（国家や企業）の利益を擁護する結果となりかねない（「公共の福祉」の項目で引用した板付基地事件は，「権利の濫用」の濫用という観点からも学説から批判を受けている。「権利濫用」が濫用されることのないように慎重な配慮が必要である）。したがって，当事者の主観的態様と客観的比較衡量とを総合的に考察することによって，権利濫用の有無を判断すべきである。

　＊宇奈月温泉事件　　宇奈月温泉を経営するY鉄道会社が，2坪ほどの他人の土地を通って引湯管を敷設しているのに目をつけたXが，その土地を買い受けて，土地所有権に基づきY会社に引湯管の撤去を請求した場合に，Xの被害は僅少で，他方引湯管の撤去は著しく困難でかつ莫大な費用を要するから，Xの請求は権利濫用だとしてその請求を斥けた。

　＊＊所有権に基づく妨害排除請求　　所有権などの物権は，物を直接・排他的に支配する権利であるため，物に対する円満な支配が妨げられたときには，その侵害を除去することができるという性質をもつ。このような物権に基づく請求権を物権的請求権という。民法にこれを認める明文の規定はないが，占有権について占有訴権が認められており（民198～200条），また，占有訴権のほかに「本件の訴え」を前提とした規定もある（民202条）ことから，物権的請求権は，当然に認められる権利と考えられている。物権的請求権には，返還請求権，妨害排除請求権，妨害予防請求権がある。

② 権利濫用の機能

　権利濫用の禁止には，次のような機能がある。

　まず，権利濫用の禁止が，実は単なる不法行為に適用されている場合がある＊（大判大8・3・3民録25輯356頁［信玄公旗掛松事件］など）。ここでは，権利濫用は，不法行為における違法性についての説明に用いられている。

　＊信玄公旗掛松事件　　汽車の煤煙によって由緒ある松の木が枯死したため，所

326

有者が鉄道院に損害賠償を請求した場合に，権利の行使が社会通念上被害者におい
て認容すべきものと一般に認められる程度を超えたときは，権利行使の適当な範囲
とはいえず，不法行為（民709条）になるとした

　また，既存の制定法規範を修正するため，あるいは制定法規範の不存在を補
充するために権利濫用が用いられる場合がある。対抗力なき借地人に対する明
渡請求を抑制する場合（最判昭43・9・3民集22巻9号1817頁―判例講義民Ⅰ⑥
など）などである。
　さらに，権利濫用が一種の強制調停の機能を果たすことがある。土地所有権
に基づく妨害排除請求権の行使が権利濫用になって許されない代わりに，土地
所有者は妨害者に対して損害賠償を請求し得るとされる場合などである。
　なお，信義則が権利の行使・義務の履行について適用されるのに対して，権
利濫用の禁止は権利の行使についてのみ適用されるが，両者の適用領域は厳密
に区別されるわけではなく，判例上，両者が同時に用いられていることも少な
くない。

③　権利濫用の効果

　民法は，権利の濫用は「これを許さない」と規定しているのみであり，権利
濫用とされた場合の効果は，必ずしも明らかでない。これは権利濫用の機能に
も関わる問題であるが，判例によると次のような効果が認められている。
　まず，権利の行使が濫用となる場合は，権利本来の効果は認められない。例
えば，所有権を侵害されても妨害の排除を請求することが権利の濫用とみられ
る場合には，妨害を排除することができない＊　＊＊。

　＊権利濫用とされた場合の法律関係　　例えば，BがAの土地を使用しているこ
とを理由として，AがBに対して土地所有権の侵害に基づく妨害排除を請求し，こ
の請求が権利濫用とされた場合でも，BがAの土地を使用していることが適法にな
るわけではない。そこで，Aは，Bに対して地代相当額の不当利得返還請求（民
703，704条）または損害賠償の請求ができる（民709条）。これに対しては，無権
原占有の状態は可能な限り解消されることが妥当であるから，所有者が，侵害部分
および侵害により独立した利用価値を著しく減少させられた残部について，侵害者
に対し，その買取りを求め（相当価格での），または，賃貸借などの利用権の設定
契約（相当賃料での）を申し込み，ないし侵害物件の譲渡請求をなした場合には，
信義則上これに応じて契約を締結する義務があると説く学説もある。

第10章　信義則，権利濫用〔私権行使の自由とその限界〕

> ＊＊最判昭43・9・3民集22巻9号1767頁　　例えば，YがAから土地を賃借し，この土地上に建物を所有していたところ，この土地をAから買い受けたXが，Yに対して建物収去土地明渡請求をし，この請求が権利濫用と判断された場合に，このことによってYの土地占有は適法な占有になるわけではないとして，XのYに対する賃料相当額の損害賠償請求を認容している。

　また，権利の行使が濫用となる場合に，それが相手方の権利を侵害していれば，妨害の除去あるいは損害の賠償を命じられる。

　さらに，民法1条3項の直接の効果ではないが，権利の行使が濫用となる場合には，権利自体が剥奪されることもある（民834条など）。

5　私権の実現（自力救済）

　例えば，家主が，契約終了後も立ち退かない借家人を，自らの実力で追い出す場合のように，司法的手続によらずに自己の権利の実現を図ることを，自力救済という。近代国家では，権利の実現は裁判所および執行機関の手続を通してなすべきであり，自力救済は原則として認められない。なぜなら，権利の存在自体が必ずしも明らかでないし，自力救済を許すと暴力を誘発するからである。したがって，自力による権利の実現は原則として違法と評価され，不法行為に基づく損害賠償請求や，占有訴権の行使が問題となる。

　しかし，一定の事情の下では，自力救済を認めなければ不都合なことがある。例えば，自己の所有物を盗人が盗んでまさに逃亡しようとしているところを目撃した場合に，自力による取戻しを認めず，裁判所の手続を待って回復を図らなければならないとすると，回復のチャンスを逸する可能性が大きい。そこで，このような場合には，例外的に自力救済が認められる。自力救済が認められると，その行為の違法性が阻却される。

　このように自力救済は例外的に許されるとするのが学説である。判例も，「私力の行使は，原則として法の禁止するところであるが，法律に定める手続によったのでは，権利に対する違法な侵害に対抗して現状を維持することが不可能又は著しく困難であると認められる緊急やむを得ない特別の事情が存する場合においてのみ，その必要の限度を超えない範囲内で，例外的に許される」としている（最判昭40・12・7民集19巻9号2101頁。ただし，この判決は，土地

の使用貸借終了後も借主が土地を明け渡さないので，貸主がその土地の周囲に板囲を
したところ，借主がその板囲を撤去したという場合に，結論としては借主の自力救済
を否定している）。

事 項 索 引

【あ行】

相手方の催告権・取消権‥‥‥‥‥‥‥158
安全配慮義務‥‥‥‥‥‥‥‥‥‥85, 322
意思主義‥‥‥‥‥‥‥‥‥‥‥‥‥‥27
意思能力‥‥‥‥‥‥‥‥‥‥‥‥‥‥95
意思の通知‥‥‥‥‥‥‥‥‥‥‥‥139
意思の不存在‥‥‥‥‥‥‥‥‥‥‥152
意思表示‥‥‥‥‥‥‥‥‥‥‥‥‥‥20
意思無能力‥‥‥‥‥‥‥‥‥‥‥96, 106
意思無能力者‥‥‥‥‥‥‥‥‥‥‥‥96
意思理論‥‥‥‥‥‥‥‥‥‥‥‥‥188
一物一権主義‥‥‥‥‥‥‥‥‥‥‥266
一部無効‥‥‥‥‥‥‥‥‥‥‥‥‥189
一般財団法人‥‥‥‥‥‥‥‥‥‥‥211
一般社団法人‥‥‥‥‥‥‥‥‥‥‥211
一般条項‥‥‥‥‥‥‥‥‥‥‥‥‥318
一般法人法‥‥‥‥‥‥‥‥‥‥‥‥211
一般法と特別法‥‥‥‥‥‥‥‥‥‥‥3
委任管理人‥‥‥‥‥‥‥‥‥‥‥‥127
委任契約説‥‥‥‥‥‥‥‥‥‥‥‥140
委任事項の濫用‥‥‥‥‥‥‥‥‥‥170
委任状‥‥‥‥‥‥‥‥‥‥‥‥‥‥140
違約金‥‥‥‥‥‥‥‥‥‥‥‥‥‥‥76
違約罰‥‥‥‥‥‥‥‥‥‥‥‥‥‥‥76
員外貸付‥‥‥‥‥‥‥‥‥‥‥‥‥236
印鑑証明書‥‥‥‥‥‥‥‥‥‥‥‥177
宇奈月温泉事件‥‥‥‥‥‥‥‥‥‥326
営業‥‥‥‥‥‥‥‥‥‥‥‥‥‥‥101
営利法人‥‥‥‥‥‥‥‥‥‥‥‥‥217
援用権者‥‥‥‥‥‥‥‥‥‥‥‥‥310
援用権の喪失‥‥‥‥‥‥‥‥‥‥‥313

【か行】

会計監査人‥‥‥‥‥‥‥‥‥‥‥‥228
外国人の権利能力‥‥‥‥‥‥‥‥‥‥94
外国法人‥‥‥‥‥‥‥‥‥‥‥‥‥218

解釈規定‥‥‥‥‥‥‥‥‥‥‥‥‥‥65
隔地者‥‥‥‥‥‥‥‥‥‥‥‥‥‥‥22
拡張解釈‥‥‥‥‥‥‥‥‥‥‥‥‥‥16
確定効果説‥‥‥‥‥‥‥‥‥‥‥‥277
過失責任主義‥‥‥‥‥‥‥‥‥‥‥5, 6
仮定的当事者意思‥‥‥‥‥‥‥‥‥‥85
仮住所‥‥‥‥‥‥‥‥‥‥‥‥‥‥125
監事‥‥‥‥‥‥‥‥‥‥‥‥‥‥‥228
慣習‥‥‥‥‥‥‥‥‥‥‥‥‥‥81, 84
慣習法‥‥‥‥‥‥‥‥‥‥‥‥‥‥‥13
間接代理‥‥‥‥‥‥‥‥‥‥‥‥‥138
観念の通知‥‥‥‥‥‥‥‥‥‥139, 168
期限の利益喪失約款‥‥‥‥‥‥‥‥208
期待権‥‥‥‥‥‥‥‥‥‥‥‥199, 204
危難失踪‥‥‥‥‥‥‥‥‥‥‥‥‥128
規範的解釈‥‥‥‥‥‥‥‥‥‥‥80, 83
基本代理権‥‥‥‥‥‥‥‥‥‥‥‥173
　　――の存否の認定‥‥‥‥‥‥‥174
欺罔行為‥‥‥‥‥‥‥‥‥‥‥‥‥‥53
旧民法‥‥‥‥‥‥‥‥‥‥‥‥‥‥‥5
狭義の解釈‥‥‥‥‥‥‥‥‥‥‥79, 81
強行法規‥‥‥‥‥‥‥‥‥‥‥‥‥‥65
共通の消滅事由‥‥‥‥‥‥‥‥‥‥150
共同親権‥‥‥‥‥‥‥‥‥‥‥‥‥143
共同代理‥‥‥‥‥‥‥‥‥‥‥‥‥143
強迫‥‥‥‥‥‥‥‥‥‥‥‥‥‥‥‥56
許可主義‥‥‥‥‥‥‥‥‥‥‥‥‥220
虚偽表示‥‥‥‥‥‥‥‥‥‥‥‥‥‥32
居所‥‥‥‥‥‥‥‥‥‥‥‥‥‥‥125
クリーン・ハンズの原則‥‥‥‥‥‥321
芸娼妓契約‥‥‥‥‥‥‥‥‥‥‥‥‥72
契約の解釈‥‥‥‥‥‥‥‥‥‥‥‥‥78
結婚退職制‥‥‥‥‥‥‥‥‥‥‥‥‥73
権限があると信ずべき正当な理由‥‥‥175
権限外の行為の表見代理‥‥‥‥‥‥172
原始的不能‥‥‥‥‥‥‥‥‥‥‥‥‥64
現存利益‥‥‥‥‥‥‥‥‥‥‥‥‥132

331

事項索引

元物‥‥‥‥‥‥‥‥‥‥‥‥‥‥271
顕名‥‥‥‥‥‥‥‥‥‥‥‥‥‥151
　——のない場合‥‥‥‥‥‥‥152
顕名主義‥‥‥‥‥‥‥‥‥‥‥151
顕名方法‥‥‥‥‥‥‥‥‥‥‥151
権利‥‥‥‥‥‥‥‥‥‥‥‥‥‥2
　——の客体‥‥‥‥‥‥‥‥‥12
　——の主体‥‥‥‥‥‥‥‥‥11
　——の体系‥‥‥‥‥‥‥‥‥2
　——の変動‥‥‥‥‥‥‥‥‥12
権利外観法理‥‥‥‥‥‥‥‥‥40
権利失効の原則‥‥‥‥‥‥‥‥280
権利能力‥‥‥‥‥‥‥‥‥‥‥89
　——の始期‥‥‥‥‥‥‥‥‥90
　——の終期‥‥‥‥‥‥‥‥‥93
権利能力なき社団‥‥‥‥‥‥‥253
　——の社員の責任‥‥‥‥‥258
権利能力平等の原則‥‥‥‥‥‥90
権利保存期間‥‥‥‥‥‥‥‥‥280
権利濫用の禁止‥‥‥‥‥‥‥‥325
行為意思‥‥‥‥‥‥‥‥‥‥‥21
行為能力‥‥‥‥‥‥‥‥‥‥‥97
公益法人‥‥‥‥‥‥‥‥‥‥‥216
効果意思‥‥‥‥‥‥‥‥‥‥‥21
効果帰属要件‥‥‥‥‥‥‥‥‥191
公共の福祉‥‥‥‥‥‥‥‥‥‥318
後見‥‥‥‥‥‥‥‥‥‥‥‥‥103
後見開始の審判‥‥‥‥‥‥‥‥104
後見登記等ファイル‥‥‥‥105, 119
公示による意思表示‥‥‥‥‥‥23
公序良俗‥‥‥‥‥‥‥‥‥‥‥70
合成物‥‥‥‥‥‥‥‥‥‥‥‥267
合同行為‥‥‥‥‥‥‥‥‥‥‥20
後発的不能‥‥‥‥‥‥‥‥‥‥64
抗弁権の永久性‥‥‥‥‥‥‥‥292
公法と私法‥‥‥‥‥‥‥‥‥‥3
誤表は害さず‥‥‥‥‥‥‥‥‥79
困惑‥‥‥‥‥‥‥‥‥‥‥‥‥61

【さ行】

催告期間徒過‥‥‥‥‥‥‥‥‥120
催告権‥‥‥‥‥‥‥‥‥‥‥‥119

財産管理人‥‥‥‥‥‥‥‥‥‥126
財産をめぐる生活関係‥‥‥‥‥1
財団法人‥‥‥‥‥‥‥‥‥‥‥215
詐欺‥‥‥‥‥‥‥‥‥‥‥‥‥53
錯誤‥‥‥‥‥‥‥‥‥‥‥‥‥83
作成者不利の原則‥‥‥‥‥‥‥82
事業者‥‥‥‥‥‥‥‥‥‥‥‥59
私権‥‥‥‥‥‥‥‥‥‥‥‥‥317
時効‥‥‥‥‥‥‥‥‥‥‥‥‥273
　——の援用‥‥‥‥‥‥‥‥‥309
　——の完成‥‥‥‥‥‥‥‥‥281
　——の完成の障害‥‥‥‥‥300
　——の完成猶予・更新‥‥‥300
　——の効果‥‥‥‥‥‥‥‥‥315
　——の存在理由‥‥‥‥‥‥274
時効観‥‥‥‥‥‥‥‥‥‥‥‥274
時効利益の放棄‥‥‥‥‥‥‥‥313
自己契約‥‥‥‥‥‥‥‥‥‥‥143
事実的契約関係‥‥‥‥‥‥‥‥99
使者‥‥‥‥‥‥‥‥‥‥‥‥‥138
自主占有‥‥‥‥‥‥‥‥‥‥‥283
自然人‥‥‥‥‥‥‥‥‥‥‥‥89
自然中断‥‥‥‥‥‥‥‥‥‥‥288
失踪宣告‥‥‥‥‥‥‥‥‥94, 127
　——の取消し‥‥‥‥‥‥‥129
実体法‥‥‥‥‥‥‥‥‥‥‥‥2
実体法説‥‥‥‥‥‥‥‥‥‥‥274
私的自治の拡大‥‥‥‥‥‥‥‥135
私的自治の原則‥‥‥‥‥5, 6, 95
私的自治の補充‥‥‥‥‥‥‥‥135
死亡‥‥‥‥‥‥‥‥‥‥‥‥‥93
　——の擬制‥‥‥‥‥‥‥‥‥129
事務処理契約説（融合契約説）‥‥‥140
社員‥‥‥‥‥‥‥‥‥‥‥‥‥230
社員総会‥‥‥‥‥‥‥‥‥‥‥229
射倖行為‥‥‥‥‥‥‥‥‥‥‥71
社団法人‥‥‥‥‥‥‥‥‥‥‥215
集合物‥‥‥‥‥‥‥‥‥‥‥‥266
集合物譲渡担保‥‥‥‥‥‥‥‥266
私有財産権の絶対的不可侵性‥‥‥5
住所‥‥‥‥‥‥‥‥‥‥‥‥‥123
修正的解釈‥‥‥‥‥‥‥‥78, 86

332

事項索引

自由設立主義……………………221
従物……………………………270
住民票…………………………124
縮小解釈…………………………16
授権……………………………138
授権行為………………………140
出生……………………………90
出世払の合意…………………200
受動（働）代理…………………137
取得時効と登記………………289
主物……………………………269
受領能力…………………………23
準則主義………………………221
準用……………………………18
条件成就の擬制………………202
条件不成就の擬制……………203
商行為の代理…………………152
条項使用者不利の原則…………82
使用者責任……………………245
消費者…………………………59
消費者契約…………………59, 83
消費者契約法…………………57
消費者保護……………………83
商法……………………………4
消滅時効期間…………………292
条理……………………………15
除斥期間…………………198, 278
処分行為………………………138
処分授権………………………138
署名代理………………………151
所有の意思……………………283
自力救済………………………328
事理を弁識する能力……103, 108, 113
人格権…………………………90
信義則……………………85, 319
新権原…………………………284
信玄公旗掛松事件……………326
親権者…………………………100
身上配慮義務…………………107
心臓死…………………………93
親族や相続をめぐる生活関係……2
信頼利益………………………64

心裡留保………………………29
制限行為能力者………97, 102, 118
　　——の「詐術」……………120
制限行為能力者制度……………97
制限的解釈……………………86
清算法人………………………250
成年擬制………………………99
成年後見監督人………………105
成年後見制度……………101, 102
成年後見登記制度……………118
成年後見人………………103, 104
　　——の事務…………………107
成年被後見人…………………103
成文法主義……………………14
責任能力………………………95
選任管理人……………………126
占有の承継……………………289
相続による本人と無権代理人の資格の同一化…
　　162
相対的記載事項………………222
双方代理………………………143
訴訟法説………………………274
損害賠償の額の予定……………76

【た行】

胎児……………………………91
　　——の権利能力……………91
代理意思………………………151
代理権…………………………139
　　——の消滅事由……………150
　　——の制限…………………142
　　——の濫用…………………145
代理権授与行為………………140
　　——の法的性質……………140
代理権授与の表示……………168
　　——による表見代理………167
代理権消滅後の表見代理………181
代理権付与の審判……112, 113, 115
代理行為の瑕疵………………152
代理行為の効果………………155
代理制度の社会的意義（存在理由）………135
代理における三面関係…………136

333

事項索引

代理人による不法行為……………………155
代理の意義と特徴…………………………135
対話者…………………………………………22
第三者による詐欺……………………………54
他主占有……………………………………283
脱法行為………………………………………66
単独行為………………………………………19
　——の無権代理…………………………166
地位・肩書の表示の許諾…………………171
中間法人……………………………………217
追完…………………………………………191
追認の遡及効………………………………158
追認を許す無効……………………………157
通常の分量を超える取引……………………61
定期金債権…………………………………294
撤回…………………………………………191
天然果実……………………………………271
ドイツ民法……………………………………5
同意権付与の審判………………………113, 114
同意を要する行為…………………………110
動機……………………………………28, 74
動機錯誤………………………………………45
動産…………………………………………269
同時死亡の推定………………………………94
到達…………………………………………22
到達主義…………………………………22, 25
特別失踪……………………………………128
取消しの遡及効……………………………187
取締法規………………………………………67

【な行】

内部契約……………………………………155
名板貸契約……………………………………68
二重効………………………………………188
日常家事代理………………………………181
日常家事代理権……………………………152
日常生活に関する行為……………………106
任意規定………………………………………84
任意後見…………………………………103, 117
任意後見監督人……………………………117
任意後見契約………………………………116
任意後見制度………………………………116

任意後見人…………………………………117
任意代理……………………………………136
　——に特有の消滅事由…………………150
任意代理権の発生原因……………………139
任意代理権の範囲…………………………142
任意的記載事項……………………………222
任意法規………………………………………65
認可主義……………………………………220
認証主義……………………………………221
認定死亡………………………………………94
脳死……………………………………………93
能動（働）代理……………………………137

【は行】

白紙委任状…………………………………141
　——の交付………………………………168
発信主義………………………………………22
反対解釈………………………………………17
パンデクテンシステム………………………8
判例…………………………………………14
　——の先例拘束の原則…………………14
非営利法人…………………………………219
必要的記載事項……………………………222
人………………………………………………89
被保佐人……………………………………108
被補助人……………………………………112
評議員………………………………………228
評議員会……………………………………228
表見代理……………………………………166
　——の効果………………………………184
表示意思………………………………………22
表示意識………………………………………22
表示行為………………………………………21
　——の錯誤…………………………………44
表示錯誤………………………………………44
表示主義………………………………………27
表示内容の錯誤………………………………45
表見法理………………………………………40
不確定期限…………………………………206
不確定効果説………………………………277
不在者………………………………………125
　——の財産管理…………………………125

事項索引

不実告知……………………………60
付随義務……………………………321
不遡及の原則………………………18
普通失踪……………………………128
物権と債権…………………………8
不動産………………………………268
不明瞭解釈準則……………………82
フランス民法………………………5
不利益事実の不告知………………61
文理解釈……………………………15
片面的な強行法規…………………66
ボアソナード………………………4
法人…………………………………212
　──の権利能力……………………232
　──の債務…………………………214
　──の代表…………………………137
　──の不法行為責任………………245
法定果実……………………………271
法人格否認の法理…………………219
法定後見………………………103，117
　──と任意後見……………………102
法定条件……………………………201
法定代理……………………………136
法定代理権の発生原因……………139
法定代理権の範囲…………………141
法定代理権の濫用…………………148
法定代理人…………………………100
法定追認……………………………196
法典調査会…………………………5
法の適用に関する通則法………18，85
法の下における平等………………5
暴利行為……………………………71
法律行為……………………………19
　──の解釈…………………………78
　──の取消し…………………105，109
保護義務……………………………322
保佐…………………………………108
保佐開始の審判……………………109
保佐監督人…………………………109
保佐人………………………………108
　──の事務…………………………111
補充的解釈………………78，81，84

補助…………………………………112
補助開始の審判……………………113
補助人………………………………112
保存行為……………………………142
本籍地………………………………124
本人の追認権・追認拒絶権………157
本人の名義の使用許諾……………170

【ま行】

復代理………………………………148
復代理人……………………………148
　──と代理人との関係……………149
　──と本人の関係…………………149
復任権………………………………148
未成年後見人………………………100
未成年者……………………………99
民事特別法…………………………6
民法110条の法定代理への適用可能性……180
民法典の沿革………………………4
民法典の改正………………………6
民法の解釈…………………………15
民法の法源…………………………13
無意識の不合致……………………83
無過失責任…………………………160
無限責任……………………………258
無権代理…………………………143，157
無権代理人の責任…………………159
無権代理人の免責…………………160
無効行為の転換……………………190
明示の行為…………………………21
免責条項……………………………76
申込みと承諾………………………20
申込みの拘束力……………………24
申込みの誘引………………………24
黙示の行為…………………………21
目的………………………………75，234
目的論的解釈………………………16
物……………………………………264

【や行】

約款…………………………………83
有限責任……………………………258

335

事項索引

有効解釈の準則……………………………82

有体物………………………………………264

【ら行】

利益相反………………………………………180

利益相反行為…………………………………145

履行利益………………………………………64

　──の賠償…………………………………159

理事…………………………………………226

──の代表権…………………………………241

理事会………………………………………227

理事会設置一般社団法人……………………227

理事会非設置一般社団法人…………………227

利用行為………………………………………142

類型の同一性…………………………………190

類推適用………………………………………17

例文解釈………………………………………86

論理解釈………………………………………15

判 例 索 引

＊印の判例は『判例講義民法総則・物権〔第3版〕』（近刊）に収録したものである。

〔大審院〕

大判明 32・2・21 民録 5 輯 2 号 83 頁…………79
大判明 36・1・29 民録 9 輯 102 頁…………235
大判明 39・3・31 民録 12 輯 492 頁…………153
大判明 39・4・2 民録 12 輯 553 頁…………154
大判明 40・6・1 民録 13 輯 619 頁…………37
＊大連判明 41・12・15 民録 14 輯 1276 頁……17
大判明 43・1・25 民録 16 輯 22 頁…………310, 311
大判明 44・6・6 民録 17 輯 362 頁…………34
大判大 3・10・27 民録 20 輯 818 頁…………85
大判大 3・11・2 民録 20 輯 865 頁…………66
大判大 3・11・20 民録 20 輯 954 頁…………82
大判大 4・3・24 民録 21 輯 439 頁…………200
大判大 4・7・13 民録 21 輯 2051 頁…………311
大判大 4・10・30 民録 21 輯 1799 頁…………151
大判大 5・6・1 民録 22 輯 1113 頁…………129
大判大 5・9・20 民録 22 輯 1440 頁…………271
大判大 5・11・17 民録 22 輯 2089 頁…………36
＊大判大 6・2・24 民録 23 輯 284 頁…………47
大判大 6・9・6 民録 23 輯 1319 頁…………53
大判大 6・9・20 民録 23 輯 1360 頁…………57
大判大 6・11・8 民録 23 輯 1758 頁…………51
大判大 6・11・14 民録 23 輯 1965 頁…………299
大判大 7・2・14 民録 24 輯 221 頁…………203
大判大 7・3・2 民録 24 輯 423 頁…………290
大判大 7・3・27 刑録 24 輯 241 頁…………246
＊大判大 7・10・3 民録 24 輯 1852 頁…………51
大判大 8・3・3 民録 25 輯 356 頁…………326
大判大 8・5・31 民録 25 輯 946 頁…………308
大判大 8・7・4 民録 25 輯 1215 頁…………277
大判大 8・9・25 民録 25 輯 1715 頁…………67
大判大 9・5・25 民録 26 輯 759 頁…………315
大判大 10・3・5 民録 27 輯 493 頁…………295
＊大判大 10・6・2 民録 27 輯 1038 頁…………82
大判大 11・2・25 民集 1 巻 69 頁…………34
大判大 11・5・11 評論 11 民法 307 頁…………246
大判大 13・12・25 民集 3 巻 576 頁…………315
大連判大 14・7・8 民集 4 巻 412 頁…………288, 290
大判大 14・12・3 民集 4 巻 685 頁……320, 324
大判大 15・10・11 民集 5 巻 703 頁…………190

大連判大 15・10・13 民集 5 巻 785 頁………247
大判昭 2・11・26 民集 6 巻 622 頁…………121
大判昭 4・1・23 新聞 2945 号 14 頁…………57
大判昭 4・5・3 民集 8 巻 447 頁…………170
大判昭 4・7・4 民集 8 巻 686 頁…………190
大判昭 4・11・22 新聞 3060 号 16 頁…………197
大判昭 5・6・27 民集 9 巻 619 頁…………301
大判昭 6・10・24 新聞 3334 号 4 頁…………39
大判昭 6・12・17 新聞 3364 号 17 頁…………235
大判昭 7・3・25 民集 11 巻 464 頁…………66
大判昭 7・5・27 民集 11 巻 1069 頁…………248
＊大判昭 7・6・6 民集 11 巻 1115 頁…………145
大判昭 7・6・21 民集 11 巻 1186 頁…………311
＊大判昭 7・10・6 民集 11 巻 2023 頁…………93
＊大判昭 7・10・26 民集 11 巻 1920 頁…………195
大判昭 7・10・29 民集 11 巻 1947 頁…………72
大判昭 8・1・31 民集 12 巻 24 頁…………121
大判昭 8・12・19 民集 12 巻 2680 頁…………82
大判昭 8・12・19 民集 12 巻 2882 頁…………37
＊大判昭 9・2・26 民集 13 巻 366 頁……320, 324
大判昭 10・4・25 新聞 3835 号 5 頁……21, 30
大判昭 10・10・1 民集 14 巻 1671 頁…………268
＊大判昭 10・10・5 民集 14 巻 1965 頁…………326
大判昭 10・12・24 民集 14 巻 2096 頁…………309
大判昭 11・8・4 民集 15 巻 1616 頁…………205
大判昭 12・2・9 判決全集 4 輯 4 号 4 頁…………37
大判昭 12・5・28 民集 16 巻 903 頁…………197
大決昭 12・6・30 民集 16 巻 1037 頁…………311
大判昭 12・8・10 新聞 4181 号 9 頁…………35
大判昭 12・9・17 民集 16 巻 1435 頁…………296
大判昭 13・2・7 民輯 17 巻 50 頁…………235
大判昭 13・2・7 民集 17 巻 59 頁…………131
大判昭 13・3・30 民集 17 巻 578 頁…………75
大連判昭 14・3・22 民集 18 巻 238 頁…………301
大連判昭 15・3・13 民集 19 巻 544 頁…………299
大判昭 15・11・26 民集 19 巻 2100 頁…………292
大判昭 16・8・30 新聞 4747 号 15 頁…………32
大判昭 16・11・18 法学（東北大学法学会紀要）
　 11 号 617 頁…………53
大判昭 16・12・6 判決全集 9 輯 13 号 3 頁…170

337

判例索引

大連判昭 17・5・20 民集 21 巻 571 頁………180
＊大判昭 17・9・30 民集 21 巻 911 頁……56, 194
大判昭 18・12・22 民集 22 巻 1263 頁………37
＊大判昭 19・6・28 民集 23 巻 387 頁……23, 80
大判昭 19・10・24 民集 23 巻 608 頁………68

〔最高裁判所〕

最判昭 23・12・23 民集 2 巻 14 号 493 頁……31
最判昭 25・12・28 民集 4 巻 13 号 701 頁…190
最判昭 26・6・1 民集 5 巻 7 号 367 頁………144
最判昭 27・1・29 民集 6 巻 1 号 49 頁………178
最判昭 27・2・15 民集 6 巻 2 号 77 頁………235
最判昭 27・3・18 民集 6 巻 3 号 325 頁………32
最判昭 27・4・15 民集 6 巻 4 号 413 頁………124
最判昭 28・9・25 民集 7 巻 9 号 979 頁…323, 325
最判昭 28・10・1 民集 7 巻 10 号 1019 頁……37
最判昭 28・12・3 民集 7 巻 12 号 1311 頁…177
最判昭 28・12・28 民集 7 巻 13 号 1683 頁…178
最判昭 29・1・28 民集 8 巻 1 号 234 頁……325
最判昭 29・8・20 民集 8 巻 8 号 1505 頁……41
＊最大判昭 29・10・20 民集 8 巻 10 号 1907 頁……
124
最判昭 30・10・7 民集 9 巻 11 号 1616 頁…73,
189
最判昭 30・11・22 民集 9 巻 12 号 1781 頁…280
最判昭 30・12・26 民集 9 巻 14 号 2082 頁…199
最判昭 31・5・18 民集 10 巻 5 号 532 頁……68
最判昭 31・12・28 民集 10 巻 12 号 1613 頁…34
最判昭 32・7・5 民集 11 巻 7 号 1193 頁……324
＊最判昭 33・7・1 民集 12 巻 11 号 1601 頁……57
最判昭 33・8・28 民集 12 巻 12 号 1936 頁…288,
290
最判昭 33・9・18 民集 12 巻 13 号 2027 頁…236,
238
最判昭 34・2・5 民集 13 巻 1 号 67 頁………177
最判昭 34・2・20 民集 13 巻 2 号 209 頁……302
最判昭 34・7・24 民集 13 巻 8 号 1176 頁…173
最判昭 35・2・2 民集 14 巻 1 号 36 頁………36
最判昭 35・2・19 民集 14 巻 2 号 250 頁……173
最判昭 35・3・18 民集 14 巻 4 号 483 頁……68
最判昭 35・3・22 民集 14 巻 4 号 551 頁……124
最判昭 35・6・9 民集 14 巻 7 号 1304 頁……173,
174
最判昭 35・6・23 民集 14 巻 8 号 1498 頁…313,
314

＊最判昭 35・7・27 民集 14 巻 10 号 1871 頁…288,
290
最判昭 35・10・4 民集 14 巻 12 号 2395 頁…202
最判昭 35・10・18 民集 14 巻 12 号 2764 頁…178
＊最判昭 35・10・21 民集 14 巻 12 号 2661 頁…170
最判昭 35・11・1 民集 14 巻 13 号 2781 頁…298
＊最判昭 36・4・20 民集 15 巻 4 号 774 頁………22
＊最判昭 36・7・20 民集 15 巻 7 号 1903 頁…290
最判昭 37・3・8 民集 16 巻 3 号 500 頁………69
最判昭 37・4・20 民集 16 巻 4 号 955 頁…165,
321, 324
＊最判昭 37・8・10 民集 16 巻 8 号 1700 頁…138
最判昭 37・9・4 民集 16 巻 9 号 1834 頁…298
最判昭 38・1・18 民集 17 巻 1 号 25 頁………71
最判昭 38・5・31 民集 17 巻 4 号 600 頁…255,
256, 258, 260
最判昭 38・6・13 民集 17 巻 5 号 744 頁…68, 69
最判昭 38・9・5 民集 17 巻 8 号 909 頁……146
最大判昭 38・10・30 民集 17 巻 9 号 1252 頁……
303
最判昭 39・1・23 民集 18 巻 1 号 37 頁…69, 70
最判昭 39・1・28 民集 18 巻 1 号 136 頁……233
最判昭 39・4・2 民集 18 巻 4 号 497 頁……174
＊最判昭 39・5・23 民集 18 巻 4 号 621 頁…169
最判昭 39・7・28 民集 18 巻 6 号 1220 頁…323
＊最判昭 39・10・15 民集 18 巻 8 号 1671 頁…255
～258, 260, 261
最大判昭 39・12・23 民集 18 巻 10 号 2217 頁…
199
最判昭 40・3・9 民集 19 巻 2 号 233 頁……318
最判昭 40・6・18 民集 19 巻 4 号 986 頁……163
最判昭 40・9・22 民集 19 巻 6 号 1656 頁…242
最判昭 40・12・7 民集 19 巻 9 号 2101 頁…329
最判昭 41・3・18 民集 20 巻 3 号 451 頁……41
最判昭 41・4・15 民集 20 巻 4 号 676 頁…285
＊最大判昭 41・4・20 民集 20 巻 4 号 702 頁…313,
321, 324
最判昭 41・4・22 民集 20 巻 4 号 752 頁…171
＊最判昭 41・4・26 民集 20 巻 4 号 849 頁…237～
239
最判昭 41・6・21 民集 20 巻 5 号 1052 頁…248
最判昭 42・4・18 民集 21 巻 3 号 671 頁…145
＊最判昭 42・4・20 民集 21 巻 3 号 697 頁…146
最判昭 42・6・22 民集 21 巻 6 号 1479 頁…34
＊最判昭 42・6・23 民集 21 巻 6 号 1492 頁…299

最判昭 42・7・21 民集 21 巻 6 号 1643 頁····286, 288

最判昭 42・7・21 民集 21 巻 6 号 1653 頁····290

最判昭 42・10・27 民集 21 巻 8 号 2110 頁····311, 315

＊最判昭 42・10・31 民集 21 巻 8 号 2232 頁····39

最判昭 42・11・2 民集 21 巻 9 号 2278 頁····248

最判昭 42・11・10 民集 21 巻 9 号 2417 頁···169

最判昭 42・11・30 民集 21 巻 9 号 2497 頁···179

＊最判昭 43・3・15 民集 22 巻 3 号 587 頁·······86

最判昭 43・9・3 民集 22 巻 9 号 1767 頁······328

＊最判昭 43・9・3 民集 22 巻 9 号 1817 頁······327

最判昭 43・9・26 民集 22 巻 9 号 2002 頁····311

＊最判昭 43・10・8 民集 22 巻 10 号 2145 頁···282

最判昭 43・10・17 判時 540 号 34 頁·········296

最判昭 43・10・17 民集 22 巻 10 号 2188 頁···43

＊最大判昭 43・11・13 民集 22 巻 12 号 2510 頁··· 302

＊最判昭 44・2・13 民集 23 巻 2 号 291 頁···16, 122, 123

最判昭 44・5・27 民集 23 巻 6 号 998 頁·······39

＊最判昭 44・7・4 民集 23 巻 8 号 1347 頁···237～ 239, 321, 324

最判昭 44・7・8 民集 23 巻 8 号 1374 頁······282

最判昭 44・7・15 民集 23 巻 8 号 1520 頁····311

＊最判昭 44・7・25 判時 574 号 26 頁··········184

最判昭 44・11・27 民集 23 巻 11 号 2251 頁···302

最判昭 44・12・18 民集 23 巻 12 号 2467 頁···286

＊最判昭 44・12・18 民集 23 巻 12 号 2476 頁···152, 181

最判昭 45・5・21 民集 24 巻 5 号 393 頁·······315

＊最大判昭 45・6・24 民集 24 巻 6 号 625 頁···240

最大判昭 45・7・15 民集 24 巻 7 号 771 頁···297

最判昭 45・7・24 民集 24 巻 7 号 1116 頁······39

最判昭 45・7・24 民集 24 巻 7 号 1177 頁···302

＊最判昭 45・7・28 民集 24 巻 7 号 1203 頁···172

＊最判昭 45・9・22 民集 24 巻 10 号 1424 頁····17, 42

最判昭 45・10・22 民集 24 巻 11 号 1599 頁···202

最判昭 45・12・15 民集 24 巻 13 号 2051 頁···282

最判昭 45・12・15 民集 24 巻 13 号 2081 頁···179

最判昭 45・12・24 民集 24 巻 13 号 2230 頁···182

＊最判昭 46・6・3 民集 25 巻 4 号 455 頁······174

最判昭 46・7・23 判時 641 号 62 頁··········296

＊最判昭 46・11・5 民集 25 巻 8 号 1087 頁····288

最判昭 47・4・4 民集 26 巻 3 号 373 頁·······144

最判昭 47・9・8 民集 26 巻 7 号 1348 頁·····284

最判昭 47・11・21 民集 26 巻 9 号 1657 頁···154

最判昭 48・6・28 民集 27 巻 6 号 724 頁·······42

＊最判昭 48・7・3 民集 27 巻 7 号 751 頁······165

＊最判昭 48・10・9 民集 27 巻 9 号 1129 頁····260, 261

最判昭 48・12・14 民集 27 巻 11 号 1586 頁···311

最判昭 49・3・22 民集 28 巻 2 号 368 頁·····182

最大判昭 49・9・4 民集 28 巻 6 号 1169 頁···165

＊最判昭 49・9・26 民集 28 巻 6 号 1213 頁·····55

最判昭 49・12・17 民集 28 巻 10 号 2040 頁···17

最判昭 50・2・25 民集 29 巻 2 号 143 頁···85, 322

最判昭 50・4・8 民集 29 巻 4 号 401 頁·····190

＊最判昭 50・7・14 民集 29 巻 6 号 1012 頁····248

最判昭 50・11・21 民集 29 巻 10 号 1537 頁···308

＊最判昭 51・4・9 民集 30 巻 3 号 208 頁·····149

＊最判昭 51・6・25 民集 30 巻 6 号 665 頁·····179

最判昭 51・12・24 民集 30 巻 11 号 1104 頁···287

最判昭 52・3・3 民集 31 巻 2 号 157 頁·····284

最判昭 52・9・29 判時 866 号 127 頁·········282

＊最判昭 53・3・6 民集 32 巻 2 号 135 頁·····289

最判昭 53・12・14 民集 32 巻 9 号 1658 頁···282

最判昭 54・2・15 民集 33 巻 1 号 51 頁·····266

最判昭 54・4・17 判時 929 号 67 頁·········285

最判昭 55・9・11 民集 34 巻 5 号 683 頁······35

＊最判昭 56・3・24 民集 35 巻 2 号 300 頁·····73

最判昭 56・6・16 民集 35 巻 4 号 763 頁·····299

＊最判昭 57・6・8 判時 1049 号 36 頁·········38

最判昭 57・10・19 民集 36 巻 10 号 2163 頁···296

＊最判昭 58・3・24 民集 37 巻 2 号 131 頁·····283, 285

最判昭 59・9・18 判時 1137 号 51 頁·········24

最判昭 60・11・26 民集 39 巻 7 号 1701 頁···311

＊最判昭 60・11・29 民集 39 巻 7 号 1760 頁···244

最判昭 61・3・17 民集 40 巻 2 号 420 頁·····277, 290

＊最大判昭 61・6・11 民集 40 巻 4 号 872 頁·····90

最判昭 61・9・4 判時 1215 号 47 頁·········75

最判昭 61・11・20 判時 1219 号 63 頁·······150

＊最判昭 61・11・20 判時 1220 号 61 頁·······73

＊最判昭 61・11・20 民集 40 巻 7 号 1167 頁···72

最判昭 62・1・20 訟月 33 巻 9 号 2234 頁·····44

＊最判昭 62・2・20 民集 41 巻 1 号 159 頁···86, 324

最判昭 62・6・5 判時 1260 号 7 頁··········282

339

判例索引

＊最判昭 62・7・7 民集 41 巻 5 号 1133 頁……161,
185
　最判昭 62・9・3 判時 1316 号 91 頁…………314
　最判昭 62・10・8 民集 41 巻 7 号 1445 頁……295,
299
＊最判昭 62・11・10 民集 41 巻 8 号 1559 頁…266
＊最判昭 63・3・1 判時 1312 号 92 頁…………165
＊最判平 1・9・14 家月 41 巻 11 号 75 頁………49
　最判平 1・12・21 民集 43 巻 12 号 2209 頁…278,
279
　最判平 2・6・5 民集 44 巻 4 号 599…………311
　最判平 3・4・11 判時 1391 号 3 頁…………322
　最判平 4・3・19 民集 46 巻 3 号 222 頁………311
＊最判平 4・12・10 民集 46 巻 9 号 2727 頁……146,
148
＊最判平 5・1・21 民集 47 巻 1 号 265 頁………163
　最判平 6・1・20 民集 48 巻 1 号 1…………243
＊最判平 6・2・22 民集 48 巻 2 号 441 頁………298
　最判平 6・4・19 民集 48 巻 3 号 922 頁………183
　最判平 6・4・22 民集 48 巻 3 号 944 頁………68
＊最判平 6・5・31 民集 48 巻 4 号 1029 頁……203
　最判平 6・9・13 判時 1513 号 99 頁…………284
　最判平 7・3・10 判時 1525 号 59 頁……307, 308
　最判平 7・9・8 金法 1441 号 29 頁…………314
＊最判平 7・12・15 民集 49 巻 10 号 3088 頁…285
　最判平 8・3・5 民集 50 巻 3 号 383 頁………297
＊最判平 8・3・19 民集 50 巻 3 号 615 頁………241
　最判平 8・7・12 民集 50 巻 7 号 1901 頁………308
＊最判平 8・11・12 民集 50 巻 10 号 2591 頁…284
　最判平 9・7・1 民集 51 巻 6 号 2452 頁……325
　最判平 10・6・12 民集 52 巻 4 号 1087 頁……278
＊最判平 10・6・22 民集 52 巻 4 号 1195 頁……311
＊最判平 10・7・17 民集 52 巻 5 号 1296 頁……164
　最判平 11・2・26 判時 1671 号 67 頁…………311

　最判平 11・6・11 判時 1685 号 36 頁………199
＊最判平 11・10・21 民集 53 巻 7 号 1190 頁…311
　最判平 14・4・25 判夕 1091 号 215 頁………241
　最判平 15・6・13 判時 1831 号 99 頁…………43
　最判平 16・4・27 判時 1860 号 152 頁………299
　最判平 17・12・16 判時 1921 号 61 頁………83
＊最判平 18・2・23 民集 60 巻 2 号 546 頁……43
　最判平 19・4・24 民集 61 巻 3 号 1073 頁……299
　最判平 23・4・22 民集 65 巻 3 号 1405 頁……322
＊最判平 25・6・6 民集 67 巻 5 号 1208 頁……302,
303

〔高等裁判所〕

　東京地判昭 39・7・6 判時 391 号 27 頁………86
　千葉地判昭 39・11・25 判夕 172 号 214 頁……79
　東京高判昭 40・6・17 判夕 180 号 122 頁……33
　東京高判昭 40・8・26 東京高民報 16 巻 7 = 8 号
　　156 頁…………………………………………171
　名古屋高判昭 46・3・29 下民集 22 巻 3 = 4 号
　　334 頁…………………………………………323
　東京高判昭 47・2・28 判時 662 号 47 頁……311
　東京高判昭 49・2・25 判時 752 号 37 頁……202
　東京高判昭 53・7・19 判時 904 号 70 頁…29, 30
　東京地判平 1・6・30 判時 1343 号 49 頁……311
　大阪高判平 3・11・8 判時 1417 号 74 頁……190
　福岡高判平 5・6・30 判時 1483 号 52 頁……199
　東京高判平 6・9・14 判時 1507 号 43 項……324
　東京地判平 8・9・20 判夕 957 号 215 頁……33

〔地方裁判所〕

　安濃津地判大 15・8・10 新聞 2648 号 11 頁…326
　神戸地姫路支判平 8・9・30 判時 1630 号 97 頁…
　　199

法学講義民法　総則〔第3版〕

2005年10月10日　初　版　第1刷発行
2007年6月1日　第2版　第1刷発行
2018年5月25日　第3版　第1刷発行

編者　奥　田　昌　道
　　　安　永　正　昭

発行者　井　村　寿　人

発行所　株式会社　勁　草　書　房

112-0005 東京都文京区水道2-1-1　振替　00150-2-175253
（編集）電話 03-3815-5277／FAX 03-3814-6968
（営業）電話 03-3814-6861／FAX 03-3814-6854
本文組版 プログレス・日本フィニッシュ・中永製本

©OKUDA Masamichi, YASUNAGA Masaaki　2018

ISBN978-4-326-40352-3　Printed in Japan

JCOPY 〈(社)出版者著作権管理機構 委託出版物〉
本書の無断複写は著作権法上での例外を除き禁じられています。
複写される場合は、そのつど事前に、(社)出版者著作権管理機構
（電話 03-3513-6969、FAX 03-3513-6979、e-mail: info@jcopy.or.jp）
の許諾を得てください。

＊落丁本・乱丁本はお取替いたします。

http://www.keisoshobo.co.jp

【近刊】 本書姉妹書

奥田昌道・安永正昭・池田真朗編

判例講義民法Ⅰ 総則・物権 第3版

奥田昌道・安永正昭・池田真朗編

判例講義民法Ⅱ 債権 第3版

はじめて学ぶ人に読んでもらいたい民法の名所案内。
民法改正に対応した最新版

我妻榮・良永和隆（遠藤浩補訂）　　　　　　　　　B 6 判　2,200 円

民　　法 第10版　　　　　　　　　45111-1

小型でパワフル名著ダットサン!　通説の到達した最高水準を簡明に解説する。
ダットサン民法

我妻榮・有泉亨・川井健　　　　　　　　　　　　B 6 判　2,200 円

民 法 1 総則・物権法 第三版　　　45085-5

我妻榮・有泉亨・川井健　　　　　　　　　　　　B 6 判　2,200 円

民 法 2 債権法 第三版　　　　　45086-2

我妻榮・有泉亨・遠藤浩・川井健　　　　　　　　B 6 判　2,200 円

民 法 3 親族法・相続法 第三版　　45087-9

姉妹書

遠藤浩・川井健編　　　　　　　　　　　　　　　B 6 判　2,200 円

民法基本判例集 第三版補訂版　　　45103-6

一通り民法は勉強したというあなた!　実はまだ民法の「芯」を知らないか
もしれないですよ。東大法科大学院，伝説の授業が単行本化!

木庭 顕　　　　　　　　　　　　　　　　　　　A 5 判　3,000 円

[笑うケースメソッド] 現代日本民法の基礎を問う　40297-7

ストーリーの展開のなかで具体的事例を通して問題解決能力を養う金融実務
に携わる社会人と金融界を志す学生のためのガイドブック

大垣尚司　　　　　　　　　　　　　　　　　　　A 5 判　2,900 円

金融から学ぶ民事法入門 第二版　　40286-1

————————勁草書房刊

現代によみがえる名講義

我妻榮著　遠藤浩・川井健補訂　　　　　　　　　　　　　　　四六判　1,800 円
民法案内　1　私法の道しるべ　第二版
49844-4

我妻榮著　幾代通・川井健補訂　　　　　　　　　　　　　　　四六判　2,200 円
民法案内　2　民法総則　第二版
49845-1

我妻榮著　幾代通・川井健補訂　　　　　　　　　　　　　　　四六判　1,800 円
民法案内　3　物権法　上
49829-4

我妻榮著　幾代通・川井健補訂　　　　　　　　　　　　　　　四六判　1,800 円
民法案内　4　物権法　下
49830-7

我妻榮著　川井健補訂　　　　　　　　　　　　　　　　　　　四六判　2,000 円
民法案内　5　担保物権法　上
49831-4

我妻榮著　清水誠・川井健補訂　　　　　　　　　　　　　　　四六判　2,200 円
民法案内　6　担保物権法　下
49832-4

我妻榮著　水本浩・川井健補訂　　　　　　　　　　　　　　　四六判　2,000 円
民法案内　7　債権総論　上
49833-8

我妻榮著　水本浩・川井健補訂　　　　　　　　　　　　　　　四六判　1,800 円
民法案内　8　債権総論　中
49834-5

我妻榮著　水本浩・川井健補訂　　　　　　　　　　　　　　　四六判　2,000 円
民法案内　9　債権総論　下
49835-2

我妻榮（水本浩補訂），川井健　　　　　　　　　　　　　　　四六判　1,800 円
民法案内　10　契約総論
49836-9

我妻榮（水本浩補訂），川井健　　　　　　　　　　　　　　　四六判　1,600 円
民法案内　11　契約各論　上
49837-6

川井健　良永和隆補筆　　　　　　　　　　　　　　　　　　　四六判　2,000 円
民法案内　13　事務管理・不当利得・不法行為
49839-0

―――――――――――――――――――――――――――― 勁草書房刊

＊表示価格は 2018 年 5 月現在，消費税は含まれておりません。
＊ISBN コードは 13 桁表示です。